Alfred Tomatis

Das Ohr und das Leben

Alfred Tomatis

DAS OHR UND DAS LEBEN

Erforschung
der seelischen Klangwelt

Walter Verlag

Titel der französischen Originalausgabe:
L'oreille et la vie. Itinéraire d'une recherche sur
l'audition, la langue et la communication.
Nouvelle Edition augmentée.

Übersetzung von Lorenz Häfliger

Die Deutsche Bibliothek – CIP-Einheitsaufnahme
Ein Titeldatensatz für diese Publikation ist bei
Der Deutschen Bibliothek erhältlich.

Satz: Fotosatz Froitzheim, Bonn
Druck und Bindung: Grafo, Spanien
ISBN 3-491-69806-5
www.patmos.de

Meinen Eltern gewidmet,
dem Vater, dem ich meine Existenz,
der Mutter, der ich mein Leben verdanke.

Wenn ich nur meinen Lauf vollende
und meine Aufgabe erfülle.

Apostelgeschichte 20,24

Inhalt

Zum Buch

Der französische Arzt Alfred Tomatis hat mit seinen medizinischen Forschungsarbeiten über die Ausbildung des Gehörs und über die psychosomatischen Dimensionen des Hörens vergessene Welten erschlossen. Er hat wie kein anderer den heutigen, auf das Auge fixierten Menschen wieder auf den inneren Sinn, auf das Hören hingewiesen.
Alfred Tomatis hat revolutionierende Therapieformen entwickelt, die es ermöglichen, über das Gehör die frühesten Erfahrungen des Menschen heilend zu erfassen, und zwar nicht nur Erfahrungen aus der rational nicht mehr erschließbaren Phase der frühen Kindheit, sondern sogar vorgeburtliche Erfahrungen.
In seiner unterhaltsamen und informativen Autobiographie *Das Ohr und das Leben* erzählt Tomatis von seinen eigenen Lebensstationen und von den Stationen seiner wissenschaftlichen Arbeit, von den »Zufällen«, die ihm neue Erkenntisse vermittelten, und von den Begegnungen, die ihn seinem Ziel treu bleiben ließen.
Die Forschungsergebnisse betreffen jeden Menschen in seiner Hörsensibilität. Die Lektüre des Buches wird deshalb zu einer Forschungsreise zum eigenen Hören, zu einem Impuls, bewußter und heilend mit dem Gehör umzugehen.

Zum Autor

Alfred Tomatis ist 1919 in Nizza geboren. Angeregt durch seinen eigenen Vater, hat er sich mit der Opernwelt, mit der Welt der Sänger und Sängerinnen beschäftigt und sich als Arzt auf Stimme und Gehör spezialisiert. Als Professor, als Begründer einer ganzen Therapie-Richtung (die Tomatis-Institute) und als Buchautor hat er seine Kenntnisse weitervermittelt. Auf deutsch sind bereits erschienen: *Der Klang des Lebens. Vorgeburtliche Kommunikation – die Anfänge der seelischen Entwicklung –* (1990), *Klangwelt Mutterleib. Die Anfänge der Kommunikation zwischen Mutter und Kind* (1994).

1. TEIL

EIN PAAR GELBE SCHUHE

»Es ist zwecklos, sich um ihn zu bemühen: Er ist tot.«

Das waren die ersten Worte, die mein Ohr zu hören bekam, freilich ohne sie zu begreifen, als ich den Bauch meiner Mutter verließ. Ich war eine Frühgeburt nach sechseinhalb Monaten Schwangerschaft und wog nicht einmal 1300 Gramm. Ich muß einen armseligen Anblick geboten haben. So armselig, daß die Hebamme mich am rechten Ohr packte (die Spuren davon sind noch jetzt erkennbar!) und mich in einen Korb legte. Ihrer Meinung nach ließ sich für mich nichts mehr tun. Und ich wäre zweifellos tatsächlich gestorben, hätte nicht meine Großmutter väterlicherseits der Hebamme assistiert.

Sie war eine in jeder Hinsicht außergewöhnliche Frau und verfügte über Erfahrungen in Sachen Schwangerschaft, denn sie hatte selbst mehrere Kinder zur Welt gebracht. Nicht weniger als vierundzwanzig! Während sich alle Anwesenden um meine Mutter drängten, die große Angst ausgestanden und beim Gebären schwer gelitten hatte, wandte sich meine Großmutter gewissermaßen am Rande des Hauptereignisses dem Korb zu, in dem ich lag. Ganz allein kümmerte sie sich um mich, bis ich zu atmen begann. Ihr verdanke ich mein Leben. Sie hat überhaupt meine Kindheit stark geprägt.

Auch abgesehen von dieser eher schwierigen Geburt bin ich davon überzeugt, daß die Umstände, unter denen ich geboren worden bin, meinem späteren Leben in entscheidendem Maße den Weg gewiesen haben. Unter ihrem Einfluß sind meine Arbeiten über die vorgeburtliche Entwicklung entstanden. Meinem Gefühl nach war es kein bloßer Zufall, der mich schon seit vielen Jahren bei meinen Forschungen leitet. Immer mit dem Ziel, Leben zu erhalten, bemühe ich mich vor allem um eine Aufklärung der außergewöhnlichen Phasen in der Entwicklung des Embryos. Meine Berufung zum Forscher dürfte damit zusammenhängen, daß ich eine Frühgeburt auf der Suche nach einem Nirvana bin, aus dem ich viel zu früh ausgeschlossen wurde. Ist es nicht typisch für mich, daß ich durch das, was man gemeinhin Erkenntnis oder Wissen nennt, eben gerade das zu rekonstruieren versuche, was meiner gelebten Erfahrung versagt blieb? Welche Erfahrungen wären mir während dieser zweieinhalb Monate intrauteriner Geborgenheit noch zuteil geworden, die mir nicht vergönnt war? Eine Antwort auf diese Frage und alle weiteren zu finden, die sich aus ihr ergeben: Das war der Sinn aller meiner Bemühungen, durch die ich zu verstehen versuchte, was alles während dieser frühesten Lebensphase im Schutze des Mutterleibes geschehen kann.

Diese vorzeitige Geburt, muß ich hinzufügen, hing ihrerseits eng mit einer Vielzahl von Faktoren zusammen, die einen nachhaltigen Einfluß auf meine Kindheit und insbesondere mein Leben als Erwachsener ausüben sollten. Ich erwähne bloß ein einziges, für mich besonders bedeutsames Beispiel. Aus Gründen, die ich nie befriedigend aufzuklären vermochte, schien meine Geburt nicht erwartet, ja nicht einmal erhofft worden zu sein. Meine Mutter war zu dieser Zeit sehr jung, erst sechzehn Jahre alt. War ihre Verbindung mit meinem Vater erwünscht gewesen? Das habe ich nie herausfinden können. Wie dem auch sei, meine Geburt schien sowohl für meine Eltern als auch für das ganze familiäre Umfeld ein Problem zu sein. Aus Furcht, man könnte etwas von ihrer Schwangerschaft merken, hatte meine Mutter den Leib kräftig zusammengeschnürt. Und niemand hat tatsächlich etwas geahnt. Hinzu kam zweifellos der Wunsch, diesen »Sprößling«, der einen solchen Wirbel verursachte, rasch wieder loszuwerden. Der psychologische Konflikt dürfte bewirkt haben, daß sich der mütterliche Organismus gewissermaßen von selbst so verkrampfte, daß meine Existenz verborgen blieb. Und die damaligen, durch starres Fischbein fest verschnürten Korsetts dürften diese Bemühungen zusätzlich unterstützt haben.

Bestimmt haben solche Einschnürungen und die Auswirkungen dieser Beengung meine vorzeitige Geburt ausgelöst. Eine Folge davon dürfte es sein, daß ich während meiner ersten vierzig Lebensjahre nur wie zusammengepreßt, in meine Kleider eingezwängt zu leben vermochte, mit einem Gürtel, der mich zweiteilte, ganz engen Schuhen usw. In der Nacht konnte ich unmöglich einschlafen, ohne das Gewicht von acht übereinanderliegenden Decken auf meinem Körper zu verspüren. Dabei war ich nicht etwa besonders kälteempfindlich. Es war einfach das Bedürfnis nach diesem Druck der Umwelt, der den Lebensbedingungen im Leib meiner Mutter entsprach. Während dieser ganzen Lebensphase war ich überdies sogar innerhalb meines eigenen Körpers zusammengepreßt. Von meiner Konstitution her hätte ich mager sein müssen, aber ich war mit Fett gepolstert – und zwar mit einem Fett von hoher Dichte, denn ich wog damals hundertzwanzig Kilogramm. Den Sinn von all dem begriff ich eines schönen Morgens in einer Boeing ... Ich war unterwegs nach Kanada, um dort Vorträge über einige meiner Forschungsergebnisse auf eben dem Gebiet des Lebens vor der Geburt und der filtrierten Töne zu halten. Im Morgengrauen, als wir die Küste von Labrador entlangflogen, wurde ich durch das fahle Licht, den Lärm, die besondere Atmosphäre im Flugzeug unversehens gewissermaßen in die Gebärmutter zurückversetzt, ich spürte augenblicklich den Druck eines riesigen Gewichts auf mir. Etwas lag schwer auf mir und preßte mich zusammen ... Damals begriff ich, woher mein Bedürfnis nach Zusammenpressung kam – und seither habe ich es nie mehr verspürt.

Weder exhibitionistische Bedürfnisse noch die etwas melancholische Freude, die jeder Mensch empfindet, wenn er den Film früherer Zeiten vor seinem inneren Auge ablaufen läßt, haben mich dazu bewogen, der Aufforderung, eine Autobiographie zu schreiben, nachzukommen. Es ist vielmehr eine nicht genauer formulierbare Intuition, wonach nicht nur meine Handlungen, sondern auch meine abstraktesten Spekulationen im Grunde genommen mit den Bedingungen, Ereignissen, Gefühlen, Empfindungen, bewußten oder unterschwelligen Gedanken, elementaren Bedürfnissen und geheimen Wünschen zusammenhängen, die mein Zurweltkommen begleitet und später meine früheste Jugend geprägt haben. Was ich bin, habe ich letzten Endes immer nur durch das entdeckt, was mich geformt hat. Dieser individuelle Werdegang scheint nicht nur für meinen eigenen Lebenslauf charakteristisch zu sein, sondern ganz allgemein für jeden nach Menschwerdung strebenden Menschen, gelenkt durch den Leitfaden, den das ihn rufende Sein auslegt.

Und nun zu den Fakten. Ich bin am 29. oder 30., vielleicht auch am 31. Dezember 1919, um 23.30 Uhr, in Nice zur Welt gekommen. Über den genauen Zeitpunkt sind sich alle Beteiligten einig, doch das Geburtsdatum ist ungewiß. Dem Zivilstandsbeamten wurde der 1. Januar 1920 angegeben. Meine Familie war, so scheint es, der Meinung gewesen, diese kleine Lüge rechtfertige sich im Hinblick auf den späteren Militärdienst. Meine Eltern hatten später keine Kinder mehr.

Wir wohnten in der Altstadt von Nice, Rue Saint-Joseph 6, im ersten Stock eines inzwischen abgebrochenen Hauses. Mein Vater war zwei Türen weiter weg, im Hause 10, zur Welt gekommen. Ich habe es miterlebt, wie unser baufälliges und von Rissen durchzogenes Haus abgebrochen wurde. Und es war doch so schön gewesen. Eines dieser in italienischem Stil errichteten Gebäude, das in der Vergangenheit Sitz eines Gerichtes gewesen war und in dem die Honoratioren der Stadt oft ihre Versammlungen abgehalten hatten. Unsere Küche war im ehemaligen Ratssaal eingebaut worden! Ich erinnere mich ganz genau an einen Wandkasten, in dessen Hinterwand ich Geheimtüren entdeckt hatte. Ein Märchenschloß für ein Kind, nicht bloß eine Wohnung, ein Haus voller Geheimnisse, voller Träume. An seiner Stelle steht jetzt ein seelen- und charakterloses Bauwerk, eines wie viele andere auch ... Die Altstadt von Nice trug den Keim ihrer Zerstörung in sich: Die Gebäude waren alt, die städtischen Behörden bekundeten anscheinend kaum ein Interesse an Restaurierungen. Schritt für Schritt verlor das Quartier seine Eigenart. Schon wenige Jahrzehnte später sprach kaum mehr jemand das besondere Patois des früheren Nice, das sich seit dem 15. Jahrhundert praktisch kaum verändert hatte.

Doch während meiner Kindheit war dieser Dialekt nicht nur die Mutter- und Alltagssprache meines Vaters, sondern auch aller unserer Nachbarn. Die wenigen Französisch sprechenden alteingesessenen Bewohner der Stadt hatten die Landessprache wie eine Fremdsprache erlernen müssen. Mein Vater hatte dies getan, und auch ich tat es später, und es fiel mir alles andere als leicht. Die eigene Sprache von Nice war offensichtlich Grundlage und Ausdruck seiner Eigenständigkeit; um so mehr, als es sich nicht, wie viele Menschen glaubten, um eine Abart des Okzitanischen handelte. Im Gegenteil, mit Leuten, die Provenzalisch sprachen, konnte man sich nur mit Mühe verständigen. Wir verstanden uns entschieden besser mit Italienern von der lombardischen Küste, denn beide Idiome gehören zur ligurischen Sprachgruppe. Damit lassen sich zweifellos auch die verhältnismäßig häufigen Ehen zwischen Angehörigen der beiden sprachlichen Gemeinschaften erklären. Meine Mutter, die zufällig bei einer Reise ihrer Mutter nach Monaco bei einem Onkel zur Welt gekommen war, der damals als Vizekonsul in dieser Stadt wirkte, war Italienerin. Ihre Familie hatte lange in Forli in der Provinz Romagna gelebt.

Mein Großvater mütterlicherseits, Alfredo Raggi, war am Gymnasium Mitschüler eines dynamischen, ja aufrührerischen jungen Mannes gewesen. Dieser hatte mit einer kleinen Gruppe von Mitarbeitern zusammen, zu denen auch mein Großvater gehörte, eine Zeitung gegründet, deren Einfluß und Ansehen schon bald über die Mauern des Schulhauses hinausreichten. Ganz Forli geriet in Aufregung. Von der neu entstandenen Bewegung wurden immer mehr Leute erfaßt.

Ich habe vergessen zu erwähnen, daß der erwähnte junge Mann Benito Mussolini hieß! Und so befand sich mein Großvater eines Tages im Gefängnis: Der künftige Duce erprobte die wohlbekannte Technik, daß man um sich herum ein Vakuum schafft, wobei man sich auch und vor allem seiner Freunde der ersten Stunde entledigt, um allfällige Machtkämpfe im Keime zu ersticken. Alfredo Raggi konnte zu seinem Glück aus dem Gefängnis fliehen. Er wählte, ohne zu zögern, den Weg ins Exil, und so kam es, daß meine Mutter mit meinem Vater zusammentraf.

Als ich zur Welt kam, war mein Vater zwanzig Jahre alt. Sein Vorname lautete Humbert. Mein Großvater väterlicherseits, ein piemontesischer Herkules, ein richtiger zisalpinischer Gallier, hatte ihn unbedingt Dante nennen wollen, doch der Angestellte bei der Stadtverwaltung hatte eine solche Eintragung formell abgelehnt! Dante wurde nur als zweiter Vorname zugelassen. Humbert Dante Tomatis war schon als junger Mann mit den Realitäten dieser Welt konfrontiert worden. Er half oft seiner Mutter, die bei einem Arzt, Doktor Pilate, angestellt war. Dieser Arzt gehörte zu einer der angesehenen protestantischen Familien dieser Stadt. Später übte mein Vater alle möglichen Berufe aus, bis er schließlich als Bleigießer bei der Zeitung »L'Eclaireur de Nice« zu arbeiten begann. Ein Lungenleiden beeinträchtigte seinen Gesundheitszustand, ein Übel der damaligen Zeit, aber auch eine in Südfrankreich und in seiner Familie (mehrere seiner Brüder und Schwestern sind daran gestorben) häufige Krankheit. Doch er hatte eine gute Statur, er war groß und zeichnete sich durch einen aufrechten Gang aus. Sein kraftvolles Gesicht war geprägt durch stahlblaue Augen und einen leicht blond getönten, dichten und harmonisch gewellten Haarschopf. Er war ein Mensch von rastloser Aktivität. Er arbeitete ununterbrochen, Tag und Nacht. Ich habe es erlebt, daß er drei Acht-Stunden-Schichten hintereinander durchhielt! Und wenn er nicht gerade manuell arbeitete, widmete er sich mit gleichem Einsatz der französischen Sprache und Kultur. Ihm fehlten die Grundlagen, weil er nicht seit frühester Jugend in dieser Welt aufgewachsen war. Ohne jede fremde Hilfe lernte er Französisch sprechen, lesen und schreiben. Zuletzt beherrschte er diese Sprache so perfekt, daß seine Briefe geradezu stilistische Vorbilder wurden. Viele seiner Schreiben habe ich aufbewahrt. Man kann aus ihnen ersehen, wie vollkommen er sich die Regeln der französischen Sprache angeeignet hat.

Nur selten ruhte er sich aus, oft überhaupt nicht. Als kleiner Junge erlebte ich dieses unermüdliche Wirken mit und kam so zur unerschütterlichen Überzeugung, das Erwachsenenleben – das ganz normale Leben jedes Erwachsenen – bestehe aus nichts anderem als atemloser und hartnäckiger Aufgabenerfüllung und Anstrengung. Diese merkwürdige Auffassung hat mein ganzes Leben bestimmt. Noch jetzt bin ich ein leidenschaftlicher Arbeiter. Nicht aus Pflichtbewußtsein, sondern weil diese Verbissenheit zu meinem Lebensrhythmus geworden ist. Ohne Arbeit käme ich mir als Waise vor.

Mein Vater hatte noch nie in seinem Leben gesungen, als 1914 der Erste Weltkrieg ausbrach. Zur Feier dieses Ereignisses wurde beim »Eclaireur de Nice« eine Art Bankett veranstaltet. Wie viele andere Franzosen waren auch die Einwohner von Nice davon überzeugt, Berlin würde nach spätestens drei Wochen fallen; zudem war die Front so weit von der Mittelmeerküste entfernt, daß man ohne jeden Hintergedanken seinen patriotischen Hochgefühlen frönen durfte. Beim Nachtisch mußte jeder Teilnehmer ein Lied singen. Mein Vater ließ sich lange bitten, weil er sich nicht lächerlich machen wollte, aber schließlich erhob er sich doch. Er wagte sich gleich an die »Marseillaise«. Er tat dies mit so gewaltiger Stimme, daß alle Anwesenden beeindruckt waren! Garibaldi, der Direktor der Zeitung, rief ihn zu sich und anerbot sich, ihm persönlich Musik- und Gesangsstunden zu bezahlen. Mein Vater war damals erst vierzehn Jahre alt.

Zu seinen vielfältigen bisherigen Beschäftigungen kam so eine neue hinzu. Seine musikalische Begabung stieg ihm nicht in den Kopf. Doch seiner Gewohnheit entsprechend arbeitete er mit vollem Einsatz. Zwei Lehrer, ausgezeichnete Menschen und ebenso ausgezeichnete Pädagogen, standen ihm bei seiner weiteren Entwicklung mit guten Ratschlägen zur Seite. Erst im Alter von einundzwanzig Jahren stand er zum erstenmal auf der Bühne, ohne deswegen seine Stellung beim

»Eclaireur« aufzugeben. Hier hatte er ebenfalls Karriere gemacht, denn er gehörte jetzt der Redaktion an. Die lange und sorgfältige Vorbereitung begann Früchte zu tragen: Schon bald hatte er solchen Erfolg, daß man ihn zu Darbietungen in anderen Städten einlud. Nach kurzer Zeit wurde der Gesang sein Beruf, und als »Heldenbaß« erwarb er sich rasch internationales Ansehen.

Mein Vater war für mich immer ein außergewöhnlicher Mensch gewesen, und wir haben uns bis zu seinem Tode gut miteinander verstanden. Was ich ihm alles verdanke, läßt sich nicht einmal annäherungsweise sagen! Aufgrund gewisser Anspielungen vermute ich, daß er eine eher schwierige Jugend durchgemacht hatte. Man hatte ihm den Übernamen »Tole«, Trotzkopf, gegeben – und ein Trotzkopf war er wahrscheinlich deshalb geworden, weil er sich in seiner kinderreichen Familie, er war das siebzehnte Kind, ungeliebt vorgekommen war. Ob diese fehlende Liebe Tatsache oder bloß Einbildung war – sie hat so oder so Narben in seiner Seele hinterlassen. Und deshalb wollte er mit aller Kraft verhindern, daß sein Sohn dieselben Ängste, die gleichen Schmerzen erfahren müsse. Während meiner ganzen Kindheit war mir mein Vater bei allen Familienstreitigkeiten, die, worauf ich zurückkomme, fast zum Alltag gehörten, ein wertvoller Verbündeter. Mehr als das, er war ein Ohr: Jemand, der immer bereit war, mich anzuhören, und der mir mehr als jeder andere Mensch in meiner Umgebung auch tatsächlich zuhörte.

Eine Beziehung zu meiner Mutter aufzubauen war hingegen alles andere als leicht. Alle meine Versuche blieben schmerzlich erfolglos. Meiner Mutter gelang es im Gegensatz zu ihrer Mutter nicht, Französisch oder auch nur das Patois von Nice zu erlernen. Umgekehrt bekam sie, wie es bei vielen entwurzelten Italienerinnen und Italienern vorkommt, allmählich Schwierigkeiten mit ihrer eigenen Muttersprache. Mit ihr auch nur ins Gespräch zu kommen wurde mit der Zeit zu einem technischen Problem. Tiefere und schwieriger zu durchschauende Unverträglichkeiten kamen hinzu, was schließlich mit einer eigentlichen Blockierung endete. Dadurch schloß sie sich gewissermaßen zweifach in ihrem Zustand der Unwissenheit ein.

Ihre Eltern, das muß ebenfalls gesagt sein, hatten sich nicht darum bemüht, ihr auch nur die geringste Bildung mitzugeben. Ihr Ehrgeiz hatte sich darauf beschränkt, aus ihr eine gute Hausfrau und insbesondere eine ausgezeichnete Köchin zu machen. Zu diesem Zweck wurde sie zu einer Tante in Bologna geschickt. Bologna ist für Italien, was Lyon für Frankreich ist: Man ist stolz auf seine kulinarische Tradition und seine gastronomische Sensibilität; die bolognesische Küche wird mit Recht auf der ganzen Halbinsel gerühmt. In der Kochschule erwies sich meine Mutter als eine bemerkenswert talentierte Schülerin. An der Rue Saint-Joseph verbrachte sie ihre Zeit am liebsten in der Küche, wo sie köstliche Gerichte ausheckte. Zyklisch gelangten im Laufe der Zeit dieselben Familienspezialitäten auf den Tisch, insbesondere verschiedene Varianten von Polenta. Mein Großvater väterlicherseits vertilgte gewaltige Mengen davon, ohne je genug zu bekommen ...

Mit der Vervollkommnung ihrer schmackhaften Gerichte erreichte meine Mutter, zum Teil ohne daß es ihr bewußt war, einen doppelten Vorteil. Einerseits wurde ihre Kochkunst zu einem probaten Mittel, um meinen Vater an seine Familie zu binden. Er kehrte denn auch immer wieder zu ihr zurück. Er war von Natur aus, aber auch bedingt durch das unstete Leben, das er fern von seinem Heim führte, sehr empfänglich für weibliche Reize. Meine Mutter wußte es – oder vermutete es zumindest. Deshalb gab sie sich alle Mühe, um diesen Gatten, der ein glühender Bewunderer ihrer Kochkunst war, immer wieder zu ihr zurückzuführen. Er hatte sogar Mühe, sich in Form zu halten, wenn sie nicht bei ihm war und ihm seine Mahlzeiten zubereitete. Er mußte sich in solchen Fällen besonders raffinierte Platten servieren lassen. Diese kulinarische Geschicktheit, diese täglichen Höchstleistungen entsprachen andererseits offensichtlich dem, was Psychologen heute eine »Kompensation« nennen würden. In diesem ihrem ureigenen Bereich verwirklichte sie sich voll, stellte sie ihre unbestreitbare Überlegenheit unter Beweis; hier konnte sie ihre seelische Energie einsetzen, ohne eine Gegenleistung zu erwarten. Zwischen ihren Pfannen erhielt, kurz gesagt, ihr Leben seinen Sinn. Alles andere verdient kaum Erwähnung: Sie hatte fortwährend Gebresten, und ihr einziger Sohn bereitete ihr nur Enttäuschungen ...

Reibereien zwischen ihr und mir gehörten gewissermaßen zum Alltag, und tagsüber boten sich fortwährend Gelegenheiten zu »Zusammenstößen«. Diese ständigen Auseinandersetzungen mit meiner Mutter dürften der Grund dafür sein, daß ich nie irgendwelches Interesse allem gegenüber gezeigt habe, was mit Küche zu tun hat. Dabei war dies eigentlich eine der oberflächlichsten Seiten unserer Unverträglichkeit, einer Unverträglichkeit, die vielleicht eher den Namen Rivalität verdiente, zumindest in einem gewissen Grade. In den Augen meiner Mutter hinderte ich sie durch mein Vorhandensein daran, meinen Vater auf allen seinen Reisen zu begleiten; ich war somit für die allmähliche Lockerung der affektiven Bindungen zwischen ihr und dem Vater verantwortlich; meinetwegen führte mein Vater letzten Endes dieses so frivole und, so glaubte sie, für ihren Gattinnenstolz, ihren weiblichen Narzißmus so schädliche »Künstlerleben«. Ich konnte diese Verbitterung nicht übersehen, aber ich versteifte mich (ohne selbstverständlich meine Haltung bewußt zu durchschauen) auf diese Rivalität, ich begehrte gegen die Mutter auf, ich setzte mich zur Wehr und wollte nicht nachgeben. Ich glaube, ich habe in ihrer Gegenwart nie auch nur eine Träne vergossen: Das traf sie am meisten und schien ihr am klarsten zu bestätigen, daß ich von Grund auf schlecht sei. Deshalb fiel es ihr schwer, sich überhaupt noch mit mir zu beschäftigen. Mein Vater mußte deshalb neben allen seinen anderen Beschäftigungen diese Aufgabe übernehmen. Schon von den ersten Monaten meines Säuglingslebens an hat er sich wie eine Amme um mich gekümmert.

Die Beziehungen zwischen meiner Mutter und mir waren somit gespannt. Überdies fand Großvater Raggi, mein Großvater mütterlicherseits, ein boshaftes Vergnügen daran, noch Öl ins Feuer zu gießen. Ein Vergnügen? Wenn ich ehrlich sein will, muß ich gestehen, daß ich mir nicht sicher bin. Seine Haltung war sehr viel mehrdeutiger. Durch und durch ambivalent. Einerseits verwöhnte mich dieser Mann mit Geschenken, aber andererseits erzählte er meiner Mutter unverzüglich jede Dummheit, die ich begangen hatte oder von der er glaubte, ich hätte sie begangen. Seinetwegen erhielt ich deshalb täglich systematisch eine Tracht Prügel. Diese Spaltung, besser gesagt diese Doppelzüngigkeit im Charakter ein und desselben Menschen ist für mich bis heute ein Rätsel geblieben. Doch später waren mir solche Erfahrungen äußerst nützlich: bester Anschauungsunterricht für ein vertieftes Eindringen in die menschliche Natur.

Trotz allem eine seltsame Persönlichkeit, dieser Alfredo Raggi, wenn ich an ihn zurückdenke! Ein Feigling, ein Kriecher, befangen in einem naiven Mystizismus, der an Aberglauben grenzte. Fortwährend betend, weil er Angst davor hatte, was ihn nach seinem Tod erwarten könnte, aber ebenso ausdauernd von dem von seiner Religiosität vorgezeichneten Weg abweichend, weil er nicht einmal der geringsten Versuchung zu widerstehen vermochte. Er ließ sich von einem nörglerischen Fatalismus treiben. Wenn er einmal heftig wurde, so war es fast immer gegen mich. Vor allem ertrug er es nicht, daß ich nicht schwieg, sobald er den Mund öffnete. Dieser Anspruch auf eine bevorzugte Berücksichtigung als Gesprächspartner zu meinem Nachteil erschien mir als eine monströse Ungerechtigkeit (um so mehr, als bei Meinungsverschiedenheiten ich als Kind automatisch im Unrecht war). Eines Tages stand ich mitten während einer Mahlzeit auf, um klar zu sagen, was ich für richtig hielt: Weshalb sollte nicht auch ich wie alle anderen das Recht haben, meine Meinung zu sagen? Eine denkwürdige Abreibung war die Folge, doch auch an diesem Tag verstand es mein Vater, mir zuzuhören und mich zu verstehen.

Was tat mein Großvater Raggi, solange ich ihn kannte? Nichts. Er überließ das Handeln meiner Großmutter. Wie ihrer Tochter machten auch ihr sprachliche Schwierigkeiten zu schaffen. Nur selten öffnete sie den Mund, und noch seltener ihr Ohr. Jede Hoffnung auf ein Gespräch war folglich vergeblich. Zudem wurde ihre Sehkraft immer schwächer, so daß sie schließlich beinahe blind war. Damit er sich nicht um sie kümmern mußte (was ihm Gelegenheit verschaffte, sich nach Herzenslust auszutoben), schickte ihr Gatte sie zur Erholung in die Berge.

Manchmal begleitete ich sie auf ihren Spaziergängen. Praktisch nie kam es zu einem Gespräch, aber wir waren wenigstens zusammen. In einer Gegend, der ich heute kaum mehr etwas abzugewinnen vermag, die mir aber damals wie das Paradies erschien, kam ich mit jungen Italienern zusammen. Gemeinsam rannten wir den ganzen Tag über barfüßig in dieser Landschaft herum. Platz für unsere Spiele hatten wir genug in dieser Gegend von Baus-Roux bei Saint-Martin-du-Var. Wenn wir Durst hatten, holten wir uns eine Ziege und tranken die Milch vom Euter.

Alfredo Raggi vergoß viele Tränen, als seine Frau starb. Doch weshalb weinte er in Wirklichkeit? Wegen der Liebe, die er ihr nicht zu schenken vermocht hatte, oder, prosaischer und egoistischer, weil er auf gewisse Annehmlichkeiten verzichten mußte? Wie dem auch sei, dieser Tod verschärfte noch seine schon früher ausgeprägte Einsamkeit. Seine Gespaltenheit mir gegenüber war von allen empfunden worden, mit denen er zu tun hatte. Das war wohlverstanden nicht wirklich seine Schuld: Wir sind nicht für unsere Neurosen verantwortlich. Doch diese Verhaltensweise hatte allmählich um ihn herum ein Vakuum geschaffen. Die Ironie des Schicksals wollte es, daß ich gegen das Ende seines Lebens der einzige Mensch war, an den er sich noch wenden konnte, der einzige, der ihm wenigstens einen Hauch von affektiver und materieller Hilfe anzubieten vermochte.

Ich hatte meinen beiden Großmüttern besondere Namen gegeben. Die eine, die Erholung in der Natur suchte, war die »Oma vom Berge«, die andere die »Oma vom Paillon«, weil sie ihre Wäsche im Paillon wusch, dem Fluß, der durch Nice hindurch ins Mittelmeer fließt.

Diese zweite Großmutter war, wie ich ganz am Anfang dieses Kapitels bemerkt habe, eine bewundernswerte Persönlichkeit. Ein winziges Stück Frau, aber eine Frau mit unversieglichen Vitalitätsreserven. Ich war davon überzeugt, daß sie unsterblich sei. Ihre Mutter war 103 Jahre alt geworden, ihre beiden Tanten sogar 105- und 108jährig! Doch die Oma vom Paillon starb schon kaum neunzigjährig. Eine Lungeninfektion nach einer schweren Grippe raffte sie dahin. Zu ihr hatte immer eine tiefe affektive Beziehung bestanden. Ich verdanke ihr mein Leben: Ich war ein wenig auch ihr Kind ...

Auch meinem Großvater väterlicherseits war ich in Liebe zugetan, und diese Zuneigung beruhte auf Gegenseitigkeit. Soweit ich mich an diese Zeit im Haus in Nice zurückerinnere, trennten wir uns sozusagen nie. Ich muß hinzufügen, daß die drei Ehepaare, von denen ich hier spreche, alle das erste Stockwerk bewohnten: Meine Eltern lebten auf der rechten Seite, meine Großeltern mütterlicherseits in der Mitte, meine Großeltern väterlicherseits auf der linken Seite. Eine solche räumliche Aufteilung widerspiegelt recht gut die Struktur der südfranzösischen Familie. Ärgerlich daran war, daß sie auch allerlei »Probleme für den Psychiater« verursachte (um so mehr, als Großvater Raggi als Mann mit einer gewissen Neigung zu Zänkereien bekannt war). Großvater Tomatis war mein Spielgefährte. Als ich drei oder vier Jahre alt war, vergnügten wir uns mit Kartenspielen. Es waren riesige Karten, und ich hatte größte Mühe, sie in meinen Händen zu halten. Doch das war nicht das Hauptproblem. Wirklich hinderlich war, daß weder er noch ich den Zahlenwert der einzelnen Karten und noch weniger die Spielregeln kannten! Und zu allem Unglück waren wir beide darauf erpicht zu gewinnen – ich, weil ich noch ein Kind war, und er, weil es zu seinem Charakter gehörte. Ich brachte ihn an den Rand der Hoffnungslosigkeit, wenn ich behauptete, eine Partie gewonnen zu haben. Das rührte ihn fast zu Tränen. Er warf seine Karten hin, ließ mich am Tisch sitzen, und ich hörte nur noch, wie er mit hoffnungsloser Stimme zu meiner Großmutter sagte:

»Ich habe trotz allem gewonnen! Ich, daran läßt sich nicht rütteln.«

Davon abgesehen war er einer der sanftesten Menschen, die ich je kennengelernt habe. Und dabei war er eine Wucht von einem Mann! Ein Koloß, eine Naturgewalt! Als er noch im Piemont lebte, wo die Kraft eines Mannes nach der Anzahl von Gegnern beurteilt wird, denen er die Stirn bieten kann, ohne daß der Kampf unausgewogen wird, hatte man von ihm angenommen, er könne sich nur ehrenhaft auf einen Kampf einlassen, wenn er mindestens sechs Gegner im Rücken habe! Vielleicht waren es auch sieben, ich erinnere mich nicht mehr so genau ... Er vollbrachte auch wahre Wunder beim Holzspalten. Überdies war er, wie mehrere seiner Söhne, ein großer Esser. Genauer müßte man sagen, er war ein Mann, der nie wirklich satt wurde.

»Nun«, pflegte er bescheiden zu sagen, wenn ein Fremder sich über seinen Appetit wunderte, »ich esse dafür nur so wenig Brot« (dazu hob er einen Finger in die Höhe). Und das stimmte, Brot aß er in sehr vernünftiger Menge. Aber einige Kilogramm Polenta vermochten ihm keine Angst einzujagen!

In meinen Erinnerungen lebt dieser Großvater als ein Mensch von unendlicher Güte und voller menschlicher Warmherzigkeit weiter, wie man sie nur sehr selten bei einem Mann antrifft. Auch sein angeborenes Gesangstalent ist mir im Gedächtnis geblieben. Mein Vater hatte, wie ich bereits erzählt habe, nie gesungen, bevor er im Alter von vierzehn Jahren zufällig dazu gezwungen wurde. Sein Vater hingegen war ein geborener Sänger. Seine Freuden, seine Nöte, seine Sorgen, seine Träume, alles in seinem Leben fand Ausdruck in seinem Gesang. Er besaß, wie man üblicherweise zu sagen pflegt, ein »schönes Organ«. Außergewöhnlich war insbesondere sein Stimmvolumen. Sobald er zu singen begann, mußte man seine Ohren schützen! Er war mindestens vier Straßen weit zu hören. Viele Jahre später bestätigte mir mein Vater, der im Theater inzwischen die besten Stimmen der Welt kennengelernt hatte, daß er nie etwas Vergleichbares angetroffen habe. Er selbst, dessen kraftvolle Stimme weitherum berühmt war, wurde neben meinem Großvater zu einer blassen Figur. Dessen Stimme war ein eigentlicher Strom. Sie umfaßte mehrere Oktaven und war derart geschmeidig, daß er in fast allen Tonlagen zu singen vermochte. Wenn er mit jemandem zusammen sang, so wählte er immer die zweite Stimme, gleichgültig, ob Tenor, Baß oder Bariton, ganz nach Belieben.

Das waren die Menschen, die ihren dunklen Schatten oder ihr helles Licht auf meine Kindheit warfen. Um das Bild abzurunden, muß ich zwei Persönlichkeiten wenigstens andeutungsweise erwähnen. Sie standen mir nicht so nahe, waren aber dennoch für meine Kindheit bedeutsam: Onkel Victor und Onkel Clément.

Onkel Victor war äußerst schwerhörig, hatte sich aber deshalb keineswegs von der Welt und den anderen Menschen abgesondert. Er war – und ist immer noch – ein besonders liebevoller Mensch. Man hatte ihm den Übernamen »Bellessa« (Schönheit) angehängt, doch damit wurde nicht auf sein Äußeres angespielt, sondern gewissermaßen auf seine innere Landschaft. Er war das getreue Abbild meines Großvaters, und als dieser starb, nahm er ganz natürlich dessen Platz in meinem Herzen ein. Welch großartiger Mann! Von ausgesuchtester Höflichkeit! Obwohl ich noch ein Kind war, behandelte er mich wie einen Erwachsenen. Neben seiner ausgeprägten Freundlichkeit verblüffte mich seine Verschlecktheit. Auf Zucker war er unglaublich scharf. Sobald er von der Arbeit heimkehrte, öffnete meine Großmutter für ihn eine der Blechbüchsen, in denen sie Zucker aufbewahrte. Während er seine Zeitung las, verschlang er täglich regelmäßig ein Kilogramm davon.

Onkel Clément war ganz anders als sein älterer Bruder. Als jüngstes Kind war er von seinen Eltern verwöhnt worden. Er huldigte zwei großen Leidenschaften: seinem Auto und dem Sport. Oft nahm er mich mit, wenn er mit seinem Rosengart, damals die große Neuigkeit auf dem Automarkt, durch die Alpen oder die Pyrenäen fuhr. Dank ihm habe ich Gegenden von ungewöhnlicher Schönheit in den Bergen, früh am Morgen, kennengelernt.

So vergingen damals an der Rue Saint-Joseph die Tage, Tage des Zorns und des Glücks, ständiger Auseinandersetzungen, aber auch von unbeschreiblicher Zartheit; die langen spannenden und knisternden Tage der Kindheit, eine ununterbrochene Verkettung von Dramen und Hochgefühlen, in der Gleichgültigkeit keinen Platz fand. So widerhallen und verschmelzen in meinem Kopf die hinreißenden Gesänge von Großvater Tomatis, die nicht enden wollenden Jeremiaden von Großvater Raggi, die Vorwürfe meiner Mutter und das Schweigen meines Vaters, dieses Schweigen, das in Wirklichkeit bedeutete: »Ich bin da, ich höre dir zu«, dieses warmherzige Schweigen, das beredter sein kann als liebevolle Worte. Ich kämpfte, um gehört zu werden, aber ich wurde oft besiegt wie so viele Kinder, die hart unter dem berühmten »Recht auf Schweigen« leiden, das sarkastischerweise innerhalb der Familien den Kindern zuerkannt wird. Aber ich wußte, daß es zumindest ein Ohr gab, das in meiner Richtung geöffnet war, bereit, mich zu verstehen und mir zu helfen.

Andere Konflikte, die nicht unmittelbar mich betrafen, belebten die Familiengemeinschaft. Das Verhalten von Alfredo Raggi war die Ursache eines latenten Gegensatzes zwischen den Großeltern väterlicher- und mütterlicherseits (den »Paten«, wie man sie in Südfrankreich nennt). Immerhin gab es ein Thema, worüber man sich völlig einig war: der Krieg. Keine der beiden Familien vermochte dieses grauenvolle Geschehen zu begreifen. Vor allem nicht die ganz in der italienischen Gefühlswelt verhafteten Tomatis, die zusehen mußten, wie die meisten ihrer Söhne für Frankreich an die Front geschickt wurden und nicht mehr zurückkehrten. Ein System, das solche Tragödien heraufbeschwörte, war für sie eine abscheuliche und blutige Absurdität. Sie bekannten sich zu einem leidenschaftlichen Antimilitarismus, den schon mein Großvater als Reaktion gegen Mussolini entwickelt hatte. Mein Vater teilte diese pazifistischen Auffassungen.

Um 1923/1924 begann man ihm höchst interessante Verträge anzubieten, die ihn aber zwangen, Nice für die Dauer einer »Saison«, also eines halben Jahres, zu verlassen. Ich durfte ihn einige Male auf seinen Reisen begleiten, so nach Belgien, wo zwei Dinge mich verblüfften: die Sorgfalt, mit der alles gesäubert wurde, die Gehwege einbegriffen, und die riesigen Butterbrote! Mit jedem Jahr festigte sich die Stellung meines Vaters in der Welt der Oper. Dank seiner hervorragenden Stimme blieb er einundvierzig Jahre lang in Frankreich einsame Spitze, und er wurde zu einem der bestbezahlten Künstler in seiner Sparte. Es gab freilich auch schwierige Augenblicke, weil mein Vater sein Geld leichten Herzens ausgab und freigebig verteilte, was er während der Saison verdient hatte. Man mußte deshalb regelmäßig auf frühere Ersparnisse zurückgreifen, damit der Haushalt noch funktionierte. Daraus ergaben sich bisweilen Spannungen und von Pessimismus geprägte Krisen.

Man hat mir immer wieder gesagt, ich sei ein besonders schwieriges Kind gewesen. Das hatte schon sehr früh begonnen, noch als ich ein

Säugling war. Ich gehörte, so scheint es, zu den Schreihälsen. Ich schrie den ganzen Tag über und weinte während der ganzen Nacht. Am Ende entschied sich mein Vater aus Ärger, weil dieses Geschrei ihn bei seinen nächtlichen Studien störte, für eine einfache Methode: Er hing mich vor dem Fenster auf, so wie man nasse Wäsche zum Trocknen aufhängt. Ich frage mich manchmal, ob die Schwindelanfälle, unter denen ich später zu leiden hatte, nicht auf diese sehr unkonventionelle Art, mich »unschädlich zu machen«, zurückzuführen gewesen seien.

Es stimmt, ich war während eines großen Teils meiner Kindheit kränklich, und das von Geburt an. Das affektive Umfeld in meinen frühen Lebensjahren (eine Mutter, die sich kaum um ihr Kind kümmerte, und ein Vater, der oft abwesend war) hat zweifellos dazu beigetragen, daß ich Mühe hatte, mich in meine Familie einzufügen. Zwischen meiner Geburt und meinem elften Lebensjahr litt ich ungefähr an allen Krankheiten, die ein Kind bekommen kann. Dazu gehörten insbesondere verschiedenste Verdauungsstörungen, die mit Sicherheit psychosomatischer Natur und durch das schlechte Verhältnis zwischen meiner Mutter und mir bedingt waren. Wenn ich an diese Zeit zurückdenke, so würde ich sagen, daß es für einen späteren Arzt, und vor allem für einen Arzt, der sich mit der psychologischen Seite der Krankheiten befaßt, ein Glücksfall war, das alles am eigenen Leibe erfahren zu haben. Und ebenso muß ich feststellen – und ich versichere, daß diese Bemerkung keineswegs zynisch gemeint ist –, daß meine Auseinandersetzungen mit meiner Mutter mir von großem Nutzen waren, als ich in die Geheimnisse der Psychologie der zwischenmenschlichen Beziehungen einzudringen begann.

Fast ununterbrochen hatte ich also mit gesundheitlichen Problemen zu kämpfen, und ein Arzt löste den anderen an meinem Krankenbett ab. Einer von ihnen hat in meinem Gedächtnis eine deutliche Spur hinterlassen. Nachdem er sehr oberflächlich meine Brust abgehorcht hatte, erklärte er schlicht: »Er ist überhaupt nicht krank; er spielt nur Theater; er tut so, als ob er krank wäre, um Sie zu ärgern!« Also genau das, was man sagen mußte, um die Situation noch mehr zu vergiften. Und dieser spätere Kollege hatte unrecht, denn diese Krankheit hatte keinerlei psychologische Ursachen. Daß mein Gesundheitszustand wirklich ernst war, stellte man schließlich erst fest, als man mir endlich Fieber maß.

In unserem Haushalt gab es jedoch keinen Fiebermesser. Dazu benutzten wir vielmehr ein recht primitives Hausmittel. Auf die Stirn des Kranken wurde ein Geldstück gelegt. Wenn die Münze herunterfiel, so war die betreffende Person nicht krank; blieb sie hingegen kleben, so war die Körpertemperatur erhöht.

Das Geldstück blieb kleben.

Bestürzung machte sich breit, und sie war um so größer, als ich bereits halb bewußtlos war. Mehrere Ärzte defilierten an mir vorbei, und ... alle drückten sich, denn sie waren mit ihrem Latein am Ende! Nicht ohne Grund! In der Folge zeigte sich nämlich, daß ich gleichzeitig unter Bauchtyphus, Mittelmeer- und Fleckfieber litt. Unglaublich? Nicht wenn man an die Bedingungen denkt, unter denen sich bisher mein Leben abgespielt hatte. Bauchtyphus war die Folge einer mangelhaften Hygiene bei der Nahrungszubereitung, ein verbreitetes Übel bei Familien in der Altstadt von Nice. Mittelmeerfieber hatte ich mir zugezogen, als ich vom Euter der Bergziegen Milch trank, denn die meisten dieser Tiere waren nicht gesund. Und das Fleckfieber (eine Krankheit, die durch einen Rattenfloh übertragen wird) war ein Andenken an meine heimlichen Ausflüge in die unterirdischen Gänge. Kurz gesagt, ich hatte mir Tierkrankheiten zugezogen, und später begriff ich aus eigener Erfahrung, daß es äußerst schwierig war, in solchen Fällen eine eindeutige Diagnose zu formulieren. Die Symptome überdeckten sich gegenseitig, und die für jede dieser Infektionskrankheiten charakteristischen Zyklen gingen ineinander über.

Die überforderten Ärzte sagten irgend etwas, bevor der nächste herbeigerufen wurde, bis meine Eltern einen gewissen Doktor Carcopino kommen ließen (später erfuhr ich, daß er der Bruder von Francis Carco war). Dieser Praktiker sprach das Patois von Nice, was die Verständigung erheblich vereinfachte. Von seiner Persönlichkeit strahlte etwas aus, das Vertrauen in seine Beurteilung und seine Fähigkeiten weckte. Sogar ich sprach trotz meines erbärmlichen Zustandes auf ihn an: Dieser Mann schien mir zur kleinen Elite derer zu gehören, die zuhören können.

Gleich wie die anderen Ärzte vor ihm beugte er sich über mich und horchte mir den Brustkorb ab. Lange und geduldig. Dann streckte er sich wieder und sagte ganz schlicht:

»Ich weiß nicht, welche Krankheit er hat. *Ich muß das genau abklären.*«

Er klärte wirklich ab, und zwei oder drei Tage später wurde er fündig. Doch das war nicht das Wesentliche. In meinem Innersten, und das machte mich betroffen, hatte er etwas ausgelöst, hatte er den Dunst meiner Erstarrung durchbrochen. In meinem Kopf hallte dieser kurze Satz *»Ich muß das genau abklären«* wie ein Donnerschlag nach.

Er wurde für mein späteres Leben entscheidend.

Auch *ich* würde Arzt sein. Auch *ich* würde ein Mann sein, der abklärt, was er nicht weiß.

***

Sieht man von einigen wenigen Monaten während des letzten Schuljahres des Enseignement secondaire ab, als ich (nicht sehr ernsthaft alles in allem) mit dem Gedanken spielte, eine bekannte Schule zu absolvieren, so blieb dieser Vorsatz innerlich in mir tief verankert, bis ich schließlich mein Medizinstudium begann.

Ich kann freilich nicht sagen, ich hätte bei meiner Familie Begeisterung ausgelöst, als ich ihr diese Absicht bekanntgab. Einen Neunjährigen konnte man doch nicht ernst nehmen! Man hielt meine Vorstellung für völlig verschroben. Ich sollte Arzt werden, wo ich doch wegen meiner pathologischen Abenteuer die Schule nur sporadisch besucht hatte. Ich sollte andere pflegen, wo ich selbst doch dauernd krank war! Völlig absurd!! Man zuckte bloß die Schultern.

Ausgenommen mein Vater.

Er hatte begriffen, daß es sich nicht um eine kindliche Laune, eine vorübergehende Marotte handelte. Vielleicht wollte er sich davon überzeugen, daß ich diese Berufung tatsächlich in mir verspürte. Er anerkannte meinen Wunsch (so wie man sagt, daß ein Staat einen anderen Staat anerkennt). Noch zwei Jahre lang war ich fast ununterbrochen krank. Doch sobald ich wieder fest auf meinen Füßen stand, entschloß sich mein Vater, alles zu unternehmen, damit ich das Studium beginnen konnte, das meine Hoffnungen erfüllen würde.

Das ging nicht reibungslos vonstatten, im Gegenteil. Mir fehlten die für eine höhere Schule unerläßlichen Grundlagen. Ich beherrschte nicht einmal die französische Sprache vollständig. Um mir bei der Überwindung der ersten Hindernisse helfen zu können, ließ mich mein Vater nach Marseille kommen, wo er einen Vertrag für eine Saison abgeschlossen hatte. Ich wollte ihm Freude bereiten, aber ich entwickelte mich am Gymnasium, wo er mir einen Platz verschafft hatte, offensichtlich nicht zu einer geistigen Leuchte. Ich erwies mich vielmehr als eine Null von seltenem Ausmaß, die auch den blasiertesten Pädagogen zur Verzweiflung bringen konnte!

Die Umstände waren entschieden stärker als ich, aber ich verlor den Mut nicht. Ich hoffte, durch hartnäckiges Arbeiten würde es mir eines Tages gelingen, Oberwasser zu bekommen, zumindest die Fragen zu verstehen, auch wenn ich noch keine Antwort darauf wußte ... Leider hatte ich nicht genügend Zeit, um mich der Situation anzupassen. Auch mich traf das Los vieler Kinder von Theaterleuten, die mit ihren Eltern von Stadt zu Stadt ziehen und nirgends Wurzeln schlagen können. An jeder neuen Schule mußte ich wieder ganz unten beginnen. Nicht nur die Mitschüler und die Lehrer waren nicht mehr dieselben, auch die Lehrmethoden, die Lehrbücher und in einigen Fällen sogar die Lehrpläne waren anders. Ich hatte immer das Gefühl, als wäre ich über einem unbekannten, feindseligen Land mit dem Fallschirm abgesprungen.

Mein Vater – der trotz der wiederholten Mißerfolge nie an mir gezweifelt hatte – sah schließlich ein, daß ich auf diese Weise mein Ziel nie erreichen würde. Er suchte deshalb nach einer besseren Lösung.

Meine Mutter schlug ein Internat vor. Doch er traf eine ganz andere Entscheidung. Die einzige zweifellos, von der niemand auch nur den Bruchteil einer Sekunde lang annehmen durfte, daß sie sich bewähren würde.

***

»Ich habe es genau überlegt«, sagte mein Vater zu mir. »Mein Sohn, wenn du wirklich Arzt – und zwar ein guter Arzt – werden willst, so mußt du nach Paris gehen. Wir kennen dort niemanden, du mußt also ganz allein zurechtkommen. Doch so lernst du das Leben kennen, und das wird dir zweifellos nützlich sein.«

So kam es dazu, daß ich als Elfjähriger für mich allein zu leben begann. Nicht als Internatsschüler in einem Gymnasium, sondern als völlig freier und für sein Tun und Lassen selbst verantwortlicher Externer. Ohne Eltern, ohne briefliche Kontakte, ohne Freunde. Ohne jemanden, der mich überwachte ... oder mir im Notfall helfen würde. Wenn ich jetzt auf diese Zeit zurückblicke, kann ich mir fast nicht mehr vorstellen, daß ein solches Abenteuer überhaupt möglich war, doch zu dieser Zeit hatte ich keinerlei Bedenken.

An ein Kind wurden damals erheblich geringere Anforderungen als heute gestellt. Entsprechend war auch das Risiko, das man in einer im Vergleich zur heutigen nicht so hektischen und bestimmt weniger egoistischen Gesellschaft einging, erheblich geringer. Zudem war man in meinem Alter widerstandsfähiger als heute, vor allem wenn man sich schon in jungen Jahren daran gewöhnt hatte, wie ein Erwachsener Verantwortung zu tragen. Die Entscheidung war jedenfalls in den Augen meiner Familie alles in allem weniger abenteuerlich als mein Wunsch, Arzt zu werden!

Mein Vater brachte mich in einer Wohnung in Neuilly, Rue Théophile-Gautier 9, unter. Dieses Städtchen erinnerte damals noch daran, daß es bis vor kurzem ein Dorf gewesen war. Wenn ich von meiner Wohnung zum Pasteur-Gymnasium spazierte, kam ich an mehr Gärten als Gebäuden vorbei. Einige Lehrer, die ihre Jugendzeit in dieser Gegend verbracht hatten, erzählten uns, daß damals der heutige Marktplatz noch ein Kartoffelacker gewesen sei (hier hatte Parmentier seine Versuche mit verschiedenen Kartoffelkulturen durchgeführt); auch Kuhherden konnte man begegnen.

Die Wohnung bestand aus einem Eßzimmer-Salon, einem Zimmer, einer Küche und einem Badezimmer, wo ich mir meine Studierecke einrichtete. Am meisten zu schaffen machte mir bei dieser Ortsveränderung das Klima, der ewig graue Himmel. Im Süden ist man eben ein »Sohn der Sonne«. Dieses Licht fehlte mir. Später fühlte ich mich von Südspanien stark angezogen, was ebenfalls eine Folge dieses Bedürfnisses nach Helligkeit gewesen sein dürfte, das während meiner Studienzeit in Paris in mir erwacht war.

Am meisten aber verwunderte und betrübte mich im Pariser Becken, daß die Erde nicht rot war. Rot ist die Farbe der Ackerböden in Südfrankreich; daß sie hier anders war, verwirrte mich. Dieses Unbehagen verschwand mit der Zeit; doch meine Vorliebe für die rote Erde überdauerte diese Gewöhnung. Auch das war einer der Gründe dafür, daß ich oft nach Andalusien, in ein kleines Dorf bei Almeria, reiste.

Als Elfjähriger befand ich mich also in einem Land, in dem ich mich, so schien mir, nicht zu Hause fühlte. Einerseits war ich glücklich darüber, daß die täglichen Auseinandersetzungen mit meiner Mutter beendet waren. Doch andererseits mußte ich mich mit vielen für mich völlig neuen Problemen befassen: waschen, flicken, Mahlzeiten zubereiten, die Wohnung putzen usw. Der Anfang war sehr schwer, denn ich mußte Lösungen für alle diese Probleme finden. Mit den mir zur Verfügung stehenden Mitteln. Und ohne jede Hilfe. Später, als ich mit einigen wenigen Mitschülern (meine Kameraden empfanden wenig Sympathie für mich, auf die Gründe dafür komme ich zurück) Freundschaft geschlossen hatte, fiel mir das alles viel leichter. Einer von ihnen, Jean Coti, der mir ein lieber Freund geblieben ist, stellte mich seinen Eltern vor. Diese luden mich oft zum Essen ein. Zu meinem Glück wurde ich auch mit dem Aufseher des Pasteur-Gymnasiums, einem gewissen Bonnet, näher bekannt, der aus Toulouse stammte und ein begeisterter Bewunderer meines Vaters war. Er besuchte mich regelmäßig an der Rue Théophile-Gautier, gab mir allerlei Ratschläge und kümmerte sich auch um meine innere Entwicklung. Da er meine Probleme kannte und verstand, tat er alles, was in seiner Macht lag, um meine Schulzeit und meine Beziehungen zur Verwaltung zu erleichtern. Er verschaffte mir, das muß ebenfalls gesagt sein, sogar gewisse Erleichterungen, ohne die ich möglicherweise von der Schule gewiesen worden wäre, denn während der ersten beiden Jahre erbrachte ich nicht die Leistungen, die meine Lehrer von mir erwarteten. Wenn ich beispielsweise nicht zur verlangten Zeit im Gymnasium sein konnte, durfte ich dennoch meine Prüfungsarbeiten bei ihm abgeben.

Doch weshalb, wird sich der Leser fragen, konnte ich nicht zur verlangten Zeit in der Schule sein? Waren es neue Krankheiten? Nein. Ich strotzte zwar nicht von Gesundheit, aber es gab auch keine gesundheitlichen Beeinträchtigungen, die mich gezwungen hätten, das Bett zu hüten. Also? Weil ich arbeitete! Tagsüber, aber oft auch in der Nacht, vor allem indem ich Tausende von Briefumschlägen beschriftete.

Mein Vater hatte meine Berufung ernst genommen. Um ihm dafür zu danken, hatte ich es mir in den Kopf gesetzt, daß ihn meine Ausbildung keinen Pfennig kosten dürfe. Immer bei Schulbeginn ließ er mir sechstausend Franc zukommen (was zur damaligen Zeit eine vernünftige Summe war). Aber wenn er bei mir zu Besuch war (er verbrachte jedes Jahr zwei Monate an der Rue Théophile-Gautier, etwa wenn er von der Pariser Oper verpflichtet worden war oder zwischen zwei Engagements), so gab ich ihm regelmäßig sein Geld zurück.

Als ich selbst Vater wurde, begriff ich, wie sehr ich mich mit meiner Meinung getäuscht hatte, ich würde ihm auf diese Weise eine Freude machen. Als er sich von der Bühne zurückziehen mußte, gab ich mir alle Mühe, ihm zum Dank für alles ein angenehmes Leben zu verschaffen. Doch er litt darunter, daß er mir nicht, wie ich damals, das Geld zurückgeben konnte, mit dem ich ihn unterstützte. Jetzt bedauerte ich meinen jugendlichen Übereifer! Doch zu Beginn der dreißiger Jahre konnte mich nichts davon abhalten, selbst Geld zu verdienen und es meinem Vater zurückzugeben, um ihm so meine Dankbarkeit zu zeigen.

Wie ich mein Leben gestaltete, hing grundsätzlich nur von mir selbst ab, weshalb ich mir bereits wie ein kleiner Erwachsener vorkam. Und Erwachsensein, es sei daran erinnert, bestand für mich darin, rastlos und pausenlos zu arbeiten. Es war deshalb für mich nur selbstverständlich, daß ich mich zu nie erlahmender Anstrengung zwang. Woher ich mit elf, zwölf oder dreizehn Jahren die notwendige Energie nahm? Das frage ich mich noch heute.

Die innere Kraft, die mich beseelte, erwuchs aus der Liebe zu meinem Vater und aus seiner Liebe zu mir. Vielleicht genügte das für die Energie, die ich brauchte. Vom ersten Tag in Neuilly an bis zu meinem fünfundzwanzigsten Lebensjahr schrieben wir uns täglich Briefe (ausgenommen natürlich während der Zeit, da mein Vater bei mir wohnte). Ich versuchte auch meine Mutter in diese Dynamik einzubeziehen. Meine Briefe an sie blieben jedoch ein erneuter Mißerfolg. Sie bemühte sich nicht einmal, mir wenigstens mit einigen unbeholfenen Sätzen zu antworten ...

Doch ich arbeitete nicht nur wegen meines Vaters, sondern auch *für* ihn. Alle meine Anstrengungen waren ihm gewidmet. Ich stellte mir sogar vor, daß er dies von mir erwartete. Oder noch genauer – ich muß immer wieder darauf hinweisen –, ich glaubte, es entspreche ganz seiner eigenen Grundhaltung, wenn ich derart arbeitete. Erst viel später erfuhr ich, daß er schon seit einiger Zeit sich nicht mehr so verbissen abmühte, wie ich es während meiner frühesten Jugend erlebt hatte. Er war freilich auch kein Müßiggänger geworden. Ich war bereits ein reifer Mann, als er mir gestand, wie schwer es ihm jeweils gefallen war, sich meinem Lebensrhythmus anzupassen, wenn er bei mir in Neuilly wohnte! Weil ich ihm nachzueifern versuchte, hatte ich es mir zur Gewohnheit gemacht, spät zu Bett zu gehen (um meine Briefumschläge zu beschriften); im Sommer wie im Winter stand ich aber auch bereits um vier Uhr morgens auf. Ich zündete das Licht an, und der schmale Lichtstreifen, der unter der Tür hindurch in sein Zimmer drang, weckte ihn regelmäßig auf: »Das arme Kind!« sagte er zu sich selbst. »Es ist schon an der Arbeit, während ich noch im Bett liege.« Auch ihn hielt es deshalb nicht mehr lange in der Wärme. Spätestens um fünf Uhr war er bei mir. Was ich nicht wußte: Wenn er nicht bei mir Ferien machte, stand er selten vor sieben Uhr auf!

Daraus sollte man jedoch nicht schließen, daß ich meinerseits nicht Lust gehabt hätte, etwas länger zu schlafen. Wie alle anderen Kinder (und wegen meiner vielfältigen Aktivitäten vielleicht noch mehr als die meisten von ihnen) brauchte auch ich den notwendigen Schlaf. Mit allerlei Tricks hielt ich mich wach. Bei den Schulaufgaben las ich mir alles laut vor. Das verordne ich noch heute allen Leuten, die mich konsultieren. Lautes Lesen hat nämlich sehr viele Vorteile, auf die ich später zurückkommen werde. So prägt sich das Gelesene erheblich besser ein. Und eben das Gedächtnis, mußte ich damals feststellen, war von allen meinen Schwachstellen die schwächste. In diesem Stadium schon fast ein Gebrechen! Doch nach einiger Zeit setzte sich die günstige Wirkung des lauten Vorlesens durch. Ich begann bestimmte Informationen zu speichern, was wiederum die Aufnahme anderer Daten erleichterte, und so fort. In der Schule führte diese Entwicklung zu spektakulären, raschen und beträchtlichen Fortschritten. In der Septima war ich praktisch eine Null. In der Sexta war noch nicht viel mit mir los. Doch in der Quarta war ich bereits in allen naturwissenschaftlichen Fächern Primus, und auch in den geisteswissenschaftlichen Disziplinen durften sich meine Leistungen sehen lassen. In der Tertia heimste ich sozusagen alle ersten Preise ein. Nur noch im Turnen fielen die Noten schlecht aus.

Weil sich meine Kameraden über solche körperlichen Mängel lustig machten, beschloß ich, mich auch um den Preis für Gymnastik zu bemühen. Auf meine Weise selbstverständlich, indem ich meine Energien systematisch und verbissen auf dieses Ziel konzentrierte. Im Gang meiner Wohnung montierte ich eine Stange, an der ich meine Muskulatur täglich zwei Stunden lang mit geeigneten Übungen trainierte. Auch hier machte sich meine Hartnäckigkeit bezahlt, denn am Ende schaffte ich diesen Gymnastik-Preis. Einige Jahre später wurde ich sogar Hochschul-Meister an den Geräten ... Einmal mehr hatte ich nichts anderes getan, als meinem Vater nachzueifern, und trotz meiner

Lungenbeschwerden war ich so ein richtiger Athlet geworden. Als mein Vater noch in Nice lebte, hatte er sich neben seinen vielen anderen Aktivitäten und seinem Beruf auch als Vorturner betätigt.

Sichtbare Erfolge in verschiedensten Disziplinen durch hartnäckiges Arbeiten haben mich gelehrt, daß dem Menschen durch das, was er zu sein scheint, nie Grenzen gesetzt sind, daß in ihm vielmehr viele Möglichkeiten schlummern, dank deren er fortwährend über sich selbst hinauswachsen kann. Eine höchst banale Erkenntnis – die aber zum Glücksfall wird, wenn man sie schon während seiner Kindheit gewinnt. Werden, was wir sind, gemäß der berühmten Forderung Nietzsches, das ist ein Vorsatz, für den man sich begeistern kann! Doch wir brauchen dazu zweifellos auch Impulse.

Es wäre im Hinblick auf diese Lebenskraft viel zu sagen, doch ich komme später an anderer Stelle darauf zu sprechen. Je länger ich darüber nachdenke, um so mehr neige ich zur Vermutung, daß mir diese Impulse, unter anderem, durch die Umstände bei meiner Geburt mitgegeben wurden. Als Frühgeburt gehöre ich von meinem Wesen her zu den Menschen, die in diesem entscheidenden Augenblick eine eigentliche Überlebensdynamik entwickeln mußten; ja, ich bin einer dieser Menschen, die ihren Überlebenswillen in eine Anstrengung umsetzen mußten. Seit damals ist meine Existenz für mich unauflösbar mit einem freigebigen und gewissermaßen pausenlosen Energieeinsatz verbunden. So zumindest erkläre ich mir die Dinge unter einem, wie ihn die Psychoanalytiker nennen, »ökonomischen« Gesichtspunkt. Ich bin davon überzeugt, daß uns dieses fortwährend sich erneuernde energetische Kapital gewissermaßen als ein Sprungbrett geschenkt ist, das uns den notwendigen Schwung für die Entdeckung des Lebens verleiht.

Niemand wird sich somit wundern, daß ich im Pasteur-Gymnasium den Ruf eines hartnäckigen, unermüdlichen Strebers hinterließ. Nur ich selbst war mir nicht bewußt, daß mein Eifer und meine Verbissenheit alle meine Schulkameraden verblüfften, ärgerten und zugleich entmutigten! Das hat mir begreiflicherweise nicht unbedingt die Zuneigung meiner Mitschüler eingetragen. Am Anfang, als ich noch Schwierigkeiten mit der französischen Sprache hatte, brachte ich es nur mit Mühe fertig, daß sie mich wenigstens akzeptierten. Später schloß ich zwei oder drei dauerhafte Freundschaften (die sich als so echt erwiesen haben, daß sie der Abnützung durch die Zeit widerstanden haben), doch ich blieb alles in allem ein Einzelgänger, ein Außenseiter innerhalb meiner Klasse.

Zusätzlich muß man berücksichtigen, daß die Art von Leben, das ich führte, notwendigerweise eine andere Einstellung als die meiner Mitschüler voraussetzte. Ich sah die Welt und betrachtete das Leben anders als sie. Mein Interesse galt anderen Dingen. Spielen bedeutete mir nichts. Genauer gesagt, es bereitete mir keinerlei Freude, dabei eine aktive Rolle zu spielen. Zuschauen genügte mir. Ich habe immer lieber anderen beim Kartenspiel zugeschaut als selbst mitgespielt. Als Elfjähriger spielte ich recht gut Belote (ein südfranzösisches Kartenspiel). Als ich mir dessen bewußt wurde, verlor ich jedes Interesse daran. In dieser Hinsicht habe ich mich überhaupt nicht verändert. Sobald ich die Regeln eines Spiels beherrsche, übt es auf mich keinerlei Reiz mehr aus. Es kommt bloß immer wieder dasselbe dabei heraus, und ich kann deshalb kaum begreifen, daß sich noch jemand dafür erwärmt. Daß jemand sein Hirn dafür gebraucht, sich fortwährend innerhalb eines insgesamt doch eher ärmlichen Regelsystems im Kreise zu drehen, scheint mir nicht nur lächerlich, sondern geradezu hoffnungslos langweilig zu sein.

Wie die meisten Gefühlsmenschen bin ich ein geborener Beobachter. Am meisten Freude bereitet es mir, das, was um mich herum geschieht, in mich aufzunehmen und zu analysieren. Diese Veranlagung hat mir in der Forschung und in der Klinik unschätzbare Dienste geleistet. Sie gehört zu meinem Temperament, habe ich eben gesagt. Dazu hat aber auch beigetragen, daß ich mehr Umgang mit Erwachsenen als mit gleichaltrigen Kindern hatte. Zu Erwachsenen fand ich sogar viel leichter Zugang als zu Kindern. Erwachsene empfanden meine Zurückhaltung als völlig natürlich, sie entsprach den damals üblichen Beziehungen zwischen den Generationen. Ihnen konnte ich einfach zuhören, ich durfte sie nach Lust und Laune beobachten. Gleichaltrige hingegen hielten mein Schweigen unausweichlich für Verachtung. Schüchterne Kinder müssen oft diese Erfahrung machen: Andere empfinden das, was im Gegenteil Zart- oder Unterlegenheitsgefühl ist, als eine Herausforderung. Ich war jedoch nicht bloß schüchtern, meine Schüchternheit war vielmehr bodenlos, ungeheuerlich, monströs. Meine Beziehungen zu den Mitmenschen waren während langer Zeit und gründlich gestört.

Weil die Gruppe nichts von mir wissen wollte, suchte ich einen

Ausgleich ... in der Arbeit – wodurch der Graben zwischen uns nur noch tiefer wurde. In verschiedenen Fächern ging es für mich nicht rasch genug vorwärts. Ich gewann einen Vorsprung, weil ich in den Lehrbüchern für mich allein Kapitel studierte, mit denen sich die Lehrer noch nicht befaßt hatten. Das laute Lesen bewirkte wahre Wunder, und ich erwarb mir so viele Kenntnisse. Parallel dazu festigte sich meine geistige Struktur. In der Prima, der letzten Klasse, war ich imstande, vorgelesene Tacitus-Texte aus dem Stegreif zu übersetzen. Der Lehrer war davon so begeistert, daß er seinen Unterricht völlig auf mich ausrichtete: Während ganzer Lektionen las er mir lateinische Texte vor, ohne sich darum zu kümmern, ob die Klasse noch etwas begriff oder nicht.

In Mathematik büffelte ich um so mehr, als mir die natürliche Begabung mancher Mitschüler völlig abging. Wenn ich nicht hart gearbeitet hätte, wären meine mathematischen Kenntnisse äußerst bescheiden geblieben.

Mit derselben Methode, mit der ich andere Schwierigkeiten bewältigt hatte, konzentrierte ich meine ganze geistige Energie auf die besondere mathematische Denkweise. Eines schönen Tages erhielt mein Vater einen Brief des Gymnasiums: Der Schuldirektor bat ihn um ein Gespräch, sobald er wieder einmal in Paris wäre. Weil weder meine schulischen Leistungen noch mein Verhalten einen solchen Brief rechtfertigten, fühlte ich mich zutiefst verunsichert. Hatte ich unwissentlich einen groben Fehler begangen? Als mein Vater einige Zeit später in Neuilly vorbeikam, suchte er den Schulleiter auf. Mein Mathematiklehrer nahm an diesem Gespräch teil und fiel vor ihm fast auf die Knie:

»Herr Tomatis! Herr Tomatis, Sie können es sich kaum vorstellen. Vor einiger Zeit sagte ich zu den Schülern in der Klasse Ihres Sohnes, falls einige von ihnen zufällig einmal auf die Idee kommen sollten, eine oder zwei zusätzliche Aufgaben zu lösen, so wäre es für mich ein Vergnügen, diese zu korrigieren. Ein Angebot, das ich jedes Jahr allen meinen Klassen mache, doch bis jetzt, muß ich leider sagen, ist es immer auf taube Ohren gestoßen. Doch Ihr Sohn, Herr Tomatis, Ihr Sohn hat auf mich gehört! Und seither verbringe ich alle Pausen und einen Teil meiner Freizeit damit, diese unglückseligen freiwilligen Übungen zu korrigieren. Er bringt sie mir bündelweise, mit einer Großzügigkeit, die mich verblüfft und überwältigt. Ich bitte Sie, tun Sie etwas dagegen!

Schlagen Sie ihm wenigstens vor, daß er sich um Gottes willen ein wenig mäßigt!«

Solche Folgen können Schüchternheit und deren Kompensation haben. Damit habe ich diesen feinen Menschen, der mir als außergewöhnlich begabter Pädagoge in Erinnerung geblieben ist, zur Verzweiflung gebracht. Dennoch bin ich kein mathematisches Genie geworden (was mir den Weg zu den ganz großen Schulen verbaute und meinen Wunsch, Arzt zu werden, festigte), aber ich erwarb mir immerhin genügend Kenntnisse, damit ich mich beim Abitur für die Fächer »elementare Mathematik« und »Philosophie« anmelden konnte.

Damit bin ich jedoch mit meinen Hemmungen noch nicht am Ende. Sie hielten mich während dieser ganzen Zeit (ich schloß meine Schulzeit als neunzehnjähriger mit der letzten Prüfung ab) nicht nur von (selbst platonischen) Abenteuern ab, sondern verunmöglichten mir jeden Umgang mit dem weiblichen Geschlecht überhaupt. In Nice hatten sich Knaben und Mädchen in den Kreisen, wo ich verkehrte, völlig problemlos miteinander getroffen, Unterschiede gab es nicht. In Neuilly hingegen war die Distanz institutionalisiert (im Gymnasium gab es keine gemischten Klassen) und vom bürgerlichen Selbstverständnis her sanktioniert. Mir bot sich deshalb in jungen Jahren und auch noch später gar keine Gelegenheit, mit Mädchen und jungen Frauen Bekanntschaft zu schließen, denn mein Leben spielte sich ausschließlich in der Schule und in meiner Wohnung ab. Mir fehlte auch eine Schwester, die eine Verbindung zwischen meiner abgeschlossenen Welt und den Wesen des anderen Geschlechts hätte herstellen können. Die jahrelangen heftigen Auseinandersetzungen mit meiner Mutter haben zweifellos ebenfalls nicht zu einer Normalisierung der Beziehungen zum weiblichen Geschlecht beigetragen.

Unter solchen Umständen beschränkten sich die seltenen Begegnungen mit jungen Frauen auf völlig belanglose und unverbindliche Gespräche. Das war, wie mir später bewußt wurde, für meinen Vater eine große Enttäuschung. Er wäre gewiß auf Eroberungen seines Sohnes stolz gewesen! Er versuchte auch immer wieder, mich mit jungen Frauen zusammenzubringen. Zweifellos in der Hoffnung, mich zu bekehren und zu »normalisieren«.

Erheblich mehr Erfolg hatte er bei mir mit seinen Bemühungen, mich mit den großen Sängern dieser Zeit bekanntzumachen oder mich ihre Konzerte erleben zu lassen. Im Palais Garnier und während der

Urlaubszeit in Vichy besuchten wir gemeinsam solche Veranstaltungen mit den Größen der Gesangskunst. Eine Aufzählung der vielen Künstler, denen ich in dieser Zeit Beifall spenden durfte, wäre langweilig. Ich sehe sie alle noch vor mir, ihre Stimmen hallen noch immer in meinem Kopf nach ... Schaljapin, Lorentz, Melchior und die Flagstad, diese gewaltige Wagner-Sängerin, die einen ganzen Schinken verzehrte, bevor sie die Bühne betrat (und das war auch eine Voraussetzung dafür, um wie sie *Die Walküre* zu singen).

Wenn mein Vater nach Paris kam, wurde ich mit Musik übersättigt. Das war jeweils eine glückliche Zeit. Während ich meinen eigenen Beschäftigungen nachging, setzte er sich an das Klavier und arbeitete. So wurde ich allmählich mit seinem ganzen Repertoire vertraut. In diesen kostbaren Augenblicken habe ich Freude daran gewonnen, zur Arbeit Musik zu hören. Wenn ich an meinen Büchern schreibe, meine Theorien auf einem Blatt Papier skizziere oder mit dem Schreibwerkzeug in der Hand nachdenke, so lege ich in meinem Arbeitszimmer immer Mozart oder gregorianischen Choral auf. Ich brauche diese akustische Unterstützung; dank meiner Untersuchungen habe ich solche Zusammenhänge allmählich verstanden und kann ihre Auswirkungen auf objektivere Weise beurteilen. Was bloß als eine persönliche Marotte hätte aufgefaßt werden können, stellt in Wirklichkeit eine Beziehung von universellem Wert dar. Ich kann diese Methode meinen Mitmenschen nur empfehlen (Voraussetzung ist eine gewisse Beziehung zur Musik und eine elementare musikalische Kultur), so wie ich es für das laute Lesen tue.

Mein Vater hat mir nicht nur sein musikalisches Repertoire hinterlassen. Leider! Er hat mir auch seine Anzüge und seine Schuhe vererbt. Im Alter zwischen vierzehn und dreiundzwanzig Jahren habe ich nur Kleider getragen, die weder auf meine Größe zugeschnitten waren (zuerst waren sie zu weit, dann wurden sie im Gegenteil innerhalb weniger Monate zu eng!), noch zu meinem Alter paßten und die vor allem nicht meinem Geschmack entsprachen. Nach dem Vorbild vieler Künstler kleidete sich mein Vater eher exzentrisch. Es war für mich, den König aller Schüchternen, eine wahre Qual, mich in solcher Verkleidung auf der Straße zu zeigen. Unerbittlich zog sie die Aufmerksamkeit der Passanten auf mich, und über Anzüglichkeiten durfte ich mich ebenfalls nicht wundern. Doch dieser Verpflichtung konnte ich mich nicht entziehen, denn mein Vater hatte sich furchtbar geärgert, als ich durchblicken ließ, die Aussicht, solch grelle Dinge tragen zu müssen, löse in mir nicht eitel Freude aus. Ich war moralisch verpflichtet, alle diese Anzüge, diese Mäntel, diese Schuhe, deren er überdrüssig geworden war, »auszutragen«. Besonders ärgerlich war, daß man sie, weil sie von guten Schneidern stammten (mein Vater bezahlte viel Geld dafür), nicht einmal meiner Statur anpassen konnte. Damit kam man an kein Ende!

Zwei Paar Schuhe, das eine aus Wildleder, das andere aus strohgelbem Leder, sind mir besonders in Erinnerung geblieben. Schon nur ihr Anblick unten an meinen Hosen jagte mir Schrecken ein. Ich habe alles getan, um sie von meiner Familie für traguntauglich erklären zu lassen. Ich habe mit ihnen Fußball gespielt; beim Rugby habe ich sorgfältig darauf geachtet, daß Mitspieler mit ihren eisenbeschlagenen Schuhen ihre Spuren darauf hinterließen – man hat kaum je einen Menschen gesehen, der sich mit solcher Begeisterung auf seinen Füßen herumtrampeln ließ! So weit, so gut. Als ich sie nach Nice mitnahm, um zu beweisen, daß sie untragbar geworden seien, wurden sie von meiner Mutter mit einer Bürste und einem Lappen bloß ein wenig bearbeitet, und schon sahen sie wieder wie neu aus. Ich war erschüttert. Schließlich vermochte ich meinen Vater davon zu überzeugen, daß ich seine schrecklichen gelben Schuhe nicht mehr tragen könne. Glauben Sie, er hätte sie fortgeworfen? Mitnichten! Er trug sie von da an auf der Bühne. In ihnen interpretierte er den Vater in *Le Chemineau*, und noch während Jahren blieb mir dieser schreckliche Anblick nicht erspart.

Ich muß zu dieser Zeit stolz ausgesehen haben! Unmögliche gelbe Schuhe, kostspielige Künstleranzüge, deren Ärmel mir entweder bis zu den Fingern oder aber nicht einmal bis zu den Handgelenken reichten; und zur Abrundung des Bildes Westen, Hemden und Socken, die auf meine Art gewaschen und geflickt worden waren.

Meine Stopftechnik beruhte auf dem Prinzip des geringsten Aufwandes. Ich schob einfach die Ränder eines Loches zusammen und vernähte sie, so gut es ging, mit Nadel und Faden. Das Waschen war für mich schon bald kein Problem mehr, doch meine erste Wäsche war eine entsetzliche Katastrophe gewesen!

Ich nahm den größten Topf, den ich auftreiben konnte, und warf die ganze schmutzige Wäsche hinein, so wie ich es bei meiner Großmutter Tomatis immer wieder gesehen hatte. Dann ließ ich das Wasser einige Stunden lang sieden, wobei ich den Inhalt mit einer Holzkelle von Zeit zu Zeit umrührte. Ich war mit mir höchst zufrieden. Als sich der Inhalt abgekühlt hatte, war ich deshalb sehr darüber erstaunt, daß meine Wäsche zu einer Art Gel erstarrt war und alle ursprünglichen Einzelstücke miteinander verschmolzen waren. Ich hatte ganz einfach nicht gewußt, daß der Waschkessel meiner Großmutter mit einem System ausgerüstet gewesen war, das die Temperatur automatisch regelte. Meinem Topf fehlte eine solche Einrichtung. Jetzt kann ich darüber lachen, aber damals war es ein wirkliches Drama. Meine Unterwäsche war bei diesem Abenteuer bis zum letzten Stück unbrauchbar geworden.

***

Wenn mein Vater auf einer Bühne am anderen Ende Frankreichs auftrat und mich zu sehr vermißte (oder wenn ich Heimweh nach ihm hatte), kam es von Zeit zu Zeit vor, daß er mich für einen oder zwei Monate, ja ein ganzes Trimester zu sich kommen ließ. Bisweilen mußte ich mich deshalb vom Pasteur-Gymnasium verabschieden und Mittelschulen in Nice, Marseille, Toulouse usw. besuchen. Neuilly blieb jedoch mein Heimathafen. Und von diesen Lehrern bin ich bezeichnenderweise am stärksten geprägt worden. Es muß gesagt werden, daß ich in dieser Hinsicht Glück hatte. Einige dieser Lehrer waren bemerkenswerte Persönlichkeiten. Der Historiker Auguste Bailly zum Beispiel. Auch ein anderer Historiker, der ebenfalls Schriftsteller war. Er hieß Petiot, schrieb aber unter dem Pseudonym Daniel-Rops. A. M. Debey, mein Mathematiklehrer auf der Unterstufe, den ich mit meinen freiwilligen Aufgaben zur Verzweiflung getrieben hatte; ihm habe ich es zu verdanken, daß ich zu arbeiten und insbesondere auch meine Gedanken zu formulieren lernte.

Umgekehrt hatte ich auch einen Lehrer, der trotz seines Ansehens und seines Charismas keinerlei Einfluß auf mich ausübte. Von all dem, was er uns erzählte – und weiß Gott, er redete mühelos und wortreich! –, verstand ich überhaupt nichts. Genauer gesagt, hörte ich nichts, womit ich ein Wort benutze, das mir, wie der Leser bereits erraten haben dürfte, sehr am Herzen liegt.

Als ich etliche Jahre später, nach Abschluß meines Medizinstudiums, meine Hefte von damals wieder einmal durchblätterte, stieß ich auch auf die Notizen, die ich mir während seiner Lektionen gemacht hatte.

An den Rand der ersten Seite hatte ich geschrieben: »Ich hatte Jean-Paul Sartre als Philosophieprofessor. Ich glaube, ich hatte das Glück, daß ich nichts von dem verstand, was er sagte.«

Sartre, ein außergewöhnlich brillanter Denker, war damals völlig von der Idee besessen, Existentialist werden zu müssen, was er zu Beginn seiner philosophischen Karriere keineswegs war. Er sprach stundenlang über Heidegger, ohne im übrigen seine Quellen anzugeben. Er dachte auch das Heideggersche Denken keineswegs zu Ende. Die Entwicklung des deutschen Meisters zum Essentialismus berücksichtigte er überhaupt nicht. Doch davon abgesehen, zeichnete er sich durch eine lebendige und blendende Intelligenz aus, seine hinreißenden Improvisationen wirkten überzeugend, und er konnte ohne Vorbereitung über jedes beliebige Thema sprechen. Eine äußerst eindrückliche Persönlichkeit. So eindrücklich, daß einige Schüler meiner Klasse, die alles, was er sagte, ernst und wortwörtlich nahmen, völliger Hoffnungslosigkeit verfielen und eine Lösung für ihre Probleme im Rauschgift und in einigen extremen Fällen sogar im Selbstmord suchten. Andere Schüler, zu denen auch ich gehörte, blieben davon unbeeindruckt, weil sie wenig Geschmack an philosophischer Sprache und Denkweise fanden (mein späteres Leben spielte sich vor allem in diesem Bereich ab, aber damals hatte ich mir geschworen, mich nie für philosophische oder psychologische Belange zu interessieren!). Für uns waren solche weit hergeholten Überlegungen, diese völlig neuen Gedankengänge ein Höhepunkt von Absurdität. Eines Tages hatte ich während einer Klassenarbeit aus Jux drei völlig abstruse Themen an die Wandtafel geschrieben. Ich erinnere mich noch an die Titel: »Es gibt keinen Vorhang ohne Stange. Diskutieren«, »Liebe bei den Schwarzen« und »Gedanken eines rohen (Wiener) Schnitzels«. Als Sartre unser Klassenzimmer betrat, warf er einen Blick auf die Wandtafel ... Und er stellte uns die Aufgabe, diese drei Themen zu behandeln! Dieser Unterrichtsstil enttäuschte mich um so mehr, als ich in den Kursen über elementare Mathematik und Philosophie, die in solche Fragen einführten, einen anderen Lehrer namens Bastide kennengelernt hatte, der ein Musterbeispiel wissenschaftlicher Klarheit und Logik gewesen war.

Ich muß jedoch auch eingestehen, daß ich einiges von den außerordentlich reichhaltigen Darstellungen Sartres erfaßte. Doch seine Auffassungen waren meinen Meinungen diametral entgegengesetzt.

Der Sartreschen Metaphysik (es war die Zeit des *Ekels [La Nausée])* fehlte zu sehr jede Hoffnung, als daß sie mich auch nur im geringsten hätte beeindrucken können. Doch der Mensch Sartre war trotzdem – soweit man diese Persönlichkeit durch den Lehrer hindurch und im Lehrer selbst zu erkennen vermochte – durch seine Lebendigkeit und sein scharfsinniges Denken ein Mann von ungewöhnlicher Ausstrahlungskraft.

Ich konnte ihm nicht folgen, in jedem Sinne des Wortes, weil ich schon damals war, was ich lebenslang geblieben bin: ein Glaubender und ein Idealist. Manchmal habe ich mystische Phasen durchlebt. Obwohl die Erziehung, die mir in meiner Familie geboten wurde, in keiner Weise religiöse Gefühle weckte. Südfrankreich insgesamt war damals die Hochburg des »Radikalismus«, wie diese Bewegung genannt wurde, und »Väterchen Combes«, ein militanter Antiklerikalist, hatte hier viele Anhänger. Überdies hatte mein Vater seine Karriere zu einer Zeit begonnen, als es in den Kreisen der Sänger zum guten Ton gehörte, einer Freimaurerloge beizutreten. Nicht sosehr, um überhaupt Arbeit zu bekommen, sondern um die Beziehungen zu den anderen zu pflegen, um zum Ritual der Gruppe zugelassen zu sein. Das war das mindeste, was man tun konnte, wenn man sich nicht von allen anderen absondern wollte. Es war eigentlich eher ein Zeichen der Zugehörigkeit zu einer bestimmten Berufsgruppe als wirkliche philosophische Überzeugung. Auch mein Vater schloß sich der Bewegung an und wurde Freimaurer. Hätte man das im Quartier, wo wir wohnten, gewußt, so hätte er kaum neue Freunde gewonnen. Obwohl viele Häuser (wie ich später festgestellt habe) mit Freimaurersymbolen geschmückt waren und noch sind und eine der Straßen in der näheren Umgebung sogar Rue de la Loge hieß. In Südfrankreich muß man auf alles gefaßt sein, auch daß überall Überreste des früheren Heidentums erhalten geblieben und in der christlichen Glaubenspraxis noch sichtbar sind. Überzeugte Gläubige in dieser Region, das ist bekannt, wenden sich mit ihren Anliegen lieber an örtliche, volkstümliche Heilige als an Jesus. Bei der Verehrung der Madonna von Gué insbesondere überlagert christliche Symbolik offensichtlich heidnisches Brauchtum viel älteren Ursprungs. Ein Phänomen, das im übrigen keineswegs nur für diese Region charakteristisch ist. Wenn man in der Welt herumreist – so wie ich es dank meines Berufs tun durfte –, so stellt man ähnliche spirituelle Verknüpfungen an vielen anderen Orten fest. Für die westlichen Kulturen im Mittelmeerraum sind solche Vermengungen geradezu bezeichnend. Diese Erscheinung hängt vermutlich mit den besonderen Umständen zusammen, unter denen Menschen aller Zeiten und überall den Dialog zwischen sich selbst und ihrer Umwelt aufnehmen. Daraus entwickelt sich eine mystische Symbolik als Antwort des Menschen auf die ihm von der Natur und ihren Phänomenen aufgegebenen Fragen. Ich bin in einer Atmosphäre des Aberglaubens aufgewachsen. Einige meiner Angehörigen haben, freilich ohne einem primitiven Animismus zu verfallen, allerlei wenig orthodoxen Glaubensvorstellungen gehuldigt. In meiner Umgebung hat man beispielsweise ernsthaft an Zauberinnen geglaubt – an »Masca«, wie man sie dort nennt.

Mein Vater war also Freimaurer gewesen, doch meine Großmutter väterlicherseits war eine überzeugte Christin – gleichzeitig aber auch sehr empfänglich für Aberglauben und örtliche religiöse Vorstellungen. Als kleiner Junge habe ich mit ihr zusammen die Wallfahrt zur Notre-Dame von Gué gemacht, eine Pflicht, der jeder Christ zumindest einmal im Leben nachzukommen hat. Soweit ich mich erinnere, waren etwa zwanzig Kilometer zu Fuß zurückzulegen. Wir marschierten stundenlang, und für meine kurzen Beine wurde die Wallfahrt zu einem eigentlichen Kreuzzug. Weil ich selbst nie in diese Glaubenswelt eingeführt worden war, kamen mir die Überzeugungen dieser Menschen reichlich geheimnisvoll vor, aber dieses Geheimnis übte eine gewisse Anziehungskraft auf mich aus; ich hatte das Gefühl, mir fehle etwas, weil ich nicht wußte, was vielen Knaben meines Alters offensichtlich bekannt war.

Immerhin war ich getauft worden – hauptsächlich um meiner Großmutter einen Gefallen zu tun –, doch im Gegensatz zu den meisten meiner Kameraden wurde ich nicht im üblichen Alter zur Kommunion zugelassen. Dazu kam es erst viel später. Für mich war das ein frustrierendes Erlebnis. Ich hätte gerne meine Kameraden zum Religionsunterricht begleitet. Der Priester faszinierte mich, ein alter Mann, aber noch voller Lebenskraft. Ich kannte ihn, weil er mit seinem mächtigen weißen Bart, wie Moses oder Gottvater persönlich, regelmäßig in den Straßen der Altstadt von Nice anzutreffen war.

Eines Tages konnte ich mich nicht mehr zurückhalten. Ich versteckte mich hinter einem Pfeiler in der Sakristei, wo er seinen Katechismusunterricht erteilte.

Seit meiner Taufe war ich nie mehr in diesem Teil der Kirche gewesen. Ich hatte keine Ahnung von Liturgie oder Dogmen. Der Priester erklärte ausführlich die Symbolik des Kreuzzeichens. Schon bald verstand ich kein Wort mehr, weil mir auch die geringsten Voraussetzungen fehlten, um seiner Unterweisung folgen zu können. Ich schlummerte ein und nahm nur noch undeutlich wahr, was er den anderen ebenso hartnäckig wie ausführlich beibrachte, daß man nämlich zwischen der rechten und der linken Hand unterscheiden müsse. Das war weiter nicht verwunderlich: Wir alle, sie wie ich, waren mehr oder weniger bilateralsymmetrisch gebaut. Der Beweis! Ich war dabei, gegen den Pfeiler gelehnt einzuschlummern, völlig erschöpft rechts wie links, als plötzlich in meinem Gesichtsfeld eine schwarze Soutane mit einem großen weißen Bart darüber auftauchte. Eine warme, gravitätische und zornige Stimme gebot mir, den rechten Arm zu heben, damit alle Anwesenden beurteilen konnten, ob ich der Lektion gut zugehört und sie gebührend in mein Gedächtnis aufgenommen habe . . . Ich hob, ohne zu zögern, den linken Arm (was für einen künftigen Spezialisten der Bilateralität, der zudem betonen wird, daß die rechte Hand die wichtigere sei, eher pikant ist) und wurde für immer mit einem kräftigen Fußtritt in den Hintern aus dem Katechismusraum verjagt. Von jetzt ab blieb ich draußen, wenn die anderen den Unterricht besuchten.

Um meine religiöse Erziehung kümmerte sich also die »Oma vom Paillon«. Doch auch diese bestand eher aus einer Einführung in mystische Dinge. Wenn diese unermüdlich tätige Frau die Wäsche zum Paillon trug, begleitete ich sie auf dem langen Weg, der mir aber viel kürzer vorkam, weil Bäume dem Vorbeigehenden vielerlei Früchte anboten (sie war etwas Einmaliges, diese Allee von Mispelsträuchern, Feigenbäumen und so fort!). Die Großmutter erzählte mir auch unermüdlich Geschichten, die mir Zugang zu einem phantastischen Universum verschafften. Diese Frau verfügte über einen unerschöpflichen Vorrat an Geschichten. Am Abend erzählte sie und erzählte sie, bis ihre Stimme leiser wurde und allmählich erstarb, weil sie unmerklich eingeschlafen war, so unmerklich, daß ihre Hände noch immer mit den Stricknadeln hantierten. Ein phantastisches Bild. Noch phantastischer waren jedoch ihre Erzählungen. Meine Großmutter wußte merkwürdige und wunderbare Dinge von Zauberer-Priestern im Hinterland, rauhen und heiligmäßigen Männern mit übernatürlichen Kräften, welche die Zukunft voraussagten und ihre Zuhörer zum Glauben bekehrten, böse Geister ausfindig machten und austrieben. Sie kannte insbesondere einen von ihnen, der sich jeden Abend mit den Sternen unterhielt. Sie hatte mehrmals solchen Zeremonien beigewohnt, bei denen dieser Mann, ein Dorfpfarrer, mit dem Himmel Zwiesprache hielt. Er galt auch als ein großer Prophet. Man sprach ihm so wunderbare Taten und übernatürliche Fähigkeiten zu, daß einige seiner Pfarreiangehörigen von Zweifeln gepackt wurden. Sie wollten seine Gaben auf die Probe stellen.

Wenn dieser Geistliche die Sterne befragte, stellte er sich auf einen Felsen, immer denselben. Ohne daß er es wußte, legte jemand ein Stück Zeitungspapier unter diesen Stein. Die Zweifler glaubten nach Meinung meiner Großmutter, sie würden dadurch die Verbindung des Wahrsagers zur Erde unterbrechen; folglich müßte sich an seinem Verhalten notwendigerweise etwas verändern, falls er seinen Gläubigen nicht bloß etwas vormachte. Am Abend begab sich der Gesprächspartner der Sterne wie üblich an seinen Platz auf dem Felsen und erklärte vor der ganzen verblüfften Gemeinde mit Stentorstimme: »Ich weiß nicht, was heute abend vor sich geht, doch alles ist anders. Entweder ist der Himmel mir näher gekommen, oder aber die Erde hat sich dem Himmel genähert!«

Meine Großmutter erzählte auch, als ob sie es selbst miterlebt hätte, die folgende Geschichte. Eine ziemlich schwarze Seele aus der Altstadt von Nice wurde eines Tages schwer krank. In ihrer Hoffnungslosigkeit rief sie einen dieser Zauberer-Priester zu sich, damit er den bösen Geist aus ihr austreibe. Der Priester kam zum Sterbebett des Mannes und tat seine Pflicht. Als der Mann starb, sah man etwas Unaussprechliches aus seinem Hause kommen, auf die Straße gehen und ein tiefes Loch graben. Ich war um so beeindruckter, als man dieses Loch noch immer wenige hundert Meter von unserem Wohnhaus entfernt sehen konnte. Immer wenn ich in ihrer Begleitung in der Nähe dieses Loches vorbeiging, erzählte sie mir unerschütterlich diese Geschichte.

Sie führte mich auch in die Zauberwelt der kindlichen Märchen und Sagen ein. Als sie ihre zahlreichen Kinder großzog, hatten sich bei ihr viele Bücher, französische wie italienische, angesammelt. Die Sprache war im übrigen bedeutungslos, weil sie nicht lesen konnte. Diese Bücher waren nach dem Geschmack jener Zeit illustriert, also mit zumindest dantesker Eindringlichkeit! Sie hatte viele dieser phantastischen Illustrationen zu einer Art Sammelband zusammengestellt, mit dessen Betrachtung ich die meisten Abende verbrachte, wobei ich mich nicht einmal beim Essen davon trennte, wenn ich allein mit ihr war – während sie mit nie erlahmender Geduld den Kommentar dazu abgab.

So lernte ich eine beträchtliche Anzahl mittelalterlicher Legenden und archetypischer Märchen kennen. Wie alle anderen Kinder, aber durch Bilder in einem oft herben, furchterregenden, grausamen Stil, wurde ich so mit dem Rotkäppchen, dem Däumling, dem gestiefelten Kater und so fort bekannt. Das war für mich während langer Zeit der einzige Kontakt mit menschlicher Kultur. Um meine Schulbildung war es während vieler Jahre schlecht bestellt.

Ich habe von übernatürlichen Begebenheiten, von dämonischen Ereignissen, von schreckenerregenden Geschichten und Bildern gesprochen: Der Leser könnte daraus schließen, ich sei ein traumatisiertes Kind gewesen und von allerlei Tag- und Nachtalpträumen geplagt worden. Das wäre jedoch eine Täuschung, und zwar ein großer Irrtum. Unkenntnis, ja Unverständnis für das Phänomen der Angst waren sogar im Gegenteil kennzeichnende Züge meiner Persönlichkeit. Daß ich damals dennoch einen psychologischen Schock erlitt, war nicht auf diese Ereignisse und Erzählungen, sondern auf drastische Reaktionen und emotionale Störungen zurückzuführen, die sie bei Erwachsenen auslösten.

Ich habe schon angedeutet, wie sehr mein Großvater mütterlicherseits, durch seine Amulette in einem wenig tröstlichen Aberglauben verhaftet, von schrecklichen Ängsten besessen, gequält wurde: Angst vor dem Tod, Angst vor dem Leben, Angst vor dem Jenseits und dem Diesseits, Angst vor dem »hier und jetzt«, Angst vor den anderen, Angst vor sich selbst und Angst vor der Angst. Dieses unheilbare Grauen versuchte er mit spiritistischen Praktiken auszutreiben, die ihn zweifellos in dieser Angst noch bestärkten. Die Angst, die von seiner Person ausstrahlte, erfüllte mich mit Unbehagen und Bestürzung.

Überhaupt verwirrten mich die Befürchtungen, die Unruhe, die Kopflosigkeit der Erwachsenen gründlich. Am meisten zu schaffen machte mir der Gegensatz zwischen dem verbalen Heroismus, den Prahlereien, in denen diese Männer des Südens wahre Meister sind, und der blitzartigen Verkümmerung dieser gummigen Schaumschläger bei der geringsten Gefahr. Diese Leute, denen ich nächtelang (ich habe Gesprächen von pagnolscher Wucht beigewohnt) zuhörte, wie sie mit ihren eigenen Taten und Gesten prahlten, wie sie fürchterliche Drohungen gegen die Köpfe anderer ausstießen, diese selben Leute verloren im Nu ihren Mut, sobald sie auf den geringsten Widerstand stießen! Dafür fehlte mir jedes Verständnis, weil ich nie diese Angst vor der Nacht, vor der Einsamkeit (und vor allem der Einsamkeit in der Nacht) gekannt hatte, eine Angst, die bei Kindern derart verbreitet ist, daß ich deswegen oft konsultiert werde. Weiß Gott, mit einem Künstler-Vater und einer Mutter, die ihn entweder auf seinen Reisen begleitete oder zu Hause sich nicht mit mir beschäftigte, hätte ich genügend Gelegenheit gehabt, mich in meinem kleinen Bett allein zu fühlen! Doch von diesen einsamen Nächten ist in meinem Gedächtnis keinerlei Angst übriggeblieben. Ich erinnere mich vielmehr an eine warme, warmherzige und letzten Endes beschützende Umgebung. Mein Bett stand bisweilen nahe beim Ofen. Und ich sehe mich noch vor meinem inneren Auge, wie ich im Alter von vier oder fünf Jahren friedlich in diesem Umfeld dahinschlummerte oder schlief. Nein, wirklich: Zwischen dieser affektiven Erfahrung und der meiner jungen Patienten besteht keinerlei Zusammenhang.

Diese Ruhe, diese unerschütterliche Heiterkeit habe ich mir während meiner ganzen Kindheit und Pubertät bewahrt. Und auch in meinem bisherigen Erwachsenenleben ist sie mir erhalten geblieben. Deshalb ist mir mein Leben nie – und das war zweifellos mein Glück – als im eigentlichen Sinne *schwierig* vorgekommen. Komplex, ja, unaufhörliche und bisweilen mühselige Anstrengungen erfordernd: zweifellos. Aber nicht schwierig. Vor allem nicht *furchterregend.*

Selbst als ich allein in Neuilly lebte, hatte ich nie Angst. Ich war später völlig ratlos, als ich feststellen mußte, daß ich mich in dieser Hinsicht von vielen Erwachsenen unterschied. Mir kommt eine anekdotische Begebenheit in den Sinn, deren Held Alfredo Raggi war, selbst ein Feigling von unsagbarem Ausmaß, vom Morgen bis zum Abend Medaillen küssend und lutschend, um den Zorn der höheren Mächte von sich fernzuhalten. In unserer Wohnung wurde eine spiritistische Séance veranstaltet. Ich war damals sechs Jahre alt, und man wollte mich eben zu Bett schicken. Sobald sich die Teilnehmer an den Tisch gesetzt hatten, um durch dessen Vermittlung die Geister herabzubeschwören, erklärte mein Großvater, er sei entschieden zu müde und möchte sich in sein Zimmer zurückziehen.

Er verließ den Raum. Dieser Mann, selbst ein Sklave seiner Ängste, war auf den Gedanken verfallen, die Leute im Zimmer in Angst und

Schrecken zu versetzen. Er holte einen geladenen Revolver und schlich unhörbar in den Gang zum Zimmer zurück, aus dem er vor wenigen Minuten herausgekommen war. Und als die tiefe Stimme meines Vaters, ihre großartige natürliche Orgelpfeife nutzend, die ihm an allen Enden der Welt zum Erfolg verhalf, die rituelle Formel sprach: »Geist, bist du da? Und wenn du da bist, so klopfe einmal«, drückte mein Großvater auf den Abzug ...

In der Stille der Nacht war die Detonation so laut, daß man den Eindruck hatte, das Haus erbebe in seinen Grundfesten. Ich sprang aus dem Bett, um nachzusehen, was geschehen war. Ich traf einen strahlenden, lachend auf der Türschwelle des Zimmers sitzenden Alfredo Raggi an. Das Zimmer selbst war leer! Besser gesagt, es schien leer zu sein, denn die ganze Schar der Spiritisten hatte sich unter den Tisch geflüchtet.

Alle zitterten vor Schreck. Einige von ihnen mußten wochenlang das Bett hüten ...

ALLEIN IN NEUILLY

Mein Wissen habe ich nicht am Gymnasium erworben, meine Kenntnisse, meine ganze Lebenserfahrung stammen nicht aus den vier Wänden der Schulzimmer. Mir scheint im Gegenteil, daß ich die meisten Dinge, die mich wirklich formten, während der Schulferien gelernt habe. Dank solchen Wissens kann ich jetzt einen breit auf die Psychologie abgestützten Beruf ausüben. Aufgrund dieser Erfahrungen verstehe ich es, aufmerksam auf das zu hören, was man mir sagt und was man mir nicht sagt. Und dieses Wissen drängt mich dazu, von einem immer sichereren Sprungbrett aus theoretische Schlüsse vorzunehmen.

Meine enge Beziehung zu meinem Vater, ich habe bereits darauf angespielt, führte dazu, daß ich mit ihm zwischen Theaterkulissen lebte, und ein solches Leben vermittelt vielerlei Erkenntnisse. Im Kielwasser eines großen Künstlers lernte ich nicht nur dessen Repertoire kennen, ich erfuhr auch viel über die Psychologie der Sänger dieser Zeit, die sich neben Caruso und Gigli einen Namen machten: Escalaïs, Journet, Schipa, Tita Ruffo, Pertile, Del Lafuente, Fleta, Granier, Charrat, Monavelli, Carpentier usw. – ebenso über die Psychologie ihres Publikums. Es war die Zeit, als das Theater noch eine der wichtigsten Aufgaben der städtischen Behörden war. Radio und Film steckten erst in den Kinderschuhen. Die verschiedenen Sportarten waren noch nicht so populär wie heute. Die Liebhaber des Belcanto und der Oper stammten, vor allem in Südfrankreich, aus allen wirtschaftlichen, beruflichen und kulturellen Schichten und stellten somit eine repräsentative Auswahl der Gesamtbevölkerung dar. Einige von ihnen brachten der Gesangskunst ein derart leidenschaftliches Interesse entgegen, daß sie gefährliche Fachleute geworden waren. Sie kannten die Gesangspartien Note für Note und rezitierten die Texte Wort für Wort. Sie stellten hohe Ansprüche, nicht zuletzt weil einige von ihnen selbst über eine hohe natürliche Begabung verfügten und in Liebhabergruppen sangen. Mehrmals habe ich – in Toulouse, Bordeaux und andernorts –

diesen legendär gewordenen Zwischenfall miterlebt: Wenn ein Künstler auf der Bühne eine momentane Gedächtnislücke hatte, wurde die richtige Note von jemandem (oder sogar mehreren Personen) im Zuschauerraum gesungen! Der hautnahe Kontakt mit allen diesen verschiedenen, aber durch dieselbe Leidenschaft verbundenen Menschen hat unzweifelhaft zu meiner inneren Entwicklung beigetragen.

Vom elften Lebensjahr an durfte ich jedes Jahr während der Schulferien einige Wochen in Saint-Barnabé (bei Marseille) in einer Familie verbringen, die noch nach alter provenzalischer Tradition lebte. Die Nachbarn hätten Fernandel und Raimu heißen können . . . Freude am Spielen vermischte sich für den Städter, der ich war, mit der anregenden Illusion, an den Arbeiten auf dem Bauernhof beteiligt zu sein. Diese glücklichen Tage haben bei mir nicht nur gefühlsmäßige, sondern auch tiefe intellektuelle Eindrücke hinterlassen. Vor allem aber hatte ich Gelegenheit, die weitverbreiteten Vorstellungen von einer patriarchalischen Familie aus einem objektiveren Blickwinkel beurteilen zu können. Als ich später diese Phänomene studierte, vermochte ich dank der von mir gesammelten Erfahrungen schonungslos aufzuzeigen, was unter dem Deckmantel einer theoretischen Analyse reine Verständnislosigkeit für die Wirklichkeit war. Will man von einem beliebigen wissenschaftlichen Gegenstand ein Stück Wahrheit erfahren, so wurde mir damals klar, darf man sich nicht damit begnügen, das zu lernen, was ein »zuverlässiger« Autor darüber gesagt hat: Man muß selbst hingehen und sich die Dinge ansehen. Wissenschaftliches Arbeiten setzt als erstes eine kritische Überprüfung der etablierten wissenschaftlichen Erkenntnisse voraus. Bachelard hat das »die Philosophie des Nein« genannt.

Es ist viel über die Familie geschrieben worden, die von einem allmächtigen Patriarchen beherrscht wird und in der die Frauen von den Männern herumbefohlen, unterdrückt, unterjocht werden. Doch das habe ich selbst miterlebt, als ich noch ein Kind war:

Alle Familienangehörigen nahmen gemeinsam mit den Arbeitern die Mahlzeiten ein. Was ein Ethnograph bei dieser Gelegenheit beobachten konnte, schien der verbreiteten Meinung zu entsprechen: Die Frauen wurden als Untergebene behandelt, beherrscht und ausgenützt. Der Paterfamilias nahm am Tischende Platz. Ihm schlossen sich die Söhne an: der älteste zu seiner Rechten, der zweitälteste zu seiner Linken und so fort bis zum jüngsten. Die Arbeiter hielten anschließend die ihrem Dienstalter entsprechende Reihenfolge ein, und der letzte war ich, weil ich von der ganzen Gesellschaft der Jüngste war. Ich überblickte also mit eigenen Augen die räumliche Organisation dieser Gemeinschaft, gewissermaßen einen lebendigen Organismus mit aufgrund ihrer gegenseitigen Beziehungen geordneten und koordinierten Elementen. Hinter uns stehend, schweigend, wachsam, tätig die Frauen, die auf Befehl der Hausherrin, die mitten unter ihnen stand und der nichts entging, die Platten herbeitrugen und unsere Teller füllten. Unter viel Zeitaufwand, gewissenhaft hatte die Hausherrin zusammen mit ihren Töchtern diese Mahlzeit zubereitet. Die Auswahl war überreich, opulent, fast unüberschaubar. Mir gelang es nur mit Mühe, von allen Platten eine Kostprobe zu nehmen. Alle Anwesenden kauten langsam, mit einer Art eindringlicher und scheuer Feierlichkeit. Nur der Vater öffnete von Zeit zu Zeit seinen Mund, um irgendeine Wahrheit auszusprechen: Worte, die von seiner Erfahrung und seiner Vergangenheit geprägt waren, seine Auffassung von Arbeit, Moral und Autorität – Worte, die auch von diesem Licht erfüllt waren, welches die Sonne der Provence seinem ganzen Wesen mitgegeben hatte, denn er war ein Mann voller Farbe und Verdienste. Die anderen Tischgenossen verharrten in einem aufmerksamen und respektvollen Schweigen, jederzeit bereit, eine Antwort zu geben, wenn der Meister eine Frage stellte.

Genau so war dieses Patriarchat beschrieben worden. Doch das war, wie ich sehr bald bemerkte, nur ein Aspekt der Wirklichkeit. Weil ich noch ein Kind und erst noch ein Fremder war, duldete man mich in der Küche, sobald die Männer sich erhoben, um sich auszuruhen oder zur Arbeit zurückzukehren. Und so durfte ich der Mahlzeit der Frauen beiwohnen. Die Mutter nahm den Platz ihres Gatten ein. Die Töchter setzten sich in der entsprechenden Reihenfolge hin. Sie begannen zu essen, was die Männer übriggelassen hatten. Weil ich während Jahren zuschauen und zuhören durfte, gewann ich eine klarere und genauere Vorstellung vom System. Allmählich begriff ich, welch zentrale Stellung die so demütigen, so unterwürfigen, den Männern gegenüber so respektvollen und in ihrer Aufgabe als Ernährerinnen der Männer so hingebungsvoll treuen Frauen in dieser Familie einnahmen. Die eigentlichen, aber verborgenen Grundlagen – die Wurzeln, das Fundament, der Nährboden – dieses Patriarchats wurden mir klar: das Matriarchat.

Während der ganzen Zeit, in der sie ernst, stolz, würdig, scheinbar tyrannisiert um den Tisch herum standen, hatten sie alle diese Männer tun und reden lassen; sie nährten sie, wie man ein Kind nährt; sie gaben ihnen zu trinken, wie man einen Säugling stillt; sie ließen die Männer im Glauben, sie würden durch ihre Zungenfertigkeit und die Kraft ihres Wortes den Haushalt regieren. Und diese so dienstfertigen, so zurückhaltenden und so schweigsamen Frauen erlebte ich jetzt als muntere, lachende, lebensfrohe Wesen, die sich zahllose Geschichten erzählten, voller neuer Ideen, von denen die Männer gemeint hatten, sie seien in ihrem Hirn entstanden, mit denen aber die Frauen den männlichen Geist befruchtet hatten. In dieser durch Gehorsam geprägten Tradition, die aber nur Fassade war, verwirklichten sie ihre ureigentliche Berufung als Lenkerinnen (im edlen Sinne des Wortes) des Mannes. Sie standen nicht nur dem Haushalt vor, sie kontrollierten und kommandierten auch den Gang der Geschäfte, sie beherrschten die ganze familiäre Dynamik und Ideologie, sie bildeten deren Mittelpunkt. Sie waren gewissermaßen das Haus selbst: sein schlagendes Herz und sein starker Wall. Die Haltung der Männer, deren »Sexismus«, wie man heute sagt, einbegriffen, war im Grunde genommen nur das, was nach dem *Willen* der Frauen so zu sein hatte. Die Reden der Männer bauten auf Grundlagen auf, welche die Frauen errichtet hatten. Kurzum, was man die patriarchalische Struktur der archaischen provenzalischen (und folglich der ursprünglichen griechisch-lateinischen) Familie nannte, war nicht eine wirkliche Struktur, sondern ein oberflächlicher Schein, eine reine Sinnestäuschung, die ebenfalls von den Frauen selbst so gewollt war. Die Wahrheit, die allmählich durch diese Enthüllung sichtbar wurde, zeigte ganz schlicht, daß der Mann immer nur das erste Kind seiner Frau ist; das weithallende und siegreiche männliche Wort ist in Wirklichkeit nur der aufsehenerregende Widerhall des gemurmelten und ursprünglich weiblichen Wortes. Diese kostbare Erkenntnis werde ich nie vergessen.

Ein anderer Teil der großen Ferien war Bergwanderungen vorbehalten. Mit Onkel Clément und einigen seiner Freunde zusammen fuhren wir, in einem der kleinen Autos der damaligen Zeit zusammengepfercht, über die noch verkehrsarmen bekannten Alpenwege. An einem geeigneten Ort machten wir halt und stellten die Zelte auf. Von da aus ging es zu Fuß weiter. Zu Beginn der dreißiger Jahre hatten sich erst wenige Leute für Camping und Bergwanderungen begeistert.

An den meisten Orten, die wir aufsuchten, blieben wir völlig allein, so daß wir die großartige Natur ungestört genießen konnten. Aufenthalte in einsamen Bauernhöfen boten Einblicke in eine ganz andere Lebensweise, als ich sie in der Altstadt von Nice, in Saint-Barnabé oder zwischen den Theaterkulissen erlebt hatte. Auch der Anblick der hohen Berge und der Gletscher wirkte sich positiv auf den Geist aus: als Einführung in ein wissenschaftliches Thema, eine Anregung für das ästhetische Empfinden und eine Lektion in Demut.

Unser Ziel waren hauptsächlich die Westalpen. Ein einziges Mal fuhren wir in die Pyrenäen, doch diese Reise war zum Teil ein Mißerfolg. Wir konnten Lourdes nicht besuchen, was eigentlich unsere Absicht gewesen war, weil wir wegen unserer Wanderkleidung, die zur damaligen Zeit erst von wenigen Leuten getragen wurde, überall weggewiesen wurden! Auch mit unserem zweiten Vorhaben hatten wir wenig Glück, einer Ferienreise durch Spanien. Sie war für den Sommer 1936 vorgesehen. Am 17. Juli brach mit der Revolte in Melilla der Bürgerkrieg aus. Uns blieb nichts anderes übrig, als umzukehren . . .

***

Voller Begeisterung, wie man sich vorstellen kann, meldete ich mich nach dem Abitur für die Prüfung in Physik, Chemie und Biologie (PCB) an. Erst nachdem man diese bestanden hatte, wurde man zum eigentlichen Medizinstudium zugelassen. Meine Studienkollegen und ich betraten damit Neuland, denn diese Prüfung war erst ein oder zwei Jahre vorher eingeführt worden und ersetzte das frühere Examen in Physik, Chemie und Naturwissenschaften (PCN). Mein Wissensdrang, auch meine Ungeduld und mein gewachsenes Vertrauen in meine Arbeitskraft und meine Aufnahmefähigkeit (während meiner Jahre am Gymnasium hatte ich sie erproben können) bewogen mich, es nicht damit bewenden zu lassen. Parallel dazu schrieb ich mich auch für die Prüfungen in Physik, Chemie und Naturwissenschaften (SPCN) und Mathematik, Physik und Chemie (MPC) ein. Auf beide Prüfungen wurde man an der Sorbonne vorbereitet. Mir ging es nicht um ein bloßes Kokettieren mit verschiedenen Möglichkeiten. Ich wollte vielmehr alle Chancen nutzen, um eines Tages zur Aufnahmeprüfung für das Institut Pasteur zugelassen zu werden, womit mein alter Traum in Erfüllung ginge: medizinische Forschung zu betreiben. Noch waren es erst vage Vorstellungen in meinem Kopf, denn ich wußte noch nicht, welche Voraussetzungen erfüllt sein mußten, doch mir war bereits bekannt, daß ich mir neben dem speziellen medizinischen Wissen auch allgemeinere naturwissenschaftliche Kenntnisse anzueignen hatte.

Ich wohnte noch immer an der Rue Théophile-Gautier, befand mich aber häufiger als früher auswärts. Bei meinen Gängen zwischen der Medizinischen Fakultät und der Sorbonne lernte ich die Straßen des Quartier latin kennen. Das Mittagessen wurde uns in den Speisesälen der Gymnasien Louis-le-Grand und Saint-Louis serviert, bis andere Organisationen sich um uns kümmerten und uns Mahlzeiten in Häusern in der Nähe der Rue Saint-Jacques und der Rue Abbé-de-l'Epée anboten.

In den Mensen und Hörsälen begegnete ich zwangsläufig anderen Studenten mit denselben Idealen wie ich. Ich schloß mich Gruppen von Gleichgesinnten an, in denen jeder von den Erfahrungen der anderen profitieren konnte. Ein Freund elsässischer Herkunft, Emile Boutserin, und ich teilten die wissenschaftlichen Disziplinen und die verschiedenen anderen Aufgaben untereinander auf. Boutserin war der große Meister in den Naturwissenschaften, während ich die Medizin, die Physik und die Mathematik betreute. Wir trafen uns regelmäßig mehrmals wöchentlich, um die jeweiligen Dokumentationen weiterzugeben und die neu erworbenen Kenntnisse auszutauschen. Beide konnten so die eigenen Fortschritte und die Kenntnisse des Partners nutzen.

Diese Arbeitsaufteilung machte sich selbstverständlich von ihrer Effizienz her bezahlt, doch sie ließ uns nur wenig Freizeit. Für mich war das kein Problem, denn Muße spielte in meiner Lebensauffassung, wie ich bereits dargelegt habe, keine wichtige Rolle. Wenn irgendwann noch Zeit übrigblieb, besuchte ich zusätzliche Kurse in Mathematik, Physik und Chemie.

Weil wir uns ganz auf unser Studium konzentrierten, lernten wir die Stadt kaum kennen. Die meisten großen Ereignisse gingen unbemerkt an uns vorüber. Die internationalen Spannungen und Konflikte, die schließlich den Zweiten Weltkrieg zum Ausbruch brachten, gingen jedoch auch an uns nicht spurlos vorbei. 1939 und 1940 behinderten das Waffengerassel und die ideologischen Auseinandersetzungen alle Hochschulaktivitäten erheblich. Diese Drohung ließ sich nicht übersehen. War ein Studienabschluß überhaupt noch möglich? Das war die große Frage, und ich muß gestehen, daß ich in dieser Hinsicht für einmal, wie übrigens alle anderen, Angst verspürte (eine Angst, die merkwürdigerweise mit einer gewissen Euphorie verbunden war, weil wir das Gefühl hatten, Ereignissen von weltweiter Bedeutung beizuwohnen). Boutserin und ich widmeten uns deshalb mit doppeltem Einsatz unserer Arbeit. Unter solchen Umständen, dachten wir, wäre es die beste Lösung, die breiten Kenntnisse, die wir uns anzueignen hatten, möglichst rasch zu erwerben.

Der Krieg, der im Frühjahr 1940 für Frankreich eine äußerst schlechte Wendung genommen hatte, setzte diesem wissenschaftlichen Heißhunger ein Ende. Die Studenten im wehrpflichtigen Alter, zu denen ich gehörte, hatten vorzeitig und beschleunigt die Prüfungen zu absolvieren. In ein und derselben Woche waren die PCB- und die SPCN-Examina zu bewältigen. Nicht ohne Bedenken begab ich mich in den Prüfungssaal, aber ich hatte mich so sorgfältig und hartnäckig vorbereitet, daß mich keine der Fragen vor unlösbare Probleme stellte. Mit 97 von 110 möglichen Punkten erreichte ich beim PCB das beste Ergebnis des Kurses. Beim SPCN hatten sich zweiunddreißig Kandidaten zu den schriftlichen Arbeiten eingefunden; bei den mündlichen Prüfungen war ich als einziger übriggeblieben. Als ich den praktischen Teil des Chemie-Examens abgeschlossen hatte, kam der Examinator auf mich zu und sagte zu mir mit bewegter Stimme:

»Junger Mann, ich muß Sie beglückwünschen und Ihnen vor allem danken. Weil Sie zu dieser mündlichen Prüfung zugelassen wurden, haben Sie mir das Leben gerettet!«

Ich war verblüfft! Aus seinen Erklärungen ging hervor, daß er sich, wenn diese Prüfung nicht stattgefunden hätte, in dem von ihm geleiteten Laboratorium der Renault-Werke befunden hätte, die an diesem Tag bei einem Bombenangriff zerstört wurden. Mit allen seinen Mitarbeitern zusammen wäre auch er umgekommen.

Beim SPCN erreichte ich 210 von 230 möglichen Punkten. Das Ergebnis wurde mir am gleichen Tag bekanntgegeben, als ich das Aufgebot für den Militärdienst erhielt. Ich hatte möglichst rasch in Yssingeaux einzurücken. Ich war höchst überrascht, ja verwirrt, denn in meinem Gedächtnis war dieser Name mit einer Stadt in Belgien oder Holland verbunden. Mir war unbegreiflich, daß man mich in eine Region versetzte, die schon ganz in den Händen des Feindes war – ausgerechnet mich, dessen militärische Ausbildung und kriegerische

Eignungen höchst dürftig waren. Ich war davon überzeugt, daß ich meinen Bestimmungsort nicht einmal erreichen würde ... bis ich schließlich erfuhr, daß mein Yssingeaux ein Ort im Zentralmassiv war!

Ich machte mich also auf den Weg. Unterwegs, in der Gegend von Clermont-Ferrand, wurde ich aufgehalten. Man befahl mir, mich einer der vielen Kolonnen anzuschließen, wie man sie damals auf den französischen Straßen antraf. In Chazelles-sur-Lyon wurde ich mit einer Gruppe zusammen in einer requirierten Hutfabrik untergebracht. Wie alle Neuankömmlinge hatte ich mich der üblichen Musterung zu unterziehen. Das geschah sehr summarisch, *manu militari* wäre die geeignete Bezeichnung. Die Rekruten wurden nach den Schulen oder gegebenenfalls Universitäten eingeteilt, die sie besucht hatten, wobei man folgendermaßen vorging:

»Wer hat ein Abschlußzeugnis einer Oberschule?«

Die betroffenen jungen Männer hoben die Hand. Alle anderen wurden zusammen mit völlig Ungebildeten, Analphabeten, in eine Ecke geschickt, wo man in der Hierarchie der Diplome eine Stufe tiefer ging:

»Wer hat ein Abschlußzeugnis der Elementarschule?«

Und so fort ...

Da ich kein Abschlußzeugnis einer Oberschule vorzuweisen hatte (eine solche Prüfung gab es an Gymnasien nicht), konnte ich die Hand nicht heben, und so wurde ich automatisch der anderen Gruppe zugeteilt. Ich hatte gar keine Gelegenheit, den Verantwortlichen klarzumachen, daß ich das Abitur bestanden hatte und sogar zwei Universitätsdiplome besaß.

Damit man bloße Faulpelze von ganz hartgesottenen Ignoranten unterscheiden konnte, hatten die Männer meiner Kategorie ein Diktat zu schreiben und einige elementare Rechenaufgaben zu lösen. Das Diktat hätte mich retten können. Doch bei den Rechenaufgaben war ich endgültig verloren. In dieser Hinsicht war ich schon immer sträflich leichtsinnig gewesen. Wie viele andere Menschen, die an abstraktes Denken gewöhnt sind, bin ich zu »zerstreut« (das heißt, ich konzentriere mich zu sehr auf andere Dinge). Kleine Rechenfehler häuften sich, und so kam es, daß die Armee mich zwar nicht gerade bei den völlig Ungebildeten einstufte, aber doch als vollendeten Dummkopf betrachtete.

Im übrigen habe ich das nie bedauert, denn so wurden mir außergewöhnliche menschliche Erfahrungen zuteil, die mir mit Sicherheit verschlossen geblieben wären, wenn die Armee meine Fähigkeiten besser genutzt hätte.

Da ich mich nicht um den Sanitätsdienst beworben hatte, wurde ich kurzerhand der Infanterie zugeteilt. Dort lernte ich neben sogenanntem geistigem Strandgut – in Wirklichkeit Opfern eines ungenügenden Schulsystems – allerlei pittoreske Gestalten und fesselnde Charaktere kennen. Die meisten meiner Kameraden stammten aus der Pariser Bannmeile: Im Zivilleben arbeiteten sie in Fabriken an oft anstrengenden und offensichtlich untergeordneten Posten. Im Gespräch mit ihnen wurde mir klar, in welch geschützter Umwelt ich meine Jugend verbracht hatte. Sie waren vom Leben schon seit langem hart angepackt worden, sie mußten sich nicht nur mit Büchern und schmutziger Wäsche herumschlagen! Das Leben hatte sie gezeichnet; aus ihren Erfahrungen heraus hatten sie eine gewisse Lebensphilosophie entwickelt. Und so kam auch ich zu einer nützlichen Erfahrung, denn so lernte ich eine für mich ganz neue und folglich außergewöhnliche Welt kennen. In meinem bisherigen Leben war ich noch nie mit diesem Milieu konfrontiert worden, und zu menschlichen Kontakten mit solchen Personen hatte sich deshalb bisher keine Gelegenheit geboten. Jetzt konnte ich das nachholen. Ich hielt die Augen offen und spitzte meine Ohren. Meine erprobte Beobachtungsgabe war auch jetzt nützlich. Diese jungen Arbeiter wurden für mich, wie alle Menschen, zu denen ich längere Zeit Beziehungen unterhalten hatte, unbewußt zu Psychologieprofessoren. Der Dienst für das Vaterland machte aus mir keinen wertvollen Krieger, aber dank solcher Begegnungen hat er mir, was das Wissen um die psychosoziale Wirklichkeit angeht, einen großen Rucksack voll gelebter Erfahrung und unmittelbarer Anschauung mitgegeben. Hätte ich dieses Wissen nicht zu meinem Glück in dieser kriegerischen Zeit erworben, so würde es mir mit Sicherheit später bei der praktischen Arbeit gefehlt haben.

Im übrigen bin ich von der Aushebung bis zur Entlassung ein Soldat ohne innere Überzeugung geblieben. Die pazifistischen Meinungen meiner Großeltern hatten vielleicht zu tiefe Spuren in mir hinterlassen. Über mäßige militärische Leistungen bin ich nicht hinausgekommen. Aufgrund undurchschaubarer Kriterien hatte man aus mir einen mit einem Maschinengewehr ausgerüsteten Stoßtruppgrenadier in einer

Aufklärungspatrouille gemacht. Ich kann mich nur gerade noch daran erinnern, daß die Waffe für meinen Geschmack viel zu schwer und unbequem war. Sie war eine unerträgliche Last, wenn ich sie mitschleppen mußte. Laufschritt, im Dreck kriechen, im Unterholz in Deckung gehen, wenn ein hypothetischer Feind gemeldet wurde: Das alles habe ich ohne Begeisterung und Freude mitgemacht. Jedenfalls fiel ich schon vom ersten Tag an dem Adjutanten auf, einem gewissen Peste (er trug seinen Namen zu Recht), der mir das Leben jeden Tag etwas mehr vermieste, weil er in mir, vielleicht nicht grundlos, einen unverbesserlichen Zivilisten ohne Sinn für militärische Größe und Pflichterfüllung vermutete. Ja, man sah mir den Krieger nicht an. Wie ein Mondbewohner bewegte ich mich durch dieses Leben, das so wenig meinen eigentlichen Zielen entsprach, einbezogen in eine Tragödie, die ich nicht ernst zu nehmen vermochte, weil ich auf allen meinen Patrouillengängen nie einem Deutschen begegnet bin. Und doch waren die Deutschen gerade in dieser ersten Kriegsphase siegreich. Es war eben ein seltsamer Krieg, und wie viele andere auch betrachtete ich die Tragödie eher als eine Tragikomödie ... Schließlich marschierten wir wieder auf der Straße, und zwar in Richtung Le Puy.

Ich sehe mich noch immer vor meinem inneren Auge, mit dem eigenen Koffer und dem Gepäck eines noch erschöpfteren Kameraden in der Hand. Von Zeit zu Zeit verfrachtete man uns in einen Autobus. Dann mußten wir wieder in Dörfern aussteigen, wo man uns zu unserer großen Verwunderung wie Retter feierte, als Kriegshelden gewissermaßen, dank deren sich die verzweifelte Lage schlagartig wenden würde! Zivilisten sahen uns mit weit aufgerissenen Augen begeistert zu. Wir aber setzten unseren »strategischen Rückzug« in Richtung Süden unverzüglich fort. Keiner von uns wußte, daß wir uns weniger rasch zurückzogen, als der deutsche Angriff vorwärts kam. Eines schönen Morgens waren wir dichtgedrängt auf Lastwagen verladen worden. Auf einer Wiese hielten wir an. Man schaffte Handgranaten herbei und erklärte uns, wie man mit ihnen umzugehen habe. Solche Geschosse wurden an alle Soldaten verteilt, worauf sich unsere Kolonne wieder in Gang setzte. Doch schon nach wenigen Kilometern wurde ein neuer Halt befohlen. Wir wurden in aller Eile von den Lastwagen heruntergeholt und mußten auf Befehl in einem Graben Stellung beziehen. Eine feindliche Einheit war in Sichtweite. In einem gewaltigen Tumult ging jede Übersicht verloren. Ich begriff überhaupt nicht, was geschah. Man sah nur Granaten in der Gegend herumfliegen und explodieren. Und schon kam der Befehl, das Feuer einzustellen. Unseren Kommandanten war ein kleiner Fehler unterlaufen. Wir bekämpften unsere eigenen Verbündeten, eine Abteilung polnischer Soldaten, die sich wie wir gegen Süden absetzten und deren Uniformen unsere Offiziere nicht rechtzeitig erkannt hatten! Kurze Zeit später holte uns eine deutsch-italienische Kolonne ein. Damit war für uns alle, Franzosen wie Polen, der Krieg vorläufig zu Ende. Wir erreichten zwar schließlich doch noch das Ziel, das man uns befohlen hatte: die Kaserne in Le Puy. Doch der Feind war schneller gewesen und empfing uns hier ironischerweise als Kriegsgefangene ...

Täglich strömten vom Eingang her weitere Leidensgenossen in die Kaserne. Wir mußten bereits mehrere tausend sein. Unter der Aufsicht einer eher symbolischen Wache, einigen italienischen Soldaten beim Eingang, die von Zeit zu Zeit von einem Flugzeug am Himmel unterstützt wurden, warteten wir die weitere Entwicklung ab. In unseren Koffern hatten wir noch unsere Zivilkleidung, die man uns aus unerfindlichen Gründen belassen hatte. Kurzum: Unter solchen Umständen nicht zu fliehen wäre schlicht inkonsequent gewesen. Zu meinem Erstaunen und zu meiner Enttäuschung mußte ich aber feststellen, daß nur ganz wenige meiner Kameraden wie ich dachten. Die meisten von ihnen quittierten meinen Vorschlag mit Ironie, Verachtung oder Niedergeschlagenheit.

»Reg dich doch nicht auf, Tomatis«, antworteten sie mir. »Der Krieg ist zu Ende. Hier werden wir in Ruhe gelassen, in diesem Loch ist es gemütlich: Weshalb sollen wir uns Scherereien auf den Hals laden? Warte ab, mein Lieber, blinder Eifer schadet nur.«

Auf meine Argumente sprach nur eine kleine Gruppe von Kameraden an, hauptsächlich Seminaristen. Als wir sicher waren, daß keiner von den anderen seine Meinung ändern und mit uns kommen würde, machten wir uns aus dem Staub. Ich muß jedoch sagen, daß wir keinerlei Schwierigkeiten hatten. Wir verließen die Kaserne so, wie man einen Gasthof verläßt. Weder drinnen noch draußen stellte man uns Fragen.

Mehrere Tage verbrachten wir in der unmittelbaren Umgebung von Le Puy. Wir beobachteten aus der Ferne, was in der Kaserne vor sich ging. Keiner der Kriegsgefangenen schien sich umbesonnen zu haben, obwohl nur alle gleichzeitig zum Eingang hätten rennen müssen. Die wenigen italienischen Soldaten wären rasch machtlos gewesen. Diese Passivität kam sie teuer zu stehen. Eines Tages verlud man sie auf Lastwagen. Ganze Wagenkolonnen setzten sich in Richtung Deutschland in Bewegung, wo unsere Kameraden das ganze Elend der Gefangenenlager zu spüren bekamen.

Wir unserseits waren auf einmal auf eine höchst paradoxe Weise abgestempelt ... als Deserteure! Diese erniedrigende Bezeichnung ist lange an uns hängengeblieben. Nach etlichen Irrwegen brachte man uns in, wie sie genannt wurden, »Jugend-Arbeitslager«. Ich hatte das Glück, daß ich an einen wundervollen Ort in der Nähe von Le Puy geschickt wurde: ein kleines Dorf hoch über einem Tal mit schroffen Felsen aus verfestigtem Basalt. Das Lager war auf das ganze Dorf verteilt. Ich wohnte, wieder mit vielen Seminaristen zusammen, in einem Schulhaus. Auch viele Elsässer befanden sich unter uns, wovon einige nicht einmal Französisch sprachen. Aus Gründen, die mir für immer verschlossen bleiben werden, wurde ich zum Gruppenführer ernannt, eine Verantwortung, auf die ich gerne verzichtet hätte.

Während dieser Zeit setzte ich meine psychosozialen Studien fort, indem ich meine Kameraden in ihrem Alltag beobachtete. Wir befanden uns in einem Sektor der »freien Zone« und führten das rein vegetative Leben von Infanteristen in der Kaserne. Doch dann trat ein Ereignis ein, das mein Leben vollständig umkrempelte. Die Lagerverantwortlichen versammelten alle Männer mit einigen medizinischen Kenntnissen. Der Gesundheitsdienst funktionierte überhaupt nicht mehr und war restlos überfordert. Viele Ärzte waren als Kriegsgefangene nach Deutschland deportiert worden; andere waren aus der Armee entlassen worden und ins Zivilleben zurückgekehrt. Bei uns war nur gerade ein Arzt im Hauptmannsrang zurückgeblieben. Seine früheren Assistenten waren auf andere Sektoren verteilt worden, wo gar kein medizinisches Fachpersonal vorhanden war.

Zu zweit fanden wir uns bei ihm ein, ein Pharmaziestudent und ich. Er teilte uns mit, er selbst werde in einigen Monaten entlassen und möchte vorher den ganzen Sanitätsdienst wenigstens notdürftig reorganisieren. Das sei nur möglich, wenn er die geringen übriggebliebenen Kapazitäten nutze und unsere Ausbildung möglichst vorantreibe.

Und so geschah es.

Dieser Hauptmann, Doktor Eyraud aus der Gegend von Lyon, war in verschiedener Hinsicht ein bemerkenswerter Mensch. Als er die noch großen Lücken in meinen medizinischen Kenntnissen feststellte (ich hatte eben das erste Studienjahr begonnen), ließ er mich während der drei oder vier Monate, die er noch im Lager blieb, Tag und Nacht arbeiten. In dieser kurzen Zeit lernte ich alles, was ein Militärarzt (oder ein Landarzt) über Notfälle und Infektionen wissen mußte. Ohne Abstützung auf ein Lehrbuch und ohne jede schriftliche Unterlage war dieser Mann imstande, komplexeste Probleme mit einer Klarheit und Sachbezogenheit darzulegen, wie ich sie später nur bei den besten Professoren der Medizinischen Fakultät angetroffen habe. Sein pädagogisches Talent war so ungewöhnlich, wie seine Kenntnisse umfassend waren. Nur selten ist mir ein Mensch begegnet, der seinen Beruf in so hohem Maße beherrscht hat.

In Rekordzeit waren mein Kollege von der Pharmazie und ich mit medizinischen Fragen so vertraut, daß wir uns endlich nützlich machen konnten. Als sich unser Hauptmann von uns verabschiedete, ließ er uns noch wissen, wir hätten von nun an die Funktion von Bataillonsärzten zu erfüllen!

In eine eher seltsame Situation war ich da geraten: Zweites Semester, Bataillonsarzt und überdies Deserteur (denn niemand hatte, wie ich später erfuhr, gemeldet, daß ich in diesen militärischen Sektor versetzt worden war). Ich tat in meiner neuen Stellung mein Bestes; ich blieb hier, bis ich in ein Jugendlager in der Nähe von Cluny im Departement Saône-et-Loire versetzt und dem Kommando des späteren Generals Vinot unterstellt wurde. Zu zweit oder zu dritt besorgten wir den Gesundheitsdienst. Wir brachten als kleinen Glücksfall einen Spitalzug mit, auf den ich zufällig gestoßen war und den ich, so gut es ging, mit zweien meiner Kameraden zusammen zum gewünschten Ziel gebracht hatte. Dazu hatten wir uns neue Funktionen zulegen müssen; einer betätigte sich als Lokomotivführer, ein anderer als Zugführer und der dritte schließlich als Weichensteller. Alles ging sehr gut, und schon kurz nach unserer Ankunft konnten wir dank des im Zug vorhandenen Materials einen organisierten Spitaldienst anbieten (man wird mühelos erraten, daß unserer Tätigkeit etwas Pittoreskes anhaftete); ich versuchte auch, allen diesen hier zusammengekommenen Jugendlichen, die nur wenig zu tun hatten und von denen viele ihr Studium hatten unterbrechen müssen, im Rahmen einer Schule, an der ich der einzige Lehrer war, einige Kurse anzubieten. Ich gab an meine Zuhörer das ganze Wissen weiter, das ich selbst während meiner Schulzeit erworben hatte. Die Methode muß alles in allem nicht so schlecht gewesen sein, denn einige meiner »Schüler« meldeten sich zum Abitur an und wurden zugelassen.

***

Als ich aus den Jugend-Arbeitslagern entlassen wurde, konnte ich endlich in die Metropole zurückkehren, in ein von fremden Truppen besetztes Paris, wo das Leben alles andere als einfach war. Man bemühte sich, das Hochschulleben wieder anzukurbeln. Infolge der schwierigen Umstände, aber auch dank der Kenntnisse, die ich unter der Führung meines Hauptmanns und bei der täglichen praktischen Arbeit in einem Gesundheitsdienst erworben hatte, wurde ich nach einigen Monaten an der Medizinischen Fakultät zum dritten Studienjahr zugelassen. Auch für mich selbst hatte ich intensiv gearbeitet (die Nächte waren zu einem großen Teil dem Studium gewidmet, wobei mir manchmal als Lichtquelle nur eine mit einem Handdynamo betriebene Lampe zur Verfügung stand). Der Krieg hatte mich somit kein einziges Jahr gekostet.

Doch dieser Krieg ging unübersehbar außerhalb der Grenzen und weniger gut sichtbar, aber ebenso hartnäckig, auch im Landesinneren weiter. Zur Widerstandsbewegung konnte ich mich aus ganzem Herzen bekennen. Ich entschloß mich, es nicht bei einer rein intellektuellen Sympathie für diese gerechte Sache bewenden zu lassen, sondern mich konkret für sie einzusetzen. Durch meinen Vater, den ich in der Zwischenzeit wiedergefunden hatte, und einige Kameraden des Allgemeinen Studentenverbandes nahm ich Kontakt zu einem der Netze auf. Man brachte mir großes Vertrauen entgegen. Ich spielte ein wenig die Rolle eines Briefkastens und einer Drehscheibe für den Empfang und die Weiterleitung von Informationen an die Westküste und nach England. Ich war einer der zahlreichen Kofferträger der »Schattenarmee« geworden.

Während dieser Zeit setzte ich mein Studium ohne unüberwindliche Schwierigkeiten fort. Mein Hauptquartier hatte ich nicht an der Medizinischen Fakultät, sondern an der Sorbonne aufgeschlagen, wo ich Kurse für verschiedene Lizentiate besuchte: allgemeine Physik, allgemeine Chemie, Botanik, Mineralogie, Biochemie usw. Mit meinem alten Freund Boutserin zusammen, der Paris nie verlassen hatte, bildete ich wieder ein bewährtes Tandem, und wir arbeiteten wie in der Vergangenheit miteinander zusammen, immer noch mit dem gleichen Ziel vor Augen: Forscher zu werden.

Kurz nach meiner Rückkehr aus den Jugend-Arbeitslagern hatte ich mich erfolgreich um eine Praktikumsstelle in einer Klinik beworben. So bekam ich Einblick in verschiedene chirurgische Spezialgebiete, insbesondere bei Sorel, dem Facharzt für Knochenchirurgie. Einer der Chefärzte in Sorels Abteilung hat mich durch seine Persönlichkeit wie auch seine Lehrmethode und seine Auffassung von der Aufgabe des Arztes am tiefsten und dauerhaftesten geprägt: André Thomas, einer der bedeutendsten Neurologen in der Geschichte der französischen Medizin. Diesem hervorragenden Mediziner war es gelungen, an die glorreiche Vergangenheit der Salpêtrière anzuknüpfen und sie zu einer modernen Schule weiterzuentwickeln. Er selbst war Schüler von Déjerine gewesen, der sein Wissen bei Broca erworben hatte. Noch einmal wurde mir das Glück zuteil, daß ich neben einer außergewöhnlichen Persönlichkeit wirken durfte. Über ihn wäre viel zu sagen. Am meisten hat mich an ihm beeindruckt, wie er die klinischen Untersuchungen an Kindern und Säuglingen durchführte. Seine Beobachtungsgabe und seine scharfsinnigen Analysen waren verblüffend. Er brachte für seine Arbeit nicht nur eine unermeßliche Erfahrung mit (er starb im Alter von fast hundert Jahren und war schon sehr alt, als ich ihn kennenlernte), er ging auch die Probleme auf höchst originelle Weise an, wodurch er zu einem einzigartig fruchtbaren Entdecker auf dem Gebiet der Psychomotorik geworden ist, die er durch grundlegende Beiträge bereichert hat. Er war einer der vielseitigsten Ärzte, denen ich je begegnet bin: zugleich Neurologe, Physiologe und Anatom. Er war aber auch ein Mensch von ausgesuchter Liebenswürdigkeit. Dadurch erhielten seine Konsultationen eine psychologische Dimension, deren Auswirkungen für einen Neuling höchst interessant zu beobachten waren. Seine Zurückhaltung und seine Bescheidenheit waren schließlich unvergleichlich; seine gute Laune: unerschöpflich; seine Verfügbarkeit für uns: grenzenlos. Jederzeit war er bereit, uns sein Wissen mitzuteilen, er gab seine kostbaren Informationen mit einer Leutseligkeit, einer Großzügigkeit und einem pädagogischen Geschick weiter, wie man es nur selten antrifft. Er besaß in jeder Beziehung diese Einfachheit der Größe, die ich bei bedeutenden Menschen immer als eine der bewundernswertesten Tugenden betrachtet habe.

Als brillanter Student machte Boutserin seinen Weg. An der Sorbonne hatte er sich einen gewissen Ruf erworben, und zwar nicht nur bei seinen Kommilitonen, sondern auch bei seinen Professoren. Weil er 1939–1940 für dienstuntauglich erklärt worden war, hatte er sich mit Leib und Seele seinem Studium widmen können. Und er hatte seine Zeit nicht vertan, während ich als Soldat an den Abhängen des Zentralmassivs und auf der Straße der militärischen Niederlage meinen Dienst geleistet hatte. Professor Plantefol (nomen est omen!) beschäftigte ihn in seinem berühmten Botaniklaboratorium und schien seine Arbeit sehr zu schätzen. Der anspruchsvolle Professor Combes, das »große Tier« im Zoologischen Institut, nahm ihn ebenfalls als Mitarbeiter auf. Boutserin heiratete eine Studentin, die er auf den Bänken der Sorbonne kennengelernt hatte, und ließ sich mit ihr zusammen in Gagny nieder. Unsere fruchtbare Zusammenarbeit wurde dadurch nicht beeinträchtigt. Dank erheblicher Fortschritte konnten wir uns immer konkreter mit der Möglichkeit befassen, über eine Aufnahmeprüfung den Weg in die Forschung zu schaffen.

Das Schicksal hat leider anders entschieden. Bei einem schweren Bombardement waren die östlichen Stadtteile von Paris verwüstet worden. Ich wurde eiligst nach Gagny gerufen. Nur um die Leichen meines Freundes und seiner Gattin zu identifizieren. Sie hatten sich in einen Keller geflüchtet, wo sie durch eine Explosion getötet wurden. Ihre Körper wiesen sozusagen keine Verletzungen auf. Ein wenig Blut um den Mund herum, Hinweis auf eine schwere Lungenschädigung. Man hatte ihnen alles weggenommen, sogar ihre Kleider; die Leichenfledderer hatten keine Zeit vergeudet. Auch das gehört zu den Greueln des Krieges, aber ich möchte nicht weiter darauf eingehen.

Seit wir uns kennengelernt hatten, sorgte Boutserin dafür, daß ich in Kontakt mit den nicht-medizinischen wissenschaftlichen Kreisen blieb. Durch seinen Tod verlor ich nicht nur meinen besten Freund, ich mußte auch einige meiner mir liebsten Pläne fallenlassen. Doch das blieb, leider, nicht das einzige Drama, in das ich während der Bombardierungen verwickelt war.

Während meines Praktikums bei Professor Bousser im Bichat-Krankenhaus hatte ich in den folgenden Monaten mit weiteren Prüfungen fertigzuwerden. Bousser, zu dem ich während längerer Zeit für mich sehr bereichernde Beziehungen unterhielt, war von gleichem Holz wie André Thomas. Rein äußerlich war er weniger mitteilsam als

Thomas, doch hinter diesem Schweigen verbargen sich ein offenes Herz und ein nicht weniger großer Geist. Man mußte jedoch den Mut haben, ihm eine Frage zu stellen, um zu spüren, daß er nur darauf wartete, seine immer brillanten Darlegungen mit größter Leutseligkeit an den Mann zu bringen. An seiner Seite arbeiten zu dürfen stellte ein wirkliches Privileg dar.

Doch um diese Zeit waren die alliierten Streitkräfte in der Normandie gelandet. Paris war das Ziel vieler Bombenangriffe, und im Bichat-Krankenhaus gab es immer mehr Verletzte zu behandeln. Diese entscheidende Wendung des Krieges hatte Folgen, die den jungen Idealisten, der ich damals war, verwirrten und bedrückten: Ein großer Teil der leitenden Ärzte desertierte ausgerechnet in dem Augenblick, als man sie am meisten benötigte. Immer mehr Patienten drängten ins Krankenhaus, doch der ärztliche Dienst war gewissermaßen kopflos geworden. Unter der Leitung der hier gebliebenen Professoren arbeiteten wir zehn Tage und ebenso viele Nächte lang rastlos und ruhelos. Insgesamt waren wir nicht einmal fünfzig Leute. Der selbstlose Einsatz mancher Krankenschwestern und Kollegen wurde mir damals zu einem Erlebnis. Trotz meines Idealismus hätte ich es nicht für möglich gehalten, daß man sich derart hingebungsvoll einsetzen könnte, um die Leiden von Mitmenschen zu lindern. Mir wurde bewußt, daß menschliche Nächstenliebe wahre Wunder vollbringen kann, und ich setzte meine ganze Energie ein, um mich meiner Kollegen würdig zu erweisen. Nach diesen zehn Tagen und Nächten waren wir freilich völlig erschöpft. Freunde holten mich ab und nötigten mich, nach Neuilly zu kommen, um wenigstens eine ganze Nacht in einem richtigen Bett zu verbringen. Nach einigen Stunden Schlaf setzte ich mich wieder auf mein Fahrrad, um frühmorgens auf Schleichwegen, denn in der Hauptstadt patrouillierten deutsche Panzer, ins Krankenhaus zurückzukehren.

Bichat kam endlich in Sichtweite. Doch der Anblick war fürchterlich! Der rechte Flügel war während der Nacht von Bomben getroffen worden. Die Patienten, die Kollegen, die ich am Vorabend zurückgelassen hatte, von denen die einen ein wenig Ruhe erhofften und die anderen mit der geschilderten Selbstverleugnung ihrer Arbeit nachgingen, waren bei dieser Katastrophe alle getötet worden. Eine Krankenschwester und ich waren die einzigen Überlebenden des Personals. Und uns blieb nicht einmal die Zeit, um unserer früheren Gefährten zu gedenken. Wir mußten uns sofort um die Kranken kümmern, die diese Schreckensnacht überlebt hatten.

Nach diesem neuen Schicksalsschlag beschloß ich, mich mit meinen bescheidenen Möglichkeiten aus aller Kraft dafür einzusetzen, daß dieser Krieg möglichst rasch beendet würde. Meine Tätigkeit im Geheimdienst hatte bereits größere Ausmaße angenommen. Jetzt bereitete ich mich darauf vor, wieder in die Armee einzutreten. Einige Tage später war es soweit. Auf mein Ersuchen wurde ich sogleich dem Sanitätsdienst zugeteilt, und ich erhielt die Uniform eines Aspiranten der Luftwaffe. Kommandiert wurde das 117. Bataillon, dem ich zugeteilt war, von einem Leutnant und Hauptmann Raboutet, einem sehr verständnisvollen und kompetenten Mann, der schließlich seine militärische Karriere als Generalinspekteur der Luftwaffe beendete. Da das Bataillon in Paris stationiert war, konnte ich meine Studien an der Medizinischen Fakultät fortsetzen. Schon nach kurzer Zeit spezialisierte ich mich auf ein Gebiet, für das ich mich seit langem interessiert hatte: die Otorhinolaryngologie. Daß die Hals-Nasen-Ohren-Heilkunde eine besondere Anziehung auf mich ausübte, war weiter nicht verwunderlich. Schon vor Jahren war ich auf gewisse gesundheitliche Schwierigkeiten von Sänger-Freunden meines Vaters aufmerksam geworden. Gerne hätte ich Lösungen für deren Probleme gesucht, um die sich die damaligen Ärzte kaum kümmerten. Ein ehrgeiziges Vorhaben, aber auch eine gute Möglichkeit, so meine Liebe zu meinem Vater zu bekunden, die mich während meiner Jahre am Gymnasium und meiner Arbeit an der Universität immer gestützt, ja inspiriert hatte.

Hauptmann Raboutets Liebenswürdigkeit ging so weit, daß er mich einem seiner engsten Freunde vorstellte, Hauptmann Cuzin, dem Otorhinolaryngologen der Luftwaffe. Cuzin nahm mich und einen anderen Aspiranten namens Clément unter seine Fittiche. Wir halfen ihm dabei, in einer in Neuilly requirierten Klinik, nicht weit vom amerikanischen Krankenhaus entfernt, den otorhinolaryngologischen Zentraldienst der Luftwaffe einzurichten, der auch für Gesichtsverletzungen zuständig war. Hauptmann Cuzin hatte sich, vor allem in England, auf plastische Chirurgie spezialisiert. Ebenso umfassend waren seine Kenntnisse auf dem Gebiet der Hals-Nasen-Ohren-Medizin, denn er war einer der begabtesten Assistenten von Professor Aubry gewesen, der jetzt als beratender Arzt der Klinik vorstand. Unter den

Führung eines solchen Mannes stürzte ich mich mit großer Begeisterung in das neue Abenteuer. Das war auch nötig, um mit den Anforderungen der Situation fertigzuwerden. 1944 und 1945 gehörten Gesichtsverletzungen zum Alltag! Überarbeitung war unsere tägliche Routine – und ich benutze dieses Wort nicht leichthin! Die Widerstandskraft, mit der unser ganzes Team der Müdigkeit trotzte, verwundert mich noch heute. Dreimal, und glaubwürdige Zeugen haben es mir seither bestätigt, haben wir eigentliche Ausdauerrekorde aufgestellt! Einmal stand ich elf Tage lang ohne Schlaf auf den Beinen, ein weiteres Mal dreizehn Tage, und das dritte Mal, so unwahrscheinlich das klingen mag, neunzehn Tage lang! Wir hatten keine andere Wahl: Wir mußten tun, was man von uns erwartete. Als Assistent von Dr. Cuzin, der ein äußerst begabter Chirurg war, lernte ich viel. Einmal mehr wurde meine Ausbildung unter der Führung eines Meisters seines Fachs beschleunigt.

Ich wohnte wenige Schritte von der Klinik entfernt. Jetzt aber nicht mehr allein. Auch ich hatte mich verheiratet. Auf meinem verschlungenen Weg zum weiblichen Geschlecht bedeutete dieses Ereignis nur eine Wende, aber noch nicht das Ziel. Damit meine ich, daß der Dialog mit meiner Frau weder für sie noch für mich kaum tiefer, kaum bereichernder war als die Gespräche, die ich vor Jahren mit jungen Frauen geführt hatte, mit denen mich mein Vater unbedingt bekanntmachen wollte und von denen ich mich instinktiv zurückzog. Von einem Dialog kann man eigentlich überhaupt nicht sprechen. Für beide von uns wurde die Ehe zu einer typischen Erfahrung von Unmitteilbarkeit. Zwölf Jahre lang blieben wir, meine erste Frau und ich, beisammen, ohne daß es zu einer wirklichen Begegnung kam. Wir standen uns so fern, als würden wir zwei verschiedenen Universen angehören. Schon zu meiner Mutter war keine Beziehung zustande gekommen, und jetzt wiederholte sich das Drama mit meiner Frau – ohne daß es mich freilich überrascht hätte. Zweifellos muß man sich darüber im klaren sein, daß eine nachträgliche Erklärung für eine solche Situation der Wirklichkeit nie ganz gerecht wird, doch schon während unserer Verlobungszeit ahnte ich undeutlich alle Schwierigkeiten, die später auf uns zukamen. Ich fühlte, daß es zwischen uns nie zu einem wirklichen Einklang kommen würde. Wäre aber angesichts einer Vergangenheit wie der meinen eine wirkliche Beziehung zu einer Frau überhaupt möglich gewesen?

Weshalb habe ich aber unter solchen Voraussetzungen überhaupt geheiratet? Sagen wir es so: Eben gerade wegen meiner Unerfahrenheit in den Beziehungen zwischen den Geschlechtern hielt ich mich dazu verpflichtet, nachdem ich mit der jungen Frau einige Male ausgegangen war. Wir hatten uns im Krankenhaus in Neuilly kennengelernt, wo ich die Stellvertretung eines Assistenzarztes übernommen hatte. Zu meinen Aufgaben gehörte es, einer Gruppe von Lernschwestern am Krankenbett Unterricht zu erteilen. Schon bald wurde mir bewußt, daß ich einer von ihnen besondere Aufmerksamkeit widmete. Ich sprach mit ihr mehr, als ich bisher je mit einer Frau gesprochen hatte. Eines Tages bat ich sie um ein Rendezvous außerhalb des Krankenhauses. Für mich bedeutete das bereits eine Verpflichtung. Von diesem Augenblick an war für mich die Zukunft vorgezeichnet: Heirat und gemeinsames Leben. Doch schon damals kamen unsere Gespräche ins Stocken, sobald sie sich nicht mehr um rein berufliche Themen drehten. Ich muß eingestehen, daß ich selbst kein sehr gesprächiger Mensch bin. Ich ließ nur wenig von den mir wichtigsten Zielen (und damit meine ich nicht nur meinen Ehrgeiz), meiner Lebensauffassung, meinen verschiedenen Interessen durchblicken. Damit löste ich bei ihr auch nicht das geringste Echo aus. Ehrlich, ich glaube sagen zu dürfen, daß etwas in mir das Fiasko voraussah. Doch daß ich sie schon nur eingeladen hatte, war für mich bereits eine innere Verpflichtung: Mir blieb nichts anderes übrig, als meiner »Pflicht« nachzukommen.

Gegen den einhelligen Rat meiner ganzen Familie (meines Vaters wie auch meiner Mutter) und aller meiner Freunde verlobten wir uns. In jugendlichem Überschwang hoffte ich noch immer, unsere Vereinigung werde zu einem guten Ende kommen. Ich täuschte mich. Auch jetzt noch blickten wir uns an, ohne uns zu sehen, hörten wir uns zu, ohne uns zu verstehen, kamen wir zusammen, ohne uns kennenzulernen, und das fast zwei Jahre lang. Dann heirateten wir. Aber wir setzten diese Sprachlosigkeit während Jahren fort. Das war das traurige Ergebnis meines sturen Beharrens auf einer Loyalität, zu der mich nichts und niemand verpflichtete. Das hinderte uns im übrigen nicht daran, eine Familie zu gründen, was für mich der eigentliche Zweck einer Ehe war. Ich hatte in dieser Hinsicht ganz klare Vorstellungen: Ich wollte sechs Kinder. Wir hatten schließlich deren vier: Marc-André, Patrick, Christian und Evelyne. Der älteste Sohn kam genau neun Monate nach unserer Hochzeit zur Welt, die drei anderen Kinder mit jeweils zwei

Jahren Abstand. Unsere Kinder hätten uns einander näher bringen können. Leider war auch das ein Fehlschlag. Das Verhalten meiner Frau unseren Kindern gegenüber entsprach nicht meiner Vorstellung von Mütterlichkeit. Weil mir das Scheitern unserer Ehe immer klarer bewußt wurde, suchte ich Zuflucht bei meiner Arbeit, die mich nie enttäuschte. Die Versuchung, ganz in meinem Beruf aufzugehen, war um so stärker, als mich meine Arbeit begeisterte. Ich setzte zwar meine Tätigkeit im Krankenhaus fort, hinzu kamen aber immer mehr Privatpatienten. Der intensive Einsatz in meinem Beruf war mir nicht nur ein Trost, sondern bedeutete mir eine eigentliche Daseinsberechtigung.

Als ich den Armeedienst quittierte und mich von Hauptmann Cuzin verabschiedete, trat ich als Unterassistent in den Dienst des Bretonneau-Spitals. Innerhalb der Otorhinolaryngologie spezialisierte ich mich auf die Phoniatrie, also die Stimm- und Sprachheilkunde. Mein Vorgesetzter war damals Doktor Maurice Lallemant. Ich verdanke ihm viel. Er hat mich in die praktische Arbeit in diesem Spezialfach eingeführt. Vor allem hat er mir sehr bald sein Vertrauen geschenkt, wodurch ich sogleich eine Assistentenstelle erhielt. Um zu beweisen, daß ich meiner Aufgabe gewachsen war, übernahm ich alle zwei oder drei Tage und schließlich fast täglich die Aufsicht. Zudem mußte ich für unseren Lebensunterhalt sorgen (unser zweites Kind war zur Welt gekommen), weshalb ich auch in der Stadt zu arbeiten begann. Ich machte Spritzen, löste Ärzte ab oder assistierte ihnen, ich führte sogar kleinere chirurgische Eingriffe durch. Und als Krönung des Ganzen setzte ich ein erstes Forschungsprojekt in die Tat um.

Seit ich mich erstmals mit Problemen der Gesichtsverletzungen befaßt hatte, verfolgte ich intensiv ausländische, insbesondere amerikanische, Arbeiten zu diesem Thema. Ich las zahlreiche Studien über Gehörschäden von Menschen, die großem Lärm ausgesetzt gewesen waren (beispielsweise während des Krieges explodierenden Granaten oder aufheulenden Flugzeugtriebwerken), und die verschiedenen Möglichkeiten, solche Schäden zu behandeln. Seit 1945 war ich beratender Arzt in den Flugzeugwerkstätten. Wöchentlich hatte ich es also mit Menschen zu tun, die starkem Lärm ausgesetzt waren. Insgesamt arbeiteten mehrere tausend Angestellte in diesen Werkstätten, und zwar unter Bedingungen, die man nur als permanente Lärmaggression bezeichnen kann. Vom Verantwortlichen für diesen Bereich,

Oberst Bourdon, erhielt ich die Erlaubnis, an diesen Menschen Untersuchungen durchzuführen. Auf eigene Kosten und zu einem hohen Preis beschaffte ich mir in den Vereinigten Staaten ein Audiometer, ein Gerät für die Messung der Gehörfunktion, mit dem ich mich sogleich an die Arbeit machte. Ehrenamtlich selbstverständlich. Ein notdürftig hergerichteter Kohlenkeller war mein »Laboratorium«: ein Tisch, einige Stühle, eine behelfsmäßige Beleuchtung.

In meiner Naivität hatte ich angenommen, die Arbeiter würden sich in Scharen zu einer solchen Untersuchung melden, denn meine Analysen hätten eine Lücke in der damals noch in den Kinderschuhen steckenden Arbeitsmedizin füllen können. Da hatte ich mich schwer getäuscht. Ich mußte meine ganze Überzeugungskraft aufwenden, um wenigstens einigen von ihnen klar zu machen, daß es in ihrem Interesse sei, sich meinen Tests zu unterziehen. Die Mehrheit hielt sich hartnäkkig zurück. Nicht daß sie an meinen Fähigkeiten zweifelten: Sie überschätzten diese vielmehr! Viele dieser Arbeiter befürchteten tatsächlich, meine geheimnisvolle amerikanische Maschine ermögliche es mir, in ihrem Hirn zu lesen, in die tiefsten Schichten ihrer Persönlichkeit einzudringen. Man hinterbrachte mir sogar das Gerücht, meine audiometrischen Untersuchungen hätten den Zweck, eine Auslese unter den Arbeitern vorzunehmen: Wer über kein genügendes Gehör verfüge, werde von seinem Posten entfernt und möglicherweise sogar entlassen. Man stelle sich die Angst dieser Leute vor! Ich ließ jedoch nicht locker und kam so trotz allem auf eine gewisse Anzahl von Beobachtungen und Messungen. Doch das Ergebnis war nicht aussagekräftig. Das wurde mir erst einige Jahre später bewußt: Wie, wird noch darzulegen sein.

1946 ermutigte mich mein Vorgesetzter, den ich über meine Untersuchungen genauestens auf dem laufenden gehalten hatte, die begonnene Arbeit weiterzuführen:

»Sammeln Sie weitere Daten«, sagte er zu mir. »Sobald Sie gesicherte Ergebnisse vorlegen können, werde ich Ihnen bei der Veröffentlichung behilflich sein. Wir könnten doch dem Internationalen Otorhinolaryngologie-Kongreß einen Forschungsbericht über berufsbedingte Taubheit vorlegen!«

Und schon war ich mit Feuer und Flamme dabei. Ich richtete mir sogleich auf eigene Kosten ein privates Laboratorium ein, in dem ich auch meine privaten Konsultationen und chirurgischen Eingriffe durchführen konnte. Doch zuerst mußte ich mich nach geeigneten Räumlichkeiten umsehen, was alles andere als einfach war. Ich besichtigte mehrere, die mich jedoch nicht befriedigten. Schließlich hörte ich, ein betagter Kollege, Dr. H., trage sich mit der Absicht, seine Praxis zu verkaufen. Doch er habe erst im Freundeskreis darüber gesprochen, und man müsse, so empfahl man mir, mit sehr viel Fingerspitzengefühl vorgehen.

Ich fand mich also in seiner Sprechstunde ein und mischte mich im Wartezimmer unter seine Patienten. Was ich sah, war eher beunruhigend, denn die Praxisräume schienen eine gründliche Erneuerung zu benötigen. Ich hatte vage Erinnerungen an Dr. H. Er hatte mich behandelt, als ich noch ein Kind gewesen war, und auch mein Vater war sein Patient gewesen. Nachdem er als Gynäkologe in der Armee Dienst geleistet hatte, war er nämlich in Paris der Spezialist für Sänger geworden. Als die Reihe an mir war, begab ich mich in das Sprechzimmer, wobei ich instinktiv einen Schritt rückwärts machte, weil es so schmutzig war! Insbesondere an einer Wand, hinter einem Stuhl, sah man einen widerlichen dunklen und fettigen Flecken.

»Nun, Doktor«, begann ich im Tonfall eines armen Sünders, »ein gemeinsamer Freund hat mir anvertraut, Sie würden möglicherweise daran denken . . .«

»Bitte?« unterbrach er mich.

Er hatte mich nicht wiedererkannt und begriff offensichtlich nicht, worauf ich hinauswollte, was einen schüchternen Menschen wie mich noch unsicherer machte. Ich nahm meinen ganzen Mut zusammen und fuhr mit meiner Erklärung fort.

»Ich sagte, wir hätten einen gemeinsamen Freund, durch den ich erfahren habe, Sie möchten . . .«

»Wie bitte? Was sagen Sie da?«

Ich begriff endlich, daß er schwerhörig war. Ich mußte also lauter sprechen, wobei es mir heiß den Rücken herunterlief, wenn ich daran dachte, man könnte im Wartezimmer diese Anspielung hören, die Diskretion und »viel Fingerspitzengefühl« erforderte. Doch er verstand immer noch nicht. Ich nahm einen neuen Anlauf, noch etwas lauter, aber erfolglos. Schließlich ließ ich jede Zurückhaltung fallen und schrie ihm ins Ohr:

»Ein gemeinsamer Freund, habe ich gesagt, hat durchblicken lassen, Sie möchten vielleicht diese Räumlichkeiten aufgeben.«

Worauf er ganz ruhig antwortete:

»Ja, ich sehe, worum es geht. Setzen Sie sich, setzen Sie sich doch, mein Herr.«

Mit der Hand wies er auf den kleinen Stuhl, dessen Lehne halbwegs den fürchterlichen Flecken verdeckte, den ich beim Hereinkommen bemerkt hatte.

Ich wollte jedoch meinen Kollegen nicht irritieren und nahm auf dem Stuhl Platz.

»Wir werden das in Ordnung bringen«, setzte Dr. H. das Gespräch fort. »Es handelt sich um eine Kleinigkeit. Beugen Sie den Kopf nach hinten und öffnen Sie den Mund.«

Ich tat es, und schneller, als man es beschreiben kann, hatte er mir eine Ölinjektion in den Kehlkopf verabreicht. Diese Methode war zur damaligen Zeit sehr beliebt. Man stellte sich offenbar vor, dieses Organ lasse sich ölen wie ein Motor und würde so wieder voll funktionstüchtig. Dr. H. war ein fanatischer Anhänger dieser Öltherapie. Er ölte alle Kehlköpfe, die durch seine Türe kamen. Der Flecken an der Wand stammte von den vielen Köpfen, die sich während dieser Handlung daran angelehnt hatten. Ich habe mein Öl verschluckt, bezahlt und mich auf die Suche nach anderen Räumlichkeiten gemacht ...

Als mein Laboratorium eingerichtet war, mußte ich noch einige Mitarbeiter einstellen, auf meine Kosten natürlich. Von allem Anfang an hatte ich größte Mühe, diese kleine Forschungseinheit am Leben zu erhalten. Ich habe meinen Widerwillen hintangestellt und an viele Türen geklopft. Ich habe die hohle Hand hingehalten. Manchmal nahm man mich ernst. Ich stürzte mich in Schulden, in immer größere Schulden, die ich mühsam genug mit dem Geld zurückzahlte, das ich von meinen ersten Kunden erhielt. Zu unserem Glück hatten wir in dieser Hinsicht rasch Erfolg. Nach einigen Monaten führte ich täglich einige Mandel-Operationen durch! Doch das reichte kaum aus. Die Forschung ist ein Danaidenfaß. Die Erfahrungen, die ich dabei sammelte, waren allerdings äußerst erfreulich, und die erzielten Fortschritte entschädigten mich für die finanzielle Unsicherheit, die mir noch immer schwer zu schaffen machte, denn wir erhielten keinerlei Subventionen (unter diesem Gesichtspunkt ist meine Situation in den vergangenen fünfundzwanzig Jahren um kein Iota besser geworden). Ich komme später auf die Tätigkeit dieses Laboratoriums zurück.

Vorerst möchte ich jedoch darüber berichten, wie mir bewußt wurde, daß die in den Werkstätten vorgenommenen Messungen völlig falsch und unbrauchbar waren.

Die medizinische Fachpresse, aber auch Tageszeitungen widmeten dem Otorhinolaryngologie-Kongreß und insbesondere dem Thema der berufsbedingten Taubheit eine gewisse Publizität. Zusammen mit den Kollegen Maduro und Lallemant hatte ich eine Arbeit über dieses Thema verfaßt. Daraufhin änderte sich die Haltung der Angestellten zu meinen Versuchen schlagartig. Sie hatten inzwischen feststellen können, daß keiner der von mir untersuchten Arbeiter (einige hatten sich regelmäßig gemeldet, so daß ich die weitere Entwicklung des Übels verfolgen konnte) seine Stelle verloren hatte. Ihr Mißtrauen war allmählich geschwunden. Sie begannen sich zu sagen, meine Untersuchungen würden ihnen anscheinend nicht schaden, sondern könnten im Gegenteil die Aussicht verbessern, daß wirksame Schutzmaßnahmen gegen die Lärmaggression, deren Opfer sie waren, entdeckt und weiterentwickelt würden. Einige von ihnen nahmen sogar an, ein schlechtes Ergebnis solcher audiometrischer Tests könnte ihnen Anspruch auf eine Rente verschaffen. Innerhalb weniger Wochen war alles ganz anders. Unser Kohlenkeller wurde von Besuchern förmlich überschwemmt. Vor dem Eingang bildete sich eine Warteschlange. Wir mußten Nummern verteilen, um die Wartezeit zu verkürzen! Während Jahren stellten sich dreißig Personen dreimal pro Woche bei mir ein: Wer von Audiometrie eine leise Ahnung hat, weiß, welchen Arbeitsaufwand das bedeutet.

Sehr rasch stellte ich von da an bei den Ergebnissen von Personen, die ich schon früher hatte untersuchen können, spektakuläre Veränderungen fest. Es sah so aus, als hätte die veränderte seelische Haltung (die Überwindung der Angst und die Hoffnung auf Lohnzulagen) auch das Gehör beeinflußt. Im Ergebnis war geradezu eine Umkehrung festzustellen! Nachdem alle Teilnehmer erhebliche Mühe darauf verwendet hatten, gut zu hören, taten sie jetzt alles in ihrer Macht Stehende, um nichts mehr zu hören. Die neuen Messungsergebnisse widersprachen den früheren derart, daß ich im ersten Augenblick glaubte, man mache sich bewußt über mich lustig. Ich vermutete, meine Patienten würden versuchen, mich zu betrügen, und überwachte sie genau. Doch alle Wachsamkeit, die ich entfaltete, brachte nichts zutage. Ich überlegte mir die Sache noch einmal und kam zum Schluß, daß die

Ergebnisse nicht absichtlich, sondern völlig unbewußt verfälscht würden. Von der Aussicht auf eine Rente motiviert, geschah dieser Betrug »in guten Treuen«; von den diesem Verhalten zugrunde liegenden psychologischen Gesetzmäßigkeiten hatten sie selbst keine Ahnung. Mit anderen Worten, die Subjektivität spielte bei diesen angeblich objektiven Messungen eine ebenso wichtige Rolle wie das eigentliche Gehör. Nicht ohne Überraschung stellte ich fest, daß bei einem völlig aufrichtigen Menschen, der aber insgeheim das Verlangen hat, als taub anerkannt zu werden, die Hörschwelle tatsächlich um zehn, zwanzig, ja dreißig Dezibel absinken kann.

Meine Hypothese wurde bestätigt, als ich beim Personal von Fluggesellschaften Audiogramme aufnahm. Wer sich bei einer privaten Gesellschaft um eine Stelle bemühte, wo das fliegende Personal unvergleichlich viel besser bezahlt ist als das Bodenpersonal, erbrachte wie zufällig immer eine den verlangten Werten entsprechende oder sogar bessere audiometrische Leistung, als für seine Stellung erforderlich war. Zwischen zwei Tests und sogar im Laufe der Jahre war keine merkliche Veränderung ihres Hörvermögens festzustellen, selbst wenn in der Zwischenzeit viel geschehen war. Kurz gesagt, der Wunsch, nicht mit einem tieferen Gehalt zum Bodenleben verurteilt zu sein, verlieh ihnen Flügel – oder eben in diesem Fall Ohren!

Der Anspruch der Audiometrie auf Objektivität scheint unter solchen Umständen übertrieben zu sein. Wer solche nicht meßbaren Faktoren übersieht, welche die Interpretation erschweren, würde es sich zu leicht machen. Mich beschäftigte diese Angelegenheit sehr intensiv, denn während meines ganzen Medizinstudiums hatte ich auch nicht einen Hauch von Psychologie mitbekommen. Bei meinen zahlreichen chirurgischen Eingriffen teilte ich die Meinung der damaligen Chirurgen, welche die Seele und deren Einfluß aus ihren Überlegungen ausklammerten. Diese Haltung mußte revidiert werden, ohne daß sich jedoch schon ein Ersatz für sie anbot, was mir einigermaßen zu schaffen machte. Je älter ich werde, um so weniger begreife ich diese Verachtung der Fakultät für alle seelischen Belange. Dabei hat schon vor bald tausend Jahren ein bedeutender Arzt einen Satz ausgesprochen, der allen den richtigen Weg zeigen könnte. Ich meine damit Avicenna (Ibn Sina), diesen genialen Araber, mit 16 Jahren schon Medizinprofessor, Anhänger des Aristoteles und in seinen Schriften tief vom Neuplatonismus beeinflußt. In seinem berühmten *Canon medicinae* hatte er gesagt, in der Heilkunst komme zuerst das Wort, dann das Kraut und zuletzt das Messer. Mit anderen Worten, die wichtigste Waffe des Arztes, noch vor den Heilmitteln, ist die Sprache: Ein ernst zu nehmender Hinweis auf die Bedeutung der Psychotherapie, und zwar nicht nur bei der Behandlung psychopathologischer Störungen, sondern bei Krankheiten jeglicher Art.

Daß subjektive Parameter audiometrische Ergebnisse beeinflussen, wird heute nicht mehr bestritten. Amerikanische Arbeiten, insbesondere von Ralph P. Naunton, haben das in absolut unbestreitbarer Weise aufgezeigt. Man hat bei einer etwas gründlicheren Behandlung des Problems festgestellt, daß sogar die Persönlichkeit des Arztes Auswirkungen auf das mit dem Audiogramm erzielte Resultat hat. Naunton hält es deshalb für nutzlos, daß ein Spezialist einem anderen die von ihm aufgestellten Kurven vorlegt: Diese haben nur einen Sinn in der besonderen Beziehung, die zwischen der untersuchten Person und dem behandelnden Arzt entstanden ist (man ist sogar versucht hinzuzufügen: und dem Apparat – wenn man nämlich das Audiometer auswechselt, geschieht es immer wieder, daß die Messungen anders ausfallen!).

Später habe ich selbst eine als »Hörtest« bezeichnete Methode ausgearbeitet, durch welche die psychologischen Dimensionen, die somatischen Gegebenheiten und die Verhaltensweisen gegenüber der Umwelt sichtbar gemacht werden. Als mir diese Zusammenhänge bewußt wurden, habe ich sehr viel Mühe darauf verwendet, ein Mittel zu finden, um die Audiometrie objektiver zu machen. Meine Suche wurde sozusagen zu einer Lebensaufgabe, denn sie beschäftigt mich noch heute – was mir im übrigen Mut gibt, weil ich zu den Forschern gehöre, für die nichts so lähmend ist wie ein gelöstes Problem. Eine Entdekkung hat tatsächlich oft zur Folge, daß der Schwung für eine Untersuchung erlahmt, die vielleicht bei längerer Beschäftigung mehr erbracht hätte. Was sich ein von Bachelard zitierter vorwitziger Erkenntnistheoretiker auf sehr eindrückliche Weise hatte sagen lassen müssen: »Die großen Wissenschaftler sind der Wissenschaft im ersten Teil ihres Lebens nützlich, in der zweiten Hälfte schädlich.« Diese Forschungsarbeiten haben mir dennoch das Feld der dynamischen Audiometrie erschlossen. Ich habe zum Beispiel festgestellt, daß Personen in einem lärmigen Umfeld nicht auf dieselbe Weise hörten wie andere Personen in der Stille, daß sich ihr Hörvermögen veränderte, wenn sie zu sprechen begannen, daß es sich verschlechterte, wenn sie aßen (weil die Töne gewissermaßen vom Lärm ihrer kauenden Kiefer überdeckt wurden, was uns, nebenbei bemerkt, dazu veranlassen sollte, das bekannte Sprichwort »ein voller Bauch hat keine Ohren« ernst zu nehmen). Alle diese Beobachtungen machte ich entweder im Akustikraum der Werkstätten oder in meinem eigenen Laboratorium, dem es je nach Laune der Gläubiger mehr oder weniger gutging. Glücklicherweise hatte ich nun einen angemessenen Stock von Privatpatienten. Dadurch wurde es mir möglich, wie bereits angedeutet, gewisse Schulden zurückzuzahlen, aber mich auch bestimmten Phänomenen zuzuwenden, die mich bei meinen Arbeiten beträchtlich vorwärtsbrachten.

Der Leser weiß bereits, daß es mein Traum war, Sängern zu helfen, die ihre Stimme ruiniert oder verloren hatten. Da ich mit ihren eher schwierigen charakterlichen Eigenarten und ihrer Primadonnen-Mentalität nur zu gut vertraut war, versuchte ich gar nicht erst, mich ihnen für Konsultationen anzubieten. Doch ich mußte nicht lange warten. Mein Vater erzählte seinen Freunden unter den Sängern, was aus mir geworden war, diese erzählten es anderen weiter. Viele von ihnen machten sich falsche Vorstellungen von meinen Kenntnissen und meinen Fähigkeiten. Sie nahmen sich vor, mich aufzusuchen, sobald sie einmal nach Paris verschlagen würden. Weil ich mir ein gewisses Gesangsrepertoire angeeignet hatte, bildeten sie sich ein, ich würde auch die letzten Geheimnisse des Gesangs kennen und könne Wunder wirken. Das war natürlich eine Täuschung. Ich hatte eben erst mit dem Sammeln der vorhandenen Informationen begonnen, ich arbeitete mich tastend durch den unwahrscheinlich dichten Urwald der Fachliteratur hindurch. Die Betroffenheit überwog oft die bekannten Fakten. Meines Wissens gibt es nicht viele wissenschaftliche Disziplinen, in denen bedeutende Leute so viele Ungenauigkeiten und auch unbestreitbare Dummheiten publiziert haben. Einige Zeit lang bereitete es mir ein richtiges Vergnügen, ganz zufällig ein Werk über Gesangskunst aufzuschlagen und einige Seiten darin zu lesen: Die Heiterkeit war garantiert! Ich empfehle insbesondere das Buch der Dame Litvine, einer Wucht von einer Sängerin in der Art der Flagstad. Offensichtlich wußten die Sänger überhaupt nicht, weshalb sie gut sangen, und sie schrieben zu diesem Thema, wenn man sie dazu aufmunterte, was ihnen gerade in den Sinn kam. Alle Abhandlungen, auf die ich zunächst gewisse Hoffnungen gesetzt hatte, brachten mich auch nicht einen Schritt vorwärts. Ich hatte meine Verwunderung noch nicht ganz überwunden, als sich ein Kollege meines Vaters vor meiner Türe einfand.

Ein Sänger ganz großer Klasse, der das internationale Publikum zu Begeisterungsstürmen mitriß. Ein berühmter Tenor mit bemerkenswerter Technik. Leider hatte er immer wieder Beschwerden mit seiner Stimme. Man sehe mir nach, daß ich seinen Namen nicht preisgebe, denn er lebt noch. Und seine Beschwerden? Sobald er in den Bereich der hohen Töne kam, verspürte er vom e oder es an einen innerlichen Druck, der zur Folge hatte, daß er immer falscher zu singen begann. Von einer gewissen Stimmlage an brachte er nur noch immer denselben Ton heraus, gleichgültig welche Note auf dem Blatt stand. Er zeigte mir so vorsichtig, als wäre sie ein Kunstwerk, die Diagnose eines der berühmtesten Logopäden Europas: Fröschels, der in Wien praktizierte (bevor er sich in den Vereinigten Staaten niederließ). Als Anfänger, der ich damals war, wagte ich es nicht, das Verdikt des großen Meisters anzuzweifeln, der zum Schluß gekommen war: Kehlkopf-Dystonie. Ein durchaus logischer Gedankengang, nebenbei bemerkt: Wenn die Stimme nicht mehr über eine bestimmte Höhe hinauskam, mußte der Kehlkopf »verstimmt« sein. Laut der damals anerkannten Theorie waren die gesanglichen Qualitäten in hohem Maße vom Kehlkopf abhängig, der sozusagen als ein Musikinstrument zu betrachten war. In diesem besonderen Fall hatte Fröschels ihn mit einer Violine verglichen, deren Saiten verzogen waren. Man mußte also die Tonbänder wieder spannen. Aber wie? Die klassische Therapie verwendete Präparate auf Strychninbasis. Solche hatte auch mein berühmter Wiener Kollege verordnet. Daß die Behandlung bis jetzt wirkungslos geblieben war, führte ich darauf zurück, daß die Dosis zu klein gewesen war. Ich gab dem Sänger also stärkere Präparate, kombiniert mit männlichen Sexualhormonen, deren Wirkung auf die Stimme ich von meiner täglichen Erfahrung in den Werkstätten her kannte.

Zunächst war eine gewisse Besserung zu verzeichnen, was mich dazu ermutigte, die Strychnindosis noch einmal zu steigern, so daß mein Patient auf der Bühne fast erstickte . . ., aber noch immer falsch sang. Um dieselbe Zeit suchte mich noch ein anderer Freund meines Vaters auf, ein Bariton, der, wenn auch erst seit kurzem, Probleme mit der richtigen Tonlage hatte. Ich verließ mich auf die Routine und verschrieb Strychnin – mit dem gleichen Ergebnis. Der Sänger kam am folgenden Tag zu mir und beklagte sich bitter, er habe während der Vorstellung vom vergangenen Abend »nach Luft schnappen« müssen, wie es in der Sprache der Sänger heißt.

Diese beiden Mißerfolge gaben mir zu denken, und da ich nicht wußte, an welchen Heiligen ich mich noch hätte wenden können, entschied ich mich auf gut Glück hin, meine beiden Patienten einer audiometrischen Untersuchung zu unterziehen, wie die Arbeiter in den Werkstätten. Muß ich der Glücksgöttin danken, oder darf ich mich meiner Intuition rühmen? Jedenfalls wies mir diese Untersuchung, die anscheinend mit den Problemen der Sänger überhaupt nichts zu tun hatte, den richtigen Weg. Bei der Prüfung der beiden aufgezeichneten Kurven stellte ich fest, daß sie in der gleichen Tonlage eine Unregelmäßigkeit aufwiesen. Und diese Abnormität erinnerte seltsamerweise an Phänomene, die ich bei Personen mit berufsbedingter Taubheit beobachtet hatte. Das machte mich neugierig. Wie ließ sich eine solche Erscheinung erklären? Schließlich fragte ich mich, ob die beiden Sänger nicht vielleicht durch ihren Gesang ihre Ohren geschädigt hätten. Das war eine Hypothese, die durch keine der damals gültigen Theorien gestützt wurde. Auch ich selbst war nicht vorbehaltlos davon überzeugt, daß sie begründet war. War die Annahme einer solchen Beziehung nicht völlig abwegig? Doch die Idee war geboren, und sie wollte mir nicht mehr aus dem Kopf. Um ein sauberes Gewissen zu haben, bemühte ich mich nun aus allen Kräften darum, obwohl ich mich vorher dagegen gesträubt hatte, möglichst viele Ohren von Sängern und Musikern zu untersuchen. Schon bald zeigte sich, daß ich mich nicht getäuscht hatte. Ich fand zum Beispiel heraus, daß zwischen der Anzahl Jahre, die ein professioneller Sänger schon hinter sich hatte, und den Schäden in dessen Ohren eine positive Korrelation bestand. Die Arbeiter in den Werkstätten waren um so tauber, je länger sie dem Lärm der Triebwerke ausgesetzt gewesen waren, und ebenso hörten die Sänger um so schlechter, je länger sie ihren Beruf ausgeübt hatten. Diese Feststellung, die durch andere ergänzt wurde, die ich aber dem Leser ersparen möchte, brachte mich zur Überzeugung, daß es die Sänger selbst waren, die ihre Ohren schädigten – weil sie ihr erster und nächster Zuhörer sind. Diese Erkenntnis hat etwas von einer Binsenwahrheit an sich, aber sie öffnete viele durch alte Glaubenssätze der Phoniatrie und der Otorhinolaryngologie verbarrikadierte Türen.

Diese Wissenschaften hatten deshalb kaum mehr Fortschritte gemacht, weil sie auf falschen, sie lähmenden Begriffen beruhten. Was die von den Sängern erzeugten Töne betrifft, so hatte man beispielsweise angenommen, ohne diese Meinung wirklich zu überprüfen, daß sie »bei voller Lautstärke« nicht über 80 Dezibel hinausgehen würden. 80 Dezibel waren aber entschieden zu wenig, um wahrnehmbare Schäden an einem menschlichen Ohr hervorzurufen. Und wie hätte man überhaupt auf den Gedanken kommen sollen, durch Singen schädige man sein Ohr? Ich tat das, was jeder Forscher tut: tabula rasa, alles vergessen, was man vor mir herausgefunden hatte. Das alles klammerte ich aus. Und dann begann ich neu beim Nullpunkt. In den Werkstätten verfügte ich über eine Apparatur, mit der sich die Tonstärke messen ließ, ein Sonometer. Bei allen Sängern, die mich aufsuchten, machte ich Messungen aus einem Meter Entfernung. Zu meinem Erstaunen kamen gute Berufskünstler schon bei mezza voce auf 80 bis 90 Dezibel. Mit voller Stimme erreichten sie ohne Schwierigkeiten 110, 130, ja 140 Dezibel! 130 Dezibel in einem Meter Entfernung entsprechen ungefähr 150 Dezibel im Schädelinneren. Damit man einen Vergleichswert hat, erinnere ich daran, daß das Atar-Triebwerk (mit dem die Caravelle flog) auf dem Boden 132 Dezibel entwickelte. Solche Zahlen sind um so eindrücklicher, als es sich um logarithmische Werte handelt. Zweifellos ist die Energie eines Sängers nicht mit der eines Triebwerks vergleichbar, doch die Intensität ist am Anfang dieselbe.

Somit war es nicht weiter verwunderlich, daß Sänger mit der Zeit, zumindest teilweise, taub wurden. Doch noch stand die Frage im Raum, weshalb sie alle falsch sangen. Ich hätte lange suchen können, wenn ich meine Bemühungen weiterhin auf den Kehlkopf und dessen mögliche Verzerrungen konzentriert hätte. Meine Beobachtungen legten jedoch schon bald einen anderen Weg nahe. Innerhalb kurzer Zeit hatte ich bei Untersuchungen mehrere völlig intakte Kehlköpfe (einige waren sogar mit kräftigen Muskeln ausgestattet) angetroffen, die dennoch beim Singen versagten, während andere Sänger mit geschädigtem Kehlkopf noch immer große Erfolge verzeichneten. Die Schwierigkeiten konnten somit nicht vom Kehlkopf herrühren. Wo aber war die Ursache zu suchen? Ich kannte diese bereits, auch wenn ich es damals nicht wußte. Ich mußte sie mir nur zuerst bewußtmachen. Der schlichte Einfall, daß der Sänger sein erster Zuhörer ist, half mir dabei.

»Ich höre, daß ich falsch singe!« sagten meine Patienten zu mir. Ich kehrte somit das Problem um; sie singen folglich falsch, weil sie sich selbst nicht gut hören. Wenn sie sich nicht richtig hören, so können sie sich auch nicht richtig kontrollieren. Wer gut singen will, muß die Töne, die er von sich gibt, auch besonders gut hören. Die schlechte Qualität dieses »Sich-selbst-Hörens« mußte folglich für alles verantwortlich sein. Mit anderen Worten, nicht beim Kehlkopf war die Schuld zu suchen, sondern ganz einfach beim Ohr, diesem Ohr, mit dem ich mich nun schon seit Jahren abmühte. Ein derart glückliches Zusammentreffen kommt in der wissenschaftlichen Forschung vor! Als ich mich in einen Bereich vorwagte, von dem ich nicht viel verstand (gedrängt vom übertriebenen Vertrauen der Freunde meines Vaters zu mir), stieß ich, indem ich einen grundsätzlich neuen Weg wählte, auf das Gebiet, das ich am besten kannte.

Von da an häuften sich die Beweise gegen die bis dahin allgemein akzeptierte Theorie, wonach der Kehlkopf das wichtigste Werkzeug des Gesangs sei. Meine Intuition bewährte sich über alle Erwartungen hinaus. Aus einem dicken Dossier greife ich ein für mich charakteristisches Beispiel heraus.

In der Fachliteratur beruhte die Einteilung der Stimmlagen auf der Größe des Kehlkopfs. Den Baßstimmen entsprachen die größten Kehlköpfe, ein Bariton verfügte über ein mittelgroßes Organ, die Tenöre besaßen einen etwas kleineren Kehlkopf. Das war klar, sauber, leicht zu behalten und anscheinend »logisch«. Man hatte ganz einfach das Körperorgan mit einer Orgelpfeife verglichen. Diese Gesetzmäßigkeit schien so plausibel (und bequem!) zu sein, daß niemand sich der Mühe unterzog, sie ernsthaft auf ihre Berechtigung zu prüfen. Ich wollte diese Lücke füllen und stellte dabei fest, daß man auf einen Holzweg geraten war.

Und mir bot sich tatsächlich die Gelegenheit, gewaltige Kehlköpfe zu untersuchen, die Tenören gehörten, und ganz kleine von schwarzen Sängern mit tiefer Baßstimme. Doch auch diese Beziehung ist ebensowenig zu systematisieren. Ich begegnete auch Tenören mit kleinem und Bässen mit großem Kehlkopf. Zwischen Stimmlage und Kehlkopfgröße besteht offensichtlich kein signifikanter Zusammenhang. Einen solchen entdeckte ich hingegen zwischen der Stimmlage und bestimmten Eigenschaften des Gehörs. Am stärksten »geöffnet« sind die Ohren der Bässe, mittelmäßig »geöffnete« weisen auf einen Bariton hin, am stärksten »geschlossen« sind die Ohren der Tenöre. Die Attribute »geöffnet« und »geschlossen« stehen für eine mehr oder weniger ausgeprägte Affinität zu den tiefen Frequenzen. Auch das ist wieder eine Feststellung, die nach nichts aussieht, die aber dem »gesunden Menschenverstand«, der allerdings oft in unbrauchbaren Holzpantinen daherkommt, widerspricht. Dieser gesunde Menschenverstand mit seiner für ihn charakteristischen Naivität weiß mit Bestimmtheit, daß der Baß »tief«, der Tenor »hoch«, der Bariton »in der Mitte« singt. Doch das stimmt nicht. Die drei Stimmlagen enthalten gleich viele hohe Töne. Sie unterscheiden sich nur durch diese »Öffnung« auf tiefe Töne, von der ich eben gesprochen habe. Formulieren wir es genauer: Der Tenor drückt sich in einem Band zwischen 800 und 2000 oder 3000 Hertz aus, ein voller Tenor bis 4000 oder 6000 Hertz. Doch auch der Bariton singt in dieser Höhe. Der Unterschied besteht darin, daß er tiefere Töne hinzufügt. Der Baß singt im gleichen Bereich wie der Bariton, aber er geht noch tiefer hinunter. Es handelt sich also immer um dieselbe Stimme, der jedoch die tiefsten Frequenzen mehr oder weniger fehlen. Baß minus tiefe Töne gleich Bariton, Bariton minus mittlere Töne gleich Tenor. Das bedeutet unter anderem, daß ein Baß gleichzeitig Baß, Bariton und Tenor ist. Von daher gesehen ist diese Stimmlage eine gewissermaßen perfekte Stimme, womit auch erklärt ist, daß sie so selten anzutreffen ist.

Einmal mehr erschien mir das Ohr als das grundlegende Werkzeug der Stimmbildung. Als ich mein Dossier mit einer genügenden Anzahl Beobachtungen dieser Art gefüllt hatte, konnte ich die Aussage formulieren, die allen meinen späteren Untersuchungen und Entdekkungen zugrunde liegt: *Ein Mensch gibt stimmlich nur das wieder, was er zu hören imstande ist.* Experimentell konnte ich leicht nachweisen, daß einem »Loch« (im Hörbereich), das im Audiogramm eines Menschen feststellbar ist, immer auch ein entsprechender Mangel im Spektrum der Frequenzen entspricht, die er stimmlich von sich geben kann. Und weil ich eine Vorliebe für lapidare und paradox tönende Formulierungen habe, würde ich die von mir gefundene Gesetzmäßigkeit mit diesem einfachen Satz ausdrücken: *Man singt mit seinem Ohr.*

Das war 1947.

ENRICO CARUSOS GLÜCKLICHE TAUBHEIT

Wenn ich über mein Leben in der ersten Hälfte der fünfziger Jahre nachdenke, so kann ich mir vorstellen, daß ich Mitmenschen, die mich nur von außen her beobachteten, als eine seltsame Persönlichkeit vorgekommen sein muß. Ein verbissener Arbeiter, aber auch, obwohl nur sporadisch, Gatte und Familienoberhaupt. Das erinnert mich an eine Aufgabe, die uns Auguste Bailly in der Sekunda gestellt hatte. Er forderte uns auf, uns in antike Richter hineinzudenken. Meine Arbeit wurde vor der Klasse vorgelesen. Nicht weil sie besser als die anderen war, sondern weil sie ein Paradebeispiel von Rigorismus und unerbittlicher Härte war. Wegen kleinster Verfehlungen ließ ich Köpfe rollen! Ich überbot noch die schlimmsten spartanischen Gesetzgeber. Wenn später andere meine eigenen Gesetze auf mich angewandt und sich dabei nur auf den äußeren Schein verlassen hätten, so wäre ich zweifellos oft zum Richtblock geführt worden. Doch ich bestehe darauf, daß es nur der äußere Schein war, der mich derart verdächtig machte. Soweit man sich selbst kennt und sich, wenn auch nur einigermaßen aufrichtig, beurteilen kann, würde ich doch von mir sagen, daß ich immer zwei Eigenschaften besessen habe: grundanständig und durch und durch naiv. Deshalb habe ich mir in aller Unschuld Verhaltensweisen zugelegt, die von anderen, die mich nur von außen her beobachteten und mir nicht den mildernden Umstand dieser unverbesserlichen Arglosigkeit zugestanden, nicht anders als mit aller Strenge verurteilt werden konnten. Insbesondere die Beziehungen zu meiner Familie zerstörten mein Ansehen bei einigen mehr oder weniger aufmerksamen Zeugen. Und was hätten sie auch anderes sehen können als einen Mann, der seine Frau mit seiner Arbeitswut betrog und aus persönlichem Ehrgeiz und seiner Marotten wegen seine Familie vernachlässigte!

Und dennoch plädiere ich auf unschuldig. Mein Einsatz für meine beruflichen Ziele war übertrieben, das gebe ich zu. Umgekehrt hatte mein Gattin zu wenig Ehrgeiz, sie war mir deshalb keine Hilfe, keine

Stütze. Sobald ich auf meine wissenschaftlichen Arbeiten zu sprechen kam, die mir so am Herzen lagen, langweilte sie sich tödlich, und sie gab mir das auch unverhohlen zu spüren. Mit meinen trübsinnigen Geschichten von Kehlköpfen, Ohren und Audiometrie war ich bestenfalls ein alter Langweiler. In meinem eigenen Heim kam ich mir mit der Zeit als Fremdling, manchmal sogar als unerwünscht vor. Wir hätten auch über andere Dinge miteinander sprechen können, zweifellos, aber wir fanden keine Themen, auf die beide ansprachen. Es fehlte die Liebe, weil kein Gespräch zustande kam. Und es kam kein Gespräch zustande, weil die Liebe fehlte. Eine ausweglose Situation. Heute weiß ich, daß in einer Ehe beide Partner nach der feierlichen Zeremonie eine Persönlichkeit neben sich haben, auf die sie nicht gefaßt waren. Eine wirkliche Gemeinschaft kann nur entstehen, wenn jeder der beiden Partner zwar durchaus sich selbst verwirklicht, aber auch das wird, was man von ihm erwartet hat. Insofern ist die Ehe ein Vertrag und heilig. In meiner ersten Ehe blieben meine Frau und ich bis zuletzt füreinander Menschen von völlig unergründlichem Wesen ... Wir blieben Lichtjahre voneinander entfernt. Und deshalb war es völlig gleichgültig, ob wir uns im gleichen Zimmer befanden oder nicht.

Ich habe diese erste Erfahrung mit einem Familienleben wie einen in tiefe Dunkelheit gehüllten Tunnel durchlebt. Auch die affektiven Beziehungen meiner Frau zu unseren vier Kindern waren nicht besonders tief. Man hätte deshalb annehmen können, daß sie sich mir enger angeschlossen hätten. Doch das wäre eine zu einfache, mechanistische Erklärung, die durch die psychologische Wirklichkeit entschieden widerlegt wird. Spätere Forschungsarbeiten, auf die ich zurückkommen werde, haben mir klargemacht, daß Kinder den Weg zum Vater nicht finden, solange ihnen ihre Beziehung zur Mutter nicht all das gegeben hat, was sie davon erwarten dürfen. Alle meine Bemühungen um ein tieferes Verhältnis zu meinen Kindern blieben mehr oder weniger erfolglos. Mir fiel es immer schwerer, mich als einen wirklichen Vater zu sehen, denn das Bild, das sich meine Kinder von mir machten, war nicht das eines Vaters. Damals begriff ich jedoch noch nichts von dem, was in ihnen und in mir vorging, und so verlor ich täglich mehr den Boden unter den Füßen.

Manchmal bewunderten mich meine Kinder, dann lehnten sie mich wieder ab, wobei sie sich selbstverständlich an das hielten, was über mich gesagt wurde oder was sie von mir »halten« zu müssen glaubten (denn ich bin davon überzeugt, daß Kinder hören, was Erwachsene denken). Als sie davon sprachen, sie möchten ebenfalls Ärzte werden, hatte ich das Gefühl, sie hätten sich mit mir identifiziert. Als sie sich einige Zeit später abfällig über den Wert und die Wirksamkeit der Medizin äußerten, spürte ich, daß sie wieder auf Distanz zu mir gegangen waren. Was hätte ich tun können? Man ist nicht schon Vater, nur weil man Kinder in diese Welt gesetzt hat: *Man wird es erst.* Und man kann es nur in dem Maße werden, wie man von der Mutter unterstützt wird. Weil diese Hilfe in meiner Familie fehlte, blieb ich – trotz meines guten Willens und meiner klaren Grundsätze – nur der Schatten eines Vaters. Beobachtungen im Rahmen meiner Untersuchungen über die Bedeutung der beiden Körperseiten brachten mich später allmählich zur Auffassung, Rechtshändigkeit sei bei einem Menschen der Beweis dafür, daß er vom Vater ein gutes Bild in sich aufgenommen habe. Von da an konnte ich nicht mehr daran zweifeln, daß meine Versuche, eine Beziehung zu meinen Kindern aufzubauen, gescheitert waren: Drei von ihnen waren Linkshänder.

***

Die geringe Befriedigung, die ich bei meiner Familie fand, trieb mich ins Laboratorium. Dort stellte ich immer mehr Beobachtungen, Messungen, Experimente an und suchte neue Themen für meine wissenschaftliche Arbeit. Ich befaßte mich insbesondere mit der Frage, wodurch sich eine schlechte von einer guten Stimme unterscheidet.

Große Hoffnungen setzte ich auf mein Analysegerät. Es sollte mir geeignete Unterlagen für diese Arbeit liefern. Ich hatte diese Apparatur, mit der sich eigentliche »Fotografien« der Stimme herstellen ließen, selbst konstruiert. Mit Hilfe einer Kathodenstrahlröhre zerlegt sie Töne nach ihren verschiedenen Frequenzen, so wie ein Prisma das weiße Licht in seine verschiedenen farbigen Komponenten aufspaltet. Meine Apparatur wurde noch von Hand bedient und war mit einer Serie Filter ausgestattet. Jetzt gibt es als »panoramisch« bezeichnete Analysegeräte, die nicht nur die verschiedenen Tonfrequenzen sichtbar machen, sondern auch die Anteile jeder Frequenz quantitativ erfassen. Noch vollständigere Ergebnisse erhält man mit Sonographen, welche die verschiedenen Eigenschaften eines Satzes von 2,4 Sekunden Dauer aufzeichnen, wobei von jedem einzelnen Element die Dauer, die

Intensität und die Frequenz festgehalten werden. Eine Nadel trägt die entsprechenden Kurven auf einem mit Schießpulver beschichteten Spezialpapier ein. Eine höchst beeindruckende Konstruktion, doch, das darf ich sagen, seit dem Umbau meiner eigenen Apparatur habe ich im Handel nichts Gleichwertiges gefunden. Mit meinem Analysegerät konnte ich jedenfalls nicht wenige überkommene Vorstellungen widerlegen. So hat sich beispielsweise gezeigt, daß die Sprechstimme im Gegensatz zu einer weitverbreiteten Meinung in höhere Tonlagen hinaufreicht als die Singstimme. Ich hatte erwartet, daß eine Singstimme bis um die 15 000 Hertz erreichen würde. Doch die schönsten Stimmen der Welt kamen selten über 7000 Hertz hinaus. Nur Carusos Stimme (die ich nach seinen Plattenaufnahmen untersucht habe) umfaßte, obwohl die damaligen Aufzeichnungen qualitativ erheblich schlechter als die heutigen waren, einen Bereich bis ungefähr 8000 Hertz, ein Phänomen, das ich bei keinem anderen Sänger feststellen konnte.

Die Apparatur war keine große Hilfe, um Unterschiede zwischen einer guten und einer schlechten Stimme festzustellen. Signifikant war allein der Unterschied zwischen einer ausgebildeten und einer ungeübten Stimme, was jedoch nicht dasselbe ist. Und herausgefunden habe ich schließlich: Die gute Stimme bewirkt *im Körper des Zuhörers* angenehme Resonanzen. Wenn man jemandem zuhört, so beginnt man mit ihm mitzuschwingen. Weshalb? Ganz einfach deshalb, weil die Laute, die man hervorbringt, Schwingungen in der umgebenden Luft erzeugen. Der Zuhörer, der sich ebenfalls in dieser Luft befindet, wird gewissermaßen durch die Schwingungen »bearbeitet«. Man kann natürlich viel erhabenere Gründe für die »Zauberkraft« der Musik suchen. Aber man wird nicht fündig. Und das gleiche gilt für die »Zauberkraft des Wortes«. Wenn man einem anderen Menschen beim Spielen, Singen oder Sprechen zuhört, so läßt man sich gewissermaßen von ihm in Schwingung versetzen. Unvermeidlich nehmen wir so wahr, wie der andere, der sich an uns wendet, von seinem Körper Gebrauch macht. So läßt sich erklären, weshalb wir in Gegenwart eines Stotterers bisweilen am Ende selbst zu stottern beginnen. Die Nachahmung kann noch weiter gehen! Vor einigen Jahren habe ich in Südafrika an einer höchst lehrreichen Konsultation teilgenommen. Wir waren sieben Personen oder acht, falls man den Dolmetscher einbezieht, und standen im Kreise um einen äußerst brillanten jungen Stotterer herum.

Sobald dieser zu sprechen begann, entwickelte er eine äußerst seltsame Dynamik: Sein Körper vollführte eine Abfolge von unkoordinierten Bewegungen. Nach einiger Zeit wurde ich mir bewußt, daß alle Anwesenden, außer meiner Gattin und mir, unwissentlich diese Bewegungen nachvollzogen! Am stärksten schwang der Dolmetscher mit, was ohne weiteres verständlich war, denn er war von den Worten des Stotterers am unmittelbarsten betroffen.

Zwei einander gegenübersitzende Gesprächspartner (auch wenn nur einer spricht und der andere zuhört) verhalten sich ein wenig wie zwei im gleichen Raum befindliche Klaviere: Wenn man das eine anschlägt, beginnt das andere sogleich mitzuschwingen. Was ich herausgefunden habe, dessen bin ich mir bewußt, ist somit alles andere als welterschütternd. Eigentlich habe ich nur eine uralte Intuition aufgefrischt und für richtig befunden. Der Begründer des Taoismus, Lao-tzu, hat diesen Gedanken schon im sechsten Jahrhundert vor unserer Zeitrechnung ausgesprochen, wobei er als Beispiel zwei Harfen wählte ...

Mit dieser Theorie werden jedenfalls viele Phänomene erklärt. Daß ein guter Sänger uns in eine euphorische Stimmung versetzt, beruht darauf, daß er seine eigene Befindlichkeit auf uns überträgt: Unser Gesicht hellt sich auf, wir beginnen tief zu atmen usw. Umgekehrt entwickeln wir vielleicht eine Aggressivität gegen einen schlechten Sänger, weil wir mit ihm mitleiden: Wir ziehen den Kehlkopf zusammen, wir atmen stoßweise wie er selbst! In der folgenden Anekdote werden meiner Meinung nach die Wirkungen dieser Resonanz, die in uns ausgelöst wird, sehr schön sichtbar. Als es mir möglich wurde, einer Person – mit Hilfe der Methode des Elektronischen Ohrs, auf die ich später zurückkommen werde – eine gewünschte Hörkurve aufzuzwingen, führte ich an zwei Mönchen ein sehr einfaches, aber auch sehr aussagekräftiges Experiment durch. Zunächst ließ ich beide dasselbe hören, und ich schlug ihnen vor, ein besonders schwieriges theologisches Problem miteinander zu diskutieren. Anschließend polte ich ihre Hörkurven um und ließ sie über das Thema Regen und schönes Wetter sprechen. Und was geschah? Beim ersten Versuch waren sie sich in ihrer Diskussion über alle Punkte einig gewesen. Beim zweiten gerieten sie sich schon nach kaum einer Viertelstunde in die Haare. Mir scheint, daraus gehe auf geradezu schwindelerregende Weise hervor, wie oberflächlich gewisse Übereinstimmungen und wie nichtig bestimmte Meinungsverschiedenheiten sein können ...

Wenn die Größe eines Sängers darauf beruht, daß er bei seinen Zuhörern eine angenehme Resonanz hervorruft, so läßt sich daraus schließen – weil er mit seinen Tönen zuerst seinen eigenen Körper in Schwingung versetzt und erst dann bei seinem Zuhörer eine ähnliche Wirkung auslöst –, daß auch er zu einem Resonanzboden wird. Mit anderen Worten, die Qualität des Ergebnisses ist in hohem Maße auf Parameter wie die Verteilung, die Kraft und die Geschmeidigkeit der Muskulatur, die Dichte der Knochenwände usw. zurückzuführen. Unter diesem Gesichtspunkt besitzt jeder Mensch wie ein Musikinstrument seine besonderen Eigenschaften. Einige von uns sind eigentliche Stradivaris, während andere höchstens mit ganz gewöhnlichen Geigen verglichen werden können. Von Leuten, die Caruso gut gekannt haben, habe ich erfahren, daß der Schädel dieses Sängers, wenn man darauf klopfte, einen ganz und gar außergewöhnlichen Ton von sich gab! Ich kann das gut verstehen, denn dieser berühmte Tenor war auch außergewöhnlich begabt. Doch nicht alles läßt sich mit »Begabung« erklären (falls man diesen Begriff überhaupt noch gebrauchen will, dessen Zweideutigkeit die zeitgenössische Psychosoziologie mit aller Deutlichkeit aufgezeigt hat). Jeder Mensch, der ernsthaft seine Stimme schult, kann nach einiger Zeit feststellen, daß auch seine Schädelkalotte zu »singen« beginnt und Töne hervorbringt, die im Vergleich zu früher von viel höherer Qualität sind. Der Brustkasten wird zusätzlich einbezogen, und zwar als ein mächtiger Resonanzboden, was im übrigen auch seine *ursprünglichere* Funktion als die Atmung ist. Caruso, immer wieder er, mußte an seinen Kehlkopf keine großen Anforderungen stellen. Dieses Organ dürfte vielmehr beim Singen völlig entspannt gewesen sein, zumindest während seiner ganz großen Zeit, vor 1915. Gesungen hat nämlich Carusos ganzer Körper, sein Skelett zusammen mit dem ganzen Brustkasten, mit einem Brustumfang von 140 Zentimetern ein Organ von beträchtlichen Ausmaßen. Umgekehrt begnügte sich seine Lunge mit einem Volumen von vier Litern, während andere, anscheinend weniger stimmgewaltige Sänger bis zu zehn Liter Luft aufnehmen können.

Um mit den Problemen der Sänger noch unmittelbarer konfrontiert zu werden, ergriff ich meinen Pilgerstab. Ich besaß zwar keinerlei Stimme, aber ich suchte dennoch die Pariser Gesangslehrer einen nach dem anderen auf. Einige von ihnen kannten mich schon, weil sie mich in Gesellschaft meines Vaters gesehen hatten, doch die meisten wußten nicht, wer ich war. So lernte ich einen geradezu unwahrscheinlichen Zoo kennen, in dem totale Inkompetenz und schamlosester Scharlatanismus nebeneinander hausten. Dieser Berufsstand ist in Frankreich im Gegensatz etwa zu Deutschland nicht organisiert: Jedermann und jedefrau darf an der Türe ein Schild »Gesangsstunden« anbringen. Ich habe Gesangslehrer angetroffen, die selbst nicht singen konnten. Ich habe andere erlebt, die ihren Schülern völlig phantastische Dinge vorgaukelten und so die Gutgläubigkeit der künftigen Sänger ausnutzten, die im allgemeinen wie ein Kleinkind auf ihre Lehrer fixiert sind. Einige dieser Lehrer wiederum waren durchaus gutgläubig, was sie jedoch nicht daran hinderte, größten Unsinn über das Singen von sich zu geben, weil sie überhaupt nicht wußten, wovon sie sprachen. Im allgemeinen versuchten sie so gut wie möglich die inneren Gefühle zu beschreiben, die ein Mensch empfinden muß, damit er eine bestimmte Note richtig singen kann. Sie setzten so ihre eigenen Empfindungen in Bilder und Worte um, ohne zu bedenken, daß solche radikal subjektiven Auffassungen unmöglich von anderen Menschen reproduziert werden konnten, selbst wenn alle anderen Voraussetzungen stimmten.

Von allen diesen Gesangslehrern kannte ich den berühmtesten am besten. Nennen wir ihn B.! Von überall her strömten Leute herbei, um einen Blick in seine Wohnung im Pigalle-Viertel zu werfen. Er behauptete, seine Gesangskunst in allen berühmten Häusern, insbesondere auch in der Mailänder Scala, ausgeübt zu haben. Damit lockte er ganze Scharen von Anfängern und selbst erfahrene Vokalisten an, die ihre Stimme noch vervollkommnen wollten. Seine Wände waren mit Fotografien aller Berühmtheiten bedeckt, denen er zu Ruhm und Ehren verholfen hatte. Auf dem Ehrenplatz in der Mitte ein prachtvolles Porträt von Campagnola. Gewissermaßen das Tüpfelchen auf dem i. Sozusagen die amtliche Bestätigung seiner pädagogischen Fähigkeiten, denn zur Zeit Carusos war Campagnola der beste nach Caruso gewesen. Zwischen den Theaterkulissen wurde gemunkelt, B. habe das bisher verborgene Geheimnis des Gesangs entdeckt ...

Ich folgte seinen Lektionen mit angestrengter Aufmerksamkeit, begab mich zwei- oder dreimal wöchentlich zu ihm, obwohl mir offensichtlich jedes Talent abging. B. besaß wirkliche und zum Teil sehr selten anzutreffende Gehöreigenschaften. Von ihm erhielt ich einige höchst interessante Informationen. Ich begleitete ihn sogar in den Urlaub, um mehr von ihm zu lernen. Das Verhältnis kühlte sich ab, als ich ihn bat, mich Campagnola vorzustellen, seinem großartigsten Schüler, für den es sicher eine Freude bedeuten würde, die Spuren seiner ersten gesanglichen Erfahrungen in der Vergangenheit zurückzuverfolgen.

»Unmöglich«, rief B. sogleich. »Er ist gestorben.«

Wenn Campagnola gestorben war, blieb mir nichts anderes übrig, als mein Mitgefühl auszusprechen. Nach einiger Zeit gab ich meine Gesangsstunden bei B. auf, weil von ihm nichts mehr zu erwarten war, was mir bei meinen Arbeiten weitergeholfen hätte. Noch immer bedauerte ich, daß Campagnola gestorben war, bis zu dem Tag, als er in mein Büro kam!

Leicht verwirrt, aber nicht an Gespenster glaubend wie mein Großvater Raggi, nahm ich an, B. sei falsch informiert worden. Um eine direktere Beziehung zu meinem neuen Patienten herzustellen, sagte ich beiläufig:

»Wußten Sie, Herr Campagnola, daß ich Ihren ehemaligen Lehrer ziemlich gut kenne?«

»Meinen Lehrer?« rief der Sänger mit etwas übertriebenem Erstaunen aus. »Ich habe zwei oder drei Stunden bei Nourrit genommen. Aber eigentlich habe ich ganz allein mit meiner Gitarre singen gelernt.«

»Ich habe aber Ihr Bild an einem Ehrenplatz bei B. gesehen«, fuhr ich fort.

»Oh, ich verstehe! Sie sprechen von diesem alten Banditen im Pigalle-Viertel. Ich bin ihm ein- oder zweimal begegnet, doch mehr gab es zwischen uns beiden nicht. Man hat mir schon einmal gesagt, er benutze diese Fotografie, um Anfänger anzulocken.«

Nach diesem Vorfall sah man mich nicht mehr sehr oft in den Vorzimmern der Gesangslehrer.

***

Inzwischen hatte ich Fortschritte bei der Untersuchung des Phänomens der Selbstkontrolle von Sängern gemacht. Wenn die Stimme das wiedergibt, was das Ohr hört, so bedeutet das noch keineswegs, daß jemand auch imstande ist, alles, was er wahrnimmt, wiederzugeben. Wer etwas gut von sich geben will, muß nicht nur gut hören, er muß vor allem sich selbst gut hören. Darin unterscheidet sich der gute Sänger von den übrigen Menschen. Je größer ein Sänger ist, um so strenger ist seine Selbstkontrolle. Sie geschieht meistens von selbst, ohne deshalb unbewußt zu sein. Diese Struktur des Auf-sich-selbst-Hörens entwickelt sich schrittweise und beflügelt die stimmliche Arbeit. Wie schon gesagt, ist das Ohr das Werkzeug dafür. Dafür konnte ich mühelos einen neuen Beweis erbringen, als ich, noch bevor ich die Arbeiten von Wiener und der Kybernetiker kannte, eine ganze Reihe von Gegenreaktionen nachweisen konnte.

Erzeugt man mit Filtern künstliche »Löcher« (Skotome nennt man sie in der wissenschaftlichen Sprache) im Gehör eines Menschen (gewöhnliche Hindernisse, die bestimmte Frequenzen nicht durchlassen, genügen durchaus), so verändert man gleichzeitig die gesanglichen Fähigkeiten dieses Menschen. Je nach Ort des Skotoms im Spektrum der Frequenzen wird die Stimme klangvoller oder näselnd, klarer oder wärmer usw. Es ist auf diese Art sogar möglich, sie vollständig, wenn selbstverständlich auch nur vorübergehend, zum Verschwinden zu bringen.

Als ich meine Untersuchungen in diesem Sinne weiterführte, bemerkte ich bald, daß die beiden Ohren nicht gleichermaßen zu dieser Selbstkontrolle beitragen. Nehmen wir als Beispiel die drei Stufen bei der sukzessiven Erwerbung dessen, was man gemeinhin ein »Musikgehör« nennt:

1. die Fähigkeit, Musik zu hören und zu bewerten;
2. die Fähigkeit, Musik genau wiederzugeben;
3. die Fähigkeit, Musik nicht nur genau, sondern auch in einwandfreier Qualität wiederzugeben.

Auf allen diesen Stufen ist *nur ein Ohr, und zwar das rechte, für diese Kontrolle* verantwortlich. Damit war ein ganz entscheidender Punkt angesprochen.

Philosophen haben sich immer wieder gefragt, weshalb der Mensch mit zwei Ohren ausgestattet sei. Zenon hatte die scherzhafte Antwort gegeben, er habe zwei Ohren und nur eine Zunge, damit er doppelt so viel hören wie sagen könne. Dabei täuschte er sich zumindest darin, daß wir nicht nur eine, sondern zwei Zungen haben, die jedoch miteinander verschmolzen sind. Wir haben auch, was ein guter Beobachter ohne weiteres sieht, zwei Münder (einen rechten und einen linken: Erwachsene sprechen fast immer vorzugsweise nur mit dem einen). Ebenso haben wir zwei Augen, zwei Nasenlöcher, zwei Arme, zwei

Beine, zwei Gehirne. Doch diese Dualität impliziert beim Menschen eben ein, sagen wir es so, funktionelles Ungleichgewicht. Wir haben zwei Ohren, doch diese beiden Ohren haben nicht dieselbe Funktion. Wichtigste Aufgabe des rechten Ohrs ist seine »Leit«funktion.

Die funktionelle Aufgabenteilung ist jedoch die Folge einer organischen Differenzierung. Um das zu verstehen, muß man sich vor Augen halten, daß die Impulse aus dem Gehirn, wenn wir einen Ton hervorbringen sollen, erst im Kehlkopf wirksam werden, in einem beim Menschen privilegierten Kommunikationsorgan. Doch auch da haben wir noch einmal eine Zweiheit vor uns: Der Mensch besitzt zwei Kehlköpfe. Etwas genauer sollte man sagen, sein Kehlkopf weise eine Asymmetrie auf, und diese Asymmetrie ist in einem gewissen Sinne das Abbild der Asymmetrie der Ohren. Was geschieht aber eigentlich? Der Weg der Nervenimpulse im 10. Hirnnervenpaar (im Nervus pneumogastricus oder vagus) von der Hirnrinde zur linken Wand des Kehlkopfs ist länger als der von der Hirnrinde zur rechten Kehlkopfwand. Im gesamten System des Selbst-Hörens, welches den Hörapparat mit dem Kehlkopf verbindet, steht deshalb das rechte Ohr den Stimmorganen näher als das linke. Daraus habe ich seinerzeit die Folgerung abgeleitet, daß das rechte System aus fünf Teilschritten bestehe (rechtes Ohr, Hörzentrum in der linken Hirnhälfte, motorisches Zentrum des Kehlkopfs in der linken Hirnhälfte, Muskeln des Stimmapparats, Verbindung Mund-rechtes Ohr), das linke System aber aus deren sechs. Vom linken Ohr gehen Nerven zum Hörzentrum in der rechten Hirnhemisphäre; damit ein Reiz in das motorische Zentrum des Kehlkopfs gelangt, das sich in der linken Hirnhälfte befindet, ist eine zusätzliche Verbindung zur linken Hemisphäre notwendig. Dieser Transfer ist für eine gewisse meßbare Verlangsamung verantwortlich. Sie schwankt je nach Versuchsperson zwischen 0,05 und 0,40 Sekunden (zwischen 0,10 und 0,20 und insbesondere bei 0,15 Sekunden bewirkt sie systematisch ein Stottern).

Das rechte Ohr übernimmt somit die Leitung des ganzen Vorgangs, weil es die Information früher erhält. Es gilt ganz allgemein: Alle großen Sänger, alle großen Musiker sind rechtsohrig. Während meiner ganzen Karriere habe ich eine einzige Ausnahme von dieser Regel kennengelernt: ein schwarzer Sänger, Bariton, bewundert wegen seiner Technik, die er sich zunächst in Italien und dann in Frankreich erworben hatte. Seine beispielhafte Meisterschaft führte ihn durch alle Kon-

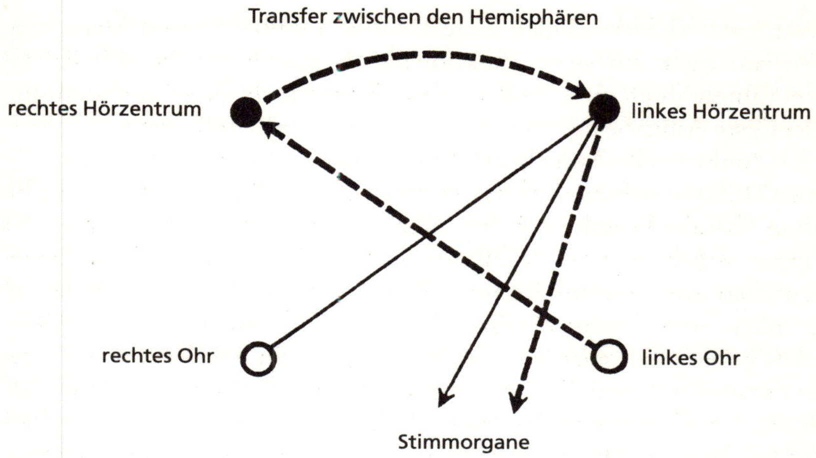

Figur 1 *Ausgezogene Gerade: normaler Weg (rechtes Ohr als Leit-Organ). Gestrichelte Gerade: Weg durch »Transfer zwischen den beiden Hirnhemisphären« beim Stotterer (linkes Ohr als Leit-Organ bei allgemeiner Schwerhörigkeit auf der rechten Seite).*

tinente, und doch wurde die Begeisterung nicht von allen seinen Zuhörern geteilt. Wie ich empfanden die meisten Musikliebhaber seine Stimme als farblos, wenig lebendig, eher kühl und kaum mitreißend; er schien dem Takt immer etwas hinterherzuhinken. Der Grund dafür war seine Linksohrigkeit, wie meine Untersuchungen aufzeigten. Am merkwürdigsten war, daß man in allen Sälen, wo er auftrat, auch einen kleinen Kern von einem Dutzend oder etwas mehr bedingungslosen Bewunderern antraf. Für mich bestand kein Zweifel daran, daß auch sie Linksohrigkeit als Kennzeichen aufwiesen. Kein Rechtsohriger vermochte nämlich diese Stimme sehr lange zu ertragen. Schon rasch stellte sich ein Gefühl des Überdrusses ein.

Das Ungleichgewicht zwischen den beiden Ohren beim Hören auf sich selbst ist derart ausgeprägt, daß man einen Sänger nur durch Geräusche oder ein Flimmern daran hindern muß, mit dem rechten Ohr etwas zu hören, damit seine Stimme augenblicklich zähflüssig wird, an Farbe und Ungezwungenheit verliert und ungenau wird. Sprechende Menschen können dadurch derart gestört werden, daß sie zu stottern beginnen. Unter gleichen experimentellen Bedingungen verlieren auch Musiker einen großen Teil ihrer Fertigkeiten: Sie sind nicht mehr imstande, das Tempo durchzuhalten, es gelingt ihnen nicht mehr, ihr Instrument zum »Klingen« zu bringen usw. Ich hatte Gelegenheit, den berühmten Violinisten Zino Francescatti diesem Experiment zu unterziehen: Man hätte gesagt, seine Stradivari habe sich unversehens in ein gewöhnliches Stück Holz verwandelt!

Ergänzend muß ich sogleich hinzufügen, was für die Musik und für den Gesang gilt, gilt auch für das Sprechen. Als solche Fragen bei Wissenschaftlern Mode wurden, was man bei meinen ersten tastenden Schritten nicht behaupten kann, vertraten amerikanische Kollegen die Ansicht, das eine Ohr sei für die Musik, das andere für die Sprechstimme bestimmt. Ich wandte mich entschieden gegen diese Theorie, und zwar um so mehr, als nach diesen Wissenschaftlern das linke Ohr für die musikalische Wahrnehmung bestimmt gewesen wäre. Das ist völlig ausgeschlossen. Der Fehler basiert meiner Meinung nach auf einer Verwechslung zwischen dem dilettantischen Zuhören und dem präzisen Hinhorchen auf die Töne, das Musikliebhaber und Musiker auszeichnet. Das linke Ohr genügt vollauf für die erstere Hörweise, doch nur das rechte Ohr ermöglicht die letztere. Auf dieser Ebene funktioniert das Hörsystem genau gleich wie das Sehsystem. Wenn die Augen in die Ferne schweifen, ohne irgend etwas genau zu fixieren, ohne sich an einen bestimmten Punkt in der Landschaft zu akkommodieren, merkt man nichts vom Leit-Auge. Sobald man aber zu lesen beginnt, übernimmt dieses sogleich den wichtigeren Teil der Aufgabe, während das andere nur das Gesamtbild des Buches, der Hände, die es halten, der Verzierungen usw. erfaßt. Dasselbe gilt für die Ohren: Das Leit-Ohr stellt sich auf einen bestimmten Ton ein, das andere Ohr begnügt sich damit, sich einen Gesamtüberblick über die tönende Umgebung zu verschaffen.

Diese Differenzierung der beiden Ohren habe ich später auf verschiedenen Ebenen von neuem feststellen können. Ohne daß ich späteren Kapiteln zu sehr vorgreifen möchte, kann ich an dieser Stelle unter anderem darauf hinweisen, daß das rechte Ohr die kleinsten Frequenzen »mißt«, während sich das linke auf die tieferen Töne konzentriert. Dieses Phänomen hat erhebliche Konsequenzen. Auf der rechten Seite verwendet der Mensch die Wellenlängen zwischen 35 und 70 Zentimetern, doch auf der linken Seite reicht die Spannweite von 35 bis 140 Metern! Ein Linksohriger wird deshalb durch sein Ohr nicht nur gewissermaßen in große Entfernung von seinem

Gesprächspartner versetzt, sondern sogar von seinem eigenen Körper, weil er diesen mit den von ihm verwendeten Wellenlängen nicht erreicht. Weil sein Körper vom eigenen Wort räumlich getrennt ist, wird er wirklich linkisch, wobei man dieses Wort im übertragenen Sinne von Unbehagen mit einer Neigung zur Ungeschicklichkeit verstehen muß.

Einige dieser Überlegungen klingen recht abstrakt. Wer jedoch den Sinn meiner Untersuchungen richtig begreifen will, muß sich daran erinnern, daß ich keineswegs die Absicht hatte, mich in den Leerraum der reinen Ideen aufzuschwingen, sondern mich darum bemühte, Grundlagen für eine objektive Audiometrie zu finden. Dazu möchte ich hinzufügen, daß ich Arzt mit Leib und Seele war. Ich habe mich immer und vor allem für einen Therapeuten gehalten und tue das noch jetzt. Meine Untersuchungen waren deshalb immer von der Hoffnung getragen, ich könnte eine Therapie entwickeln, mit der Sängern, die ihre Stimme zugrunde gerichtet oder verloren hatten, wirklich effizient geholfen werden könnte. In meinen Bemühungen um konkrete Ergebnisse kam ich schließlich auf den Gedanken, eine Apparatur für die Entwicklung und Wiederherstellung des Gehörs und der Stimme zu konstruieren. Doch das ist eine lange Geschichte, für die ich etwas weiter ausholen muß.

Ich war also zur Überzeugung gelangt, die Stimme gebe nur das wieder, was das Ohr hört. Von einer Hörkurve her läßt sich somit viel darüber aussagen, wie sich ein bestimmter Mensch stimmlich ausdrückt. Umgekehrt lassen sich aus der Stimme, weil man sich selbst zuhört, Folgerungen über das Funktionieren des Ohrs ziehen. Dank Plattenaufnahmen hatte ich deshalb die Möglichkeit, die besonderen Höreigenschaften von großen Sängern zu bestimmen, auch wenn ich diese nicht persönlich untersuchen konnte. Falls es mir gelingen würde, solche vorbildlichen »Ohren« auch meinen Patienten zu verschaffen, wären diese von ihren Schwierigkeiten geheilt. Das waren damals noch eher verschwommene Vorstellungen; doch es bestand immerhin ein Hoffnungsschimmer, den ich nicht vernachlässigen wollte.

Der größte aller Sänger war 1921 gestorben, aber er hatte eine überreiche Vielfalt von Plattenaufnahmen hinterlassen. Und so kam ich dazu, mich mit dem Fall Enrico Caruso zu beschäftigen. Zunächst habe ich mir eine ganze Plattensammlung angeschafft und auch einige Walzen erworben. Man half mir dabei. Freunde und Freunde von Freunden haben mir qualitativ hochstehende Aufnahmen überlassen, ja sogar einige Matrizen. Als diese Platten hergestellt wurden, waren die technischen Möglichkeiten bei der Aufnahme und beim Pressen noch sehr beschränkt gewesen. Es war deshalb für mich von größter Bedeutung, daß ich mit dem besten, das heißt am wenigsten schlechten, Material arbeiten konnte.

Ich will den Leser nicht mit Einzelheiten meines Vorgehens langweilen. Ich nahm zahlreiche »Klischees« von Carusos Stimme in der zeitlichen Reihenfolge der Aufzeichnungen auf. Die Tonbilder aus den Jahren 1896 bis 1902 zeigten eine Stimme von hoher Qualität, gewiß, doch nicht von spektakulärer Schönheit. Ihr fehlten noch die meisten besonderen Eigenschaften, die ihren Ruhm ausgemacht hatten. Nach 1902 waren sie jedoch alle da, auf den Klischees deutlich erkennbar. Ich stellte als Eigenheit fest, daß es über 2000 Hertz immer zu einem Abfall von mindestens 18 Dezibel pro Oktave in Richtung der tieferen Töne kam. Es sah so aus, als hätte Caruso eine Art Filter besessen, der es ihm ermöglichte, hauptsächlich die Töne guter Qualität zu hören und die schlechten Töne sozusagen nicht. In dieser Hinsicht zeigte sein Ohr eine große Ähnlichkeit mit bestimmten Höreigenschaften von Personen mit Mittelohrentzündung. Ich frage mich, ob in seinem Leben nicht vielleicht ein besonderes Ereignis eingetreten sei. Ich ließ die Plattenaufnahmen sein und wandte mich den Büchern zu. In seiner Biographie wurde ich schließlich fündig. Um die Jahreswende 1901/1902 hatte er sich in Spanien einem chirurgischen Eingriff an seiner rechten Gesichtsseite unterzogen. Mehr sagte der Verfasser nicht, aber man konnte unschwer erraten, was geschehen war. Man hatte ihm die Eustachische Röhre, die Ohrtrompete, entfernt, wodurch eine Teiltaubheit ausgelöst wurde, dank welcher der begabte Sänger zum größten Sänger der Welt geworden war! Tatsächlich hat er erst um diese Zeit herum wirkliche Triumphe erlebt. Als Folge dieser Operation hörte Caruso im Bereich der tiefen Frequenzen nichts mehr, oder nur noch sehr schlecht durch Schall-Leitung in der Luft. Meine weiteren Untersuchungen bestätigten mir, daß der Sänger, der das Glück gehabt hatte, wenn ich so sagen darf, unter diesem Hörschaden zu leiden, dadurch dazu befähigt wurde, bei im übrigen gleichen Voraussetzungen besser als jeder andere zu singen, weil er Töne von schlechter Qualität nicht mehr hören (und sie olglich auch nicht mehr wiedergeben) konnte. Caruso sang so hervorragend, weil er nur noch seinen Gesang hörte!

Man wird jedoch einwenden, ob ich wirklich mit Recht aufgrund von Schallplatten, die alles andere als vollkommen waren, und eines nicht genau nachprüfbaren biographischen Hinweises eine solche Theorie aufstellen könne? Mache ich es mir nicht zu einfach, wenn ch jemanden, der nicht mehr am Leben ist, um mir gegebenenfalls widersprechen zu können, derart ins Rampenlicht stelle? Solche Fragen habe ich mir wohlverstanden ebenfalls und vor allen anderen gestellt. Die erste zu entkräften war nicht sehr schwierig. Caruso war ot, gewiß, aber eine andere Berühmtheit war noch am Leben: Beniamino Gigli. Ihn hatte ich glücklicherweise untersuchen dürfen. Seine Hörkurve konnte ich mit derjenigen vergleichen, die ich einige Jahre rüher nach seinen Platteneinspielungen aufgenommen hatte: Die beiden Kurven stimmten genau miteinander überein. Was die Hypohese einer teilweisen Taubheit von Caruso betrifft, so erhielt ich daür eine Bestätigung von drei Sängern, die meine Patienten waren. Alle drei waren Freunde meines Vaters und hatten Gelegenheit gehabt, auf derselben Bühne wie der erste Tenor (der, sei nebenbei bemerkt, diese Stellung wie durch Zufall ... 1903 angeboten erhielt!), der New Yorker Metropolitan Opera, zu singen. Unabhängig voneinander und aus eigenen Stücken erzählten sie mir, wenn man mit Caruso spazierengegangen sei, so habe er seine Begleiter immer gebeten, auf seiner linken Seite zu gehen, weil er mit dem rechten Ohr, das operiert worden war, nicht so gut höre. Sein rechtes Ohr war taub ür das Hören von semantischen Informationen, aber um so empfindlicher für Gesang. Auf sich selbst hörte er nicht von außen, durch das Ohr im eigentlichen Sinne des Wortes, das Mängel aufwies, sondern durch die Knochen hindurch: Schädel, Brustkorb usw. Ich würde sogar behaupten, Caruso habe von allen großen Sängern am »knohigsten« gesungen, wenn man so sagen darf. Er brachte sein Knohengerüst wie sonst niemand zum Mitschwingen. Dabei muß sogleich ergänzt werden, daß das Hören durch die Knochen keine Ausnahmeerscheinung ist: Alle bedeutenden Hörer nutzen diese Art von Tonübertragung. Wir kommen darauf zurück.

Wie bringt man sein Skelett zum Singen? Dabei handelt es sich um ine intuitive Technik, die allen großen Sängern angeboren ist, vor allem aber den Italienern, die beim Singen eine ganz andere Haltung als beispielsweise die Franzosen einnehmen. Zuvor muß ich jedoch kurz vom Thema abschweifen. Weil die italienischen und die französischen Stimmen aus Gründen, die im folgenden Kapitel zur Sprache kommen, ganz verschiedene »Fotografien« haben, ist ein Sänger, der sich auf Französisch ausdrückt, dazu verurteilt, »Druck« auf seinen Kehlkopf auszuüben, diesen kräftig anzustrengen, während ein Italiener, wie Caruso, mit völlig entspanntem Kehlkopf singen kann.

Ein Franzose preßt auf seinen Kehlkopf wie auf das Mundstück einer Trompete. Auf diese Weise erzielt er Qualität und Volumen. Nachteilig daran ist, daß er seine Luftwege mit bisweilen beträchtlicher Kraft beansprucht. Manche französischen Sänger leiden immer unter Luftmangel, obwohl sie in ihren Lungen bis zu zehn Litern Luft aufnehmen können!

Ein Italiener hingegen betätigt seinen Kehlkopf wie eine Violine oder ein Violoncello: Die Stimmbänder kommen einander näher und beginnen zu vibrieren. Dafür wird nur eine geringe Luftmenge benötigt. Ich habe eine französische Sängerin gekannt, die als Folge einer Lungenkrankheit nur mehr über einen halben Liter Luftreserve verfügte. Sie eignete sich die italienische Technik an und wurde eine der besten Rossini-Interpretinnen! Nun muß man noch wissen, wie die Stimmbänder angeregt werden. Als treibende Kraft hat man oft natürliche Resonatoren wie Knocheneinbuchtungen angesehen, unter anderem die lufthaltigen Skelettknochenhöhlen (Sinus). Diese Vorstellung scheint durchaus plausibel zu sein, und auch ich hätte es dabei bewenden lassen können, wenn ich nicht jahrelang einen Sänger der Spitzenklasse, den international bekannten Tenor André Burdino behandelt hätte, der noch immer am Leben ist. Er litt während eines großen Teils seiner Karriere an einer schmerzhaften Sinusitis. Es konnten somit nicht diese Knochenhöhlen sein, die dazu beitrugen, daß er ein großer Sänger war, denn sie waren immer verstopft. Wo war also die Ursache zu suchen? Nun, es ist eben das ganze Knochengerüst. Der Sänger ist sich dessen nicht bewußt, doch bei der italienisch genannten Technik, wie übrigens auch bei der deutschen, stützt sich der Kehlkopf auf die Wirbelsäule als Unterlage. Er spielt dieselbe Rolle wie der Steg, das kleine Stück Holz, das in Saiteninstrumenten den unteren Teil und dadurch das ganze Instrument in Schwingung versetzt. Bei einem Sänger wird gewissermaßen der Körper zur Violine. Wenn ein Sänger von seiner Kunst spricht, so hört man oft von ihm, daß er vorzugsweise diesen oder jenen Teil seines Körpers benutze. Die Bässe beispielsweise behaupten, sie würden den Ton durch den Bauch von sich geben; das ist ganz einfach darauf zurückzuführen, daß in ihrem Fall die Schwingungen hauptsächlich auf die Gegend des Kreuzbeins einwirken. Wie eine spielerische Gegenreaktion kann betrachtet werden, daß der Körper, nachdem er durch die Stimme aktiviert worden ist, seinerseits die Stimme kontrolliert. Mit anderen Worten, an der Gesangskunst ist das ganze Wesen beteiligt.

Dank seines Knochen-Hörens und der für ihn kennzeichnenden teilweisen Taubheit war Caruso ein außergewöhnlicher Künstler. Weshalb also nicht versuchen, in ihrer Selbstkontrolle gestörten Menschen, wenigstens vorübergehend, Carusos Hörweise zu geben? Wenn meine Theorie richtig war, mußte dabei notwendigerweise etwas, und zwar etwas Positives, geschehen. Ich stülpte also meinen Versuchspersonen einen Helm über die Ohren, der ihnen durch ein System von Filtern dieses Hören aufzwang. Die Reaktion trat sogleich ein: Alle ohne Ausnahme fühlten ein euphorisches Gefühl in sich aufsteigen; auch von denen, die keine Sänger waren, vertrauten mir viele an, sie hätten Lust verspürt, eine romantische Melodie zu singen. Ich munterte sie dazu auf und stellte fest, daß sie, solange sie den Helm auf dem Kopf hatten und ich mich nicht an den Knöpfen der Apparatur zu schaffen machte, unvergleich viel besser sangen als sonst. Sobald ich ihnen jedoch den Helm abnahm, hatten sie wieder dieselben Schwierigkeiten wie vorher ...

Damit stellte sich mir das folgende Problem: Mein Filtersystem ließ sich in eine Maschine für guten Gesang verwandeln, also in diese Apparatur für Gesangserziehung oder -rehabilitation, von der ich geträumt hatte, doch es war völlig ausgeschlossen, Sänger mit einem Helm auf dem Kopf auf der Theaterbühne agieren zu lassen. Ich mußte unbedingt ein Mittel finden, um diese flüchtige Verbesserung dauerhaft werden zu lassen. Ich blätterte die Werke Pawlows durch, dessen Untersuchungen über die bedingten Reflexe, die »Konditionierungen«, zukunftsweisend gewesen waren. Ich setzte große Hoffnungen auf die Wiederholung der Experimente. Allmählich, so glaubte ich, würde eine solche Versuchsperson lernen, so wie ein großer professioneller Sänger und mit dessen Hörweise sich selbst zu kontrollieren.

Das Ergebnis war in gewisser Hinsicht enttäuschend. Bedingte Reflexe wurden nur mühsam und wenig dauerhaft integriert. Doch nicht die Theorie war schuld daran, sondern die Maschine! Die von mir zu Beginn der fünfziger Jahre entwickelte Apparatur war eher eine Improvisation. Ihre Grundstruktur war mir durch eine ziemlich merkwürdige Erfahrung nahegelegt worden, die ich bei einem meiner Patienten gemacht hatte, einem erstklassigen französischen Sänger, den wir T. nennen wollen.

Als T. meine Praxis aufsuchte, hatte er seine Stimme schon seit langem verloren, denn seit seinem letzten Auftritt in der Öffentlichkeit waren um die fünfzehn Jahre vergangen. Die Störung hatte sich noch verschärft: Er konnte nicht einmal mehr sprechen. Die verschiedenen Therapien, die ich anwandte und auf die ich nicht eingehen will, zeitigten ein gutes Resultat. Er konnte seine Stimme wieder in hohem Maße gebrauchen. Doch täglich mußte ich zuhören, wie er sich mit einer Stelle aus *La Forza del Destino* abmühte, wo er regelmäßig über »un trono« stolperte. Die erste Silbe, die Note b, schien für ihn ein unüberwindliches Hindernis zu sein: Es kam jedesmal falsch heraus. Ich war um so verwunderter, als das ausgerechnet einer der schönsten Töne auf den Platten von Caruso war. Ich schloß mein Analysiergerät an und »fotografierte« die Interpretation von T. und dann diejenige des italienischen Meisters. Bei T. war eine Reaktion auf der Kathodenstrahlröhre auf der Stufe dieses b klar erkennbar. Doch bei Caruso zeigte das Bild innerhalb desselben Zeitraums nichts. Ich war verblüfft und wiederholte das Experiment mehrere Male, doch ich erhielt immer dasselbe Bild. Daraus schloß ich, daß meine Apparatur entweder schlecht funktionierte oder nicht richtig angeschlossen war. Während Monaten plagte ich mich mit ihr ab, bis ich diese Bilder zugunsten des direkten Hörens aufgab. Und da merkte ich, daß die beiden Sänger ihre Töne nicht auf dieselbe Weise hervorbrachten. T. gebrauchte seinen Kehlkopf und stieß im gleichen Atemzug die Worte »un trono« aus, wobei er den Eindruck erweckte, alle Elemente würden miteinander zusammenhängen. Caruso hingegen brachte durch eine Art »Ausklinken« (ich kann es ohne tönendes Beispiel unmöglich besser formulieren) eine gewisse Diskontinuität hinein. Man kann sich vielleicht eine klarere Vorstellung davon machen, wenn man weiß, daß die italienischen Sänger dieses Verfahren ein »Schluchzen« nennen. Als ich Gigli nach dem Zweck dieser Methode fragte, antwortete er mir ganz schlicht: »Sie erleichtert die Dinge erheblich!«

Da mich dieses Thema interessierte, machte ich mich daran, die Dauer dieses Ausklinkens, die »Schwebezeit«, zu messen, die eine bessere Kontrolle ermöglichte und das Singen erleichterte. Aufgrund früherer Entdeckungen nahm ich an, wenn ein Sänger dieses Ausklinken bewerkstellige, so reagiere er damit auf einen Hörvorgang, der sich folglich im Ohr abspielen müßte. Deshalb kam ich auf die Idee, Sänger mit französischer Technik damit vertraut zu machen, um ihnen bei der Überwindung ihrer Schwierigkeiten zu helfen. Meine erste Apparatur war so konstruiert, daß sie ein solches Ausklinken bewirkte. Ich benutzte manuelle Unterbrecher, die verschiedene Unzulänglichkeiten aufwiesen. Zunächst produzierten sie viel Lärm, was an sich schon die Auswertung der gesammelten Informationen behinderte. Weiter verbrachten meine Assistenten und ich unsere Zeit damit, auf diese Unterbrecher zu drücken: Ich habe es nie so weit gebracht, daß einer meiner Patienten selbst es tat. Ich installierte Taster und Fußhebel mit gleichem Mißerfolg. Die wenigen Sänger, die zur Mitarbeit bereit waren, drückten den Taster im falschen Augenblick, zu früh oder zu spät, was insofern gefährlich war, als sie nicht nur ihre unmittelbare und vorläufige Konditionierung, sondern auch ihre längerfristige Chance auf eine endgültige Konditionierung aufs Spiel setzten. Kurzum, beim Umgang mit dem Unterbrecher mußte man vorsichtig sein. Ich fand erst 1954 eine Lösung, als ich elektronische Elemente einbaute, was mich dann auch auf die Idee brachte, die daraus hervorgegangene Apparatur »Elektronisches Ohr« zu taufen.

Obwohl die erste Apparatur noch etliche Mängel aufwies, löste sie dennoch in der kleinen verschlafenen Welt der Gesangslehrer und Phoniater Verwirrung und Bestürzung aus. Die ersteren fanden sich aufgescheucht bei mir ein und betrachteten das Gerät mit höchster Abneigung, weil sie befürchteten, es werde sie brotlos machen. Die letzteren verzogen das Gesicht, zuckten die Schultern und lächelten darüber – was sie jedoch keineswegs daran hinderte, selbst Jahre später Maschinen zu bauen (die der meinen merkwürdig ähnlich waren). Grotesk an dieser Sache ist, daß sie diese Apparaturen noch immer in der ursprünglichen Form benutzen, ohne zur Kenntnis genommen zu haben, daß elektronische Elemente das ganze System revolutioniert haben. Die breite Öffentlichkeit glaubt es vielleicht nicht, aber solche kleinen Diebstähle sind in der Welt der Medizin gang und gäbe. Als ich, von gewissen russischen Arbeiten inspiriert, damit begann, Menschen mit berufsbedingter Taubheit Mutterkuchenextrakte zu verabreichen, um das Gehör zu verbessern, fertigte ich eine Zeichnung einer speziellen Spritze an, die sehr viel Ähnlichkeit mit Geräten für das Einfetten von Motorteilen hatte, aber etwa viermal kleiner war. Man stellte in den Werkstätten der Luftwaffe einige davon für mich her. Auch an Kollegen gab ich welche ab. Kurze Zeit später suchte mich ein Vertreter auf:

»Sie sind Otorhinolaryngologe?« sagte er zu mir. »Dann haben sie von der Plazenta-Therapie gehört? Ich möchte Ihnen etwas Sensationelles zeigen!«

Er öffnete seine Mappe und nahm triumphierend eine Spritze heraus, die das genaue Abbild der meinen war. Mit einem Unterschied: Der Name des Erfinders war darauf festgehalten, aber es war nicht der meine, sondern der einer Person, die ich sehr gut kannte und der ich einige Monate früher eine meiner Spritzen geschenkt hatte ...

Doch kommen wir auf das Elektronische Ohr zurück. Obwohl es noch Mängel aufwies, beunruhigte es schon viele Leute. Und gleichzeitig war auch ich offenbar ein Grund zur Beunruhigung. In aller Unschuld im übrigen, denn gewisse Regeln des gesellschaftlichen Verhaltens waren mir völlig unvertraut geblieben. Ich war derart ahnungslos, daß ich 1952 aus allen Wolken fiel, als Professor Lallemant mir mitteilte, er setze mich vor die Türe seines Krankenhauses. Welchen schweren Kunstfehler hatte ich wohl begangen? Gar keinen. Hingegen hatte ich mich frecherweise schwer gegen die geheiligten Regeln des französischen Mandarinats vergangen. Ich hatte nämlich von mir aus einige von mir selbst verfaßte Publikationen – und insbesondere eine Mitteilung an die Phoniatrie-Gesellschaft über diese erste Apparatur – eingesandt, ohne sie, wie es Brauch war, von meinem Chef, der überhaupt nichts dazu beigetragen hatte und zudem nicht einmal Spezialist für phoniatrische Fragen war (Phoniater vom Dienst war ich!), mitunterzeichnen zu lassen. Maurice Lallemant hatte es schon nur schwer verwunden, daß mein Name neben dem seinen auf der Titelseite der Publikation *Berufsbedingte Taubheit* stand, zu der er auch nicht eine einzige Seite beigetragen hatte. Er hatte widerstrebend Robert Maduro nachgegeben, der auf dieser Lösung bestanden hatte. Daß aber ein Text, der im wesentlichen auf meinem Mist gewachsen war, veröffentlicht wurde, ohne daß auf der

Titelseite sein Name in großen Lettern festgehalten war, so etwas durfte er nicht zulassen.

Nach 1955 nahm er freilich wieder Kontakt zu mir auf, ja er forderte mich auf, zu ihm zurückzukehren. Meine Forschungsergebnisse hatten bei ausländischen Kollegen eine gewisse Aufmerksamkeit ausgelöst. Und insbesondere Amerikaner begannen sich für meine Arbeiten zu interessieren.

»Sie haben in den Krankenhäusern angefangen, Tomatis«, sagte mein ehemaliger Chef zu mir. »Wir haben Sie aufgenommen, wir haben Ihnen den Steigbügel gehalten. Es wäre nichts als recht, wenn in den Augen der Welt Ihre Ergebnisse aus den französischen Spitälern kämen. Schließen Sie sich uns wieder an, Sie werden es nicht zu bereuen haben.«

Selbstverständlich habe ich dieses Angebot abgelehnt.

»Davon abgesehen«, fügte ich hinzu, »wird es mir ein Vergnügen sein, alle Patienten aus dem Personal, die Sie zu mir schicken, um Gotteslohn zu behandeln.«

In den folgenden Jahren stellten sich tatsächlich einige in meiner Sprechstunde ein. Doch meine Absage war der Anfang einer Reihe von unangenehmen Auseinandersetzungen mit meinen lieben Kollegen. Die meisten von ihnen konnten sich nicht damit abfinden, daß ein anderer von diesem Willen nach Unabhängigkeit beseelt war, zu dem ihnen der Mut gefehlt hatte. Ich sage das ohne Verachtung und ohne Groll. Es geht nur darum, daß die Öffentlichkeit weiß, woran die französische Medizin allmählich zugrunde geht und woher dieses Unbehagen rührt, das seit einiger Zeit auch in der Presse einen Widerhall findet. Die von einer archaischen Auffassung geprägte, offen reaktionäre und undemokratische Engstirnigkeit der wissenschaftlichen Hierarchie ist ein Hindernis, an dem auch der beste Wille der Welt scheitert und oft erschöpft zerbricht. Die Dynamik der medizinischen Forschung wird so weitgehend blockiert. Die grotesken Schikanen auf dem Weg zu einer medizinischen Karriere, insbesondere an den Universitäten, verbrauchen einen zu großen Teil der Energie auch der brillantesten Köpfe. Daß ein eigentlicher Substanzverlust in Richtung Ausland stattfindet, ist nicht nur darauf zurückzuführen, daß andere Regierungen bessere Arbeitsbedingungen anbieten. Daß das institutionelle Mandarinat in Frankreich, was die menschlichen Beziehungen und das Gefühlsleben betrifft, ganz schlicht unerträglich und auf der Ebene der Forschung geisttötend ist, dürfte ebensosehr, wenn nicht noch mehr dafür verantwortlich sein.

Jetzt muß ich jedoch auf das Elektronische Ohr zurückkommen, dessen Entwicklung eine der wesentlichen Etappen bei meiner wissenschaftlichen Arbeit war. Erst damit wurden rasche Fortschritte bei der Rehabilitation von Patienten und verschiedene Entdeckungen möglich, auf die ich gar nicht gefaßt war. Ich habe bereits erwähnt, daß die Apparatur zugleich einfach und komplex war: einfach für Leute, die über einige elektronische Kenntnisse verfügen, komplex für Mitmenschen, denen schon nur das Wort Elektronik einen Schrecken einjagt. Bevor ich im einzelnen auf ihr Funktionieren eingehe, möchte ich das Prinzip darlegen. Das Ziel ist eine Konditionierung des Gehörs, und zwar soll das Ohr dazu befähigt werden, auf die eigene Stimme zu hören, wodurch die Qualität der hervorgebrachten Töne verbessert wird. Zu diesem Zweck muß das Trommelfell gespannt werden, was man dadurch erreicht, daß die Muskulatur des Hammers und des Steigbügels (also die Muskeln dieser beiden Gehörknöchelchen in der Trommelhöhle des Ohrs) entsprechend reguliert wird. Diese Muskeln sorgen nämlich dafür, daß die Töne – auf einem anderen Weg, als gemeinhin angenommen wird – in das Innenohr weitergeleitet werden, zu einer wichtigen Drehscheibe, denn hier beginnt die Analyse der Laute durch das Gehirn.

Stark schematisiert dargestellt, besteht das Elektronische Ohr aus zwei Kanälen (K_1 und K_2). Diese sind durch ein elektronisches Element miteinander verbunden, dank dessen die Versuchsperson von einem defekten zu einem besser modulierten Hören übergehen kann. Parallel dazu legt ein anderes System von elektronischen Pforten vor allem den rechten Hörkanal frei. Das linke Ohr wird nicht ausgeschaltet, doch es wird die Tatsache berücksichtigt, daß es nicht wie das rechte Ohr die Funktion einer Wahrnehmung einzelner Töne erfüllt. Verstärker wirken auf K_1 und K_2 ein, ein Mikrophon und ein Kopfhörer vervollständigen das System. Tonquelle ist ein Magnetband in einem Tonbandgerät. Ich möchte betonen, daß alle diese Einzelteile qualitativ einwandfrei sein müssen.

Die verwendete Apparatur sieht somit so aus:

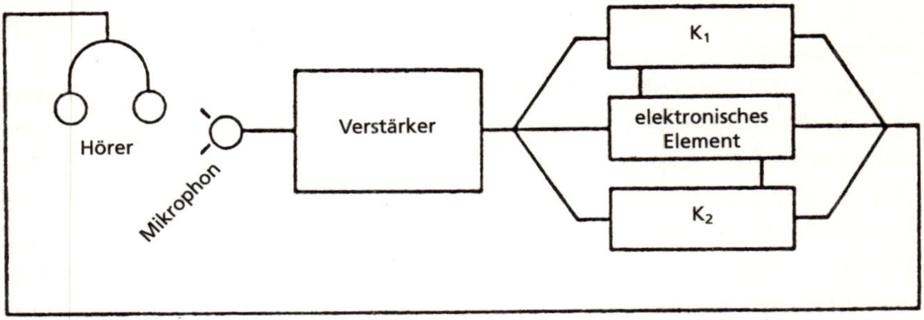

Figur 2

»Gut«, wird der Leser sagen, »wer aber beweist mir, daß sie funktioniert? Man kann nicht gleichzeitig Richter und Partei sein.« Da mein Wort wenig Gewicht hat, berufe ich mich deshalb auf das Zeugnis einer Drittperson, deren Aufrichtigkeit und Ehrenhaftigkeit, so nehme ich an, von niemandem in Frage gestellt werden. Es handelt sich um André Le Gall, den Generalinspekteur des Öffentlichen Schulwesens und ehemaligen Direktor des Unterrichtswesens in Frankreich. Nach einem längeren Aufenthalt in meinem Laboratorium hatte er seine Beobachtungen und Folgerungen in einem Memorandum mit dem Titel *Die Behebung gewisser psychologischer und psychopädagogischer Mängel durch die Apparatur mit Tomatis-Effekt* (März 1961) veröffentlicht. Aus dem zweiten Kapitel greife ich die folgenden Zeilen heraus. Zum besseren Verständnis sei hinzugefügt, daß auf eine »auditive Geste« (A) ein Ton (T) folgt, der durch eine »vokale Geste« (V) ausgelöst wird; André Le Gall schreibt:

»Dr. Tomatis leitet die Konditionierung des Ohrs damit ein, daß er dieses zwingt, einen Ton nach dessen Ausstrahlung auf eine bestimmte Weise zu hören. Mit anderen Worten, auf die vokale Geste, die wir V_1 nennen wollen, durch die ein Ton T_1 von schlechter Qualität ausgestrahlt wird, folgt, wie man jetzt weiß, ein globales Hören A_1. Um die mittelmäßige Ausstrahlung T_1 und folglich die vokale Geste V_1 durch eine vokale Geste V_2 und folglich eine gute Ausstrahlung T_2 zu ersetzen, muß man das Ohr bloß zwingen, eine *Akkommodationsweise* zu benutzen [...], welche die Art bestimmt, wie A_2 gehört wird.

Um die Geste V_1 auszulöschen und von da an nur mehr die Geste V_2 auszulösen, muß man bloß den Hörapparat auf eine neue Akkommodationsweise konditionieren, sobald die Töne ausgestrahlt werden.

Für diese Konditionierung benutzt A. Tomatis seit mehreren Jahren die folgende Versuchsanordnung:

Ein Mikrophon M aktiviert einen Verstärker, von dem zwei verschiedene Regelkreise ausgehen, die zwei nicht aufeinander abgestimmte Kanäle öffnen.

Bei einer gegebenen, willkürlich veränderbaren Intensität bleibt nur der Kanal K_1 geöffnet. Er ermöglicht es der Versuchsperson, sich auf ihre gewohnte Weise zu hören, ohne daß irgend etwas verändert wird. Sobald diese Person einen Laut von sich gibt, sobald also zu den immer vorhandenen Umweltgeräuschen ein zusätzlicher Ton hinzukommt, und zwar eben der, welcher von der Versuchsperson hervorgebracht wird, schließt sich der Kanal K_1 und öffnet sich nur der Kanal K_2. Dieser zweite elektronische Kanal zwingt das Ohr zu einer anderen Art von Kontrolle, die vom Experimentator gewählt wird, und zwar indem eine schöne Stimme ausgestrahlt wird. Mit anderen Worten, der Kanal K_2 wird durch ein System geöffnet, das ›elektronisches Element‹ genannt wird; es bewirkt, daß die Versuchsperson von der Art A_1 zu hören, die mit der zu unterdrückenden Geste V_1 verbunden ist, automatisch zu der Art A_2 zu hören übergeht, die der erstrebten Geste V_2 entspricht.

Sobald keine zusätzlichen Laute mehr abgegeben werden, bewirkt die dadurch reduzierte Intensität, daß sich das System umkehrt, daß also K_1 geöffnet wird und K_2 verstummt. Der Zyklus beginnt jeweils von neuem, sobald die Versuchsperson zu sprechen beginnt. Die Konditionierung wird sehr rasch sichtbar. Schon von den ersten Behandlungstagen an hält sie nach einer halbstündigen Sitzung ungefähr eine halbe Stunde an. Nach einigen Wochen wird sie permanent.

Das elektronische Element kann im übrigen rasch bewußt benutzt werden, so daß die Versuchsperson nach Lust und Laune das hören kann, was sie wünscht.

Die Erfahrung beweist, daß eine solche lautliche Konditionierung (beispielsweise eine andersartige Sprechweise) nicht bloß unmittelbar nach der auditiven Konditionierung, sondern dauerhaft erhalten bleibt. [. . .]

Diese anhaltende Wirkung ist jedoch nicht exklusiv. Die Konditionierung, die ihr zugrunde liegt, kann durch eine andere Konditionierung ersetzt werden: Ein Franzose kann sich – durch lange Aufenthalte in England oder aber rasch durch Benutzung dieses Apparates – einen ausgezeichneten englischen Akzent zulegen; doch sobald er nach Paris zurückkehrt, hört und spricht er wieder Französisch. [. . .]

Auf den Einwand, unter solchen Umständen könnte auch die durch eine physio-psychologische Behandlung erzielte Heilung durch einen Rückfall in die für die Schädigung verantwortliche Audiophonation wieder in Frage gestellt werden, würden wir antworten, daß im therapeutischen Bereich die wiedergutmachende Konditionierung dauerhaft aufgezwungen wird und nicht bloß in der Art einer Fremdsprache, die nur zwischendurch gebraucht wird [. . .]. In diesem Fall handelt es sich nicht um ein Nebeneinander, sondern um eine Überlagerung.

Daß die Stimmbildung durch eine Veränderung des Hörens ihrerseits verändert werden kann, ist die wichtigste Entdeckung. Doch die Dauerhaftigkeit des Phänomens stellt offensichtlich eine zweite wesentliche Feststellung dar. [. . .] Sie bestätigt, daß eine wirksame Konditionierung an beiden Enden der Kette Hören–Stimmbildung tatsächlich möglich ist. Das berechtigt uns zur Annahme, daß dabei mitwirkende *psychologische* Phänomene ebenfalls durch dieses Mittel beseitigt werden können, indem gewisse lähmende oder störende Konditionierungen im Sinne einer Öffnung und Leistungssteigerung umkonditioniert werden könnten.

Wir möchten auf diese zuletzt genannte Indikation ganz besonders hinweisen: Die Tomatis-Apparatur zielt keineswegs darauf ab, eine Versuchsperson künstlich zu konditionieren. Sie ist keine Maschine, die die Ohren und die Gehirne gleichschalten möchte. Sie ist im Gegenteil *ein Mittel, das imstande ist, dem durch irgendeinen Vorfall in seiner Geschichte traumatisierten, frustrierten, unangepaßt gewordenen oder blockierten Individuum dabei zu helfen, durch eine volle Öffnung, das heißt eine volle Befreiung von seinen auditiven Wahrnehmungen, die positive Freiheit seiner Natur, die aktive Freiheit seiner Bestimmung, wiederzufinden.*

Diese Therapie ist zwar eine Konditionierung, aber eine befreiende Konditionierung.«

Besser könnte auch ich es nicht sagen.

***

Einige Studenten aus meinem Bekanntenkreis schickten eines Tages einen gleichaltrigen jungen Italiener zu mir, einen eher etwas bequemen Jüngling, der sich bis dahin damit begnügt hatte, ohne große Überzeugung einige Leinwände zu beschmieren. Er mußte sich im rechten Ohr ein Cholesteatom, eine »Perlgeschwulst«, entfernen lassen. Dabei handelt es sich um einen gutartigen Tumor, der aber dennoch operiert werden muß, weil er mit der Zeit einen Hirnabszeß verursachen kann, der seinerseits tödlich wäre. Falls der Hörnerv von der Geschwulst befallen ist, genauer, falls das Innenohr verändert ist, wird der Tumor vollständig beseitigt. Wenn hingegen das Innenohr intakt geblieben ist, begnügt man sich mit einer teilweisen Entfernung, die das knöcherne Labyrinth ausspart. Als ich die Hörkurve des rechten Ohrs meines Patienten berechnete, um zu prüfen, ob der Nerv angegriffen sei oder nicht, stellte ich zu meiner großen Überraschung fest, daß sie genau gleich verlief wie beim Ohr Carusos!

Wenn meine Hypothesen über das Sich-selbst-Hören und die entsprechenden Körperreaktionen richtig waren, so mußte dieser junge Mann die Stimme Carusos haben. Als ich ihn darauf ansprach, erklärte er mir, er habe noch nie in seinem Leben gesungen.

»Das spielt keine Rolle«, antwortete ich ihm. »Mit allem muß man einmal anfangen. Ich werde Sie einführen.«

Ich ließ ihn im Verlauf der Woche einige Partien aus Carusos Repertoire singen und machte dann eine Aufnahme. Ich habe die Bänder aufbewahrt: völlig verblüffend! An gewissen Stellen würde man sagen, es sei der Meister selbst, der da singe.

Ich war begeistert!

Eine Stunde später traf T., der täglich sichtbare Fortschritte verzeichnen konnte, bei mir ein. Ich wollte mein Tonband unbedingt diesem großen professionellen Sänger vorspielen.

»Hören Sie sich das an«, sagte ich ziemlich aufgeregt zu ihm. »Es ist unglaublich. Wenn man sich vorstellt, daß dieser junge Mann bis vor wenigen Tagen überhaupt noch nie gesungen hat.«

Ich schaltete das Tonbandgerät ein und erwartete freudig erregt und erfolgsgewiß T.'s Reaktionen, und der Sänger war auch tatsächlich höchst erstaunt.

Er hörte einige Sekunden lang schweigend zu, schaute mich argwöhnisch an und explodierte dann:

»Aber bitte, Ihr Typ singt wie ein Schmierenkomödiant.«

Jetzt war ich aufs höchste verblüfft. Ich begriff überhaupt nichts mehr. Als ich mich wieder gefaßt hatte, machte ich meinem Patienten einen anderen Vorschlag:

»Einen Augenblick bitte, da ist etwas, was mir nicht klar ist. Darf ich Ihnen noch eine andere Aufnahme vorspielen? Erst dann wollen wir weiter darüber sprechen.«

»Wie Sie wollen.«

Ich holte eine der Platten Carusos, eine der besten mit unglaublich vielen Frequenzen: *Louisa Miller* von Verdi. Die Aufnahme war 1914 gemacht worden, zu einer Zeit also, da er schon nicht mehr der ganz große und reife Caruso war. Seine Stimme erstreckte sich aber damals über einen außergewöhnlich breiten Frequenzbereich. Ich legte die Platte auf, ohne T. weitere Hinweise zu geben.

»Wer ist das?« fragte er nach einigen Augenblicken.

»Caruso«, antwortete ich.

»Das habe ich mir gedacht!« rief er aus. »Wirklich, ich werde nie begreifen, wie es dieser Kerl fertiggebracht hat, die ganze Welt für sich einzunehmen. Hören Sie doch zu! Es ist scheußlich! Es ist unerträglich!«

Er regte sich unheimlich auf. Ich hatte alle Mühe, ihn wieder zu beruhigen. Ich versprach ihm, von Caruso werde bei mir nie mehr die Rede sein.

Als ich später allein an meinem Schreibtisch saß, dachte ich lange über diesen Vorfall nach. Als erste Reaktion sagte ich mir, Ursache dieses vernichtenden Urteils sei vielleicht bloß eine dieser blindwütigen und gefühlsmäßigen Rivalitäten, die nur zu oft zwei große Künstler gegeneinander aufbringen können. Da ich aber mit der Psychologie meines Patienten einigermaßen vertraut war, verwarf ich diesen Gedanken wieder. Ich entwickelte eine andere Hypothese, der laufende Arbeiten zugrunde lagen: Wenn T. Carusos Stimme nicht wie ich zu würdigen vermochte, so könnte das daran liegen, daß er sie nicht wie ich *hörte?*

Ich stellte sofort ein Filter her, um gleich wie er hören zu können. Und tatsächlich, unter diesen Umständen wurde Carusos Stimme auch für mich unerträglich! T. und Caruso hörten auf diametral entgegengesetzte Weise. Solche Gegensätze kommen häufiger vor, als man glaubt, bisweilen auch zwischen einem Gesangslehrer und seinem Schüler, ohne daß die beiden eine Ahnung davon haben. Das kann zu eigentlichen Katastrophen führen. Wenn ein Lehrer versucht, seinem Schüler ein Hören beizubringen, das in Widerspruch zu dessen gesamter Selbstkontrollstruktur steht, so kann er nicht nur diese Struktur empfindlich stören, sondern sogar dessen ganzes Wesen völlig durcheinanderbringen. Das wurde mir bewußt, als ich T. bat, meinem jungen Italiener einige Gesangslektionen zu erteilen. Nach dem drittenmal war der Schaden so beträchtlich, daß der unglückliche Anfänger drei Monate lang sprachlos blieb!

Bevor man Gesangsstunden nimmt, müßte man eigentlich nicht nur die eigene Hörkurve, sondern auch die des Lehrers kennen, für den man sich entschieden hat. Während einiger Zeit vergnügte ich mich deshalb damit, die Ohren aller Gesangslehrer, die in meine Sprechstunde kamen, ohne deren Wissen zu testen. Als Hintergrundmusik legte ich ganz einfach die erwähnte Platte mit *Louisa Miller* auf (in der Zwischenzeit kannte ich alle Frequenzen darauf), vorübergehend unterbrochen durch Ausschnitte aus anderen Tonbändern. Ich achtete darauf, zu welchem Zeitpunkt mein Gesprächspartner sagte: »Aha, das ist etwas Neues!«, woraus unschwer abzuleiten war, bei welcher Tonhöhe sein Gehör Einschnitte hatte. Mehr als einmal war ich von meinen Beobachtungen bestürzt: Es kam vor, daß der »Experte«, den ich vor mir hatte, auch bei Unterschieden von fünf oder sechs Oktaven nichts merkte!

Jeder Mensch hört auf andere Weise, aber nicht alle Hörweisen sind gleichwertig. Absolut gesehen, war Carusos Hörweise der von T. vorzuziehen, vor allem was die Güte der Stimme betraf. Zum Beweis dafür baute ich T.'s Stimme wieder auf, selbstverständlich ohne es ihm zu sagen, nach Carusos Ohr. Seine Fortschritte waren spektakulär. Ich schickte Lehmann, der damals die Opéra leitete, ein Tonband, das mein Patient besungen hatte, worauf er T. zu sich kommen ließ und auf der Stelle engagierte. Leider glaubte T., von da an auf meine Dienste verzichten zu können, er brach die Stimm- und Gehörschulung ab, die ihm so geholfen hatte (eine auf Erhaltung des Erreichten abgestimmte Behandlung wäre noch sehr lange notwendig gewesen), und mußte einige Monate später seine zweite Karriere wieder abbrechen, die ebenso brillant wie die erste hätte werden können. Ich hatte später noch mit einigen anderen Sängern zu tun, die wie er nicht bis ans Ende durchhielten und so alles, was sie bei den ersten Sitzungen erworben hatten, wieder verloren, und zwar um so rascher, je breiter und voluminöser ihre Stimme war.

Daraus lernte ich viel über die psychologische oder, genauer gesagt, interpsychologische Dimension meiner Arbeit mit Sängern. Ich wußte jetzt, daß die zwischen dem Patienten und dem Therapeuten entstandene Beziehung zumindest ebenso wichtig ist wie die von der eigentlichen Apparatur erzielte Wirkung. Damit war meinen Forschungen ein neuer Weg gewiesen: ein Höhenweg, nämlich das Problem der Beziehungen zwischen der Sprache und dem Aufbau des menschlichen Seins, mit dem ich mich einige Jahre später zu befassen begann.

Inzwischen wurde meine Meinung, die Erzeugung des Tons, die Entwicklung und die Verwirklichung einer angemessenen stimmlichen Geste, hänge enger mit dem Ohr als mit den Stimmorganen zusammen, durch immer neue Erkenntnisse bestätigt. Und auch da hatte ich das Glück, jemandem zu begegnen, der mir dabei half, den Beweis dafür zu erbringen.

Diesmal war es nicht ein junger Italiener, sondern ein junger Spanier. Und er war sich seiner stimmlichen Begabung voll bewußt. Er glaubte sogar, begabter zu sein, als er wirklich war, und darin wurde er von einer älteren Dame bestärkt, bei der er ein wenig die Rolle eines Mädchens für alles spielte und die ihren nicht in Erfüllung gegangenen Wunsch, selbst Sängerin zu werden, auf ihn übertragen hatte. Nur mit größter Mühe brachte er jedoch Töne hervor, weil er an einem zweiseitigen »Stimmbandknötchen« litt. Dabei handelt es um eine besonders schwere Form von Kehlkopfentzündung: Die Stimmbänder werden dadurch zu großen Spindeln verformt, die sich einander nie mehr annähern.

Er vereinbarte mit mir einen Termin und legte mir seinen Fall dar. Ein dorniges Problem. Gegenüber einer solchen Organveränderung ist man im allgemeinen machtlos. Eine Entfernung des Knötchens hätte die absurde Folge, daß auch die Stimmbänder entfernt werden würden. Und gerade das ist um jeden Preis zu vermeiden. Man mußte ihm also beibringen, er hätte sich die Möglichkeit einer späteren Karriere als Sänger zumindest aus dem Kopf zu schlagen. Doch er beklagte sich bitter über sein Los:

»Wie habe ich das nur auflesen können? Woher kommt das alles?«

»Von Ihrem Ohr!« antwortete ich etwas voreilig, denn ich hätte ihm diese scheinbar abstruse Idee schrittweise beibringen und ihm zuerst erzählen müssen, was ich bei anderen Sängern beobachtet hatte.

»Von meinem Ohr!«

Er schaute mich völlig verdutzt an, hörte mir noch einige Minuten lang höflich zu, bedankte sich und flüchtete, so rasch er konnte, zu einem Kollegen, wütend darüber, daß er seine Zeit mit einem Witzbold meiner Sorte vertrödelt hatte.

Der Kollege, sein Name bleibe verschwiegen, stimmte in seinen Klagegesang ein:

»Ihr Ohr! Ein solcher Blödsinn! Wie haben Sie nur zu diesem Scharlatan gehen können? Wissen Sie, daß er als einziger auf der ganzen Welt solchen irrigen Vorstellungen huldigt? Der gesunde Menschenverstand genügt. Was soll denn Ihr Ohr mit Ihren Stimmbändern zu tun haben? Das ist völlig idiotisch!«

Er untersuchte ihn und erklärte, das ganze Übel rühre von seinen Mandeln her, die er unverzüglich wegoperierte, wobei er zugleich auch das ganze Gaumensegel entfernte, um gleich alles in Ordnung zu bringen. Doch leider hatte diese Operation nur zur Folge, daß eine bloße Schwierigkeit bei der Hervorbringung von Tönen zu einer Quasi-Unmöglichkeit wurde. In seiner Verzweiflung suchte der junge Mann einen weiteren Kollegen auf, der ihm die dritte Diagnose stellte:

»Es ist schade, daß man Ihnen die Mandeln entfernt hat. Schade und unnötig, denn die Ursache Ihres Übels ist offensichtlich Ihre verwachsene Nasenscheidewand.«

Er nahm sein Skalpell zur Hand und setzte bei der Ursache des Übels an. Leider mit etwas zuviel Eifer. Ein mißglückter Schnitt mit dem Messer entfernte auch gleich ein Stück Schleimhaut. Der Zustand des Patienten, muß man hinzufügen, wurde dadurch nicht verbessert!

Der vierte Chirurg, der konsultiert wurde, desavouierte seine Vorgänger. Ihm zufolge waren allein die Nasenmuscheln für das Übel verantwortlich, und er machte sich voller Begeisterung an deren Entfernung.

Das war nicht mehr eine Nase, das war nun eine Kathedrale! Doch das Übel war nur immer schlimmer geworden. Zwei Jahre nach seinem ersten Besuch befand sich der junge Spanier wieder in meinem Wartezimmer. Er erzählte mir von seinen Erlebnissen und versicherte, jetzt sei er bereit, mir zuzuhören: Zweifellos würde ich seinen Zustand nicht noch verschlechtern können.

Ich legte ihm dar, worin die Behandlung mit dem Elektronischen Ohr bestehe, und machte einen Termin mit ihm ab. Als er sich zu dieser ersten Sitzung einfand, zeigte ich mein Laboratorium gerade einer

Gruppe von Kollegen aus Marseille unter der Führung von Professor Appaix. Sie interessierten sich natürlich für diesen Patienten, der sich zum erstenmal dieser Behandlung unterzog. Sie baten mich um zusätzliche Erläuterungen und untersuchten ihn sorgfältig.

Professor Appaix nahm mich zur Seite:

»Lieber Freund, das wird Ihnen nie gelingen! Was wollen Sie aus einem solchen Kehlkopf herausholen, der wie ein Eingang zur Untergrundbahn aussieht!«

»Ich habe bisweilen Resultate erzielt, die sogar mich selbst erstaunten«, antwortete ich.

»Das will ich Ihnen gerne glauben, aber nicht unter solchen Umständen. Hören Sie, in drei Wochen werden Sie in Marseille einen Vortrag halten, berichten Sie uns dann auch von den Fortschritten, die dieser Mann bis dahin macht. Ich bin davon überzeugt, daß Sie uns nicht viel erzählen werden. Dennoch viel Glück!«

Drei Wochen später stieg ich zusammen mit meinem Koffer und meinem Patienten in Marseille ab: Er, der Patient, war nicht nur imstande, wieder normal zu sprechen, er begann sogar zu singen. Daraus ging hervor, daß sich die Gehör-Stimme-Struktur sogar wieder ins Lot bringen ließ, wenn die Stimmorgane erheblich geschädigt waren. Und damit meine ich nicht ein behelfsmäßiges Flickwerk: Mein Patient verwirklichte seinen Traum (und gleichzeitig den der alten Dame). Er wurde ein Sänger von hoher Klasse und war während vieler Jahre das Double von Luis Mariano.

Dieser unerwartete Behandlungserfolg ermutigte mich, meine Arbeit auf diesem Gebiet noch zu vertiefen. Aus Zeit- und vor allem Geldmangel mußte ich einige parallel laufende Untersuchungen aufgeben. Auf die therapeutische Verwendung von Mutterkuchengewebe habe ich bereits hingewiesen. Diese Methode hatte mir große berufliche Befriedigung verschafft. Insbesondere der Kehlkopf-Tonus konnte dadurch teilweise wiederhergestellt werden. Bisweilen genügte eine solche Behandlung, um einer Stimme die verlorene Präzision wiederzugeben. Heute hat die Plazenta nicht mehr denselben therapeutischen Wert, weil sie im Laboratorium behandelt wird. Doch damals, im »frischen Zustand«, hatte sie unbestreitbar eine regenerierende Wirkung, und zwar insbesondere für das Ohr, was, so glaube ich, auf die vielen Hormone zurückzuführen ist, die in ihr gespeichert sind.

Im Zusammenhang mit diesen Arbeiten wollte ich mehr über die russischen Untersuchungen wissen, die dieser Behandlungsmethode zugrunde lagen. Dabei stellte ich fest, daß die Russen, im Gegensatz zu dem, was immer behauptet worden war, gar nicht die Plazenta verwendeten: Wladimir Filatow, der führende Mann auf diesem Gebiet, hatte eine ganz andere Methode. Er benutzte Hautgewebe. Dabei ging er von der folgenden Hypothese aus: Wenn ein Mensch stirbt, so sterben nicht alle Teile seines Körpers gleichzeitig; einige überleben den Tod mehr oder weniger lange. Wenn jemand beispielsweise einem Herzversagen erliegt, so besteht keinerlei Grund zur Annahme, daß seine Haut ihrerseits krank gewesen wäre. Diese Haut stirbt nicht nur nicht im gleichen Augenblick, da das Herz endgültig zu schlagen aufhört, sie ist im Gegenteil von einem unbändigen Überlebenswillen beseelt, der sich in einer letzten und gewaltigen Energieentladung äußert. Und diese Energie gilt es zu nutzen, indem man sie auf einen kranken Organismus überträgt, um diesen neu zu beleben. Filatow entnahm Leichen solches Gewebe. Um die Abwehrreaktion zu intensivieren, um einen noch ausgeprägteren Überlebenswillen hervorzurufen, ließ er es in einem Kühlschrank bei einer Temperatur von vier Grad Celsius »leiden«. Und erst nach vier Tagen verwendete er es für seine Gewebetherapie.

Ich hatte einige Mühe, mir Haut von Leichen zu beschaffen. Einige Kollegen hatten durch Anwendung der Autohämotherapie, der Eigenblutbehandlung (bei der aus einer Vene Blut entnommen und anschließend der gleichen Person wieder injiziert wird; so ließen sich bestimmte Ekzeme, Furunkel usw. heilen), Erfolge erzielt, und so kam ich auf die Idee, anstatt Haut Blut zu verwenden. Dieses Blut ließ ich aber auf dieselbe Weise leiden, indem ich es drei oder vier Tage lang in einen Kühlschrank stellte. Wenn ich es den Patienten wieder injizierte, ließen sich wirklich unglaubliche Wiederbelebungsphänomene feststellen – bis zu jenem Tag, als ich, um meine Schulden zu bezahlen und mir eine Mahlzeit leisten zu können, zu meiner großen Betrübnis neben vielen anderen Dingen auch den Kühlschrank verkaufen mußte, der für diese Experimente nötig war.

Damit war dieses Kapitel für mich abgeschlossen. Ich bin mir aber sicher, daß diese Methode ein lohnendes Forschungsobjekt wäre. Hoffentlich wird eines Tages ein junger Forscher diese Arbeit weiterführen.

Geldmangel bedeutete auch das Ende eines anderen, nicht weniger interessanten Versuchs. Fünfundzwanzig Jahre früher hatte ich in den Werkstätten der Luftwaffe beobachtet, daß Angestellte, die unter fürchterlichen hygienischen Bedingungen arbeiten mußten (die von ihnen bedienten Maschinen schleuderten ihnen Öl und Staub voll ins Gesicht), nie unter Eiterungen litten. Dieses Problem beschäftigte mich. Schließlich kam ich auf die Idee, der Lärm in der Umgebung könnte eine abtötende Wirkung auf die entsprechenden Bakterien ausüben. Um diese Hypothese zu überprüfen, kaufte ich Gefäße für Bakterien-Nährböden (Petri-Schalen), die ich in meinem Laboratorium mit Tönen aus kleinen Lautsprechern bestrahlte. Alle Mikroorganismen wurden von Tönen ab 2000 Hertz abgetötet, mit einer Ausnahme: der Koch-Bazillus (Mycobacterium tuberculosis). Der Tuberkulose-Erreger überlebte also, doch ich bemerkte schon bald, daß sich mit tiefen Tönen seine Vermehrung unterbinden ließ. Solche Geräusche brachten offensichtlich sein inneres Gleichgewicht durcheinander. Mit Tönen ließen sich somit Mikroorganismen vernichten oder zumindest daran hindern, sich weiter zu vermehren. Man kann sich unschwer vorstellen, daß eine solche Entdeckung von therapeutischem Interesse ist. Zumindest ließen sich so gewisse Heilungsprozesse verstehen. Mir war im übrigen durchaus bekannt, daß die wirksamsten Präparate gegen Tuberkulose bei Patienten teilweise Taubheit verursachten: Die hohen Töne gingen verloren, so daß die Stimme tiefer wurde. Ich fragte mich deshalb, ob vielleicht nicht so sehr die Medikamente, sondern eben die tiefen Töne eine heilende Wirkung haben könnten. Die Taubheit wäre in diesem Fall nicht so sehr eine Nebenwirkung der Behandlung, sondern eine – der betreffenden Person nicht bewußte, aber vom Organismus gewählte – Reaktion, um die Krankheit zu überwinden. Der Heilungsprozeß wäre somit als eine Gegenreaktion zu verstehen. So weit war ich mit meinen Überlegungen gekommen, als mich das von meinen Gläubigern veranstaltete Jammergeschrei zwang, mich auch von meinen Petri-Schalen zu trennen. Auch hier erwarte ich, daß die Untersuchungen von anderen weitergeführt werden.

Die wirtschaftlichen Schwierigkeiten waren das eine, zum anderen wurden aber auch meine ersten Theorien von Kollegen scharf angegriffen. Das Urteil stand bei den meisten schon fest, bevor sie sich gründlich mit meinen Auffassungen auseinandergesetzt hatten. Andere waren so intelligent, daß sie sich vorsichtiger gebärdeten und sie einfach ignorierten. Einige schließlich schlossen sich dieser Anschwärzungskampagne nicht an und stellten sich auch nicht taub. Sie warteten mit ihrem Urteil ab, bis meine Aussagen bestätigt oder widerlegt würden. Sogar in unserem Berufsstand gab es in Paris trotz allem noch einige freie Geister. Frei bedeutet in diesem Zusammenhang: über die Streitereien, die Kastengegensätze und die verschiedenen Machenschaften erhaben. Am meisten unter diesen unabhängigen Ärzten respektierte mich Dr. Moulonguet, der durch seine besonders ausgeprägte intellektuelle Neugierde auf verschiedene Probleme aufmerksam geworden war. Vor allem interessierte er sich für die Phoniatrie, die Behandlung von Sprachstörungen. Eines Tages besuchte er mich in meinem Laboratorium, um sich über meine Arbeiten zu informieren. Dieser Bitte kam ich noch so gerne nach, wie man mir wohl nachfühlen kann. Er blieb der einzige französische Spitalarzt, der mich je in meiner Höhle aufgesucht hat! Wie es seine Gewohnheit war, interessierte er sich für viele Dinge, er stellte sachbezogene Fragen und verabschiedete sich mit freundlichem Dank.

Während einiger Zeit ließ Moulonguet nichts mehr von sich hören. 1957, eines schönen Morgens, als ich mich in der Alma-Klinik auf einen chirurgischen Eingriff vorbereitete, suchte er mich jedoch im Vorzimmer auf. Er war in einem der benachbarten Säle ebenfalls mit seinen Vorbereitungen beschäftigt. Und er sagte zu mir:

»Tomatis, ich glaube, Sie werden mit mir zufrieden sein. Ich habe bei der Nationalen Medizinischen Akademie ein Schriftstück hinterlegt, das Ihren Namen trägt!«

Zusammen mit Raoul Husson und dem an der Sorbonne von Professor Monnier geleiteten Laboratorium hatte er es unternommen, die Gesetzmäßigkeiten, die meiner Meinung nach der Selbstkontrolle des Gehörs und der Stimme zugrunde lagen, experimentell nachzuweisen. Unter peinlichster Beachtung aller meiner Anweisungen hatten die drei Forscher bewiesen, daß die Ergebnisse, von denen ich behauptete, ich hätte sie erzielt, auch tatsächlich erzielt worden waren.

Die Arbeit über den »Tomatis-Effekt« wurde von Moulonguet und Husson bei der Medizinischen Akademie hinterlegt, dann von Monnier und Husson auch bei der Akademie der Wissenschaften, und zwar in einer eindeutig wissenschaftlicheren Sprache. Ich hatte gesagt: Man singt (oder spricht) mit seinem Ohr – was bei einigen Kollegen Gelächter ausgelöst hatte und viel zu reden gab. Moulonguet und seine Mitarbeiter, die sich mit gebührender Diskretion und in freundlicher Absicht die Aufgabe gestellt hatten, meine These zu verteidigen und zu illustrieren, zogen Sätze vor wie: »Der Kehlkopf gibt nur Laute von sich, die das Ohr hören kann.« Eine nicht so pittoreske, aber zweifellos diplomatischere Formulierung. Einige Mediziner, die sich bisher mir gegenüber klug zurückhaltend verhalten hatten, begannen mich ernst zu nehmen.

EINE GEOGRAPHIE DER TÖNE

Mein Vater reiste zu dieser Zeit noch immer in ganz Frankreich umher, von Hotelzimmer zu Hotelzimmer. Während des Krieges hatte er sich vorübergehend im Südwesten fest niedergelassen, und zwar nicht nur, weil ihm in der Gegend zwischen Toulouse und Bordeaux mehr Verträge angeboten wurden, sondern auch, weil er dort die meisten Aufträge für den Untergrund-Nachrichtendienst zu erledigen hatte.

Meine Mutter war ihm nach Toulouse gefolgt. Als sie nach Kriegsende erkrankte, wurde sie schlecht betreut. Die Diagnose war falsch gewesen, und deshalb wurde sie auch nicht ihrer Krankheit entsprechend behandelt. Ihr Zustand verschlechterte sich von Tag zu Tag. Ich setzte mich in einen Zug, um mich an Ort und Stelle über ihren Zustand zu vergewissern. Offensichtlich entwickelte sich bei ihr eine Kinderlähmung. Ich brachte sie unter schwierigen äußeren Umständen nach Paris und sorgte dafür, daß sie im Bretonneau-Krankenhaus in eine Eiserne Lunge kam. Vier Tage verbrachte ich an ihrem Krankenbett ohne große Hoffnung, daß sie sich erholen würde. Es war nichts mehr zu machen. Während dieser ganzen Zeit gönnte ich mir keinen Augenblick Ruhe. Und als ich schließlich von Müdigkeit überwältigt, denn auch viele Nachtwachen kamen hinzu, einschlummerte, starb sie.

Ein solcher Ausgang war unvermeidlich gewesen. Doch ich glaube nicht an Zufälligkeiten. Ich bin davon überzeugt, daß meine Mutter in eben dem Augenblick gestorben ist, als mein Wunsch, sie am Leben zu erhalten, wegen meines Einschlafens während der Nachtwache nicht mehr stark genug war, um sie in ihrem Überlebenskampf zu unterstützen. Ich glaube, daß eine affektive Beziehung, sofern sie tief genug geht, eine solche Kraft besitzt. Bei einem Schwerkranken zu wachen bedeutet nicht nur, ihn zu überwachen; man überträgt vielmehr auf ihn Kräfte, und zwar die eigentlichen Lebenskräfte. Dieser Mechanismus entzieht sich unserem Verständnis, weil er nicht durch unser Bewußtsein in Gang gesetzt wird. Weder der Kranke noch sein Mitmensch, der neben ihm wacht, haben die geringste Ahnung von dieser im Gange befindlichen Energieübertragung: Im Falle meiner Mutter war das besonders deutlich zu spüren, weil sie das Bewußtsein verloren hatte. Auf jeden Fall habe ich keine andere Erklärung für ihren langen Widerstand gegen das Sterben.

Man wird mir erwidern, ich sei zu dieser Annahme gelangt, weil ich gerne an die Kraft einer Sohnesliebe glauben würde, die nach so vielen Jahren des Unverstandenseins bei dieser höchsten und letzten Prüfung neu erwacht war. Das gebe ich zu. Doch ich kann auch auf sehr viel objektivere Hinweise pochen. Etwa zur gleichen Zeit wurde im Bretonneau-Krankenhaus ein Säugling gepflegt, der von allen aufgegeben worden war. Man konnte nichts mehr für ihn tun, nur noch zusehen, wie er starb ... Doch dieser winzige Körper war von einer außergewöhnlichen Hartnäckigkeit beseelt: Tag für Tag leistete er dem Tod Widerstand. Das ganze Personal nahm an diesem Kampf Anteil. Die Krankenschwestern flüsterten leise mit ihrem Patienten. Die Kinderärzte versuchten es mit immer neuen Behandlungsmethoden, obwohl keinerlei Aussicht auf Erfolg bestand. Ich selbst hatte sein Zimmer zu meinem Hauptquartier gemacht: Hier verbrachte ich den größten Teil meiner nächtlichen Präsenzzeit lesend und arbeitend. Tagsüber besuchte ich ihn während jeder freien Minute. Zu dieser Zeit konnte ich nicht beten, doch ich wandte für die Hoffnung, daß er am Leben bleibe, meine ganze Energie auf, ich konzentrierte meine ganze Liebeskraft auf ihn. Und er überlebte. Man sprach in der Abteilung von einer Wunderheilung. Ich bin mir jedoch sicher, daß kein anderes Wunder als eine Präsenz und eine sozusagen pausenlose Übertragung von Lebenswillen stattgefunden hat. Ein Wunder der Liebe, wenn man so will. Ich weiß heute aus langer und schmerzlicher Erfahrung, daß es diese Liebesbeziehung gibt und daß ihr heilendes Wirken alle unsere Erwartungen übertrifft. Sie ist eine Manifestation des Lebens schlechthin.

Meine Mutter verließ uns 1947. Mein Vater litt schwer unter ihrem Tod. Er verlor völlig die Orientierung, ja die Freude am Singen und sogar am Leben. Er durchlebte eine schwierige Zeit und wurde sogar krank. Seine Stimme büßte ihre besonderen Eigenschaften ein. Er mußte Verträge ablehnen. Ich war in solchem Maße beunruhigt, daß ich mich entschloß, ihn bei mir aufzunehmen.

Erst bei dieser Gelegenheit entdeckte ich seine wahre Persönlichkeit: unruhig, von Ängsten geplagt. Er war nicht der Mensch, wie ich ihn mir aufgrund unserer Beziehungen während meiner Jugendzeit vorgestellt hatte. Ich wurde mir schlagartig bewußt, daß wir uns eigentlich nur durch Briefe kannten. Persönlich war ich viel seltener als andere Söhne mit meinem Vater in Kontakt gekommen. Ich liebte ihn von ganzem Herzen, aber ich kannte ihn nicht. Es war fast so, als ob ich jemanden anderen geliebt hätte ...

In meiner grenzenlosen Naivität hatte ich die einfache Wahrheit übersehen, daß es nicht dasselbe ist, ob man mit jemandem täglich zusammenlebt, oder nur von Zeit zu Zeit mit ihm zwei oder drei Wochen verbringt. Mein Vater war zwar durchaus eine bemerkenswerte Persönlichkeit, aber ich hatte ihn zusätzlich idealisiert. Jetzt erkannte ich gewisse Schwächen, bestimmte weniger erfreuliche Charakterzüge viel deutlicher. So wehrte ich mich beispielsweise vergeblich gegen eine gewisse Verärgerung, weil er sich im Alltag ständig so aufführte, als ob er auf einer Bühne stünde. Das ist eine Eigenheit vieler Künstler, aber ich war mir bisher nicht bewußt gewesen, daß er sich in dieser Hinsicht nicht von seinen Kollegen unterschied. Tausenderlei Kleinigkeiten trübten unser Verhältnis und führten beinahe zum Bruch, denn sein Charakter war nach dem Tod meiner Mutter und der faktischen Aufgabe seiner Sängerkarriere noch schwieriger geworden. Weil er nichts mehr zu tun hatte, begann er in meinem Haushalt alle herumzukommandieren, was das Zusammenleben ebenfalls nicht erleichterte.

Ich habe gesagt, er sei krank geworden. Er, der den Tafelfreuden so zugetan gewesen war, hatte den Appetit verloren. Er konnte nichts mehr essen. Sein Magen gab alles wieder von sich. Ein Zeichen an seine Umwelt, daß er pflegebedürftig sei! Er habe keinerlei Vertrauen zur Medizin, behauptete er, und möchte lieber sterben. Nach kurzer Zeit war er zu einem Skelett abgemagert. Ein Magengeschwür hatte ihn an den Rand der Auszehrung gebracht (wobei darauf hinzuweisen ist, daß Krankheiten wie diejenige, an der er litt, zu denen gehören, die laut den Erkenntnissen der Psychosomatik dann auftreten, wenn der Körper mit seelischen Ängsten belastet ist; ein Geschwür ist die Verkörperung einer »geschwürigen« Neigung). Schließlich erklärte er sich bereit, sich von einem meiner Freunde, Dr. Champeau, operieren zu lassen. In seinem Magen hatten sich so viele Geschwüre gebildet, daß man das ganze Organ entfernen mußte. Doch schon bald nach diesem Eingriff kehrte eine gewisse Lebensfreude zurück.

Aus Gründen, die ich nicht völlig durchschaue, hatte ich ihm noch nie von meinen Versuchen erzählt, Künstlern zu helfen, die ihre Stimme verloren hatten. Während seiner Rekonvaleszenz und der dadurch bedingten Muße wurde er jedoch von gewissen Tönen überrascht, die aus meinem Sprechzimmer durch die Korridore in die Wohnung gelangten. Nach einigen Tagen sagte er zu mir:

»Ich weiß, daß Sänger zu deinen Patienten gehören, denn ich selbst habe dich einigen von ihnen empfohlen. Weshalb forderst du sie aber auf zu singen? Ich habe noch nie von einem Arzt gehört, der seine Patienten auf diese Weise behandelt.«

Ich gab ihm die notwendigen Erklärungen. Er hörte mir ruhig zu, ohne sich darüber zu äußern, verfolgte jedoch das, was er hörte, mit immer größerer Aufmerksamkeit. Da er keinerlei Mühe hatte, die Stimmen zu identifizieren, stellte er bald einmal fest, daß bei gewissen Patienten, deren Stimmen bei der ersten Konsultation recht brüchig geklungen hatten, eine Besserung eingetreten war, daß die Stimmen an Intensität und Wärme gewonnen hatten. Er sagte sich, meine Methode habe möglicherweise etwas für sich. Und da er einen guten Teil seiner früheren Lebensfreude zurückgewonnen hatte, wollte er von meinen Kenntnissen ebenfalls profitieren. Und so wurde ich der Arzt meines Vaters, was hinsichtlich der therapeutischen Modalitäten gewisse Probleme aufwarf.

Er machte wieder Spaziergänge in die Natur und ließ sich in Nice nieder. Damit fielen die Spannungen weg, die durch das enge Zusammenleben in ein und derselben Wohnung entstanden waren. Je größer mein Verständnis für Beziehungen wird, die in der freudschen Tradition mit dem Namen »Ödipus« verbunden sind, um so mehr neige ich zur Überzeugung, daß Väter und Söhne Lebewesen sind, die zwar denselben Namen tragen, aber einander immer fremder werden, wenn sie im gleichen Haushalt leben. Daß uns das Leben räumlich getrennt hatte, genügte bereits, damit sich die frühere herzliche Beziehung wieder einstellte. Wir nahmen den gewohnten Briefwechsel wieder auf, und dieser erhielt schon bald wieder dieselbe Bedeutung wie in der Vergangenheit.

Ich hatte ihn immer dazu gedrängt, sich wieder zu verheiraten. Schließlich hörte er auf mich. Er heiratete eine ungewöhnliche Frau, bei der er fand, was ihm meine Mutter nicht hatte geben können, weil sie ihn nicht verstanden hatte und von ihm nicht verstanden worden war. Weder sie noch er waren wirklich für dieses Scheitern verantwortlich. Ihr einziger Fehler war es gewesen, daß sie sich der unüberwindbaren Unverträglichkeit (in ihren Auffassungen, ihren Idealen usw.) nicht bewußt geworden waren. Mein Vater hatte etwas davon geahnt, doch das war nur ein Teil dieser viel härteren Wahrheit, die ich in ihrer ganzen Kraßheit miterlebte, weil ich außerhalb dieser Beziehung stand und gleichzeitig für sie wesentlich war. Wesentlich, weil ich die Rolle eines Bindestrichs spielte – eine für ein Kind nicht unbedingt angenehme Rolle.

Mit seiner zweiten Gattin fand mein Vater in der Ehe ein Gesprächs- und Verständnisniveau, zu dem er mit meiner Mutter nie gelangt war. Sein Leben wurde also doppelt umgestaltet: zunächst auf materieller Ebene, dann aber auch und vor allem bei den grundlegenden Orientierungen des Intimlebens und der Öffnung zum Mitmenschen.

***

Das Elektronische Ohr, das ich jetzt beinahe täglich einsetzen konnte (ich nahm zwar immer noch chirurgische Eingriffe vor, befaßte mich aber mehr und mehr mit der Rehabilitation von Sängern), diente mir zugleich als Werkzeug für therapeutische Maßnahmen und wichtigstes Instrument für meine Experimente. Die Beobachtungen, die ich dank dieser Apparatur anstellen konnte, eröffneten mir zahlreiche neue Forschungsgebiete. Einige davon erbrachten keinerlei Ergebnisse, aber andere führten zu neuen Erkenntnissen. Ich denke dabei insbesondere an die Mitwirkung des Körpers bei der Lautbildung.

Das Verhalten meiner Patienten, so hatte ich festgestellt, veränderte sich völlig, und zwar je nach dem Tonband, also nach dem Hörtyp, das ich ihnen abspielte. Ihre Haltungen, ihre Reaktionen auf psychische Reize gleicher Natur und gleicher Intensität, all das wurde anders, wenn sie von einer Hörweise zu einer anderen übergingen. Ich beobachtete, wie sie erschlafften oder den Körper vorwölbten, aufblühten oder sich in sich selbst zurückzogen, wie sie sich begeisterten oder ihren Schwung verloren, und so fort. Ich entschied mich dafür, diese Phänomene etwas genauer zu studieren. Deshalb zeichnete ich nicht mehr bloß Audiogramme auf, und auch die »Fotografien« ihrer Stimmen genügten mir nicht mehr, sondern ich stellte auch allerlei, insbesondere anthropometrische, Messungen an.

Das war eine richtige Entscheidung, denn eine detaillierte Untersuchung dieser Daten erwies sich als fruchtbar. So stellte ich fest, daß bestimmte Versuchspersonen, denen ich das Ohr von Mario del Monaco verliehen hatte, innerhalb eines Jahres ihren Brustumfang um zehn bis zwölf Zentimeter vergrößerten. Es sah so aus, als hätte die andere Art, auf sich selbst zu hören und sich selbst zu kontrollieren, auch ihre Atmungsweise verändert. Über die Gründe dafür konnte ich nichts sagen, aber ich hielt alle Ergebnisse sorgfältig fest. Bei anderen Versuchspersonen, denen ich die Hörweise verändert hatte, zeigten sich andere Phänomene: Die einen legten sich eine neue Körperhaltung zu, gingen beispielsweise immer häufiger aufrecht oder mit dem Kopf leicht nach vorne gebeugt, bei anderen beschleunigte oder verlangsamte sich der Herzrhythmus usw. Das ganze neurovegetative Leben wurde so umgestaltet.

Das erinnerte mich an eine Beobachtung, die ich an Francescatti gemacht hatte. Wenn ich ihm die hohen Frequenzen in seinem rechten Ohr unterdrückte, sagte er jeweils zu mir:

»Es ist merkwürdig, was Sie da tun! Nicht nur beim Hören fühle ich mich beträchtlich behindert, ich habe auch größte Mühe, die Finger über die Saiten gleiten zu lassen.«

Und als ich etwas tiefer im Tonspektrum einen Einschnitt vornahm:

»Jetzt spüre ich Schmerzen im Arm!«

Damit war der Beweis geliefert, daß man über das Ohr den ganzen Körper ansprechen kann.

Wie der Körper in diesen Prozeß der Selbstkontrolle einbezogen wird, war ein Thema, das mich während Jahren beschäftigte. Auch jetzt, zwanzig Jahre später, beanspruchen mich diese Probleme noch immer. Mit erheblichen Schwierigkeiten hatte ich von Anfang an gerechnet, denn nachdem ich das *rechte* Ohr des Violonisten behandelt hatte, ließen sich Reaktionen an der *linken* Hand und am *linken* Arm beobachten! Die äußerst verwickelte Frage der Lateralität, der »Seitigkeit«, war damit gestellt. Wir kommen später darauf zurück.

Aufgrund anderer Beobachtungen konnte ich verschiedene rascher überprüfbare Hypothesen formulieren. Auch diesmal half mir dabei das Glück. Ich weiß nicht, welchen wissenschaftlichen Wert man dem angeblichen »Gesetz« der Serie beimessen darf, doch innerhalb weniger Monate hatte sich in meinem Sprechzimmer eine ganze Schar von Sängern aus der Region Venedig eingefunden. Alle mit demselben

Problem: Es gelang ihnen nicht, das »r« mit der Zungenspitze auszusprechen – was sehr lästig war, denn die italienischen Libretti strotzen von diesem Buchstaben. Anstelle von »r« sagten sie alle »l«.

Da ich mich nie mit Phonetik oder Linguistik befaßt hatte, hatte ich etliche Mühe, ihnen zu helfen. Weil ich mit dem Elektronischen Ohr schon in anderen Zusammenhängen Erfolge hatte verzeichnen können, sagte ich mir, daß ich eigentlich kaum etwas riskieren würde, wenn ich ihnen einen Helm über die Ohren stülpte und sie wie Caruso hören ließe. Gesagt, getan. Sobald die Apparatur aufgestellt war, forderte ich den ersten meiner neuen venezianischen Patienten auf:

»Sie wiederholen, was ich Ihnen vorsage.«

Er nickte.

Ich sagte »r«: Er wiederholte »r«! Bei den anderen Patienten erbrachte das Experiment dasselbe Ergebnis. Damit war die Sachlage klar. Alle diese Sänger hatten vorher diesen Laut nicht von sich geben können, weil sie ihn nicht gehört hatten. Ihre teilweise Stummheit war eine Folge ihrer teilweisen Taubheit gewesen. Venezianer mußten eine bestimmte Besonderheit im Hörbereich aufweisen. Weshalb aber ausgerechnet die Venezianer? Ich hätte lange nach einer Antwort auf diese Frage suchen müssen, wenn ich nicht auf den Gedanken gekommen wäre, daß möglicherweise jede italienische Region ihre eigene Hörkurve habe, die mit der anderer Regionen nicht identisch ist. In Venedig war man taub für das mit der Zungenspitze hervorgebrachte »r«; Hörte man vielleicht in Mailand einen anderen Buchstaben nicht? Und in Neapel? Eine Überprüfung zeigte, daß meine Vermutung richtig gewesen war. Jede Region hatte nicht nur ihren eigenen Dialekt, ihre eigene Sprechweise, sondern auch ein für sie charakteristisches Ohr, ihre besondere Art zu hören, mit kennzeichnenden Lücken im Tonspektrum. Aufgrund solcher Überlegungen ließen sich die wildesten Spekulationen anstellen. Hatte, unmittelbar eine Stufe höher, möglicherweise jede Nation ihren eigenen Ohr-Typ? Ein französisches, ein englisches, ein deutsches Ohr und so fort? Diese Frage brachte mich dazu, mich mit den Problemen zu befassen, die mit dem Erlernen einer Fremdsprache verbunden sind. Dieses für mich damals neue Forschungsgebiet wurde von André Le Gall im zitierten Memorandum bereits angetönt.

Bevor ich hier weiterfahre, möchte ich auf die Arbeit einer Studentin der Höheren Handelsschule hinweisen, die sich mit dem Thema der

Sprachlaboratorien befaßt hatte. Aus dieser Umfrage ging hervor, daß die Teilnehmer solcher Kurse im Durchschnitt nach der vierten Lektion auf eine Fortsetzung verzichteten. Wer dieses Phänomen aus dem Stegreif zu erklären versucht, würde zweifellos sagen, die pädagogischen Methoden solcher Institute seien ineffizient oder entmutigend. Auch die fixe Idee, Franzosen hätten weniger »Begabung« für Fremdsprachen als beispielsweise Slawen, ließe sich anführen. Das Problem ist jedoch, wie man noch sehen wird, komplexer.

Die Methoden unterscheiden sich in Einzelheiten voneinander, doch grundsätzlich beruht die Didaktik der Fremdsprachen auf einem völlig irrigen Postulat: Alle Menschen in der großen, weiten Welt würden auf dieselbe Weise hören. Meine Erfahrungen mit den venezianischen Sängern legten genau das Gegenteil nahe. Und ich vermochte in der Folge auch tatsächlich nachzuweisen, daß unterschiedlichen geographischen Gegenden unterschiedliche Hörtypen entsprechen. Im großen und ganzen darf man sagen, daß zu jeder Sprache ein bestimmtes Ohr gehört; jede »ethnische Hörweise« ist durch für sie charakteristische Lücken im Tonspektrum gekennzeichnet.

Wie aber eine solche Kurve bestimmen? Von der Stimme her gesehen entspricht jeder vokalen Geste eine auditive Geste. Einmal mehr nahm ich mein Analysegerät zu Hilfe. Ich ließ Franzosen, Italiener, Engländer, Deutsche, Spanier usw. sprechen. Die Phonogramme wurden nach Nationalitäten geordnet. So erhielt ich von jeder Gruppe eine

Englische Sprache

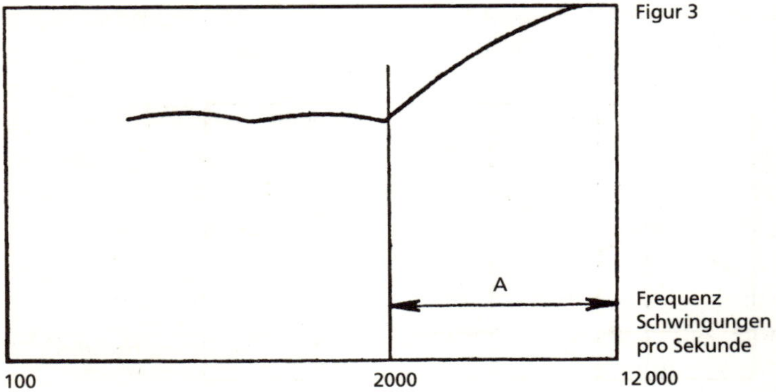

Figur 3

Englische Kurve

Deutsche Sprache

Figur 4

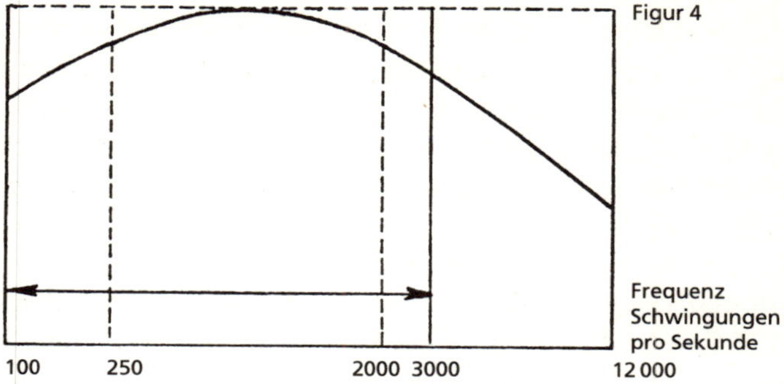

Deutsche Kurve

Spanische Sprache

Figur 5

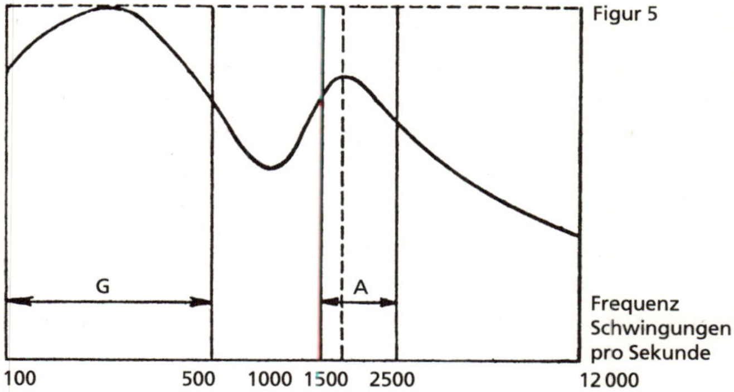

Spanische Kurve

Französische Sprache

Figur 6

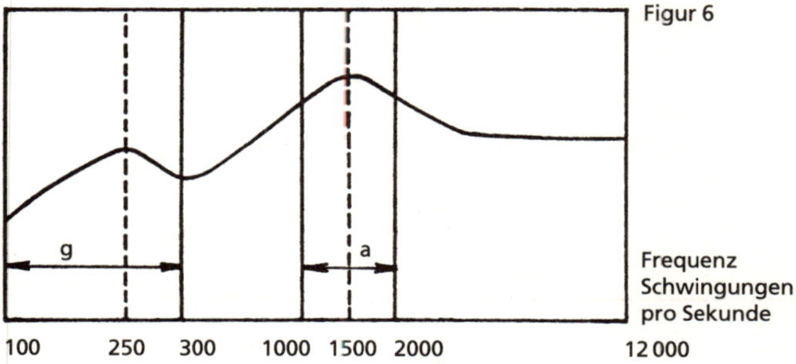

Französische Kurve

bestimmte Kurve der vom Gerät aufgezeichneten Mittelwerte. Später habe ich diese Kurven als »Ethnogramme« bezeichnet.

So ließen sich sogar jene Teile des Hörspektrums bestimmen, die von einer gegebenen Sprache, und folglich vom dazugehörigen Ohr, vorzugsweise gehört werden. Ich bezeichne sie als bevorzugte Hörbereiche. Das französische Ohr zum Beispiel hört besonders gut zwischen 1000 und 2000 Hertz, während das englische Ohr Frequenzen zwischen 2000 und 12 000 Hertz bevorzugt. Das italienische Ohr ist vor allem für 2000 bis 4000 Hertz empfänglich. Der bevorzugte Hörbereich der Deutschen, der bei den tiefen Tönen beginnt und sich bis

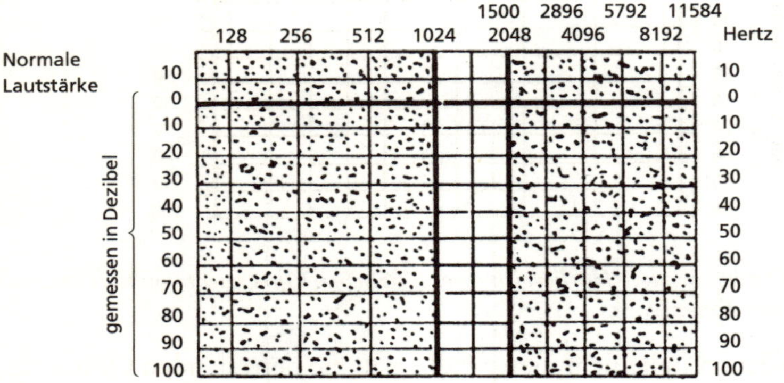

Figur 7 *Bevorzugter Hörbereich eines Ohrs des französischen Typs: zwischen 1000 und 2000 Schwingungen pro Sekunde.*

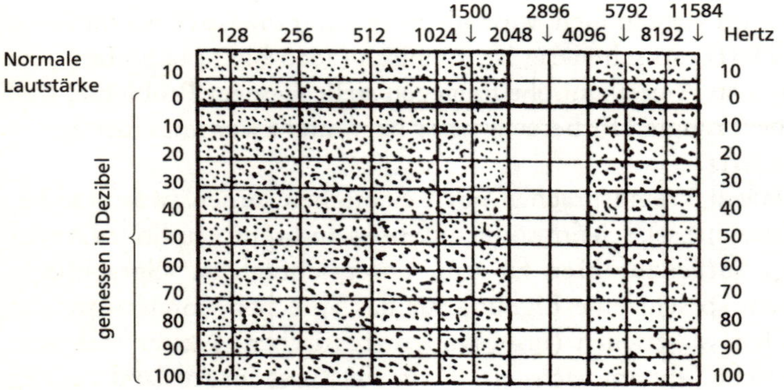

Figur 8 *Selektivität eines italienischen Ohrs. Der bevorzugte Hörbereich liegt zwischen 2000 und 4000 Schwingungen pro Sekunde.*

3000 Hertz erstreckt, ist bemerkenswert breit. Doch derjenige der Slawen ist noch viel breiter, er reicht von den tiefen bis zu den extrem hohen Tönen. Die Spanier sprechen auf tiefe Töne mit Frequenzen zwischen 100 und 500 Hertz und auf höhere Töne mit Frequenzen zwischen 1500 und 2500 Hertz besonders an.

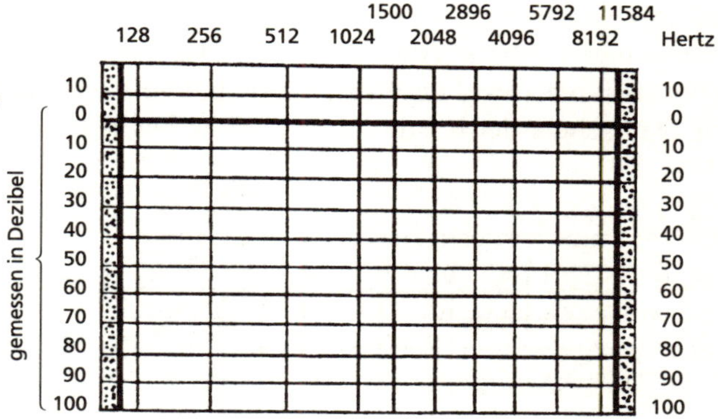

Figur 9 *Der bevorzugte Hörbereich eines slawischen Ohrs reicht von tiefen bis zu extrem hohen Tönen.*

Das bedeutet in keinem dieser Fälle, daß die betreffenden Ohren für Frequenzen außerhalb des bevorzugten Hörbereichs taub wären. Doch die Empfänglichkeit für solche Töne ist unbestreitbar herabgesetzt, was sich darin äußert, daß diese Frequenzen weniger genutzt werden. Dadurch wird verständlich, weshalb es für ein französisches Ohr (1000 bis 2000 Hertz) so schwierig ist, Englisch (2000 bis 12 000 Hertz) zu verstehen. Das Amerikanische hingegen stellt weniger Probleme, weil hier der bevorzugte Hörbereich tiefer liegt, und zwar mit einer Spitze bei 1500 Hertz.

Daß Slawen Fremdsprachen mit Leichtigkeit lernen (was eine bekannte Tatsache ist), scheint somit auf ihre sehr breite »auditive Durchlässigkeit« zurückzuführen zu sein. Offensichtlich ist »Sprachbegabung« nicht so sehr eine Eignung für das Sprechen, sondern für das Hören. Dem slawischen (insbesondere russischen) Gehör steht das portugiesische Ohr am nächsten. Wenn ein Russe im Ausland zufällig Portugiesisch sprechen hört (und umgekehrt), so spitzt er die Ohren, weil er seine eigene Sprache zu hören meint! In dieser Hinsicht tönt

Portugiesisch wie durch ein slawisches Ohr selbstkontrolliertes Spanisch ...

Wendet man das Schema der audio-phonatorischen Gegenreaktion auf das Erlernen von Fremdsprachen an, so wären folglich erhebliche Fortschritte von dem Augenblick an zu erzielen, da das Gehör des Schülers dem bevorzugten Hörbereich der zu erlernenden Sprache angepaßt würde.

Ich nahm an einer Gruppe von Schülern mit durchschnittlichem Intelligenzquotienten, die in allen Fächern, ausgenommen Englisch, befriedigende Noten erhielten, eine Reihe von Versuchen vor. Das Ergebnis entsprach meinen Erwartungen. Diese Schüler holten ihren Rückstand rasch auf und erreichten dasselbe Niveau wie die guten Schüler, die wir zum Vergleich herangezogen hatten.

Weil ich in erster Linie Arzt bin, was ich immer wieder betonen muß, kam es für mich nicht in Frage, meine Arztpraxis in ein Sprachlaboratorium umzuwandeln. Dennoch sammelte ich später zahlreiche Daten, die meine ersten Beobachtungen stützten und meine Theorie bestätigten. Diese ist dadurch im Laufe der Jahre nicht nur klarer geworden, sondern auch in den Einzelheiten verfeinert worden.

Zu meinen Patienten gehörte zum Beispiel ein Deutscher, der nach Paris gekommen war, um sein Französisch zu vervollkommnen. Seine Muttersprache bereitete ihm keinerlei Schwierigkeiten. Während seiner Schulzeit hatte er Englisch mit einer gewissen Leichtigkeit erlernt. Doch er stolperte über das französische »s«. Wenn mich nicht alles täuschte, so mußte in seinem Gehör eine entsprechende Lücke zu entdecken sein, die durch irgendein Ereignis entstanden war. Dieser Mann hatte während des Krieges tatsächlich bei der Artillerie gedient. Die heftigen Detonationen, denen er ausgesetzt gewesen war, hatten sein Gehör im Bereich der hohen Töne des Tonspektrums geschädigt, und zwar ausgerechnet bei den Frequenzen der französischen Zischlaute, weshalb seine Selbstkontrolle beeinträchtigt war. Einige Sitzungen genügten, um diesen Mangel zu beheben. Das Erlernen des Französischen fiel ihm anschließend viel leichter: Die letzten Hindernisse wurden überwunden, und er konnte schon bald nach Hause zurückkehren. Er hatte sein Ziel erheblich früher als erwartet erreicht.

Damit wurde meine ursprüngliche Intuition abermals bestätigt. Begegnungen mit anderen Patienten ermöglichten mir zusätzliche Fortschritte bei der Entwicklung von etwas detaillierteren Auffassungen.

Dank eines britischen Universitätsprofessors aus Sheffield vermochte ich zunächst nachzuweisen, wie zwingend diese Selektivität des Gehörs ist. Dieser Mann, der, was Aussprache und Betonung angeht, ein sehr reines Englisch sprach, wollte in seiner Muttersprache einige Texte aufnehmen, um jungen Kandidaten die Vorbereitung auf Prüfungen zu erleichtern. Als er damit fertig war, schlug ich ihm vor, das Tonband mit dem Kopfhörer des Elektronischen Ohrs abzuhören, das auf das französische Gehör eingestellt war. Er setzte sich den Helm auf den Kopf und hatte – zur Verwunderung aller von uns – größte Mühe, die Sätze zu verstehen, die er wenige Augenblicke zuvor so überzeugend auf das Tonband gesprochen hatte. Ich forderte ihn auf, einige der gehörten Sätze zu wiederholen: Er war jedoch nicht zu einer befriedigenden Wiedergabe imstande.

Daß zwischen Gehör und Stimme eine enge Beziehung besteht, wurde mir in den folgenden Monaten und Jahren immer wieder bestätigt. Eines Tages empfing ich in meinem Laboratorium etwa zwanzig Fachleute für Sprachen der Librairie Hachette. Sie wurden vom Vorsteher der Abteilung begleitet, einem Mann, der sich durch flüssiges Sprechen und ein erhebliches Talent für Fremdsprachen auszeichnete, denn als gebürtiger Russe beherrschte er außer Russisch und Französisch noch vier oder fünf andere Sprachen. Ich übergehe vorläufig die Gründe ihres Besuchs, die mit einem anderen, ebenfalls wichtigen Problem zusammenhingen. Am Ende des Besuchs erklärte sich dieser Mann bereit, das Ergebnis unserer Arbeitssitzung unter dem Elektronischen Ohr zusammenzufassen. Sobald die Apparatur aufgestellt war, begann er wortreich zu sprechen. Während er redete, veränderte ich diskret die Regelung, indem ich nacheinander andere Kurven und bevorzugte Hörbereiche einschaltete. Zur großen Verwunderung seiner Kollegen wechselte er unversehens vom Französischen zum Englischen, vom Englischen zum Deutschen, vom Deutschen zum Russischen usw. Am beeindruckendsten war, daß er selbst davon gar nichts gemerkt hatte. Er war voll davon überzeugt, vom Anfang bis ans Ende Französisch gesprochen zu haben!

Kurze Zeit später wiederholte ich dieses Experiment mit Herrn Lane, dem Leiter der größten deutschen Dolmetscherschule. Auch er beherrschte acht Sprachen perfekt. Während der Sitzung ging er ebenso gewandt wie sein Vorgänger, und ohne sich dessen bewußt zu sein, von einer Sprache zur anderen über. Zur Ergänzung gab ich ihm anschließend mehrere Texte in den ihm geläufigen Sprachen zu lesen, wobei ich wiederum von Zeit zu Zeit die Apparatur anders einstellte. Und schon trug er einen bestimmten Text (den er las) mit der Betonung einer anderen Sprache (der des entsprechenden Tonbandes) vor: Deutsch mit spanischem Akzent, Italienisch mit englischem Akzent usw.! Kurzum, bei einer für solche Versuche geeigneten Person ließ sich die Selbstkontrolle beliebig manipulieren, indem man den bevorzugten Hörbereich verschob, erweiterte oder einengte, wodurch augenblicklich der sprachliche Tonfall verändert wurde.

Aufgrund solcher Erfahrungen war anzunehmen, das Erlernen einer Fremdsprache lasse sich erheblich erleichtern, wenn man mit meiner Apparatur eine die Speicherung des zu integrierenden Schemas im Hirn fördernde künstliche Konditionierung vornehme. Die verschiedenen Sprachen unterscheiden sich zwar in ihrer Kodierung voneinander, doch das Hirn und das Nervensystem verfügen dank der audio-phonatorischen Gegenreaktion und diesem Phänomen der Remanenz, von dem André Le Gall gesprochen hat, über erstaunliche Anpassungsmöglichkeiten.

Ich würde beinahe meinen, jeder Mensch, sieht man von angeborenen oder pathologischen Mängeln ab, sei imstande, jede gewünschte Sprache zu erlernen. Einzige Vorbedingung ist, daß er von jeder dieser Sprachen drei grundlegende Parameter kennt, denen sich sein Gehör und sein Sprechen anpassen müssen, damit seine Bemühungen von Erfolg gekrönt werden. Jede Sprache ist nämlich charakterisiert durch:

1. die von ihr hauptsächlich benutzten Tonlagen, also durch den Umfang und die Lage ihres bevorzugten Hörbereichs;
2. die Form der Kurve in diesem bevorzugten Hörbereich; sie kann aufsteigend oder abfallend sein, sie kann auch mehrere »Spitzen« aufweisen usw. (man vergleiche die dazugehörigen graphischen Darstellungen);
3. die Latenzzeit.

Dieser neue Begriff erfordert einige Erklärungen.

In erster Annäherung ist damit die Zeit gemeint, die ein Mensch benötigt, um seine eigene Stimme zu hören. Dieses Phänomen wird leichter verständlich, wenn man es mit der Akkommodation des Auges vergleicht. Wenn wir unseren Blick auf unendlich, also in die Ferne, eingestellt haben und ihn nun auf unseren unmittelbar vor die Augen gehaltenen Zeigefinger fixieren, so sehen wir einen kurzen Augenblick lang nicht einen, sondern zwei Finger. Das ist die für eine Akkommodation notwendige Zeit. Ebensogut kann man auch von einer Akkommodation des Ohrs sprechen. Auch das Ohr benötigt eine gewisse Zeit, wenn es von einem ungerichteten Hören zu einer Fixierung auf bestimmte Töne übergeht. Diese Latenzzeit ist je nach Sprache, an die man sich akkommodieren muß, verschieden. Sie entspricht der durchschnittlichen Zeit, die man für das Aussprechen einer Silbe benötigt, die ihrerseits für die Anpassung der Sprechorgane (Kehlkopf usw.) bestimmend ist.

Von da her wird die mit dem Elektronischen Ohr erzielte Wirkung verständlich. Dieses überlagert das ursprüngliche Gehör der Versuchsperson durch eine Hörweise, die das Ohr zwingt, die Töne von jetzt ab nach einem genau festgelegten Schema einzufangen. Maßgeblich dafür sind die Blendenbreite für das Hören im bevorzugten Hörbereich, die Neigung der mittleren ethnischen Kurve und schließlich die Latenzzeit, die mit der Länge der, wie wir gesehen haben, je nach Sprache variierenden Akkommodationszeit zusammenhängt.

Dank dieses Systems vermag jeder Mensch die Botschaft richtig zu empfangen und folglich nicht weniger richtig auszuwerten, weil der Stimmapparat eng mit der Art der Lautwahrnehmung verknüpft ist. Jede auf dieser Stufe bewirkte Veränderung löst eine entsprechende Reaktion bei den für die stimmliche Äußerung maßgeblichen Faktoren aus: Klang, Rhythmus, Lautstärke usw.

Durch eine Kodierung werden die Hörzellen konditioniert und dadurch darauf vorbereitet, Reize von einer bestimmten Frequenz wahlweise zu empfangen. Der ganze neuromuskuläre Kreislauf wird in Gang gesetzt. Dadurch wird ein Bewegungsablauf ausgelöst, der den Körper gewissermaßen dazu befähigt, auf die gewollte Weise zu hören und folglich zu sprechen. Der Remanenzeffekt besorgt den Rest: Die bewußte Anstrengung wird allmählich durch einen eigentlichen Automatismus ersetzt. Eine endgültige Gewöhnung tritt, je nach Versuchsperson, nach fünfzig bis hundert (halbstündigen) Sitzungen ein. Von da an ist der betreffende Mensch dazu »verurteilt«, die Elemente einer Fremdsprache richtig auszusprechen, ob man sie ihm als nachzuahmende Vorbilder präsentiert, oder ob er sich in der gewählten

Fremdsprache unterhalten muß. Der einzige Führer ist das »Ton-Bild«, das ihm von seinem Hör-Gedächtnis geliefert wird.

Die Öffnung des Ohrs für bestimmte Frequenzen einer Fremdsprache stellt somit eine Art unmittelbare – und unmittelbar vollkommene – stimmliche Einführung in diese Sprache dar. Der Schüler muß sich nicht damit abmühen, sie zu erlernen. Alles verläuft so, als ob die Hör- und Stimmorgane ebenso wie die betroffenen Hirnbezirke ipso facto an das neue Idiom angepaßt würden. Letzten Endes werden nur die ursprünglichen Hörbedingungen wiederhergestellt, die es uns in unserer frühesten Jugend ermöglicht hatten, unsere Muttersprache zu erlernen.

Mehrere hundert verschiedene Sprachen sind auf die drei eben erwähnten Parameter hin untersucht worden. Daraus hat sich ergeben, worauf nebenbei hingewiesen sei, daß es nicht ebenso viele Hörweisen gibt, sondern nur zwölf grundlegende Gehörformen. Eine breitere (noch andere Sprachen einbeziehende) und verfeinerte Analyse, das muß ebenfalls gesagt werden, würde vielleicht ein anderes Ergebnis zeitigen. Die von mir genannte Zahl gilt nur für den jetzigen Zeitpunkt. Würde man zusätzliche und vollständigere Informationen mit dem Computer elektronisch analysieren, so wäre diese Zahl zweifellos schon in naher Zukunft zu nuancieren oder völlig zu ersetzen. Man muß sich aber auch die Schwierigkeiten einer solchen Aufgabe vor Augen halten, werden doch auf unserer Erde mindestens 4000 Sprachen gesprochen.

Als die ersten Arbeiten seiner Begründer erschienen, aber noch bevor er große Mode wurde, begann ich mich für den linguistischen Strukturalismus zu interessieren. Schon vorher hatte sich mir die Frage gestellt, aufgrund welcher Eigenschaften eine bestimmte Sprache zu einem autonomen und dadurch von allen anderen verschiedenen System wird. Etwa zwanzig Jahre früher hatte mich die Armee gebeten, eine Anzahl Leute zu untersuchen, die auf dem Mont Valérien in der Gegenspionage arbeiteten. Deren Aufgabe war es, Morse-Botschaften einzufangen, die von Geheimagenten im Radiowellenbereich übermittelt wurden. Heutzutage werden solche Informationen elektronisch abgehört. Doch in den fünfziger Jahren mußte man unter dem Helm die verschiedenen Wellenlängen manuell abtasten. Die Arbeitsbedingungen wurden noch erschwert durch Personalmangel, weshalb jeder Mitarbeiter zwei Botschaften miteinander zu verarbeiten hatte, die eine mit dem Ohr, während die Hände gleichzeitig zwei verschiedene Reihen von Punkten und Strichen wiedergaben. Ich weiß nicht, wie ihr Hirn diese Doppelaufgabe bewältigt hat, aber die Leute hatten es geschafft, das kann ich bezeugen. Und gerade deshalb hatte man mich auch gerufen, denn diese unglaubliche Hirngymnastik hatte gewisse, bisweilen schwerwiegende Gesundheitsstörungen nach sich gezogen. Als ich den Soldaten bei der Arbeit zuschaute, fiel mir auf, daß sie beim Empfang solcher Botschaften ganz automatisch sagten:

»Siehe da, ein Japaner ... Und jetzt ein Deutscher ... Hallo, ein Russe ...«

Es war beeindruckend! Das Gerät machte ti-ta-ti-ta-ta, und der Mann am Gerät sagte sofort: »Ein Chinese!« – »Verstehen Sie denn Chinesisch?« fragte ich ihn. »Überhaupt nicht«, antwortete er mir. Also? Diese Leute von der Gegenspionage sprachen und verstanden praktisch keine der Sprachen, die in den verschiedenen Sendungen gesprochen wurden. Sie hatten nicht einmal Zeit, die Botschaften zu entschlüsseln. Doch sie vermochten ganz nebenbei die Herkunft herauszufinden, und zwar nur anhand der Kadenz der Punkte und Striche. Ich überzeugte mich davon, daß sie mich nicht mit einer einstudierten Glanznummer blufften. Alle ihre Aussagen erwiesen sich als richtig. Sie hatten rhythmische Elemente entdeckt, die sich als linguistische Quantifizierungen betrachten lassen. Dadurch wurden Strukturen gegeneinander abgegrenzt, die sie instinktiv erfühlten, auch wenn sie sie nicht theoretisch begründen konnten. Die eigentliche wissenschaftliche Arbeit war erst noch zu leisten – und wir kommen auf diese Frage in anderem Zusammenhang zurück –, doch schon damals konnte ich, aufgrund von Eigenschaften wie Rhythmus oder Kadenz, eine Beziehung zwischen der Struktur einer Sprache und einer Art ihr zugrunde liegender Musik herstellen.

Man sagt Musik, man sagt Musikinstrument. Welcher Art muß somit das Instrument sein, das jeder Sprache ihre Tonart, ihren Klang, ihre besondere Stimmlage verleiht? Falls ich eine Antwort auf diese Frage fand, wurde gleichzeitig auch die geographische Verteilung der verschiedenen ethnischen Ohren verständlich. Ich mußte nicht lange suchen, denn die Lösung lag auf der Hand. Leser, die mir bis hierher die Treue gehalten haben, kennen sie schon: Das erste Instrument jedes Menschen ist zweifellos die ihn umgebende Luft; die Musik (die Sprache) verändert sich nur, weil das Instrument (die Luft) sich verändert.

Die uns umgebende Luft hat keineswegs überall dieselben Eigenschaften, sondern diese werden durch eine Vielzahl von, insbesondere klimatischen, Faktoren beeinflußt. Wir wollen die Gesamtheit dieser Faktoren als »Impedanz des Ortes« bezeichnen. Diese Impedanz, dieses Zusammenwirken aller möglichen Einflüsse, hat zur Folge, wovon jeder Mensch sich selbst überzeugen kann, daß man in England leichter als in Frankreich Englisch sprechen kann, daß aber Englisch in Frankreich doch noch leichter zu sprechen ist als in Spanien. Diese Umwelteinflüsse sind entscheidend für die Haltung und die Anpassung des Ohrs. In einer feuchten Umwelt, beispielsweise auf Inseln, werden die dort gesprochenen Idiome durch diese Impedanz in Richtung einer flüssigeren Sprechweise verändert.

Eine solche Beziehung Feuchtigkeit – flüssige Sprechweise, die einen archaisch-metaphysischen Zusammenhang nahezulegen scheint, klingt beim ersten Hören etwas naiv. Man darf sich dadurch nicht verwirren lassen. Als ich diese Theorie an der Sorbonne vortrug, wurde sie von einem der Professoren mit der Bemerkung ins Lächerliche gezogen, meiner Auffassung zufolge müßte man bloß im Regen spazierengehen, um Englisch zu lernen! Das war zwar witzig, aber zu sehr karikaturistisch verzerrt, als daß man es hätte ernst nehmen können. Ich vermute, dieser honorige Humorist hätte sich nicht so leichtfertig auf meine Kosten lustig gemacht, wenn er besser informiert gewesen wäre. Was er für die Marotte eines einzelnen Zeitgenossen hielt, hatte in Wirklichkeit als Denkanstoß bereits eine Tradition von mehr als hundert Jahren. Ich denke dabei vor allem an das Werk von De Bekaer, der die Sprachen nach »waldigen«, »feuchten« usw. klassifizierte. Wer sich davon überzeugen will, daß sich diese Auffassung durchaus begründen läßt, muß im übrigen nicht einmal auf dieses Werk zurückgreifen. Er muß sich nur die Zeit für eine Wanderung in Okzitanien von Toulouse nach Marseille nehmen. Wer gut hinhört, bemerkt unschwer, daß der Gesang der Zikaden, ein unvermeidlicher tönender Hintergrund in dieser Gegend, immer nasaler wird, je näher man Marseille kommt. Die Zikaden sind jedoch überall dieselben; auch ihre Technik der Tonerzeugung ist von Ort zu Ort die gleiche. Ich füge ausdrücklich hinzu, damit nichts übersehen wird, daß den Zikaden das Phänomen des Näselns unbekannt ist. Folglich kann es nicht die Botschaft sein, die sich verändert hat, sondern es muß unser Gehör sein. Und für eine solche Veränderung kommt nur eine Ursache in Frage: Die Eigenschaften der

Atmosphäre haben sich unterwegs verändert. Das Filter, durch das die Töne aufgenommen werden, ist nicht mehr das gleiche, und dadurch sind andere Bedingungen für unsere Aufnahme- und Hörweise entstanden. Das erinnert mich überdies an eine Bemerkung Francescattis bei einem unserer Gespräche, daß er nämlich nie Einladungen nach Nice annehme:

»Nie mehr kehre ich dorthin zurück«, vertraute er mir an. »Ich weiß nicht, was dort geschieht, aber meine Violine weigert sich zu klingen.«

Hat das Opernhaus von Nice eine derart schlechte Akustik? Keineswegs. Es ist nach dem Vorbild der Mailänder Scala gebaut . . . Doch die Engelsbucht, das nahe Meer usw., alle diese Elemente verleihen der Region eine für die Musik ungünstige Impedanz. Sogar meine Muttersprache, das Patois von Nice, ist eine der unharmonischsten Sprachen, die ich kenne. In diesem Land, wo eine Stradivari sich weigert zu »singen«, ist nicht einmal das gesprochene Wort melodiös. Eine Stradivari »klingt« ebensowenig im Urwald; damit man mir nicht Rassismus vorwerfen kann, will ich hinzufügen, daß aus diesem gleichen Grunde die Violine in Europa und nicht in Amazonien oder in Äquatorialafrika erfunden und gebaut worden ist. Musikalische Tradition steht immer in enger Beziehung zur Umwelt (Völker mit polyphoner Musik leben in waldigen Regionen, die voller Geräusche und sich überlagernder Töne sind, während in Wüstengebieten wie dem Tschad die Trommel das einzige Instrument ist). Es bestehen somit gewisse Beziehungen zur Impedanz des Ortes. Was die Akustik betrifft, sind die Verhältnisse viel komplexer. Sagen wir, es handle sich um eine »Atmosphäre, deren Wirkung eine Veränderung auslöst«. Hinzu kommt die besondere Psychologie der Eingeborenen. Beides zusammen bringt so eine klar umschriebene Form von Musik hervor, die, weil sie das Gehör der ganzen Menschengruppe konditioniert, folglich auch alle anderen musikalischen Produktionen beeinflußt, wobei jedoch örtliche Varianten möglich sind. So begreift man beispielsweise, weshalb in Frankreich die Folklore in der Bretagne und die Tänze in der Auvergne zwar (vor allem im Rhythmus) miteinander vergleichbar, aber dennoch verschieden sind.

Eine Sprache lernt man erfahrungsgemäß am besten bei einem Aufenthalt im betreffenden Land, und zwar nicht nur, wie immer wieder gesagt wird, weil man gewissermaßen in ein »Sprachbad« eingetaucht wäre. Es ist die ganze akustische Umgebung, die das Hören verändert, wodurch man sich der Sprache anpaßt.

Die Vielzahl der Idiome und Dialekte innerhalb ein und derselben sprachlichen Gemeinschaft läßt sich in diesem Zusammenhang als eine bloße Modulierung einer ursprünglich einheitlichen Sprache durch Unterschiede in der Impedanz auffassen. Vielleicht läßt sich diese Auffassung sogar auf die Beziehungen der verschiedenen großen Sprachgruppen untereinander verallgemeinern. Nehmen wir den Fall der Amerikaner englischer Abstammung. Eine ihrer Eigenarten ist ein Näseln beim Sprechen. Doch die englische Aussprache verschmäht an sich alle nasalen Laute. Die Indianer hingegen, die als erste den amerikanischen Kontinent besiedelt hatten, näseln sehr stark. Verpflanzt man Neapolitaner und Deutsche, für die Nasallaute eher etwas Fremdes sind, in die Vereinigten Staaten oder nach Kanada, so werden auch sie nach einiger Zeit zu näseln beginnen!

Man mag dagegen einwenden, daß die meisten Auswanderer in ihrer neuen Heimat, selbst wenn sie deren Sprache perfekt beherrschen, zumindest einen gewissen Akzent beibehalten, so daß Spezialisten ihre Herkunft leicht erraten können. Ein Südfranzose oder ein Elsässer, die sich in Paris niederlassen und sich redlich Mühe geben, ihren Akzent zu verlieren, bewahren dennoch immer etwas davon. Und gerade in ihrem Bemühen, ihre Herkunft zu verschleiern, wird diese sichtbar. Diese Erscheinung hängt mit der weiter oben definierten Latenzzeit zusammen. Dieser Faktor fördert die Individualisierung von Gruppen und innerhalb der Gruppen von einzelnen Personen. Jeder Mensch spricht gewissermaßen eine Sprache mit der Latenzzeit einer anderen.

Die von der auf den Regelkreis einwirkenden Impedanz des Ortes beherrschte audiophonatorische Gegenreaktion löst zahlreiche und bedeutsame Veränderungen aus. Nicht nur der Klang der Stimme wird von ihr beeinflußt, auch in der Organisation des Stimmapparates, im Gebrauch der Resonanzhöhlen über und unter dem Kehlkopf, im Kehlkopf-Tonus, in der Atmung und als Folge davon in der Mimik wird sie sichtbar. Alle diese Umschichtungen sind reflexartig miteinander verkettet und breiten sich allmählich auf die gesamte morphologische Struktur eines Menschen aus.

Durch die Lautäußerungen, wir haben schon darauf hingewiesen, wird der gesamte Körper »geprägt«, modelliert. Bringen wir einen kleinen, drahtigen Neapolitaner, einen breitgebauten und stämmigen

Deutschen, einen langen und schlanken Engländer in die Vereinigten Staaten und lassen wir sie einige Jahre lang sich in der neuen Atmosphäre entwickeln. Und dann wollen wir sie uns wieder ansehen. Welche Überraschung! Sie reden nicht nur eine neue Sprache, sie haben auch ein neues Aussehen. Ihr Kopf ist stärker abgeflacht, ihre Gesichtszüge neigen wie durch Zufall dazu, sich denjenigen eines Indianers anzunähern. Verantwortlich für diese Veränderung, die ein geübtes Auge durchaus zu erkennen vermag, ist das, was ich den »Wortfluß« nenne. Das Gesicht ist eine der bevorzugten Stellen, auf denen er sich ausbreitet. Doch es gibt auch andere, so die Vorderseite des Brustkorbes und des Bauches, die Handflächen, die Oberseite der rechten Hand im Bereich zwischen Daumen und Zeigefinger, die Innenseite der unteren Gliedmaßen, vor allem in der Gegend des Knies, die Fußsohlen.

Man irrt sich, wenn man meint, die Töne würden nur auf das Ohr einwirken. Gewiß, es ist das wichtigste Empfangsorgan für sie, doch dazu ist es erst schrittweise geworden, und zwar durch Differenzierung eines Abschnitts der Körperhaut, der sich ursprünglich nicht von der übrigen Haut unterschied. Das glaubte ich wenigstens damals. Die Töne, die wir durch unsere Sprache hervorbringen, hinterlassen in unserem Körperbild und unserem peripheren Nervensystem viele kleine Tupfer. Die tägliche Wiederholung dieses Modellierprozesses bringt mit der Zeit eine bestimmte Silhouette hervor.

Wir verändern, indem wir sprechen, die Struktur unseres Körpers, und zwar notwendigerweise weil wir zu *ihm* sprechen, denn er wird als erster vom Ton getroffen, den er hervorbringt. Nicht alle Körperbereiche sind diesen Tönen gleichermaßen ausgesetzt. Die Sprache sensibilisiert allmählich die Stellen mit Sinneszellen, die auf die durch das Sprechen erzeugten Schallwellen reagieren. Die für diese Information günstigsten Zonen befinden sich offensichtlich dort, wo besonders viele auf die Wahrnehmung von Drücken spezialisierte Nervenfasern vorhanden sind. Andererseits konzentrieren wir alle, je nachdem was wir sind oder was wir aus uns machen wollen, unsere Aktivität auf einen bestimmten Teil unseres Körpers. Zu dieser Körperpartie sprechen wir vorzugsweise. Fragen Sie sich also nicht mehr, weshalb ein Radrennfahrer seine Presseerklärungen mit gedämpfter, an Zischlauten armer Sprache abgibt. Er wendet sich ganz einfach an den Mittelpunkt seiner Aktivität, sozusagen seines Lebens, also in diesem Fall an seine

Beine. Eine tiefe Stimme hängt notwendigerweise mit einer Konzentration des Interesses auf den unteren Teil des Körpers zusammen.

Im Idealfall sollte freilich jeder Mensch seine gesamte Körperoberfläche gleichmäßig erreichen. Das ist nicht unmöglich. Die tibetischen Yogis verwenden viel Zeit und seelische Energie auf dieses Ziel hin. Nach einer gewissen Einübung bringen sie es fertig, mit ihrem Rücken so unbeschwert zu sprechen wie mit ihren Handflächen. Der »wahre« Ton, daran erinnere ich immer wieder, kommt nicht nur von den Lippen, sondern vom ganzen Körper. Schon Aristoteles und Platon haben mit Recht darauf verwiesen, daß man durch das Sprechen oder Singen die äußere Luft im Gleichklang mit der inneren zum Vibrieren bringt. Das bedeutet umgekehrt, daß uns die Sprache nicht von vornherein mit allen ihren Möglichkeiten gegeben ist: Die Beherrschung der Sprache in ihrer Gesamtheit ist gewissermaßen die Belohnung für eine strikte Askese und ein langes Einüben. Von der antiken Weisheit können wir viel lernen. Besser gesagt, mit ihrer Hilfe müssen wir uns wieder das gesamte frühere Wissen aneignen, das uns verlorengegangen ist.

Wer eine entschlossene Sprache spricht, nimmt immer auch eine entschlossene physische und psychische Haltung an. Meine Experimente haben mir immer wieder bestätigt, daß man durch die Veränderung der akustischen Aufnahmefähigkeit einen Menschen ohne sein Wissen dazu bringt, seine ganze Haltung zu verändern. Wenn ich beispielsweise einem Franzosen ein deutsches Ohr verlieh, so ließ sich beobachten, daß er lauter sprach, die Wörter durch die Kehle aussprach und seinen Körper aufrichtete: Genau das, was ein Schauspieler tun würde, wenn man ihn aufforderte, die Rolle eines Wehrmachtoffiziers zu spielen. Aus diesem Beispiel läßt sich erahnen, welch tiefen Einfluß der Parameter der Impedanz des Ortes auf das Verhalten ausübt.

Nicht nur das, diese Impedanz wirkt in einem gewissen Maße durch die Sprache auch auf die Mentalität, die Denk- und Auffassungsweise, die grundlegenden ethnischen Haltungen dem Leben gegenüber usw. ein. Man beraube einen Menschen brutal seiner Hörweise, und er wird sogleich große Schwierigkeiten haben, und zwar nicht nur beim Sprechen, sondern auch beim Denken. Er wird gleichzeitig sein flüssiges Sprechen und seine geistige Beweglichkeit verlieren. Wenn er weiterreden will, so nimmt er als erstes den Helm ab, den man ihm für diesen Versuch aufgesetzt hat. Ich habe einmal chinesischen Phonetikern diesen üblen Streich gespielt. Sie waren schlechterdings nicht mehr imstande, auch nur einen zusammenhängenden Gedankengang zu formulieren oder einen einzigen Ton zu artikulieren. Die chinesische Zunge ist eine Intonationszunge, Chinesen sind noch stärker als andere Menschen von ihrem Selbsthörsystem abhängig.

Und das ist eben gerade einer der wichtigsten Vorteile des Elektronischen Ohrs beim Erlernen einer Fremdsprache: Mit der Sprache eignet man sich gleichzeitig auch die entsprechenden geistigen Haltungen an. Der Geist wird zugleich mit dem Buchstaben assimiliert, und das ist unerläßlich, weil man eine Sprache erst von dem Augenblick an wirklich beherrscht, als man in ihr denkt und lebt. Unter diesem Gesichtspunkt ermöglicht das Elektronische Ohr spektakuläre Leistungen mit bestürzender Leichtigkeit.

Mit meinem Beweis verblüffte ich viele Leute. Im Gedächtnis der Versuchspersonen prägte sich nicht nur der Akzent ohne jede intellektuelle Anstrengung ein, auch die Satzstruktur, die Grammatik und in einem gewissen Maße sogar der Wortschatz wurden mühelos aufgenommen. Schon nach wenigen Sitzungen hatte das Gehirn Elemente integriert, für deren Erlernen unter anderen Umständen Monate, ja Jahre benötigt worden wären.

Mit der neuen Technik wird auf Anhieb die ganze Sprachstruktur erfaßt. Gleichzeitig damit nimmt man auch einen gewissen Teil des Nationalcharakters auf. Das Verhalten verändert sich zuerst. Setzt man einen Franzosen unter das französische Ohr und fordert man ihn auf, einen Strich zu zeichnen, so kommt eine fast waagrechte Linie heraus. Wiederholt man denselben Versuch unter dem spanischen Ohr, so wird der Strich plötzlich schräg absteigend! Man begreift diese Reaktion ohne weiteres, wenn ich hinzufüge, daß die beiden Striche der für die betreffende Sprache charakteristischen Frequenzkurve entsprechen. Offensichtlich wird der Sprachschüler durch diese Veränderung in seinem Verhalten dazu gebracht, die Reaktionen der Menschen, deren Sprache er studiert, gewissermaßen von innen her zu erkennen. Ein solches inneres Verständnis befähigt ihn dazu, diese Reaktionen nachzuvollziehen, sie also spontan nachzuleben, sobald sein Gehirn auf den Kanal »Fremdsprache« eingestellt ist.

Ich möchte betonen, falls man es aus dem Gesagten nicht bereits erkannt hat, daß das Elektronische Ohr für mich immer nur ein Hilfsmittel ist. Es ersetzt nicht das Erlernen der Grammatik, der Syntax und des Vokabulars: Es bewirkt nur, daß dieses Erlernen leichter fällt und das Erlernte länger erhalten bleibt. Man darf aber immer auch – und das ist einer der wichtigsten Trümpfe – mit bestimmten Nebeneffekten rechnen, als wichtigstem mit einer Euphorisierung der Versuchsperson. Was soll das heißen?

Die Motivation, der Wunsch zu lernen, falls man diesen Ausdruck vorzieht, spielen beim Erwerb einer Sprache eine erstrangige Rolle. Sehr oft gehen die nützlichen Auswirkungen der anfänglichen Motivierung nach einigen Wochen verloren, weil Hemmungen die Energie blockieren. Am häufigsten ist es die Furcht, man mache sich lächerlich. Der Schüler getraut sich nicht mehr, seinen Mund zu öffnen, weil er befürchtet, er könne die als Beispiel gegebenen Laute nicht vollständig und richtig wiedergeben. Er spürt, mit anderen Worten, daß seine Selbstkontrolle mangelhaft ist. Weshalb sollte er sich folglich noch anstrengen, Laute zu wiederholen, deren Wiedergabe er weder zu bestimmen noch nach seinem Willen zu regulieren vermag?

Das Elektronische Ohr, das ein unmittelbar wirksames Schema des Selbsthörens aufbaut, beseitigt solche Hemmungen und macht den Schüler gleichzeitig verfügbarer und selbstzufriedener, dadurch auch unternehmungslustiger. Feststellbare Fortschritte erneuern fortwährend den Wunsch nach Assimilation der Fremdsprache, wodurch wiederum neue Fortschritte ausgelöst werden. Das ist letztlich mit der für die Motivierung entscheidenden Euphorisierung gemeint. Beschleunigt wird das Erlernen einer Fremdsprache darüber hinaus noch dadurch, daß es uns jetzt schon möglich ist, Tonbänder so zu bespielen, daß man die Sprache wie durch die Gebärmutter hindurch hört. Damit kommen wir der ursprünglichsten Aufnahmefähigkeit sehr nahe, welche die Struktur, und nur die Struktur, aufbaut.

Versuche an der Universität Ottawa mit einer Gruppe von dreijährigen Kindern haben eindeutig bewiesen, daß solche Kinder mit Hilfe der Apparatur ohne Schwierigkeiten gleichzeitig Französisch und Englisch lernten. Ergänzend möchte ich hinzufügen, daß dank des Elektronischen Ohrs schon sehr früh mehrere Sprachen mit gleicher Leichtigkeit erlernt werden können. Wichtig ist, daß die Kanäle sauber getrennt bleiben. Eine Vermischung hingegen führt zum sicheren Mißerfolg.

Was soll man jedoch unter Trennung und Vermischung der Kanäle verstehen? Ich will keine theoretische Erklärung dafür geben, sondern eine kleine Anekdote erzählen. Vor einiger Zeit haben sich viele junge spanische Familien in Frankreich niedergelassen. Ihre Kinder besuchten selbstverständlich französische Schulen und schienen sich darin recht gut zurechtzufinden, bis eines Tages Lesestörungen auftraten. Die Untersuchung ergab, daß davon nicht nur die Fremd-, sondern auch die Muttersprache betroffen war. Es war ganz schlicht folgendes geschehen: Um ihrem Kind zu helfen, sprachen die Eltern zu Hause Französisch. Eine löbliche Absicht. Leider beherrschten sie Französisch nur unvollkommen: Es blieb bei einem Kauderwelsch. Sie verballhornten nicht nur die französische Sprache, sondern sie artikulierten sie bevorzugt auch in einem Frequenzbereich, der ihr nicht entsprach. Im Gegensatz zu den französischen Lehrern benutzten sie beim Sprechen die spanische Frequenz. Spanische und französische Kanäle gerieten deshalb durcheinander. Es sei zudem auch festgehalten, daß Kinder von spanischen Familien, die sich nicht die Mühe genommen hatten, Französisch zu sprechen, keinerlei Störungen aufwiesen. In diesem Fall waren die Kanäle von vornherein und *unbewußt* im Gehirn der betreffenden Personen getrennt geblieben.

Falls der Vater Spanier, die Mutter Engländerin und der Lehrer Franzose gewesen wären, hätten die Kinder problemlos alle drei Sprachen gleichzeitig lernen können, sofern die von diesen Sprachen bevorzugten Frequenzbereiche nicht miteinander vermischt worden wären, wenn sich also alle drei Bezugspersonen nur in ihrer Muttersprache ausgedrückt hätten. Das habe ich immer von Eltern verlangt, die mich ersuchten, ihrem Sohn oder ihrer Tochter beim Erlernen einer Fremdsprache zu helfen. Ich betone aber, daß die Ergebnisse verblüffend sein können, wenn alle erwähnten Bedingungen erfüllt sind.

Ich habe Kinder kennengelernt, die im Alter von zehn Jahren Französisch, Englisch, Spanisch und Arabisch beherrschten, zwar nicht perfekt, aber doch in befriedigender Weise. Es waren Kinder von durchschnittlicher Intelligenz; kein einziges Wunderkind darunter. Die Moral der Geschichte ist die, daß man beim Erlernen von Sprachen niemandem helfen kann, wenn man selbst sprachliche Schwierigkeiten hat. Mehr noch, jede Hilfe von einer ihrerseits sprachlich behinderten Person verschärft nur die bestehenden Schwierigkeiten ... und kann sogar zusätzliche Probleme schaffen.

Ein letzter Punkt. Die Anpassung der Aufnahmefähigkeit durch das Ohr benötigt je nach den Eigenschaften, die das Gehör vor Beginn der Sitzungen aufweist, mehr oder weniger viel Zeit. Ein Ohr, das bereits geschädigt ist, muß selbstverständlich zuerst behandelt werden, was, je nach Schwere des Falles, den Anpassungsprozeß um mehrere Wochen oder Monate verzögern kann. Andererseits muß die »persönliche Gleichung« berücksichtigt werden. Die ethnische Kurve ist unterteilt in regionale Kurven, die ihrerseits nur der Mittelwert einer Vielzahl *rein individueller* Kurven sind. Jeder Mensch besitzt aufgrund seiner persönlichen Entwicklung, seines Charakters, seiner inneren Persönlichkeit usw. ein eigenes Gehör, das wirklich mit keinem anderen zu vergleichen ist. Hinzu kommen Krankheiten, Unfälle. Aus den verschiedensten Gründen, auf die ich hier nicht eingehen will, sind beispielsweise viele Leute für Frequenzen von mehr als 2000 Hertz taub: Sie können die englischen Laute gar nicht richtig wiedergeben, weil sie diese nur sehr undeutlich wahrnehmen. Solche Störungen lassen Vorhaben, mit denen gewisse kommerzielle Unternehmungen liebäugeln, daß nämlich in ganzen Abteilungen Englisch oder eine beliebige andere Sprache als Umgangssprache eingeführt werden sollte, von vornherein scheitern, weil gewisse Menschen wegen eines unvollkommenen Ohrs zu diesem Schritt gar nicht imstande sind.

Gegen Ende der fünfziger Jahre haben solche Ideen ein gewisses Aufsehen erregt. Ich bin ehrlich davon überzeugt, daß es nicht auf fehlende Objektivität zurückzuführen ist, wenn ich sage, daß dadurch bisweilen Kommentare von unglaublicher Dummheit ausgelöst worden sind. Wie es in meinem Vaterland Brauch ist, haben etliche Leute meine Vorstellungen schon nur deshalb angegriffen, weil sie neu waren. Nur mit einem kräftigen intellektuellen Besen hätte man Platz für sie schaffen können. Und das ist eine Anstrengung, zu der sich zahlreiche Menschen höchstens mit größtem Widerwillen durchringen. Einige haben meine Ideen ganz schlicht abgeblockt, ohne sich auch nur ernsthaft und einigermaßen differenziert mit ihnen zu befassen. 1960 hielt ich im UNESCO-Gebäude einen Vortrag über »Elektronik im Dienste von lebenden Sprachen«. Einige bekannte französische Dolmetscher waren von den Veranstaltern eingeladen worden. Der Chef der Dolmetscher-Abteilung der UNESCO, ein Mann von untadeliger Kompetenz und großer Begabung im sprachlichen Ausdruck, wollte sich meine Theorien nicht einmal anhören. Als ich meine Schlußfolgerungen vorgetragen hatte, kam er persönlich zum Rednerpult. Mit viel Schwung wischte er vor den tausend Zuhörern, die sich eingefunden hatten, alle meine Argumente vom Tisch.

»Wären Sie bereit, sich einem Versuch zu unterziehen?« schlug ich ihm vor.

»Das ist unnötig!« antwortete er mir. »Doch, mein Gott, wenn Sie darauf bestehen . . .«

»Ich werde nur Ihre Hörweise verändern«, fuhr ich fort, »dann wollen wir sehen, was geschieht.«

Das Ergebnis war überwältigend. Vor dem versammelten Publikum begann er zu stammeln und sogar zu stottern, und zwar in allen acht Sprachen, die er beherrschte. Die Anwesenden amüsierten sich nicht schlecht. Die Ehrlicheren unter denen, die sich von meinem Vortrag nicht hatten überzeugen lassen, begannen sich zu fragen, ob meine Aussagen nicht dennoch eine genauere Prüfung verdienten. Mehrere Laboratorien in Frankreich und im Ausland nahmen eine Überprüfung dieser Hypothesen in ihr Arbeitsprogramm auf. Einige meiner Verleumder wollten sich freilich einer solchen Mühe nicht unterziehen. Mit billigsten Mitteln versuchten sie mich lächerlich zu machen, etwa wie der Sorbonne-Professor, von dem ich bereits gesprochen habe.

Ich muß jedoch auch festhalten, daß sich die meisten Fachleute der Evidenz beugten. Ich bin oft auf Zweifel oder gar offene Gegnerschaft gestoßen. Doch in diesen Kreisen hat man mir im allgemeinen und widerstrebend einen gewissen Kredit eingeräumt. Allmählich wurde anerkannt, daß das Ohr das grundlegende Werkzeug für das Erlernen einer Fremdsprache ist. Bei Experten ist das in der Zwischenzeit eine klassische Aussage, ja geradezu eine Binsenwahrheit geworden! Mehr verlange ich gar nicht.

Ein Pariser Sprachlabor hat sich mit Elektronischen Ohren ausgerüstet. Andere wollten nicht so weit gehen, wenden aber einige der von mir entwickelten Prinzipien weitgehend an. Das ist nicht mein Verdienst, sondern eher ein Zeichen der Zeit. Man kann McLuhans Auffassung ablehnen, wonach im Westen eine Kultur des Bildes langsam, aber sicher die des Buches entthrone. Falls wirklich ein Umbruch im Gange ist, ließe sich dann auch an eine Entwicklung in Richtung einer Kultur der Töne denken? Kein Handwerk ist so undankbar wie das des Propheten, und ich will mich zu keinen Behauptungen verleiten lassen. Ich stelle nur die Frage. Man wird mir zugestehen, daß sie sich stellen läßt, ohne daß man deshalb den Boden des Möglichen verläßt, was bereits eine Teilantwort ist. Selbst wenn wir nicht einer

Kultur der Töne zustreben, werden in dieser Kultur der Zukunft die Töne dennoch einen wichtigen Platz einnehmen.

Nicht nur der Sozialkörper, werden wir später sehen, ist unter diesem Gesichtspunkt der Ursprung, der Schauplatz und der Einsatz dieser Evolution, wenn nicht sogar Revolution. Es ist auch und vor allem die Person, diese Hülle des Individuums, die nicht isoliert in der Welt steht, sondern in ein komplexes Netz von interpsychologischen Beziehungen einbezogen ist, die ihre Einmaligkeit mit den Fäden ihrer Abhängigkeit und ihres radikalen Andersseins verweben, die aus ihr ein kommunikatives Wesen machen. Damit wollen wir es für den Augenblick bewenden lassen. Ich wollte nur andeuten, daß die neue Ära, um die es geht, erst anbrechen kann, wenn wir den verlorengegangenen Sinn unserer Existenz wiederfinden. Die Riesenschritte bei der Vervollkommnung unserer Maschinen sind ein Nichts neben dem viel kleineren Flohsprung, den unser Geist – ich würde gerne sagen: unsere »Seele«, wenn dieses Wort nicht seinen Klang verloren hätte – auf diesem »Weg«, bei dieser Initiation, vollbringt, auf den die Psychoanalyse uns hätte führen können, wenn Freud sich nicht getäuscht oder doch zumindest verirrt hätte.

Was die Sprachlabors angeht, so habe ich festgestellt, daß man die besten Ergebnisse erzielt, wenn audio-visuelle Techniken mit audiovokaler Konditionierung verkoppelt werden. Zu viele von ihnen haben den Fehler begangen (und begehen ihn noch immer), daß sie das Gleichgewicht von Hören und Sehen zugunsten des Sehens verschoben haben. Mein Team und ich haben in einer Publikation betont: »Solange auf visueller Ebene das Ziel erreicht wird, indem man dem Schüler ermöglicht, den zu studierenden Gegenstand vom Bild her zu beherrschen, ist es auf auditiver Ebene höchst unsicher, ob die mündliche Botschaft aufgenommen wird; man muß nur bewußt miterleben, wie sehr im Munde des repetierenden Schülers die Wörter verzerrt werden, um sich davon zu überzeugen, daß die Botschaft infolge von Gesetzmäßigkeiten, die den unmittelbaren Beziehungen zwischen Hören und Sprechen zugrunde liegen, in hohem Maße nicht richtig gehört worden ist.«

Ursprünglich hatten diese famosen audio-visuellen Methoden im Vergleich zu den damals an den französischen Gymnasien gepflegten »Techniken«, wenn man so sagen darf, die grundsätzlich darin bestanden, grammatikalische Regeln und Wörterlisten auswendig zu lernen, etwas Verheißungsvolles an sich. Doch in Wirklichkeit richtete sich das neue Prinzip eher gegen die Form und nicht so sehr gegen das Prinzip. Zu oft beschränkten sich diese Wunderrezepte auf bloße kosmetische Eingriffe an den alten Manien und den früheren pädagogischen Apriori. Vielen Systemen fehlte jegliche wissenschaftliche Grundlage. Und zudem übersahen sie das Wesentliche!

Eine Sprachlerntechnik kann durchaus wertvoll sein, aber sie bleibt unwirksam, *wenn der Hörapparat nicht zuvor konditioniert wird.* In der gleichen Publikation haben wir daran erinnert, daß der größte Scharfsinn im Dienste der Didaktik nichts bringt, wenn die Eintrittspforte, also das Ohr, für die sprachliche Botschaft verschlossen bleibt. Zuerst muß man dafür sorgen, daß die Pforte ganz geöffnet wird, damit das Gehör bereit ist, die besonderen Laute der zu erlernenden Sprache aufzunehmen.

Dieser Vorbereitung dient das Elektronische Ohr: Es erzeugt das geeignete Umfeld für eine Aufnahme der Töne, ohne das keine Selbstkontrolle zustande kommt. In bezug auf das Wort spielt es die Rolle eines Dirigenten. Es paßt das Gehör dieser Information eines neuen Typs an, welche die zu erlernende Sprache darstellt, und reguliert das Stimmvolumen, den Ton, den Lernrhythmus. Bei der Wiedergabe des Gelernten kontrolliert das Ohr – das vom Gerät gelenkt wird, bis ein Automatismus dessen Aufgabe übernimmt – die Lautstärke, den Klang, die Betonung, die Modulation usw. Eine didaktische Geschicklichkeit, die nicht in unsere Zuständigkeit fällt, ergänzt diese Modellierung durch das Gehör.

Der Erfolg des Unterfangens ist von der Beachtung einiger Grundregeln abhängig. Vorteilhafterweise wird das Elektronische Ohr in einer Phase vor Beginn des eigentlichen Unterrichts eingesetzt. Falls man es mit Schülern zu tun hat, die sich in der betreffenden Sprache schon einige Kenntnisse erworben haben, so beginnt man am besten wieder bei Null, vor allem wenn die Aussprache (also ihr Gehör) zu wünschen übrigläßt. Will man aber aus irgendwelchen Gründen den begonnenen Unterricht nicht unterbrechen, so wäre es nützlich, täglich eine halbe Stunde den Konditionierungsübungen unter dem Elektronischen Ohr zu widmen.

Ein Punkt liegt mir besonders am Herzen. Zahlreiche Sprachlabors werden schon nach wenigen Monaten von ihrer Kundschaft im Stich gelassen. Und doch unterscheiden sie sich in ihren pädagogischen Methoden kaum von ähnlichen Institutionen. Ihre Leiter haben Mühe, das zu verstehen, und raufen sich die Haare aus. Dabei ist daran überhaupt nichts geheimnisvoll. Die Besitzer dieser Gesellschaften haben ganz einfach alles verloren, weil sie zu viel gewinnen wollten. Sie haben jede Menge Geld in die Räumlichkeiten, in das Design usw. investiert, aber beim Material gespart und sich Tonbandgeräte von minderwertiger Qualität angeschafft. Ihre Apparaturen hätten bei egal welchem Preis die besten Leistungen erbringen sollen, und sie verließen sich selbstverständlich voller Vertrauen auf die Anpreisungen der Hersteller. Doch solche Prospekte sind bekanntlich auf Verführung angelegt ... Man hätte sich bei solchen Käufen auf Fachleute stützen müssen, auf Leute, die imstande gewesen wären, die Geräte auf die versprochenen Leistungen hin zu überprüfen. In Sprachlaboratorien muß unbedingt Material höchster Qualität verwendet werden. Jeder Mangel in der Mechanik oder in der Elektronik kann den Integrationsprozeß behindern, ja blockieren. Wenn ich Mechanik sage, so denke ich vor allem an das Tonband. Die geringste Unvollkommenheit hemmt den Lernvorgang, denn sie erzeugt falsche Töne und führt zu mehr oder weniger bedeutsamen Verzerrungen, die das ursprüngliche akustische Signal unkenntlich machen oder zumindest schwerwiegend verändern. Wenn jedoch ein Schüler die ihm übermittelte tönende Botschaft fortwährend korrigieren muß, so beeinträchtigt die von ihm zu erbringende zusätzliche Anstrengung einerseits das angenehme Lern-Umfeld; und andererseits wird er mit der Zeit seinen Schwung verlieren ... und die Flucht ergreifen. Und er ist erst noch im Recht, denn unter solchen widrigen Umständen wird das erstrebte Ziel nicht erreicht. Ein Tonbandgerät, dessen Kurve ab 3000 bis 4000 Hertz unscharf wird, konditioniert das Gehör verkehrt. Ich habe sogar Geräte getestet, bei denen ab 500 oder sogar 300 Hertz die Töne verschwommen wurden! Die gegenwärtigen Normen gestatten zwar eine Abschwächung von 5000 Hertz an, doch für das Erlernen von lebenden Sprachen ist eine solche Leistung ungenügend. Ein Tonbandgerät muß mit größter Strenge den bevorzugten Hörbereich, den Verlauf der Kurve und die Latenzzeit der zu erlernenden Sprache berücksichtigen. Für das Erlernen von Englisch muß beispielsweise bis 12 000 Hertz Linearität gefordert werden. Falls diese Leistung nicht erbracht wird, geht der Schüler ein großes Risiko ein. Man darf nie vergessen, daß es *viel leichter ist, ein Ohr zu schädigen, als es empfänglich zu machen und zu bereichern.*

Wenn jedoch das Material einwandfrei funktioniert, der Schüler motiviert ist und der Lehrer seine Aufgabe als »Wortführer« (im buchstäblichen Sinne!) mit dem nötigen Einsatz erfüllt, so stellen sich garantiert rasche Fortschritte ein. Mit dem Elektronischen Ohr kann man eine lebende Sprache in minimal sechs Monaten erlernen. Das ist eine lange Zeit, wenn man die Versprechungen gewisser Sprachlabors dagegenhält. Doch ich habe nichts zu verkaufen. Ich gebe hier nur Ergebnisse von Versuchen wieder, die unter wissenschaftlicher Kontrolle auch tatsächlich durchgeführt worden sind.

Doch ich habe noch einen weiteren Pfeil im Köcher! Vor noch nicht allzu langer Zeit waren sich die meisten Fachleute darin einig, daß man nach dem vierzehnten Lebensjahr keine wirkliche Zweisprachigkeit mehr zustande bringe. Dank der im Bereich der Audiopsychophonologie entwickelten Techniken, das darf ich mit gutem Gewissen sagen, ist diese Altersgrenze gefallen; von jetzt ab darf man in jedem Alter auf einen vollen Erfolg hoffen. Eine geeignete Konditionierung genügt.

***

Der Leser erinnert sich gewiß noch an die Angestellten der Editions Hachette und an deren Abteilungsleiter, den ich, *ohne daß er sich dessen bewußt war,* dazu gebracht hatte, in allen von ihm beherrschten Sprachen zu reden. Nun hatten mich aber diese Leute nicht aufgesucht, um sich diese »Nummer« anzusehen, sondern um mich über ein ganz bestimmtes Thema zu konsultieren.

Ihr Verlagshaus hatte kurze Zeit zuvor ein Französisch-Lesebuch herausgebracht, von dem man sich in Schwarzafrika große Absatzmöglichkeiten versprach. Doch der erhoffte Verkaufserfolg war ausgeblieben. Welche Fehler hatte man also begangen? Für sie war das ein Ratespiel. Für mich war daran nichts Unerklärliches. Genauer gesagt, das Geheimnis lüftete sich, als ich einen Blick in das Handbuch werfen durfte.

Schon auf den ersten Seiten stieß man auf Sätze in Fettschrift, die so begannen: »je dis« (ich sage), »je lis« (ich lese), »j'écris« (ich schreibe). Von der Frequenz her gesehen, geht der Buchstabe »i« über 2000 Hertz hinaus, und der Buchstabe »j« (»sch«) liegt sogar weit über dieser Grenze. Das afrikanische Ohr ist jedoch schon von tiefen Tönen wie »bobo«, »bubu«, »dudu« an blockiert . . . Das Buch war somit mit dem afrikanischen Gehör unvereinbar. Schon die erste sprachliche Leistung, die zu erbringen war, erforderte bei den jungen Schülern, denen man damit die französische Sprache nahebringen wollte, eine beträchtliche und für eine erste Einführung zu große Anstrengung. Das Buch wurde deshalb als entmutigend eingestuft und beiseite gelegt. Das verstopfte Ohr hatte ihm übel mitgespielt, so daß sich seine afrikanische Karriere auf ein Strohfeuerchen beschränkt hatte. Das hätte sich durchaus vermeiden lassen, wenn die ersten Buchstaben, mit denen der Leser konfrontiert wurde, dem tieferen Teil des Tonspektrums entnommen worden wären. Zweifellos hätte sich das Ohr in diesem Fall allmählich an die Fremdsprache gewöhnt. Und das erklärte ich meinen Besuchern.

Diese Überlegung zeigt den engen Zusammenhang zwischen Lesen und Hören auf. Das sei weiter nicht erstaunlich, wird man einwenden, denn aus einem Lesebuch werde laut vorgelesen, es würden somit Töne hervorgebracht. Zweifellos. Doch wirklich aufregend wird der Sachverhalt bei der Feststellung, daß diese Beziehung auch beim stillen Lesen bestehen bleibt.

Ich selbst habe mehrere Jahre gebraucht, bis ich mich mit dieser Vorstellung abfand. Ich war darauf in keiner Weise vorbereitet gewesen. Schritt für Schritt häuften sich jedoch Fakten an, die alle in dieselbe Richtung wiesen, so daß ich mich *gezwungen* sah, die scheinbar abstruse These zu formulieren, wonach *man mit seinem Ohr liest.*

Schon ganz am Anfang hatte ich bemerkt, daß Gymnasiasten, nachdem sie unter dem Elektronischen Ohr gearbeitet hatten und gute Englisch-Schüler geworden waren, auch *in den anderen Fächern* bessere Leistungen als früher erbrachten. Viele Eltern bedankten sich bei mir, und dabei bekam ich immer wieder diesen Satz zu hören: »Jetzt liest mein Sohn auch besser, Doktor.« Dieser Kommentar kehrte so systematisch wieder, daß ich unmöglich an einen Zufall glauben konnte. Ich befaßte mich deshalb intensiv mit diesem Thema und kam schon bald zur Überzeugung, daß durch den Aufbau der audio-phonatorischen Reaktion auch der Erwerb der Lesemechanismen erheblich erleichtert wird.

Ist das eigentlich so überraschend? Das geschriebene Zeichen ist an sich immer nur ein zu reproduzierender Laut. Ist es nicht bezeichnend, daß das lateinische Verb »legere« nicht nur »lesen« im heute gebräuchlichen Sinne bedeutete, sondern auch »durch das Ohr aufnehmen«? Im Griechischen steht »lexein« zunächst für »reden, sprechen«, »dyslektos«, wovon der Fachausdruck Dyslexie für erschwertes Lesen abgeleitet ist, für Schwierigkeiten beim sprachlichen Ausdruck. Denken wir auch daran, daß im Englischen »a lecture« für einen Vortrag steht. Sieht man die Sache so an, so ist jeder Buchstabe eine Anregung zum Vorlesen mit lauter und verständlicher Stimme. Die Schrift ist somit in einem gewissen Sinne eine tönende Aufzeichnung, denn durch sie werden *Töne* gespeichert. Man könnte sie als das erste Tonband in der Geschichte der Menschheit bezeichnen.

Wir haben diese Zusammenhänge vergessen, weil das Lesen mit den Augen, das stille Lesen – eine verhältnismäßig späte Entwicklung, die vermutlich auf die starke Verbreitung von Büchern nach der Erfindung des Buchdrucks zurückzuführen ist –, allmählich die Mechanismen des verbalisierten Gedächtnisses unterdrückt hat. Wenn jedoch die alten Kulturen das Tonbandgerät gekannt hätten, dessen bin ich mir sicher, so hätten sie sich nicht der Mühe unterzogen, eine Schrift zu entwikkeln. Mit anderen Worten, das geschriebene Zeichen ist ein Laut und erhält erst seinen Wert, wenn es stimmlich ausgewertet wird; die Schrift erhält ihren Sinn erst durch die akustische Wiedergabe, zu der sie auffordert.

Es bleibt noch darzulegen, wie das Ohr in das stille Lesen einbezogen ist.

Es ist tatsächlich in diesen Vorgang einbezogen, und zwar insofern, als der gesamte Körper an dieser Dynamik teilhat. Um das zu verstehen, muß man wissen, daß eine gut integrierte Sprache eben eine gut *inkorporierte* (oder *inkorporisierte* oder auch *inkarnierte,* was immer man vorzieht) Sprache ist. Dafür kann ich dank eines von McGuigan, einem Fachmann für Elektromyographie, für die Erfassung der Aktionspotentiale, also der elektrischen Ströme in den Muskeln, in den Vereinigten Staaten durchgeführten Experiments den Beweis erbringen. McGuigan hatte die Reaktion von Muskeln auf Aufzeichnungen untersucht, die durch eine mit der Versuchsperson durch Elektroden (wobei man beliebig viele solche Elektroden einsetzen kann, sobald man mit einem Computer arbeitet) verbundene spezielle Apparatur aufgenommen worden waren.

Er beobachtete unter anderem die Muskelreaktionen einer Anzahl Leute, die mit lauter Stimme vorlasen. Dabei stellte er fest, daß das Aussprechen ein und desselben Wortes oder ein und desselben Satzes bei der gleichen Versuchsperson von den elektrischen Strömen her gesehen dieselben Antworten auslöste. Besonders interessant war aber, daß die gleichen Muskelreaktionen immer noch zu beobachten waren, wenn man die Versuchsperson aufforderte, mit leiser Stimme zu lesen oder gar nur zu murmeln. Mit anderen Worten, nicht nur die stimmliche Äußerung hat Reaktionen in den Muskeln ausgelöst. Diese Hypothese bestätigte sich, als McGuigan seine Leute still lesen ließ – und auch dabei wurden solche Reaktionen aufgezeichnet. Das stille Lesen setzt somit ebenfalls eine körperliche Dynamik in Gang.

Die Ergebnisse dieser Untersuchung haben mich keineswegs überrascht. Sie bestätigten nur frühere Beobachtungen. Vor ungefähr dreißig Jahren war ein Forscher an der Sorbonne auf die Idee gekommen, Mund, Zunge und Kehlkopf durch ein Produkt, das Schwerspat (Bariumsulfat) in den Wänden dieser Organe ablagerte, für Röntgenstrahlen undurchlässig zu machen. Dank dieses einfallsreichen Systems konnte man beobachten, was beim Sprechen in der Mund-Rachen-Höhle vor sich geht. Man stellte fest, daß die Zunge beinahe auf den Millimeter genau die gleichen Bewegungen ausführte, gleichgültig ob die Versuchsperson (beispielsweise) ihren Namen aussprach oder diesen nur dachte.

Eine andere Beobachtung, die vermutlich auch viele Leser gemacht haben, zeigt, daß daran nichts erstaunlich ist. Bisweilen trifft man mit einem Menschen zusammen, der mit seinen Lippen die Worte nachformt, die man ausgesprochen hat. Es sieht so aus, als würde die Person, die uns zuhört, das, was wir sagen, gleichzeitig und im selben Rhythmus wie wir nachflüstern. In Wirklichkeit denkt sie nur nach – sei es, weil sie dieselben Sätze von uns schon einmal gehört hat und fast wortwörtlich weiß, was wir noch sagen wollen, sei es, weil sie mit uns intellektuell völlig übereinstimmt und dieselben Formulierungen benützen würde, wenn sie an unserer Stelle spräche. Bezeichnenderweise folgt auf eine solche sichtbare Nachahmung mit den Lippen immer auch eine nachdrückliche Zustimmung.

Sprechen ist alles in allem ein Spiel mit dem Körper des anderen. Man wird freilich einwenden, daß nicht alle Personen, die mit uns einig sind, auf dieselbe Weise mimisch reagieren. Das stimmt. Der zuvor erwähnte Gesprächspartner unterscheidet sich von anderen dadurch, daß bei ihm die Hemmung der Muskelbewegung, die bei anderen Menschen dominiert, ausbleibt oder nur mangelhaft zustande kommt. Wir bringen jedoch unseren ganzen Körper in das Wort ein, ob dieses laut ausgesprochen wird oder nicht. Auf solche Weise ist das Ohr eben auch am Lesen beteiligt, das man etwas ungenau als »Mit-den-Augen-Lesen« bezeichnet.

Als ich mich davon überzeugt hatte, daß das Lesen mit dem Hören zusammenhängt, stellte ich mir sogleich die Frage, ob man Leseschwierigkeiten, anders gesagt Dyslexie, nicht über das Ohr behandeln könnte. Das könnte zu einer großen Hoffnung für alle Kinder werden, die durch solche Störungen in ihren Schulleistungen und in ihrer geistigen Entwicklung behindert sind. Diese Möglichkeit durfte ich also nicht vernachlässigen. Die mit der Leseschwäche verbundenen Probleme wurden deshalb eine meiner wichtigsten Beschäftigungen.

Ich bat McGuigan, seine Versuche mit Elektroden auch an Kindern mit Leseschwäche zu wiederholen. Der Versuch zeigte bei dieser Menschengruppe eine jeweils anarchische Muskelreaktion. Der Körper fand keine Antwort. Daraus war nicht schwierig abzuleiten, daß Menschen mit solcher Leseschwäche offensichtlich die Sprache nicht inkorporiert hatten. Würde man den Versuch mit einem Musiker und einem unmusikalischen Menschen durchführen, so wäre, davon bin ich überzeugt, beim Anhören eines bestimmten musikalischen Satzes dieselbe Erscheinung festzustellen. Die Muskelreaktion des Musikers wäre strukturiert (und das würde sich bei jeder neuen Stimulierung wiederholen), die des unmusikalischen Menschen hingegen wäre veränderlich und zufällig (weil Noten für ihn beinahe keinen Sinn haben).

Man eignet sich um so schlechter für das stille Lesen, je weniger man das Sprechen mit seinem Körper beherrscht. Das bedeutet auch, daß das stille Lesen erst nach dem lauten Lesen erworben wird. Es wäre ein großer Fehler, wenn man diese Reihenfolge umzukehren versuchte, denn es bestünde die Gefahr, daß der ganze Schwung blockiert oder sogar ins Gegenteil verkehrt würde. Und doch will man eben gerade das in Frankreich tun, weil man die Gesetzmäßigkeiten dieses Lesenlernens verkennt. Ein Ministerium schlägt nämlich vor, daß schon im Kindergarten der Erwerb der Sprache durch *stilles* Lesen gefördert werde. Diese Entscheidung wurde selbstverständlich nicht willkürlich gefällt: Man hat sich auf Schriften des Philosophen Alain gestützt, der tatsächlich von sich selbst sagt, er lese auf diese Weise. Das will ich ihm ohne weiteres glauben. Doch Alain hat ganz einfach vergessen, daß er, wenn er nicht zuerst wie alle anderen mit lauter Stimme gelesen hätte, niemals dieses Stadium des stillen Lesens erreicht hätte. Ebensowenig kann man aus jemandem, der Musiknoten nicht lesen kann, einen Dirigenten machen. Die besten Dirigenten sind imstande, eine ganze Seite der Partitur mit einem Blick zu erfassen, und zwar auch wenn es sich um ein Werk mit hundertzwanzig Mitwirkenden handelt. Und dennoch haben sie ihre Karriere in der Gesangsschule und mit musikalischen Diktaten begonnen ... Beim verbalen wie beim musikalischen Lesen wird Virtuosität durch langes Einüben erworben. Man muß lange in einer *akustischen* Umgebung gelebt haben, um solche Meisterschaft zu erwerben, denn es müssen zweifellos viele Hirnzellen einbezogen, gewissermaßen geprägt werden.

Ein Menschenwesen gleicht einer riesenhaften Meduse, mit dem glockenförmigen Körper als Gehirn und den Tentakeln als Nervensystem. Jeder Reiz löst auf der Stufe der Sinnesorgane und somit der Muskulatur eine Reaktion aus. So werden Schritt für Schritt Verbindungen zwischen den Nervenzellen aufgebaut, die sich sogleich in körperlichen Reaktionen äußern. Man sieht das sehr rasch, wenn man einem Kind mit Leseschwäche Fragen, auch einfache, stellt. Es zeigt sogleich das, was man Synkinesen kennt, also unwillentliche Bewegungen, die mit der Ingangsetzung der Sprache verbunden, aber offensichtlich nicht koordiniert sind. Das Kind bewegt seine Hände, seine Arme, seine Beine, seine Füße und redet selbst – das darf man hier sagen – »wie ein Fuß« (seine Aussagen gleichen diesem Fuß, der anarchisch und vergeblich gestikuliert), ohne daß ihm je ein formulierter Gedankengang gelingt. Verstärkt wird die Reaktion noch dadurch, daß durch die überflüssige körperliche Bewegung die ganze Energie verbraucht wird, die vom Nervensystem für die Organisierung und die Formulierung eines Gedankens aufgewendet werden müßte. Nebenbei sei deshalb auch darauf hingewiesen, daß die verbale Äußerung eng von einem gewissen sparsamen Umgang des Körpers mit der Energie abhängig ist, dessen Sinn zu ergründen ist.

An dieser Stelle möchte ich nicht weiter auf die Leseschwäche eingehen. Sie hat mit Dingen zu tun, auf die wir später zurückkommen wollen. Doch dieses Forschungsgebiet ist, wie man dann sehen wird, noch keineswegs erschöpfend behandelt. Zuvor möchte ich mich jedoch für das laute Lesen einsetzen: Bei Kindern, weil es eine unerläßliche Etappe in ihrer seelischen Entwicklung darstellt, aber auch bei Erwachsenen, die damit über ein ausgezeichnetes und einfaches Mittel verfügen, um eine bessere Selbstkontrolle über sich selbst auszuüben. Ich will meine Argumente nicht noch einmal aufzählen. Hier möchte ich nur an die Regel erinnern, die der heilige Benedikt für die Mönche seines Ordens aufgestellt hat: Jeder soll in seiner Zelle so lesen, daß es den Nachbarn nicht stört. Das ist ein eindeutiger Beweis dafür, daß die Mönche mit lauter Stimme zu lesen hatten!

***

Inzwischen hatte mein Familienleben immer mehr an Bedeutung für mich verloren. Die Zukunft meines Heims beunruhigte mich, ich mußte mir sagen, es wäre besser gewesen, den Haushalt und die Arbeit neu zu organisieren. Es war eine schlechte Lösung gewesen, fand ich, daß ich die Praxis nicht räumlich von der Wohnung abgetrennt hatte. Meine Kinder empfanden meine Abwesenheit noch stärker, weil sie wußten, daß ich in der Nähe war. Und so brachte ich schließlich meine Familie in der Umgebung von Paris auf dem Lande unter. Ein schwerwiegender Irrtum meinerseits. Jeden Abend verlor ich viel Zeit bei der Heimfahrt. Meine ganze Arbeit, meine Forschungsvorhaben hatten darunter zu leiden. Und die lange Fahrtdauer wirkte sich auch auf die Zeit aus, die ich meinen Kindern widmen konnte. Ich sah sie noch seltener als früher, und gleichzeitig wurden auch meine Frau und ich einander immer fremder. Die Scheidung wurde kurze Zeit später ausgesprochen.

»ICH HABE BIZAAAAARR GESAGT?«

Mein Vater war mit meiner Heirat nicht einverstanden gewesen, doch die Schwierigkeiten in meiner Ehe trafen ihn tief, und unsere gegenseitigen Beziehungen hätten beinahe eine bittere Wende genommen. Zu dieser Zeit stand es mit seinen religiösen Überzeugungen schlecht. Er glaubte weder an Gott noch an den Teufel. Dennoch waren uralte Konventionen noch stark in ihm verwurzelt. Er selbst hatte in verschiedener Hinsicht viel Ballast abgeworfen, aber eine Scheidung gehörte für ihn noch immer zu den Dingen, die »man nicht tut«, um keinen Preis. Er schob mir nicht nur die Schuld zu, sondern nahm mir meine Haltung auch sehr übel, weil er das Gefühl hatte, dieses beschämende Ereignis hätte für ihn und seine gesellschaftliche Stellung Folgen.

Ich meinerseits wußte, daß es keinen anderen vernünftigen Ausweg gab. Meine Frau war auf jeden Fall schon weg, die Vorstellung eines Zusammenlebens war beiden unerträglich geworden. Überhaupt sind alle guten und weniger guten Gründe, die zwei in Trennung befindliche Ehegatten geltend machen, bloße nachträgliche Rechtfertigungen, reine Versuche einer verstandesmäßigen Bewältigung, würden Psychoanalytiker sagen. Geht man den Dingen auf den Grund, so haben Scheidungen nur eine, immer dieselbe Ursache: fehlende Liebe. Was mich betrifft, so verstehe ich das alte geflügelte Wort, wonach das, »was Gott gemacht hat, vom Menschen nicht rückgängig gemacht werden kann«, aus diesem Blickwinkel. Für mich, ich sage das noch einmal, ist Gott Liebe, ist Gott die Liebe. Und was Liebe aufgebaut hat, ist tatsächlich unzerstörbar. Ein Paar, das sich liebt, wo jeder der Partner den anderen bis in die feinsten Nuancen seiner Persönlichkeit versteht und selbst von der Freude getragen wird, die er dem anderen bereitet, wird bestehen. Ohne Liebe hingegen ist eine Vereinigung nicht lebbar.

In meinem Fall war klar, daß die Liebe nicht zur Hochzeit eingeladen gewesen war. Unter solchen Umständen hatten wir, meine Frau und ich, es nicht eilig, unsere Wellenlängen aufeinander abzustimmen. Ich will nicht versuchen, meine eigene Verantwortung herunterzuspielen. Meine berufliche Erfahrung hat mir vielmehr gezeigt, daß beim Bemühen der beiden Gatten um eine gegenseitige Anpassung der Ehemann die größere Anstrengung zu erbringen hat. Von meiner Seite her war in dieser Hinsicht unleugbar zu wenig geschehen. Was hätte ich jedoch allein tun sollen? Meine Gattin hätte auf jeden Fall auch einen Teil des Weges gehen müssen, auf dem wir uns hätten finden können.

Das ist zweifellos kein Trost, doch dieses Scheitern hatte auch eine andere Seite. Leiden kann eine gute Schule nicht nur für die Seele, sondern auch für den Geist sein. Wenn ich nicht selbst diese unerfreuliche Erfahrung gemacht hätte, so könnte ich jetzt mit großer Wahrscheinlichkeit nicht anderen Paaren dabei behilflich sein, ihre Situation ins Lot zu bringen. Ich habe auch viel über Kinder aus geschiedenen Ehen gelernt, was mir ebenfalls hilft, meinen Beruf besser auszuüben.

Ich habe zum Beispiel auf unmittelbarste Weise beobachten können, daß die Mutter, und nur sie, zählt. So sehr sich der Vater auch bemüht, wie sehr die Mutter auch versagt hat, sie ist es, die vom Kind gesucht wird. Ob sie verfügbar ist oder nicht, ob sie die gesuchte Liebe geben kann oder nicht. Aufgabe des Vaters ist es – die Psychologen haben das nie zureichend betont –, das Kind dazu zu bringen, daß es seine Mutter liebt, ihm dabei zu helfen. Das ist lebensnotwendig. Ein Kind, das seine Mutter nicht liebt, liebt das Leben nicht mehr.

Ich habe natürlich lange gebraucht, bis ich das begriffen und insbesondere akzeptiert habe. Ich gebe zu, daß ich Fehler gemacht habe, denn ich bin kein Heiliger, aber mein Blick war auch für die Fehler meiner Gattin geschärft.

Geschiedene Väter, denen die Sorge um das Kind oder die Kinder anvertraut ist, müssen sich unbedingt bewußt sein, daß diese vom Verlust der Mutter *immer* schwer getroffen sind. *Gleichgültig, welcher* Mutter. Von meiner Erfahrung her muß sich sagen, daß alle Gesetze, welche die Ehescheidung regeln – selbst wenn sie von besten Absichten, von den anerkennenswertesten menschlichen Skrupeln, von einem ausgeprägten Sinn für Gerechtigkeit getragen sind –, wertlos und von der Psychologie her gesehen nichtig sind, weil sie die eigentliche Frage gewissermaßen auslassen. Diese Gesetze sind von hervorragenden

Juristen gemacht worden, das bestreite ich nicht. Doch von der Mutterbeziehung verstehen sie kaum mehr als die große Masse der Laien. (Das gilt sogar für etliche Berufspsychologen!) Hinzu kommt, daß die meisten von ihnen Männer sind ... Die von ihnen verfaßten Paragraphen berücksichtigen andere, eher verborgene Gesetze, die der Liebe, nicht genügend. Sie neigen aus mangelnder Kenntnis dazu, die Voraussetzungen für die Entwicklung eines Kindes zu übersehen. Meiner Meinung nach wären alle diese Texte zu überarbeiten und nach diesem grundlegenden Prinzip, das keine Ausnahme duldet, zu formulieren: So liebevoll, so voller guten Willens und persönlicher Verdienste ein Mann auch sein mag, er wird bei seinen Kindern nie die Mutter ersetzen können.

Meine Scheidung hatte meinen Vater schwer getroffen. Ich selbst war in einem Zustand völliger Zerrüttung. Es war, als wäre alles auf einmal spürbar geworden: die ganze Müdigkeit, die sich im Laufe der Jahre angesammelt hatte, die fortwährende Energieverschwendung, die immer wieder aufgeschobenen Urlaube und Verschnaufpausen. Ich hatte mir zuviel zugetraut; ich hatte mich ebenso unmäßig der Arbeit gewidmet, wie andere das Leben genießen. Und jetzt präsentierte mein Organismus die Rechnung.

Eine gesalzene Rechnung. Obwohl mir an der Ernährung nicht viel lag, hatte ich ständig zugenommen. Ich war übergewichtig. 122 Kilogramm brachte ich auf die Waage! Die innere Spannung war in alarmierendem Maße gewachsen. Asthmatische Anfälle und Ekzeme setzten mir zu. Das Herz hatte gelitten: drei Infarkte.

Zur Familienkrise kamen weitere Schwierigkeiten: die offen ablehnende Haltung meines Vaters, die Schuldenlast, die sich damals, als ich alles zusammenrechnete, auf fünfundsiebzig Millionen (alte) Franc belief. Es war an der Zeit, eine Bilanz in jedem Sinne des Wortes zu ziehen. Ich war fünfunddreißig Jahre alt. Ich rechnete mir aus, daß ich sieben Jahre benötigen würde, um alle Schulden zu bezahlen, falls nicht zusätzliche Ausgaben hinzukamen und ich auf regelmäßige Einnahmen zählen durfte. Damit kam ich gewissermaßen zurecht; denn laut meinen objektivsten Schätzungen hatte ich auch noch sieben Jahre zu leben. Ich zweifelte keinen Augenblick daran, daß ein vorzeitiger Tod der Preis für meinen sorglosen Umgang mit meinen Kräften sei. Kollegen, die ich konsultierte, Herzspezialisten und andere, ließen ebenfalls durchblicken, daß sie diesbezüglich gleicher

Meinung wie ich waren. Mir blieb nur noch übrig, meine Angelegenheiten in Ordnung zu bringen, bevor ich aus diesem Leben abberufen wurde.

Etwas Unerwartetes stieß freilich diese trüben Aussichten völlig um. Als alles verloren zu sein schien, begegnete ich endlich der Liebe.

Einige Zeit zuvor hatte ich eine Laborassistentin angestellt, die sich als außerordentlich tüchtig erwies. Diese junge Frau konnte einfach alles. Ich konnte mich auch bei den Sekretariatsarbeiten, bei den administrativen Aufgaben auf sie stützen. Sie war imstande, wissenschaftliche Arbeiten zu verfassen. Für mich war das ein unverhoffter Glücksfall. Die Beziehungen zu ihr wurden durch das erheblich erleichtert, was ich – zu Unrecht, denn das war eine verzerrte und stark vereinfachte Sicht der Dinge – ihre männliche Mentalität nannte. Damit ist gemeint, daß sie die Probleme immer grundsätzlich behandelte und beim Gespräch völlig »geschlechtslos« war. Ihr positivistischer und objektiver Geist war mir eine große Hilfe. Dank dieses Talentes war sie vom Personal zur Vertreterin bei mir bestimmt worden. Sie stand mir bei der Bewältigung von Konflikten bei, notfalls auch indem sie mir klarmachte, daß ich im Unrecht war!

Das erste Gefühl, das ich für sie empfand, war Bewunderung. Ich erfuhr später, daß dies auf Gegenseitigkeit beruhte. Gegenseitige Bewunderung, davon bin ich überzeugt, ist eine hervorragende Grundlage für eine Liebe. Ich möchte sogar noch weiter gehen: Ohne sie entsteht kaum eine echte und dauerhafte Liebe. Daraus erwuchs für uns eine affektive Beziehung, die mit der Zeit noch tiefer wurde. Ich dachte an eine zweite Ehe, ein neues Heim ... Doch ich war nur ein Toter mit Gnadenfrist. Wie alle Menschen, selbstverständlich. Doch ich wußte um die Länge des Aufschubs. Von allen kam ich am wenigsten als Hochzeiter in Frage.

Nachdem wir uns die Gefühle, die wir füreinander empfanden, eingestanden hatten, führten wir ein langes Gespräch über dieses Thema. Ich legte ihr meine Verhältnisse auf allen Ebenen dar: geschieden, Vater von vier Kindern, verschuldet bis an den Hals, dazu bestimmt, bald einmal zu sterben. Gibt man sich zu einem Leben mit einem Sterbenden ohne Geld, aber mit vier Kindern her?! Sie antwortete mir ruhig, das alles habe keinerlei Bedeutung, sie sei bereit, sich dieser Situation zu stellen, die, wenn man alles bedenke, nichts Dramatisches an sich habe, weil wir uns liebten.

Das hat mich gerettet. Dieser so spontane, so großartige Liebesbeweis weckte in mir den verbissenen Wunsch, meinem Schicksal zu trotzen, dem Unerbittlichen die Stirn zu bieten, mit einem Wort: zu leben – zu leben trotz des Todesurteils, das die medizinischen Untersuchungen gefällt hatten.

Mein Organismus litt unter allerlei Gebresten und Schäden. Irgendwo mußte begonnen werden. Ich entschied mich als erstes für eine Abmagerung.

Es war nicht das erstemal, daß ich abzunehmen versuchte. Im Laufe der Zeit hatte ich alle möglichen Kuren versucht. Weniger Kalorien, weniger Fett und so fort. Ich stürzte mich begierig auf jedes neue Angebot. Die eine Woche aß ich, ohne etwas zu trinken, die nächste trank ich, ohne etwas zu essen. Alles vergeblich. Auf diese Weise verlor ich nicht einmal ein Gramm. Und dabei war ich ein außergewöhnlich disziplinierter Patient, der sich nicht die geringste Entgleisung zugestand.

Ich nahm im Gegenteil noch zu, bis auf 122 Kilogramm. Bei diesem Gewicht trat eine Stabilisierung ein. Meine Haut hätte sich nicht noch mehr ausweiten können. Der innere Druck nahm selbstverständlich ebenfalls zu und stieg auf zweiunddreißig! Sehr rasch wurde ich halb impotent. Ich konnte in meiner Wohnung nicht einmal mehr fünfzig Meter weit gehen, ohne mich in einem Zustand völliger Erschöpfung erholen zu müssen. Eine Treppe hinaufzusteigen: daran durfte ich nicht einmal mehr denken. Bei meinen Arztvisiten in der Stadt mußte ich Patienten in Häusern ohne Lift bitten, für die Untersuchung in den Raum des Hausmeisters herunterzukommen.

So weit war es mit mir gekommen, als ich auf die Idee kam, Dr. Maurice Delor zu konsultieren. Er war wie Professor Moulonguet ein freier und unabhängiger Mensch, der sich aus dem Alltagsgerangel heraushielt. Er war Chefarzt für Ernährungsfragen im Saint-Michel-Krankenhaus, ein bemerkenswerter Schriftsteller und Förderer des »Cénacle« (einer Vereinigung frei praktizierender Ärzte, welche die Medizin gegen Machenschaften gewisser Kollegen verteidigten, die sich nicht bewußt waren, daß sie durch den Kampf, den sie führten, auch ihrer eigenen Freiheit verlustig gehen würden). Dr. Delor war ein Mann mit vielen Interessen, und deshalb hatte er auch mich aufgesucht, um sich über meine Arbeiten zu informieren. Seine beruflichen Fähigkeiten weckten in mir größte Hochachtung.

Als ich ihm gegenübersaß, legte ich ihm meinen Fall in allen Einzelheiten dar.

»Ich weiß, ich weiß!« sagte er jeweils kopfschüttelnd, wenn ich ein neues Kapitel meiner Beschwerden anging. Und er fügte hinzu: »Und Sie werden daran sterben.«

Das wußte ich selbst. Er war jedoch nicht davon abzubringen. Die ganze Konsultation, die um die eineinhalb Stunden dauerte, stand unter diesem Leitmotiv: »Sie werden daran sterben!«

Schließlich fragte ich ihn, ob es nicht trotz allem etwas gebe, das man noch versuchen könnte.

»Und wenn ich ganz einfach nichts mehr essen würde?« sagte ich zu ihm. »Wenn ich eine Fastenkur beginnen würde, was meinen Sie dazu? Glauben Sie nicht auch, daß ich damit einige Kilogramm verlieren könnte?«

»Vielleicht . . .«, antwortete er bloß.

Das war das Ende unseres Gesprächs. Doch dieses »vielleicht« hinterließ in mir einen ebenso nachhaltigen Eindruck wie die wenigen Worte, die Dr. Carcopino zu mir gesagt hatte, als ich noch ein Kind gewesen war. Ich klammerte mich daran; mein ganzes Leben wurde dadurch verändert.

Ich hatte zahlreiche ernährungswissenschaftliche Werke gelesen, doch über Fasten fehlten mir jegliche Kenntnisse, theoretische wie praktische. Wäre ich besser orientiert gewesen, so hätte ich vielleicht das, was ich tat, nie zu tun gewagt. Ich nutzte meine ersten wirklichen Ferien seit mehr als fünfzehn Jahren, um mich einer drakonischen Kur zu unterziehen. Ich aß konsequent nichts und nahm nur ein Glas Wasser zu mir, sobald ich ein Hungergefühl verspürte. Ich verbrachte meine Tage in einem Liegestuhl. Nach einigen Tagen hatte sich mein Allgemeinzustand leicht gebessert. Ich fühlte mich gesünder, und das gab mir den Mut, die Kur fortzusetzen. Nach zehn Fasttagen begab ich mich in die nächste Apotheke, um mich zu wiegen. Doch ich war nicht schlecht erstaunt, als der Zeiger an der Waage noch immer bei 122 Kilogramm stehenblieb. Hatte also diese heldenhafte Entsagung nicht genützt? Das schien nicht möglich zu sein.

Ich mußte mich jedoch mit der Tatsache abfinden. Dieser Mißerfolg hätte das Ende meines Versuchs bedeuten können. Doch das »vielleicht« von Dr. Delor hallte noch immer in meinem Kopf nach. Ich biß auf die Zähne, und zwar um so mehr, als ich mich eindeutig besser fühlte und mein Blutdruck auf einen normalen Wert gesunken war. Ein Freund, der Komponist Henri Tomasi, und seine Gattin, die Malerin Odette Camp, hatten mich nach Korsika eingeladen. Während deren Mahlzeiten machte ich jeweils einen ausgiebigen Spaziergang: sieben Kilometer zur Mittagszeit und manchmal die gleiche Strecke während des Nachtessens. Ich begnügte mich noch immer mit einem Glas Wasser und fühlte mich in meiner Haut immer wohler. Erst nach dreiwöchiger Wasserdiät wagte ich mich wieder auf die Waage. Diesmal hatte ich einige Kilogramm abgenommen. Das war weniger, als ich gehofft hatte, aber es war ein Anfang, ein ermutigender Anfang, denn jetzt vermochte ich solche Strecken zurückzulegen, während ich noch vierzehn Tage zuvor nicht einmal fünfzig Meter bewältigte, ohne daß sich mein Herz mit Schmerzen bemerkbar machte.

Um raschere Fortschritte zu erzielen, verzichtete ich auch noch auf das Wasser. Ein Schwächeanfall veranlaßte jedoch meine Freunde, auf einer normaleren Ernährungsweise zu bestehen. Ich erklärte mich zu einer Mahlzeit pro Woche bereit und legte auch gleich den Tag fest: Dienstag. Zwei Monate später wog ich noch hundert Kilogramm. Als ich bei neunzig Kilogramm angelangt war, gestand ich mir eine weitere kleine Erleichterung zu: zwei Mahlzeiten pro Woche, am Dienstag und am Freitag. Jetzt hatte sich der Abmagerungsprozeß endlich eingespielt. Ich nahm langsam, aber regelmäßig ab. Und ich fühlte mich erleichtert, in jeder Hinsicht! Die innere Spannkraft war wieder da, ich konnte wieder freier atmen, der Blutdruck blieb stabil. Ich hatte keine Herzbeschwerden mehr ... Meine Lebenserwartung wurde allmählich wieder größer. Meine ganze Umgebung strahlte. Eine einzige Person verzweifelte ob dieser Veränderung: mein Schneider. Meine alten Kleider waren zu weit geworden. Ich sah fast wie der Clown Grock aus. Und mein Schneider hatte alle Hände voll zu tun, um meine Anzüge dem neuen Umfang anzupassen.

»Das ist gar nicht so einfach, wie Sie meinen«, beklagte er sich. »Sie sind jetzt ein ganz anderer Mensch geworden. Sehen Sie nur Ihre Hose an!«

Und ich hatte tatsächlich den Eindruck, in diesem Kleidungsstück, das ich einmal getragen hatte, ließe sich problemlos ein Zugpferd unterbringen. Ich tröstete meinen Schneider damit, daß ich mir einen neuen Anzug anfertigen ließ. Drei Monate lang hielt ich mich an diese zwei Mahlzeiten pro Woche. Ich nahm insgesamt, also innerhalb von sieben Monaten, zweiundvierzig Kilogramm ab. Fast möchte ich hinzufügen: nur. So dachte ich damals. Ich hatte gemeint, bei einer solchen Diät müßte ein Mensch rasch zum Skelett abmagern. Vor allem aber hatte ich mir gedacht, er sei schon vor Ablauf dieser sieben Monate tot! Ich hatte mich getäuscht. Ich wog jetzt achtzig Kilogramm, was immer noch viel für meinen schmalen Brustkorb war, und mir war, als sei mir ein neues Leben geschenkt worden.

Langsam begann ich wieder normal zu essen. Sogleich nahm mein Gewicht wieder zu. So beschloß ich, mich jedes Jahr einer Askese zu unterziehen: Einen Monat lang würde ich fasten. Und um meinen Schneider endgültig zu beruhigen, bestellte ich bei ihm mehrere Anzüge, die jeweils für eine Etappe im Jahresablauf paßten. Wie eine Handorgel ging ich zuerst auseinander, bevor ich mich wieder zusammenzog. So pendelte ich zwischen achtzig und hundert Kilogramm.

Mit diesem System gab ich mich zufrieden, bis mich andere Ernährungsabenteuer den Weg zu einer Stabilisierung finden ließen. Doch das ist eine andere Geschichte, auf die ich später zurückkommen werde.

Ich hatte im August 1958 zum zweitenmal geheiratet, in der kleinen Kirche von Grau d'Agde in Südfrankreich (meine erste Ehe war nicht kirchlich eingesegnet worden). Damals hatte ich noch Übergewicht, war ich noch zu einem vorzeitigen Tod verurteilt. Man ersieht daraus die Charakterstärke meiner zweiten Gattin. Diese ist ihr bis heute erhalten geblieben. Ihr verdanke ich den besten Teil meiner eigenen Dynamik, meiner eigenen Hartnäckigkeit. Vom Beginn unserer Ehe an hatten wir uns im Gespräch gefunden. Die Kommunikation zwischen uns war so reich, so intensiv, so tief, daß man eher von Kommunion sprechen müßte. In meiner ersten Ehe war ich zwölf Jahre lang stumm gewesen, jetzt redete ich ohne Unterbruch! Und jedes Wort, das wir untereinander austauschten, schien uns einander näherzubringen, zementierte, was wir aufzubauen versuchten. Dieses kostbare Gefühl haben wir noch heute: Unsere beiden Persönlichkeiten sind wirklich zu einem einzigen Paar verschmolzen. Eine solche Formulierung geht leicht über die Lippen (kann zum Klischee werden), doch die Verwirklichung ist alles andere als leicht, wenn ich davon ausgehe, was ich um mich herum beobachte. Wir verstehen es, einander zuzuhören. Wir *lieben* es, einander zuzuhören. Nichts kommt aus dem Mund des einen, was der andere nicht aufzunehmen bereit ist. Nichts erreicht das

Ohr von beiden, was der Mund nicht hätte aussprechen können. Haben wir vielleicht zu zweit ... ein Musterbeispiel eines audio-phonatorischen Kreislaufs verwirklicht?

***

Einen Kontrapunkt zu dem, was ich fast meine Wiederauferstehung nennen möchte, bildet der Beginn meiner Leidenschaft für die moderne Kunst, die mir zu einigen der größten Freuden in meinem Leben verholfen hat. Ich hatte zu dieser Kunst sozusagen keine Beziehung, bis der Zufall (er war mir zeitlebens wohlgesinnt) zwei oder drei Künstler mit Hörproblemen zu mir führte. Das Gespräch mit ihnen weckte in mir das Verlangen, ihre Werke kennenzulernen. Dank ihrer Erklärungen, und weil ich jedes Werk von seinem Schöpfer her verstand, fand ich sofort Zugang zu diesem Universum. Meine Sinne waren angesprochen; etwas in diesen Werken sprach mich zuinnerst an.

Alle diese Künstler malten gegenständlich. Ich bewunderte insbesondere Aujame, dessen Bilder die Wälder der Auvergne, wo er das Licht der Welt erblickt hatte, so großartig wiedergaben. Wir trafen uns oft, und besonders er hat mich in die Welt der Gegenwartskunst eingeführt. Er stellte mich vielen anderen Malern vor, und so lernte ich auch Georges Massié kennen, Maler, Dichter und Direktor des Pariser Kunstmuseums. Er wurde einer meiner besten Freunde. Und er ist es immer noch. Er hatte der Stadt zuerst als Ingenieur gedient und war während des Krieges für die Versorgung der Bevölkerung verantwortlich gewesen. Er begeisterte mich durch seinen Eklektizismus und seine vielfältigen Begabungen. Vor allem aber fühlte ich mich von seinen menschlichen Qualitäten angesprochen. Immer wieder mußte ich mir sagen, daß sich das Leben lohnt, wenn man auch nur einem einzigen solchen Menschen begegnet.

Zur gleichen Zeit betreute ich die Gattin eines Kollegen, der bemerkenswerte Arbeiten über Malerei veröffentlicht hatte, eine sehr intelligente, sehr dynamische Frau, eine der brillantesten Frauen, denen ich in meinem Leben begegnet bin. Auch sie machte mich mit einer ganzen Anzahl Künstlern bekannt, etwa mit der berühmten Fotografin Ingrid Morad, der Frau von Arthur Miller, aber auch mit einer der zarten Blüten der abstrakten Malerei: Hartung, dessen Gattin Ana Eva Bergman, mit Pillet, Lacasse, Terry Haass usw.

Ich muß gestehen, die nicht-gegenständliche Malerei übte damals keinerlei Anziehungskraft auf mich aus. Ich vermochte nicht, mich in ihr wiederzuerkennen. Meine Sinne wurden im Kontakt mit ihr nicht wach. Das dauerte ziemlich lange. Ich traf mich mit abstrakten Malern, diskutierte mit ihnen; oft war ich von ihren tiefen Gedanken, ihrem wachen Geist beeindruckt. Doch ihre Malerei blieb mir verschlossen ...

Eine Freundin Pillets hatte einige Schwierigkeiten mit ihrer Nase, und ich kümmerte mich unentgeltlich darum, wie ich es für Künstler immer tat. Er bedankte sich bei mir und schenkte mir eine seiner eigenen Skulpturen, ein Werk, das er »Tiegel« nannte. Ich selbst hätte eher Mühe gehabt, einen Namen dafür zu finden. Seine Geste berührte mich, aber ich vermochte dem Ding nichts abzugewinnen ... Meine Ignoranz in Sachen abstrakter Kunst war total. Und meine noch junge Bekanntschaft mit gegenständlicher Kunst verstärkte sie noch.

Ich stellte zuerst den Tiegel hinten in einen Wandschrank: Er gab mir zu viele Probleme auf, wenn ich ihn ansah! Doch damit war die Angelegenheit für mich nicht abgetan. Ich konnte mich nicht mit dem Gedanken abfinden, Mitmenschen, die angesichts solcher Kunstwerke in Ekstase geraten, seien völlig im Unrecht. Ich kannte viele, die man weder als Snobs noch als Dummköpfe bezeichnen könnte und denen es weder an Geschmack noch an Bildung fehlte! Mein Unverständnis für abstrakte Kunst kam mir allmählich als eigentlicher Mangel vor. Ich war wie blind für etwas, was andere sahen, wie taub für eine Sprache, die andere hören konnten ... Ich nahm die Skulptur aus dem Kasten heraus und stellte sie in mein Sprechzimmer, direkt vor meine Augen. Ich betrachtete sie immer wieder und erwartete mit der für mich bezeichnenden Hartnäckigkeit eine Erleuchtung. Es mag den Leser verwundern, doch das Ereignis fand tatsächlich statt, und zwar äußerst brutal: Auf Anhieb begriff ich die abstrakte Kunst. Damit will ich nicht nur sagen, daß mir die Absichten der Künstler aufgingen oder daß mir ihre Werke erträglich vorkamen. Ich meine damit, daß ich innerhalb eines winzigen Augenblicks dieses Universum, zu dem ich vorher keinen Zugang gefunden hatte, als das meine erkannte. Ohne daß irgend etwas geschehen wäre, war aus dem Chaos vor meinen Augen eine neue und strenge Ordnung entstanden. Nichts hatte sich verändert: Aber ich stand jetzt innerhalb dieser Weltschau.

Meine »Bekehrung« zur abstrakten Kunst war wie ein Blitz aus heiterem Himmel gewesen. Sie wurde nie wieder in Frage gestellt. Ich kaufte andere Werke von Pillet. Als ein Dutzend zusammengekommen war, sagte er zu mir mit einer Rechtschaffenheit, die ich hervorheben muß, weil man nicht jeden Tag etwas Ähnliches erleben kann:

»Jetzt haben Sie genügend Pillets. Gehen Sie zu etwas anderem über.«

Er war mir bei der Auswahl ein kundiger Führer. Seine Hilfe bedeutete mir viel, denn er war mit vielen Künstlern befreundet. Er hatte an der Zeitschrift »Architecture d'aujourd'hui« mitgearbeitet und viele junge Künstler einem größeren Kreis bekannt gemacht. Insbesondere Soto, Cruz-Diez, Guzman. Ich bereicherte allmählich meine Sammlung mit ihren Werken. Mir fehlten jedoch geeignete Räume, um die Kunstwerke zu ihrem Nutzen auszustellen.

Doch ich erwarb fortwährend weitere Stücke. Dazu fühlte ich mich um so mehr gedrängt, als immer zahlreichere Künstler zu meinen Patienten gehörten. Doch das war kein bloßer Zufall mehr. Sie suchten mich auf, weil ich ihnen bei der Lösung einiger ihrer Probleme helfen konnte.

Ich hatte bemerkt – und es hatte mich verwundert –, daß zwischen Hören und Malen ein gewisser organischer Zusammenhang besteht. Maler, die unversehens ihren früheren exakten Strich oder ihren Sinn für Farbe verloren, hatten gleichzeitig mehr oder weniger deutliche Schwierigkeiten mit dem Gehör. Verlust der blauen und grünen Farbe entsprach beispielsweise einer Taubheit für hohe Töne. Es ließ sich eine ganze Palette von Beziehungen zwischen dem Ohr und dem Auge erraten. Ich war beinahe versucht zu sagen, man male mit seinem Ohr! Jedenfalls gab es in diesem Bereich Phänomene, die eine nähere Untersuchung verdient hätten, wenn ich nicht schon mit meinen anderen Arbeiten voll ausgelastet gewesen wäre.

Die Frage des Geschmacks ist eine der Knacknüsse der Philosophie der Ästhetik. Ich will keineswegs behaupten, ich hätte das Problem gelöst, aber ich habe einige Kleinigkeiten bemerkt, die dem Denken möglicherweise weiterhelfen könnten. Als ich eine neue Wohnung bezog und endlich meine Bilder aufhängen konnte, entdeckte ich in meiner Sammlung eine starke thematische Homogenität. Trotz unterschiedlicher Signaturen und Stile paßten die Werke irgendwie zueinander. Auf fast allen dominierten Blau- und Grüntöne. Obwohl diese

Farben von verschiedenen Paletten stammten, waren sie völlig miteinander verträglich. Diese Harmonie war somit in mir selbst zu suchen. Sie mußte die Frucht einer selektiven Wahrnehmung sein, in der eine Summe von verschiedensten Konditionierungen zum Ausdruck kam. Ich bin davon überzeugt, daß das Hören und die Selbstkontrolle – in denen unsere Geschichte, unsere geographische Herkunft, unsere kulturelle Verankerung, unser Charakter und, wie wir noch sehen werden, unsere innere Persönlichkeit sichtbar wird – die aktivsten dieser Einprägungen darstellen. Durch eine Untersuchung der Hörkurven von Sammlern und einen Vergleich mit den Eigenarten der von ihnen gesammelten Kunstwerke wären zweifellos wichtige Erkenntnisse über die Psychologie und die Psychophysiologie der ästhetischen Präferenzen zu gewinnen.

***

Während eines Jahrzehnts zwischen den fünfziger und den sechziger Jahren sammelte ich in meinen Arbeitsgebieten weitere Erfahrungen. Doch auch noch wichtigere Themen weckten meine Aufmerksamkeit. So befaßte ich mich mit der komplexen und höchst aufregenden Frage des intrauterinen Hörens, also wie der Embryo in der Gebärmutter hört. Von allen meinen Forschungsgebieten wurde dieses das grundsätzlichste. Seit ich mich damit zu beschäftigen begann, ließ es mich nie mehr los. Und es wird mich auch nie mehr loslassen, denn ein solches Thema kann vom menschlichen Geist nie erschöpfend erforscht werden. Von Etappe zu Etappe muß man wieder von vorne beginnen, und man spürt schon bald, daß man mit dieser Frage ganz unbemerkt das Problem des Seins aufgeworfen hat. Nicht mehr und nicht weniger! Man könnte auch sagen: die allen anderen zugrunde liegende Frage . . .

Doch bevor ich soweit war, gelangen mir einige interessante Feststellungen. Daraus erwuchsen neue Hypothesen, insbesondere über das Stottern.

Ein bedeutender Schauspieler, der seine Stimme verloren hatte, suchte mich zu einer Konsultation auf. Ich darf seinen Namen nennen, denn er hat diese Welt leider bereits verlassen: Daniel Sorano. Sänger hatten ihn an mich verwiesen, denn er selbst hatte früher in Toulouse gesungen. Das brachte mich auf die Idee, ihn nach der Methode zu behandeln, die sich bei Sängern bewährt hatte. Weshalb nicht? Eine andere Lösung, die sich auf seinen Fall hätte anwenden lassen, hatte ich nicht zur Hand. Von den Problemen der Sprechstimme wußte ich damals noch nicht viel (erst später begann ich mich für Sprachen und Sprechen zu interessieren).

Als ich Sorano das Gehör Carusos gab, fand er seine Stimme, eine absolut großartige Stimme, wieder. Diese Rehabilitation wurde zu einem Ereignis für mein ganzes Team. Einer nach dem anderen wagte einen Blick, besser gesagt ein Ohr, in das Zimmer, denn Sorano nutzte die Behandlung, um am »Eingebildeten Kranken« zu arbeiten, den er für das Théâtre National Populaire (TNP) vorbereitete, während er gleichzeitig noch in Brechts »Krieg« mitwirkte. Es war ein hinreißendes Erlebnis, wie er seine Rolle vor unseren Ohren erarbeitete. Sie wurde allmählich immer vielgestaltiger und facettenreicher. Sorano war ein Mensch von überdurchschnittlicher Intelligenz, und er trug seinen Text mit packender Beredsamkeit vor.

Er war zufrieden, daß er wieder auf der Bühne auftreten konnte, und erklärte sich deshalb gerne bereit, sich für einige Versuche zur Verfügung zu stellen. Bei einem dieser Experimente blockierte ich sein rechtes Ohr: Und er begann sogleich zu stottern. Wenn man dieses Phänomen vom Begriff der Gegenreaktion her interpretiert, so läßt sich daraus die folgende Hypothese ableiten: Das rechte Ohr kontrolliert die Sprache; das Stottern ist mit dem Verlust dieses Leit-Ohrs verquickt. Von anderen Versuchen her kannte ich bereits die konditionierende Wirkung des Hörens auf die Stimme: Sobald man also dem Ohr die Möglichkeit verschaffte, die verlorenengegangenen oder geschädigten Frequenzen richtig zu hören, wurden diese bei den Lautäußerungen augenblicklich und unbewußt wiedergegeben. Falls sich diese Auffassung als richtig herausstellen sollte, konnte ich somit an eine Behandlung der Stotterer mit dem Elektronischen Ohr denken.

Zunächst mußte aber diese Meinung überprüft werden. Ich untersuchte folglich zahlreiche Stotterer und kam dabei allmählich zur Überzeugung, daß ich auf dem richtigen Weg war, denn alle von mir begutachteten Patienten wiesen eine geringfügige Schädigung des Leit-Ohrs auf. Ich benötigte freilich eine noch solidere Bestätigung und machte mich somit auf die Jagd. Ich informierte mich über alle wissenschaftlichen Arbeiten, die zur Zeit im Bereich des Hörens durchgeführt wurden. Ich war auf meine Kollegen angewiesen, denn mir fehlten die unerläßlichen Grundlagen. Dabei wurde ich auf die Untersuchungen von zwei Amerikanern aufmerksam, John Lee und John Black. Sie hatten eine Versuchsmethode entwickelt, die sie als »delayed feed-back« bezeichneten, was sich etwa mit »Prüfung des verzögerten Sprachflusses« umschreiben läßt.

Die Versuchsperson sitzt bei diesem Versuch vor einem mit einem Lesekopf ausgerüsteten Tonbandgerät. Über einen Kopfhörer, der mit dem Lesekopf verbunden ist, kann sie hören, was sie sagt, aber mit einer winzigen Verzögerung, die der Zeit entspricht, die für die *Rückkehr* des Tons benötigt wird. Schon 1949 hatten Lee und Black in ihrem Laboratorium eine Versuchsvorrichtung aufgebaut, mit der diese Verzögerung, dieses feed-back, gewissermaßen nach Wunsch mehr oder weniger verstärkt oder auch ausgedehnt werden konnte. Dafür wurde der Lesekopf auf ihrer Apparatur beweglich gemacht; durch Verschieben längs einer Metallschiene konnte der Bedienungsmann die Entfernung zum Mikrophon verändern (und dabei präzis festlegen). Der Abstand zwischen Sprechen und Hören wurde dadurch vergrößert oder verkleinert.

Aus der Entfernung zwischen dem Lesekopf und dem Mikrophon läßt sich, wenn die Laufgeschwindigkeit des Tonbandes bekannt ist, ohne weiteres die Zeit bestimmen, die bei diesem verzögerten Sprachfluß verstreicht, bis die Versuchsperson sich selbst wieder hört. Am meisten interessierte mich an den Versuchsprotokollen die folgende Beobachtung: Sobald der Abstand zwischen Aufnahme und Wiedergabe eine bestimmte Schwelle erreichte, begannen die Versuchspersonen *immer* zu stottern. Dabei handelte es sich zwar um ein künstlich erzeugtes Stottern, aber aus diesem Phänomen ergab sich, daß zwischen einem gestörten Hören und der Tatsache des Stotterns eine Beziehung bestehen mußte.

Lee und Black hatten große Hoffnungen in ihre Entdeckung gesetzt: Sie erwarteten, durch weitere Anstrengungen in dieser Forschungsrichtung würde es ihnen möglicherweise gelingen, das Stottern zu heilen.

Ein italienischer Wissenschaftler namens Azzo Azzi hatte diese Prüfung des verzögerten Sprachflusses für die Aufdeckung simulierter Taubheit benutzt. Weil man auf eine Rente hoffen durfte, gaben immer wieder Angestellte an lärmigen Arbeitsplätzen vor, ihre Ohren seien geschädigt worden. Solche Schäden sind nicht immer leicht nachzuweisen. Azzo Azzi schlug deshalb vor, die betroffenen Leute mit dem

»delayed feed-back« zu prüfen. Falls sie tatsächlich nichts mehr hörten, wurden sie durch das verzögerte Hören nicht beeinflußt. Wenn sie hingegen ihre Taubheit bloß simulierten, so begannen sie von selbst zu stottern!

Ich meinerseits hätte gerne präzisere Messungen über die von den beiden Amerikanern aufgedeckten Phänomene angestellt. Leider ließ sich aber in Frankreich keine derartige »Verzögerungsmaschine« finden, wie sie sie in ihrem Laboratorium benutzt hatten. Ich fragte bei der *Gruppe der Akustiker französischer Sprache* nach, der ich seit langem angehöre, ob es nicht möglich wäre, eine Verzögerung über eine Telefonleitung zu entwickeln. Doch das erwies sich als derart kompliziert, daß ich mich schließlich mit einem gewöhnlichen Wasserschlauch aus Plastik begnügte. Ich kaufte mir ein 340 Meter langes Stück, nachdem ich mich zuvor davon überzeugt hatte, daß es die Stimme wunderbar leitete. Damit ließ sich eine Verzögerung von einer Sekunde bewerkstelligen. Lee und Black hatten festgestellt, daß Sprechstörungen bei Verzögerungen zwischen 0,10 und 0,20 Sekunden auftraten. Ich hatte somit ein größeres Stück Schlauch, als ich eigentlich benötigte. Und so konnte ich meinen Versuch noch verfeinern. In Abständen, die jeweils einer Verzögerung um eine Zehntelsekunde entsprachen, brachte ich eine Reihe Löcher im Schlauch an. Ich sprach in einen Trichter, den ich in das Ende dieser nicht enden wollenden Flöte gesteckt hatte, und hörte mich mit Hilfe eines Stethoskopes, das ich über einem der Löcher festgemacht hatte. So konnte ich nach Lust und Laune alle möglichen Reaktionen studieren. Mein einziges Problem war die Unterbringung dieser zwar pittoresken, aber eher unhandlichen Apparatur in meiner Wohnung! Doch mit ihrer Hilfe ließen sich äußerst präzise Messungen durchführen, noch präzisere, als mit Material aus einem elektronischen Laboratorium möglich gewesen wären.

Meine Ergebnisse stimmten im großen und ganzen mit denen der beiden Amerikaner überein. Wie sie konnte ich beispielsweise die »Stotterzonen« mit größter Genauigkeit bestimmen. Doch die Schlußfolgerung, zu der ich gelangte, ließ mich daran zweifeln, ob sich der Wunsch meiner amerikanischen Kollegen, Stotterern zu helfen, auch verwirklichen ließe. Damit Menschen mit diesem Sprachfehler die Verzögerung zwischen Aufnahme und Wiedergabe hätten nutzen können, wäre eine Wiedergabe vor der Aufnahme notwendig gewesen, was offensichtlich unmöglich war. Weshalb? Ganz einfach weil das konkrete Wort die Vollendung eines voraussehbaren Zustandes ist, während dessen das Ohr gewissermaßen bereits hört, was gesprochen *werden wird.* Es ist klar, daß bis jetzt keine Maschine imstande ist, diesen voraussehbaren Zustand zu verwirklichen, also uns hören zu lassen, was wir sagen werden, bevor wir es gesagt haben!

Aus der Beobachtung vieler Patienten schloß ich, daß Menschen, die das Stadium der auditiven Lateralisation, also einer Verlagerung des Hörens auf das rechte Ohr, nicht erreicht hatten, eine Art physiologisches »delayed feed-back« hervorbrachten.

Der Leser erinnert sich zweifellos an meine damaligen Vorstellungen über die Wirkungsweise der verschiedenen Nervenstränge. Es ging darum, den Unterschied zwischen einem normal und einem nicht normal lateralisierten audio-phonatorischen Regelkreis zu erklären. Der letztere ist ein wenig verzögert, weil die vom linken Ohr aufgenommene Information über die Nervenbahnen von der rechten Hirnhemisphäre zusätzlich zum Hörzentrum in der linken Hirnhälfte übertragen werden muß (während bei einem normal lateralisierten Regelkreis die Information direkt vom rechten Ohr zum Hirnzentrum auf der linken Seite gelangt).

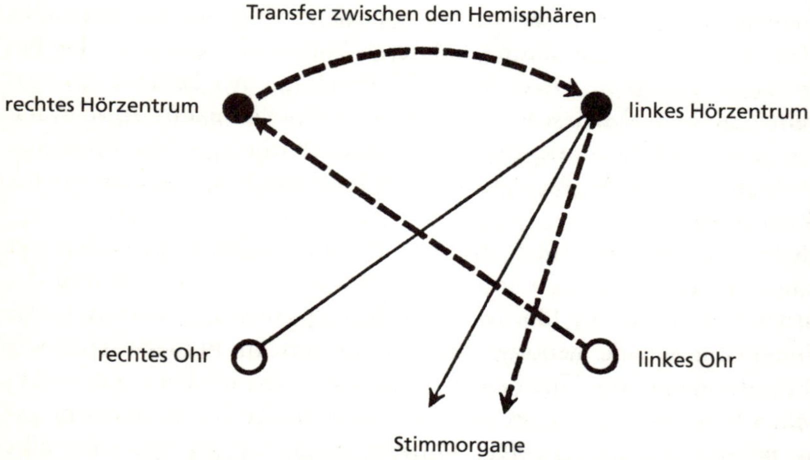

Figur 10 *Ausgezogene Gerade: normaler Weg (rechtes Ohr als Leit-Organ). Gestrichelte Gerade: Weg durch »Transfer zwischen den beiden Hirnhemisphären« beim Stotterer (linkes Ohr als Leit-Organ bei allgemeiner Schwerhörigkeit auf der rechten Seite).*

Ich habe bereits dargelegt, daß diese Übertragung von einer Hirnhemisphäre zur anderen zwischen 0,05 und 0,40 Sekunden beansprucht, wobei dieser Zeitraum für jeden Menschen spezifisch ist. Ein Stottern läßt sich beobachten, wenn er zwischen 0,10 und 0,20 Sekunden beträgt, mit einem Maximum bei 0,15 Sekunden. Beidseits dieser Grenzen sind andere Phänomene zu beobachten. Damit erklärt sich, daß man trotz des Verlustes des Leit-Ohrs nicht unbedingt ein Stotterer werden muß. Um diese Nuance muß die ursprüngliche Auffassung erweitert werden. André Le Gall hat in seinem bereits zitierten Memorandum mit Recht festgehalten, daß »zwei Bedingungen erfüllt sein müssen, damit eine Person *französischer* Muttersprache zu stottern beginnt [. . .]:

– ein Verlust des Leit-Ohrs, wie es sich durch die allgemeine Lateralisierung des Individuums entwickeln müßte, oder das Fehlen eines Leit-Ohrs infolge mangelnder oder ungenügender allgemeiner Lateralisation;

– eine Übertragungszeit von einer Hirnhemisphäre zur anderen in der Größenordnung von 0,15 Sekunden.«

Weshalb die Präzisierung »Person französischer Muttersprache«? Weil ich festgestellt hatte, daß die mittlere Dauer des physiologischen »delayed feed-back« bei Stotterern je nach Muttersprache variierte. Bei einem Franzosen lag sie bei 0,15 Sekunden, bei einem Engländer aber beispielsweise bei 0,20 Sekunden. Dieser Unterschied erklärt, nebenbei bemerkt, weshalb ein vielsprachiger Mensch in einer Sprache stottert, in einer anderen aber fast normal, wenn auch nicht virtuos, spricht. Ich habe persönlich Leute kennengelernt, die sich ohne größere Probleme auf Arabisch und Englisch ausdrücken konnten, aber auf Französisch erheblich stotterten.

Sehr klärend bei einem Stotterer ist ein Vergleich zwischen der Dauer der Übertragung von einer Hemisphäre zur anderen und der mittleren Zeit, die er für das Aussprechen einer Lauteinheit (einer Silbe) in der Sprache benötigt, in der er stottert. Im Französischen wie im Englischen und in allen anderen Sprachen, die ich bei meinen Versuchen berücksichtigt habe, stimmen diese beiden Zeiträume sehr genau miteinander überein. Der Mittelwert für eine französische Silbe liegt bei 0,15 Sekunden, für eine englische Silbe bei 0,20 Sekunden, und so fort. Man begreift deshalb auch, weshalb Stotterer Silben verdoppeln, ein bekanntes Symptom. Das »delayed feed-back« äußert sich auf die gleiche Weise. Durch diese Verdoppelung versucht die betreffende Person gewissermaßen, die Verzögerung aufzuholen.

Es muß betont werden, daß dieser Versuch einen reinen Reflex darstellt, an dem das Bewußtsein nicht beteiligt ist. Diese Bemerkung ist um so begründeter, als ein Stotterer seinen Sprachfehler nur sehr abgeschwächt wahrnimmt. Das läßt sich so beweisen, daß man ihn auffordert, willentlich zu stottern. Dazu ist er schlechthin nicht fähig! Er spricht völlig normal, weil er dadurch, daß er seine Aufmerksamkeit auf seine Wörter fixiert, *auf sich zu hören beginnt.* Mit anderen Worten, der Stotterer ist typischerweise ein Mensch, der, wenn er Laute von sich gibt, diese nicht hört. Das ist ein sehr wichtiger Punkt. Einer der großen Irrtümer, die man bei der Behandlung eines Stotterers begehen kann, besteht darin, daß man seine Stimme aufzeichnet und ihn das Tonband anschließend hören läßt. Schon die meisten normal sprechenden Menschen sind enttäuscht, wenn sie sich unter solchen Umständen anhören müssen, weil ihr Sprache weniger nuancenreich ist, als sie angenommen haben. Doch bei Stotterern kann der Versuch zu einer sadistischen Prüfung entarten. Brutal werden sie mit Sprachstörungen konfrontiert, von deren Umfang sie keine Ahnung gehabt haben. Niedergeschlagenheit ist die Folge. Sie kann zu einer nervösen Depression, ja sogar – auch das ist schon vorgekommen – zum Selbstmord führen.

Der Umgang mit der Verzögerung ist ein Phänomen, das immer lehrreiche Beobachtungen ermöglicht. Bei völliger Entspannung, wenn ich so sagen darf, verdoppeln oder verdreifachen Stotterer die Silben. Wenn sie sich jedoch konzentrieren, so spielen – und jetzt gewollt – andere Vorgänge eine Rolle. Im Bichat-Krankenhaus konsultierte mich einmal Louis Jouvet, ein Freund meines Chefs. Jouvet war bekanntlich im alltäglichen Umgang (gleich wie viele andere bekannte Schauspieler, beispielsweise Roger Blin) ein Stotterer. Im städtischen Alltag fiel er oft auf. Aber nie auf der Bühne. Denn er hatte ein großartiges Mittel gefunden, um mit seiner Behinderung fertigzuwerden. Er holte seine Verzögerung durch eine rhythmische Dehnung ein, wodurch seine Ausdrucksweise diese charakteristische Form erhalten hat, die zu seiner Berühmtheit beigetragen hat und die von Imitatoren immer wieder nachgeahmt worden ist. Je mehr er sich der Verzögerung bewußt wurde, um so länger wurden manche Sätze: »Bizaaaaarr, meine liebe Cousiiiinnnne? Habe ich bizaaaaarr gesagt?« Darüber hinaus verstand er es, die Pausen zwischen den Sätzen zu dehnen, wodurch er sich gewissermaßen in Salven, paketweise, ausdrückte.

Ich bat meine Kollegen, alle ihnen bekannten Stotterer zu mir zu schicken, damit ich alle diese Phänomene genau untersuchen konnte. Ein Jahr lang hatte ich es deshalb fast täglich mit dieser Sprachstörung zu tun. Siebzig Stotterer insgesamt. Ich lebte gewissermaßen mit ihnen zusammen, was gewisse Probleme mit sich brachte. Eine kleine Geschichte muß ich mindestens hinzufügen. Zu dieser Zeit bekam ich selbst nämlich Schwierigkeiten mit meiner Sprache. Als ich mich mit der Apparatur von John Black der Prüfung des verzögerten Sprachflusses unterzog, war ich drei Tage lang ein Stotterer!

Doch die Untersuchung aller dieser Patienten bestärkte mich in meiner ursprünglichen Meinung. Alle wiesen eine Verzögerung von 0,10 bis 0,20 Sekunden auf. Ihre Sprachschwierigkeiten mußten folglich darauf zurückzuführen sein, daß ihr rechtes Ohr nie seine beherrschende Stellung erworben hatte, also auf eine fehlende auditive Lateralisation. Meine Formulierung »zurückzuführen« auf diesen Mangel sollte nicht mißverstanden werden. Ich behaupte nicht, daß dadurch die Entstehung des Stotterns insgesamt erklärt würde. Als gewisse Psychoanalytiker von meinen Untersuchungen hörten, riefen sie aus: »Aber das Stottern ist doch nur ein Symptom!« Damit bin ich voll einverstanden. In den meisten Fällen sind die psychologischen oder psychoanalytischen Ursachen, mit denen die Rhythmusstörungen erklärt werden, durchaus berechtigt. Ich meinerseits zeige nur den physiologischen Mechanismus auf, der bei diesem Sprachfehler vorherrscht und der die Körpersprache lenkt. Umgekehrt neige ich zur Ansicht, daß bei einem rein physiologischen Stotterer (und auch den gibt es!) die zusätzliche Übertragung des Reizes von der einen Hirnhemisphäre zur anderen auch auf psychischer Ebene gewisse Auswirkungen hat.

Wenn der Verlust des Leit-Ohrs das entscheidende Element dafür ist, daß man die Kontrolle über den Rhythmus verliert, so ergab sich die Behandlungsmethode von selbst: Durch Konditionierung unter dem Elektronischen Ohr mußte die fehlende Lateralisation nachgeholt werden. Zu diesem Zweck regte ich entweder das rechte Ohr an oder verstopfte ich das linke Ohr.

Bei einem meiner siebzig Patienten genügte eine einzige Sitzung mit dieser Methode für eine Heilung! Die anderen hörten nach einigen

Tagen, einigen Wochen oder einigen Monaten auf zu stottern. Ein Jahr später war jedenfalls bei dieser Gruppe ein voller Erfolg zu verzeichnen, und ich meinte schon, des Pudels Kern gefunden zu haben.

Vielleicht wäre ich dabei stehengeblieben, hätte sich nicht zufällig ein Hindernis gezeigt, dessen Widerstand mir bewußtmachte, daß das Problem nicht so einfach war, wie ich mir zunächst vorgestellt hatte. Inzwischen hatten mich nämlich zwei Stotterer konsultiert, bei denen meine Behandlung auch nach einem Jahr noch keinerlei Wirkung zeitigte. Das war für mich keine Enttäuschung, im Gegenteil. Ich habe nie an leichte Erfolge in der Wissenschaft geglaubt. Wenn man zu rasch etwas herausfindet, muß man immer zuerst annehmen, daß man auf Abwege geraten sei. Die im Laufe der Zeit auftauchenden Schwierigkeiten sind ein wahrer Segen. Ohne sie würde man meinen, man habe eine endgültige Entdeckung gemacht, wirkliche Wissenschaft entwikkelt sich aber durch fortwährendes Verbessern, und damit ist man nie fertig. Die beiden »Widerspenstigen« haben mich gezwungen, meine ganze Arbeit noch einmal zu überdenken. Ich stellte mir die verschiedensten Fragen und untersuchte sie nach Strich und Faden. Bis ich mir eines Tages schlagartig bewußt wurde, daß sie blonde Haare und blaue Augen hatten, während die Stotterer, die am raschesten geheilt worden waren, dunkle Haare und braune Augen gehabt hatten. Das konnte selbstverständlich ein zufälliges Zusammentreffen sein. Als ich aber feststellte, daß der Zusammenhang zwischen diesen Parametern (Haar- und Augenfarbe) und dem Erfolg der Behandlung für alle Stotterer galt, die mich konsultiert hatten, verwarf ich diese Hypothese: Das konnte nicht bloße Koinzidenz sein! Damit war jedoch diese Beziehung noch nicht erklärt, sie war zwar offensichtlich, aber nichtsdestoweniger seltsam. Ich überlegte hin und her, erwog alle möglichen Elemente, worauf ich mich schließlich fragte, ob vielleicht eine besondere Empfindlichkeit mitspiele. Nicht eine Empfindlichkeit des Ohrs, denn auf dieser Ebene hatte ich keine signifikanten Unterschiede zwischen meinen Patienten feststellen können. Vielleicht aber – und diese Möglichkeit untersuchte ich am Ende weiter – eine besondere Empfindlichkeit der *Haut.*

Man mußte immerhin berücksichtigen, daß die Haut die Verbindung zwischen dem Ohr und dem übrigen Körper bildet. Als ich diese Spur weiterverfolgte, mußte ich rasch feststellen, daß das Ohr nicht, wie ich vorerst angenommen hatte, ein Stück differenzierte Haut, sondern daß im Gegenteil die Haut ein *Stück differenziertes Ohr* ist. Je gründlicher ich in dieses Problem vordringe, um so mehr bin ich davon überzeugt, daß diese Formulierung richtig ist.

Ich nahm daraufhin Haut-Audiogramme, in einem gewissen Sinne also Dermatogramme, auf. Ich bestrahlte die Haut mit Tonwellen, um Reaktionen hervorzurufen, aufgrund deren in einer ersten Etappe verschiedene Hauttypen unterschieden werden konnten. In einer zweiten Etappe zeigte es sich, daß ein und dieselbe Haut Bereiche aufwies, die auf Töne ganz verschieden empfindlich reagierten. Auf diese Weise kam ich zu dieser Geographie der Empfindlichkeit auf Töne, auf die ich schon früher hingewiesen habe. Ich habe insbesondere die Stelle zwischen dem Daumen und dem Zeigefinger der rechten Hand als eine günstige Stelle für die Aufnahme von Laut-Informationen erwähnt. Es gibt jedoch auch andere, zum Beispiel den Stirnbereich zwischen den beiden Augen.

Versuche mit den beiden Stotterern, die ich nicht hatte heilen können, ergaben einen besonders hohen Hautwiderstand. Während die Haut dunkelhaariger Menschen mit braunen Augen auf Reize in der Größenordnung von fünf oder zehn Dezibel reagierten, blieben meine beiden Blondschöpfe auch gegen Reize von achtzig und sogar hundert Dezibel unempfindlich!

Daraus wollen wir sogleich eine Schlußfolgerung ziehen: Hautempfindlichkeit und Qualität der Lautkontrolle hängen eng miteinander zusammen. *Je genauer die Kontrolle ist,* habe ich feststellen können, *je korrekter der Rhythmus eingehalten wird, um so größer bleibt die Empfindlichkeit der Haut.* Weil meinen beiden blonden Patienten dieser Kontrollmechanismus fehlte, waren sie nicht imstande, den Ablauf des Sprechens auf ihrem Körper zu beherrschen. Meine Behandlung hatte keinen Erfolg gezeitigt, weil sie sich ausschließlich auf die Ohren beschränkt hatte. Das Ohr, das wichtigste unserer Sinnesorgane, reguliert bei der Stimmbildung zwar Parameter wie die Intensität, die Dauer, das Stimmvolumen, aber es kann den sprachlichen Ablauf nur in dem Maße beeinflussen, wie das Hautregister die entsprechenden Antworten übernimmt. Für die Kontrolle dieses Tonflusses, der aus unserem Mund kommt, wenn wir sprechen, ist somit weitgehend die Haut zuständig. Fehlende Empfindlichkeit beeinträchtigt diese Funktion. Die Sprache kann den Körper nicht mehr einbeziehen und einsetzen. Durch die Behandlung muß der

Stotterer somit dazu gebracht werden, daß er sich seines Körpers wie eines Musikinstruments bedient. Die Haut muß sich in ein eigentliches *Hautklavier* verwandeln, damit der betreffende Mensch instandgesetzt wird, *auf seinem Körper zu spielen,* wenn er sich an seinen Mitmenschen wendet. Sprechen ist letzten Endes nichts anderes als das.

Aufgrund dieser Theorie wurde eine andere Apparatur entwickelt, die gleichzeitig eine Selbstkontrolle durch das Ohr und eine Materialisierung des Wortflusses längs des Körpers (und zwar so, daß dessen Ausbreitung auf dem »Hautklavier« aufgezeichnet wird) ermöglicht.

Diese Theorie hatte auch eine interessante psychologische Folge. Die Haut meiner Blondschöpfe mit blauen Augen war hell. Sobald sie beim Sprechen in eine für sie schwierige Situation gerieten, begannen sie rasch zu erröten. Ursache dafür ist ihre Empfindlichkeit auf Töne, gleich wie Albinos auf Licht reagieren. Sie waren völlig wehrlos. Das Ohr und im weiteren Sinne die Haut, möchte ich sagen, gehorchen einer Art Alles-oder-Nichts-Gesetz. Hellhäutige hören entweder nichts oder nehmen unversehens Töne von achtzig bis hundert Dezibel wahr! Eine eigentliche Aggressions-Situation. Solche Menschen werden durch die auf ihren Körper einwirkende Sprache gestreßt. Ein hervorragender Musiker hingegen besitzt ein Hautkleid von äußerster Sensibilität: Schon einige wenige Dezibel lösen einen Mechanismus aus, der die Tonaufnahme reguliert. Er verfügt über unvergleichlich viel wirksamere Anpassungs- und Schutzmöglichkeiten Tönen gegenüber. Zwischen diesen beiden Menschentypen muß es somit, meiner Meinung nach, auf der Ebene der Hauteigenschaften meßbare Unterschiede geben. Ich schlage vor, daß diese mehr oder weniger ausgeprägte Sensibilität durch einen *Schüchternheitsindex* (denn sie äußert sich in Form von Schüchternheit) bewertet wird, der, das muß betont werden, in keiner Weise mit ihrer emotionalen Erregbarkeit zusammenhängt. Die beiden Arten von Gegenreaktion unterscheiden sich grundsätzlich voneinander. Aus Zeitgründen habe ich nie in dieser Richtung arbeiten können, aber ich bin davon überzeugt, daß es eine interessante Aufgabe wäre.

In den Vereinigten Staaten befaßte sich John Black, den ich in der Zwischenzeit persönlich kennengelernt hatte, noch immer mit dem Problem der Aufnahme- und der Leseköpfe, die auf irgendeine Weise hätten vertauscht werden müssen. Er schickte einen Studenten namens

Strumsta zu mir, der während einiger Zeit mit mir zusammenarbeitete und mit dem ich auch anschließend noch Kontakte pflegte.

Meiner Meinung nach hinderte ein schlechtes Funktionieren des Ohrs *insgesamt* Stotterer daran, sich selbst zu hören. Strumsta kam nach Abschluß seiner eigenen Arbeiten zu einem anderen Ergebnis. Sein Befund lautete, beim Stotterer sei *nur die fehlende Tonleitung durch die Knochen* für das Nichthören verantwortlich. Diese Untersuchungen ließen ihm keine Ruhe, er präzisierte, verfeinerte, nuancierte und korrigierte sie je nach Bedarf. Und er kam immer zum gleichen Schluß.

Ich glaube heute, daß er recht hat.

Daß der Stotterer sich selbst schlecht hört, wäre somit darauf zurückzuführen, daß er sich auf der Ebene der Knochen der Töne nicht bewußt wird. Was geschieht nämlich, wenn wir sprechen? Wir geben Laute an die Luft ab (hohe Töne breiten sich geradlinig aus, während sich tiefe Töne auf unsere gesamte Umgebung verteilen, wodurch erklärt wird, daß uns unsere auf Tonband aufgenommene Stimme immer höher als natürlich zu sein scheint). Gleichzeitig schwingt aber auch der Schädel mit, wodurch die Toninformation direkt auf das Ohr übertragen wird. Eine experimentelle Überprüfung beweist schlüssig, daß sich große Opernsänger, das heißt also gute Techniker, hauptsächlich durch diese Tonübertragung über den Schädelknochen kontrollieren. Bei Stotterern hingegen läßt sich eine Disharmonie zwischen dem Hören durch die Knochen und der Tonkurve in der Luft feststellen, wofür immer das Hören über die Knochen verantwortlich ist.

Aus dieser Beobachtung erwuchs die Idee einer Behandlung, die diese Harmonie wiederherstellen würde. Zu diesem Zweck mußte ich das Elektronische Ohr vervollkommnen. Der bevorzugte Hörbereich mußte sich auf eine Weise regulieren lassen, daß je nach Bedarf entweder der Muskel des Steigbügels oder der Muskel des Hammers, dieser beiden Gehörknöchelchen, jeweils ein wenig stärker angepeilt wurden. Zugleich sollte mit Hilfe des Systems der elektronischen Elemente versucht werden, ein Ohr (das rechte) zum dominierenden Ohr zu machen.

Dieser letztere Eingriff erfordert viel Fingerspitzengefühl, weil die Versuchsperson nichts davon merken darf. Wenn sie sich nämlich bewußt wird, was geschieht, so entwickelt sich sogleich ein Widerstand dagegen. Diese psychisch bedingte Ablehnung der Behandlung ist auf den ersten Blick unverständlich. Man muß aber wissen, daß sie sich nicht gegen eine mögliche Heilung wendet. Der Patient möchte wirklich so wie alle Mitmenschen sprechen können. Hingegen will er um keinen Preis erwachsen werden.

Das erfordert eine Erklärung. Ein Stotterer bleibt, von seiner Sprache her gesehen, auf der Entwicklungsstufe eines Drei- bis Vierjährigen stehen. Sein Unbewußtes findet in diesem Zustand genügend Vorteile, um eine Weiterentwicklung zu verweigern. Sobald diese gewollte Situation gefährdet ist, wehrt es sich mit allen Mitteln, um sie aufrechtzuerhalten. Deshalb darf man kein Mißtrauen wecken.

Im Zusammenhang mit dieser Fixierung der Sprache auf einem infantilen Niveau sei auch darauf hingewiesen, daß die für das Stottern charakteristische Verdoppelung von Silben ebenfalls zu den Eigenarten der kindlichen Ausdrucksweise gehört (Papa, Pipi, Bobo usw.). Unter diesem Gesichtspunkt ist das Stottern immer nur eine chronisch gewordene kleinkindliche Eigenschaft, weil der Übergang zu einer richtig artikulierten Sprache nicht geschafft wurde.

Gibt man einem Stotterer Gelegenheit, den Zugang zu einer ausgezeichneten Sprechweise zu finden, falls er bereit ist, brutal die Strecke zu überwinden, die seine drei-, vier- oder fünfjährige Sprache von seinem wirklichen Alter trennt, so befindet er sich etwa in der gleichen Lage wie ein Mensch, dem eine Pille den Weg zur höchsten Weisheit öffnen könnte, wodurch er aber gleichzeitig auch ein Greis würde. Fortschritt: ja, Alterung: nein! Das Bewußtsein ist damit einverstanden (wünscht es sogar), besser zu sprechen. Das Unbewußte hingegen möchte in seiner Fixierung verharren. Von diesem Konflikt ist der Ausgang der Behandlung abhängig.

Auch sonst stößt die Therapie des Stotterns auf viele Schwierigkeiten. Ein Patient, der nicht hört, daß er stottert, weil er sich weigert, auf sich selbst zu hören, wird sich auch weigern, sich selbst richtig sprechen zu hören. Die Behandlung eines Stotterers setzt nicht nur Fingerspitzengefühl und Geduld voraus, sondern auch ausgewogene Charaktereigenschaften (Stotterer werden leicht aggressiv) und eine gewisse Seelenstärke. Stotterer sind tatsächlich die schwierigsten Patienten, weil bei ihnen immer die Gefahr einer *Übertragung* besteht.

Damit meine ich, daß ein Stotterer mit dem Therapeuten eine ähnliche Beziehung eingeht, wie sie zwischen einem Patienten und einem Psychoanalytiker entsteht. Der Kranke überträgt seine Gefühle und seine unbewußten Wünsche, die sich ursprünglich auf eine andere Person richteten, auf den Arzt. In unserem besonderen Fall nimmt der Therapeut den Platz des Vaters des Stotterers ein. Oft ist es nämlich der Konflikt mit dem Vater, der beim Stotterer die Sprachschwierigkeiten ausgelöst oder zumindest verstärkt hat! Auch vom symbolischen Gehalt her gesehen entspricht die Ablehnung des dominierenden rechten Ohrs einer Abweisung des Vaters (von dem her die Sprache kommt), es ist eine Weigerung, erwachsen zu werden usw. Wenn der Therapeut nicht wachsam ist (die Sprachspezialisten sind auf den Schock der Übertragung nicht so gut vorbereitet wie die Psychoanalytiker), so kann er sich unversehens in diesem engmaschigen Netz von ambivalenten Beziehungen (Liebe und Haß unauflösbar miteinander vermischt) verfangen und allmählich den Boden unter den Füßen verlieren. Und wenn er sich derart in diese Übertragung verstrickt, ist er nicht mehr imstande, seinem Patienten bei der Überwindung der Schwierigkeiten zu helfen und sich selbst aus dieser Bindung zu lösen.

Diese Gefahr ist um so größer, als Stotterer im allgemeinen sehr starke Persönlichkeiten sind und ihren Gesprächspartner leicht beeinflussen können. Ich erinnere nur an den erwähnten südafrikanischen Stotterer, dessen Verrenkungen beim Sprechen von allen Anwesenden nachgeahmt wurden! Der Stotterer hat eine besondere Begabung dafür, andere für sich einzunehmen. Man denke nur an das Beispiel von Mose. Auf die Weisung Gottes, des absoluten Vaters, der ihm befahl, seine Anweisungen an die Hebräer zu übermitteln, reagierte er, um sich dieser Aufgabe zu entziehen, sinngemäß mit der Ausrede: »Wie kann ich das alles sagen, wo ich doch ein Stotterer bin?« Zu seinem Leidwesen unterbrach Gott die Übertragung, indem er ihm antwortete: »Nun wohl, so bediene dich des Mundes deines Bruders.« Nebenbei sei bemerkt, daß es sich um die gleiche Person handelt. Mose ist das Unbewußte, Aaron das Bewußtsein. Auch sei darauf verwiesen, daß der Name Aaron »Mund des Menschen« bedeutet, während Mose das »Ich« ist, derjenige, der aus dem Wasser kommt (der Säugling, der geboren wird), das viszerale Element, derjenige, der sich noch im Stadium der Silbenverdoppelungen befindet: »Papa, Pipi, Bobo«. Gott verlangt von seinem Gesprächspartner bloß, daß er seinen denkenden Kopf benutzt. Es ist ein wenig so, als ob er gesagt hätte: »Höre auf dich, dann bist du imstande zu sprechen.«

In der Sprache der Stotterer äußert sich eine infantile Fixierung affektiver Ordnung, doch, möchte ich hinzufügen, das gilt überhaupt nicht für ihre Intelligenz. Im Gegenteil, die meisten von ihnen zeichnen sich durch einen überdurchschnittlichen Intelligenzquotienten aus.

Ich bin mir bewußt, daß diese Bemerkung im Widerspruch zu gewissen vorgefaßten Ideen steht. Weil man unter den Stotterern auch Kinder antrifft, die wegen eines intellektuellen Handicaps die Sprache nicht beherrschen, hat sich bei vielen Leuten diese falsche Vorstellung gebildet. Doch ein solcher Vergleich ist schlechterdings unberechtigt. Man darf nicht Stammeln mit Stottern verwechseln, Geistesschwäche mit Sprachschwierigkeiten. Wer Stottern mit mangelnder Strukturierung des Denkens gleichsetzt, begeht einen tragischen Fehler. Er beurteilt seine Mitmenschen nach dem äußeren Schein, und das ist nie, soviel ich weiß, eine wissenschaftliche Denkweise gewesen. Daß das Stottern, obwohl es der intellektuellen Sphäre angehört, nicht deren Folge ist und von ihr unabhängig bleibt, wird etwa durch die Tatsache bewiesen, daß es auch in anderen Bereichen als nur dem sprachlichen Ausdruck anzutreffen ist. Ich habe Stotterer kennengelernt, die beim Schreiben Silben oder beim Spielen mit einem Musikinstrument Noten wiederholten. Würde man daraus schließen, daß sie nicht schreiben, daß sie Notenschrift nicht lesen können? Sicher nicht. Beim Stottern handelt es sich offensichtlich um eine störende Erscheinung, die nichts mit den geistigen Fähigkeiten zu tun hat. Es weist nicht auf einen Mangel hin, sondern zeigt an, daß irgendwo ein Hindernis besteht, was nicht dasselbe ist.

Umgekehrt versteht es sich von selbst, daß ein Stolpern beim sprachlichen Ausdruck den Ablauf der Denkprozesse behindert. Eine Behandlung zieht deshalb immer auch eine gewisse Befreiung des Intellekts in seinen augenfälligsten Äußerungen nach sich. Im Sprachzentrum, das ich in Paris gegründet habe, werden jetzt die therapeutischen Behandlungen mit Hilfe eines speziell auf die Lautübertragung durch die Knochen eingestellten Elektronischen Ohrs durchgeführt. Diese Apparatur hat den unermeßlichen Vorteil, daß der Patient sehr viel intensiver mit sich selbst kommuniziert. In Südafrika, wo vor mehr als zehn Jahren ein auf die Probleme des Stotterns spezialisiertes Universitätsinstitut gegründet wurde, werden dieselben Prozesse mit ausgezeichnetem Erfolg angewandt.

Es sei daran erinnert, daß sich die Behandlung auch in verhältnismäßig harmlosen Fällen auf die den Störungen zugrunde liegenden Ursachen konzentrieren muß. Sie darf sich nicht mit einer rein physiologischen Rehabilitation begnügen. Falls die Rhythmusstörung beispielsweise auf einen Konflikt neurotischer Art zurückzuführen ist – was sehr häufig vorkommt –, so versteht es sich von selbst, daß durch die Beseitigung der Sprachstörung nicht auch gleich noch eine Heilung von der Neurose erzielt wird. Der betreffende Patient wird zweifellos nicht mehr stottern, aber vielleicht an Asthma oder an Ekzemen erkranken. Will man weniger oberflächliche Ergebnisse erzielen, so muß die mechanische Rehabilitation durch psycho-sensorielle Maßnahmen (insbesondere mit Hilfe intrauteriner Töne und tönender Entbindungen, auf die wir später zu sprechen kommen) ergänzt werden. So soll es dem Patienten ermöglicht werden, das zu vollbringen, was ich als seine Selbstanalyse des Systems bezeichne. Damit meine ich, daß er, um wirklich gesund zu werden, sich von seinen Ödipusbindungen befreien muß, damit er sich selbst wird und gewissermaßen eine Übertragung auf seine eigene Person bewerkstelligt. Anstatt mit aller Gewalt seine Harpune in die Persönlichkeit des anderen abzuschießen (ihn geistig beherrschen zu wollen, wie man gemeinhin sagt), muß der Therapeut einen ganz anderen Wunsch entwickeln und pflegen: seinem Patienten in der sprachlichen Kommunikation wirklich zu begegnen.

Auf diesem Umweg gelingt es schließlich merkwürdigerweise dem Stotterer, auf sich selbst zu hören. Er tut es nicht zu seinem eigenen Vergnügen (was zu Narzißmus führen könnte), sondern um von seinem Gesprächspartner durch sein eigenes, jetzt vollkommen verkörpertes Gehör besser verstanden zu werden. Jeder Stotterer wird von einem kraftvollen ichbetonten Trieb beherrscht. Er spricht schlecht, weil er keinerlei Anstrengung unternimmt, um zu sprechen, um sich selbst zu kontrollieren – und er unternimmt keine solchen Anstrengungen, weil er dem Mitmenschen keine ausreichende Bedeutung beimißt. Er ist in seiner Sprache blockiert, so wie in einem Verkehrsstau ein Automobilist deshalb blockiert sein kann, weil er um keinen Preis einem anderen den Vortritt überlassen wollte! Ihm mangelt es sozusagen an Höflichkeit, an Entgegenkommen. Das geht so weit, daß ein Stotterer, wenn er spürt, daß er seinen Gesprächspartner durch seine Ausrutscher in Verlegenheit bringt, im allgemeinen noch stärker stottert und so die Bedeutung seines Stotterns hervorhebt! Nichts freut ihn mehr, als wenn der andere ebenfalls zu stottern beginnt. Um auf den Vergleich mit dem Verkehrszusammenbruch zurückzukommen: Er gleicht dann dem Fahrer, der sich darüber freut, daß er nicht mehr vorwärtskommt, weil er dadurch den anderen ebenfalls am Weiterfahren hindert. So wird vielleicht auch besser verständlich, was ich im Zusammenhang mit der Aggressivität dieser Menschen sagen wollte.

Objektiv gesehen – diese Analyse will auf keinen Fall ein moralisches Urteil fällen –, steht die Psychologie des Stotterers im Zeichen der Dualität, genauer gesagt: der Duplizität. Mein Hang zu drastischen Formulierungen hat mich veranlaßt zu sagen, *die Stotterer sind falsche Menschen.* So betrachtet ist das Stottern gewissermaßen ein Bemühen, sein wirkliches Denken zu verschleiern (womit jedoch, daß muß unterstrichen werden, nicht eine bewußte Verschleierung gemeint ist). Das Unbewußte enthält Dinge, die es verbergen muß, und es verhindert deren Enthüllung, indem es diese Barriere der Sprechschwierigkeit errichtet.

Die »Falschheit« des Stotterers wird aber noch deutlicher im Gebrauch sichtbar, den er von seinem Stottern macht. Oft habe ich Patienten beobachten können, deren Rhythmusstörungen sich sogleich akzentuierten, wenn sie mit einem Dritten ins Gespräch kamen. Mit dieser Taktik täuscht, verwirrt der Stotterer zunächst seinen Gesprächspartner; anschließend bringt er diesen dazu, daß er alles schluckt! Das ist bei Geschäften äußerst nützlich, was niemand bestreiten kann. In der Wirtschaft begegnet man sehr häufig Stotterern, die eine erfolgreiche Karriere hinter sich haben. Das ist nicht verwunderlich: Durch ihre Sprache sind sie auf eine Epoche zwischen dem zweiten und dem vierten Lebensjahr fixiert; ein erheblicher Teil ihrer inneren Persönlichkeit befindet sich noch im »sadistisch-analen« Stadium der Freudschen Schule, die derselben Periode in der psycho-affektiven Entwicklung entspricht. Das Trachten nach Reichtum ist nun aber bei Erwachsenen eines der Anzeichen einer solchen analen Fixierung. Man kann sich jederzeit davon überzeugen, in der Welt der Banken herrscht kein Mangel an Stotterern!

Sobald sich ein Stotterer bei einer geschäftlichen Besprechung bedrängt fühlt, sorgt sein Unbewußtes dafür, daß er unmäßig zu stottern beginnt, gleich wie eine Krake ihre Tinte verspritzt. Und wie der Krake gelingt es ihm, gleichzeitig seine Schwierigkeiten zu übertünchen und den anderen von sich abzulenken. Er hat damit so viel Erfolg, daß sich das psychologische Verhalten des anderen grundsätzlich verändert. Sobald sein Gesprächspartner bemerkt, daß der Stotterer Schwierigkeiten mit seiner Sprache hat, fühlt er sich physisch schlecht (er leidet mit ihm) und spürt er in sich ein Bedürfnis, ihm zu helfen. Indem er ihm aber hilft, verliert er den Faden seiner Überlegungen – und schon gewinnt der Stotterer, der nur darauf gewartet hatte, die Partie. Alles in allem ist sein Stottern nur ein heimlicher und unbewußter Vorwand; dank seines Sprachfehlers triumphiert er über seinen Gesprächspartner, indem er von der menschenfreundlichen Anwandlung profitiert, die er bei ihm ausgelöst hat. Man ersieht daraus, daß das Wort Duplizität im Sinne von Doppelzüngigkeit nicht übertrieben war, auch wenn dieser aus dem Unbewußten hervorgehende Machiavellismus nicht reiflicher Überlegung entspringt.

***

In Südafrika werden Stotterer schneller als überall sonst geheilt. Einer der Gründe dafür ist zweifellos eine Spezialbehandlung, die auf der Tonübertragung durch die Knochen beruht, aber das ist nicht alles. Die Wirksamkeit der Methode – die Erfolge sind bisweilen so spektakulär, daß man als Außenstehender völlig verblüfft ist – hängt auch (und vielleicht vor allem) mit dem soziokulturellen Umfeld zusammen.

Ich gehöre nicht zu denen, die den Ödipus-Komplex, so wie er von Freud definiert worden ist, für eine universelle Realität halten. Bevor ich weiter aushole, möchte ich etwas näher auf meine Beziehungen zur Psychoanalyse eingehen. Man hat von mir immer wieder gesagt, ich sei ein Anti-Freudianer, weil viele Bestandteile meiner Theorie den Altmeister aus Wien widerlegen. Mir scheint, ich müsse meine Haltung zu dieser Frage klarer umschreiben, damit keine Mißverständnisse entstehen.

Ich habe für Sigmund Freuds Werk immer größte Hochachtung empfunden. Dank seiner Originalität, seines Könnens und seiner Genialität ist ihm aufgrund einer sorgfältigen Analyse eine großartige Synthese der nicht recht zusammenpassenden kulturellen Elemente geglückt, die damals das Universum der Spezialisten für psychische Belange, gleichgültig ob wissenschaftlicher Ausrichtung oder metaphysischer Tendenz, ausmachten. Dank seiner umfassenden neurologischen Kenntnisse konnte Freud die Verhaltensmechanismen des Menschen auf bemerkenswerte Weise von diesem berühmten »Unbewußten« her ableiten, das so siegreich – aber auch so schädlich, würde ich sagen – die Welt des 20. Jahrhunderts überrollt hat. Dank seines Wissens auf dem Gebiet der hebräischen Esoterik brachte der »Vater der Psychoanalyse« auch wichtige Beiträge aus der jüdischen Tradition in die Medizin ein: beispielsweise die Traumdeutung, die in der Kabbala so großartig dargestellt wird.

Freud selbst hat somit sein Wissen aus verschiedenen Systemen geschöpft, doch er hat diese wie keiner vor ihm umfassend beherrscht, miteinander verbunden und überwunden. Mehr noch, er ist nicht selbst ein Opfer seiner eigenen Entdeckungen geworden. Er ist vielmehr fortwährend über sich selbst hinausgewachsen, und am Ende hat vielleicht kein anderer sich derart gegen Freud aufgelehnt wie er selbst! Wenn er zwanzig Jahre länger gelebt hätte, das geht aus seinen letzten Arbeiten hervor, so wäre wahrscheinlich die ganze Psychoanalyse auf eine neue Grundlage gestellt worden.

Viele seiner ihm strikte ergebenen Schüler haben den Fehler begangen, daß sie weit weniger kritisch als er selbst seine Theorien nachgebetet haben. Sie, die freudianischer als Freud sein wollten, sind deshalb die eigentlichen Anti-Freudianer. Bemühend ist, daß sie sich dessen nicht bewußt sind und ihre intellektuelle Erstarrung hinter einer Art Terrorismus kaschieren: »Freud hat gesagt, daß ...« geht also auf die Knie, oder Schande über eure Häupter!

Nicht alle Psychoanalytiker gehören glücklicherweise zu dieser Rasse. Ich habe unter ihnen zahlreiche bewundernswerte Menschen angetroffen. Viele von ihnen haben die Reichhaltigkeit und die Kraft der Freudschen Theorie bewiesen, indem sie diese ausweiteten (anstatt sie festzuschreiben). Ein Jacques Lacan sagt uns heute, »das Unbewußte ist wie eine Sprache strukturiert«; andere Pisten warten ebenfalls darauf, neu erkundet zu werden.

Wer heute den Beruf eines Psychologen ergreift, kommt, ob er will oder nicht, unmöglich um Freud herum. Sein Denken zwischen Klammern zu setzen, wie manche möchten, wäre reine und bloße Verblendung. Das ist freilich auch kein Grund, alle seine Hypothesen für sakrosankt und unveränderlich zu erklären, was er selbst, ich betone es noch einmal, nicht gewollt hat. Alle seine Theorien sind aus seinen Forschungen hervorgegangen, und Forschung bedeutet immer auch tastendes Versuchen, vorübergehendes Verirren, zu setzende Fragezeichen und so fort.

Ich persönlich lehne die Auffassungen Freuds in mehreren Sachbereichen ab, und ich möchte mich zu einem Punkt, der mir sehr wichtig zu sein scheint, etwas ausführlicher äußern: Ich glaube nicht, daß es genügt, »Komplexe« aufzudecken, um dadurch bereits eine therapeutische Wirkung auszulösen und zu vollenden. Ich glaube, mit anderen Worten, nicht, daß die Dynamik, mit der unbewußte Konflikte aufgedeckt werden, an sich bereits eine heilende Dynamik darstellt.

Ich weiß, man wird den Vergleich für unangebracht halten. Doch meiner Meinung nach ist die Chance, daß man einen Komplex beseitigen kann, indem man ihn sichtbar macht, ebenso klein, wie wenn man einen Diabetiker auffordern würde, seine Blase zu entleeren, damit der Zucker aus seinem Urin entfernt wird. Ein allzu simpler Vergleich? Ich glaube nicht. Prüfen wir die möglichen Haltungen eines Menschen, dem man die Heilung seiner Zuckerkrankheit versprochen hat, der aber im Gegenteil feststellen muß, daß die Zuckerkonzentration in seinem Blut schrittweise zunimmt. Zwei Reaktionen sind meiner Meinung nach hauptsächlich möglich: erstens ein Versinken in Hoffnungslosigkeit, zweitens eine Art Überlegenheitsgefühl, weil man, wenn ich so sagen darf, »süßer als die anderen« ist. Diese beiden Verhaltensweisen, Angst und ungerechtfertigte Selbstzufriedenheit, sind oft bei analysierten Personen zu beobachten. Müßte ich nicht befürchten, daß man mir karikaturistische Übertreibung vorwirft, würde ich, um diesen zweiten Typ zu illustrieren, die wahre Geschichte zweier Stotterer erzählen, die von Psychoanalytikern behandelt wurden, dabei jedoch Stotterer blieben, aber glücklich, wenn nicht sogar stolz darauf waren, es zu sein!

Ich meinerseits glaube, eine wirkliche Heilung setze nicht nur ein bloßes Antippen des Bewußtseins voraus, sondern eine wirkliche *Bewußtwerdung*, was gar nicht dasselbe ist ... Und eben diese Bewußtwerdung ist das Problem, denn sie ist keineswegs ein automatischer Mechanismus, sondern sie setzt seitens des betroffenen Menschen alles in allem außergewöhnliche Fähigkeiten voraus.

Ich möchte das etwas näher erklären. Ein Patient betrachtet seine eigene innere Persönlichkeit während seiner Psychoanalyse, das ist bekannt, gewissermaßen wie durch ein Mikroskop. Dadurch werden seine affektive Verwurzelung und insbesondere der unheilvolle Einfluß der Eltern freigelegt und durch diese Erfahrung erheblich überzeichnet. Die Psychoanalyse führt so in einem gewissen Sinne zur Tötung von Vater und Mutter. In Wirklichkeit wird jedoch vor allem ein gewisses Bild (eine symbolische Dimension) des Vaters und der Mutter umgebracht, das durch den kulturellen Kontext und die familiären Beziehungen innerhalb dieses Kontexts bestimmt ist. Es kann keine Rede davon sein, daß alle Bindungen zwischen einem Menschen und seinen Eltern völlig und endgültig durchhauen werden. Und das ist der wunde Punkt. Wie viele Menschen verfügen über genügend Feingefühl, um selbst zwischen »guten« und »schlechten« Elternbildern unterscheiden zu können? Wie viele sind imstande, ein gerechtes Urteil zu fällen? Zu unterscheiden, inwiefern die eben erwähnten Bindungen zu einer Fessel werden oder aber im Gegenteil eine Verankerung im Leben ermöglichen?

Die Gefahr ist groß, daß man einen Menschen seiner Beziehung zu seiner Mutter beraubt, die universell die »Lebensspenderin« ist, ebenso seiner Beziehung zum Vater, der universell der Lebenssamen und gleichzeitig auch die Sonne ist, die diesen Lebenssamen zum Keimen zu bringen vermag. Tötet man diese Mutter und diesen Vater, weil man sich seiner Komplexe entledigen will, an denen die Eltern, das sei zugegeben, oft mitverantwortlich sind, begeht man also diesen Mord, so bedeutet das, daß man das Leben an sich tötet, seine eigene Zukunft umbringt. Die Strafe für eine solche Tat läßt nicht auf sich warten, und sie ist brutal, grausam: eine unauslotbare Hoffnungslosigkeit, von der man hin und her gerissen wird, sobald die Pforten der Zukunft zugegangen sind, die furchtbare Drohung des Selbstmords. Ein Mensch ohne Bindung, ohne Vater und Mutter, ohne Gott und Teufel, treibt im Raum dahin, als wäre er nur noch, zwischen Ästen hin und her springend, an denen er sich nicht mehr festklammern kann, ein armer, von allen verlassener Affe.

Doch kehren wir zu unseren südafrikanischen Stotterern zurück. Ich war gerade dabei zu schreiben, was Freud über die Beziehungen zwischen Eltern und Kindern gesagt habe, sei alles eine Erbschaft des griechisch-lateinischen Kulturraums. Freuds Vaterbild ist ein spezifisch abendländisches Vaterbild. Sobald wir uns einem anderen Kulturraum zuwenden, verändert sich dieses Bild. Und gleichzeitig wandeln sich auch die Beziehungen zwischen diesem Bild und dem psycho-affektiven Universum eines Menschen.

Im Westen ist das Stottern zweifellos sehr oft die Folge einer mißglückten oder nie verwirklichten Begegnung mit dem Bild des Vaters, des Trägers der Sprache. In Transvaal gibt es das Vaterbild ebenfalls, aber es trägt ganz andere Züge, als wir es aus Europa gewohnt sind. Es ist insbesondere viel weniger machtvoll, viel weniger einschüchternd. Man erhält dort den Eindruck, als sei die im eigentlichen Sinne psychoanalytische Dimension der menschlichen Existenz verschwommener, als sei der Psychismus dieser Menschen nicht so grundlegend in derartige Probleme verwickelt und werde von ihnen beherrscht. Die psychoanalytischen Konflikte sind dort im übrigen nicht so stark wie bei uns in der Persönlichkeit begründet. Deshalb gehen sie auch weniger tief, und weil sie deshalb nicht einen so starken Widerstand leisten, tritt beim einzelnen Menschen rascher eine therapeutische Wirkung ein.

Freuds Theorie befaßt sich mit einer Reihe von unbewußten Verhaltensweisen, die auf Mythen beruhen. In Transvaal, dessen weiße Bevölkerung ebenfalls aus westeuropäischen Ländern stammt, sind diese griechisch-lateinischen Mythen nur in einer sehr abgeschwächten, sehr milden Form erhalten geblieben. Die von der Psychoanalyse aufgedeckten Faktoren, die zum Reichtum, zur Üppigkeit unserer geistigen Landschaft gehören, haben dort ein ganz anderes Aussehen. Dazu trägt auch eine noch ausgesprochen starke und im Alltag gegenwärtige religiöse Struktur bei. Und eben diese Struktur fehlt dem europäischen Menschen, was sich in oft wirren geistigen Vorstellungen äußert. Der Grund dafür ist, daß der Mensch diese Verbindung mit der Umwelt verloren hat, welche die Grundlage der Religion ist, also dessen, was verbindet. Wo eine solche Beziehung noch besteht, kann sich kaum ein mythisches Universum wie dasjenige entwickeln, auf dem die Psychoanalyse beruht.

Im Bewußtsein der heutigen Buren nehmen nicht die mythischen Figuren, die unbewußten Konflikte und Wahnvorstellungen die erste Stelle ein, sondern der Lebenskampf. Sie sind bis in den Grund ihres Wesens Abkömmlinge dieser Pioniere, dieser Gründerväter, die, wenn sie nicht untergehen wollten, gegen eine feindliche Natur ankämpfen, den Unbilden der Umwelt widerstehen, wilden Tieren und der Aggressivität gewisser Eingeborener die Stirn bieten, gegen die Briten kämpfen mußten. Und so fort. Der Afrikaander ist ein Einzelgänger geblieben, der jederzeit bereit ist, seine Existenz zu verteidigen. Das

Vaterbild trägt in einem solchen Kontext notwendigerweise weniger furchtbare Züge. Die negativen Gefühle richten sich im wesentlichen gegen andere Dinge, und zwar wirkliche Gegenstände und nicht symbolische Bilder.

Bei gewissen schwarzen Völkerschaften in anderen afrikanischen Regionen ist hingegen das Vaterbild noch stärker als in Europa von Wahnvorstellungen geprägt. Als Berater (für Sprachstörungen) des Amtes für Angelegenheiten des frankophonen Afrika hatte ich Gelegenheit, senegalesische Studenten zu untersuchen, die in Frankreich ihre Studien vervollständigten. Einige von ihnen litten unter ausgesprochenen Rhythmusstörungen. Eine Heilung war um so schwieriger, als sie zuvor ein absolut kolossales Vaterbild hätten überwinden müssen. Der in ihrem Unbewußten verankerte Vater war ein eigentlicher Riese, ein phantastisches Wesen. Auch hier hatte die Kultur den Menschen geprägt. Diese Kinder sahen ihren Vater nur ein- oder zweimal im Jahr während der Erdnußernte, denn als Nomade war er ständig unterwegs, aber an jedem Ort hatte er eine Frau und Kinder. Man wartete lange auf ihn. Er kam, man feierte ihn, er sorgte für die nächste Schwangerschaft und brach sogleich wieder auf, in den Glorienschein seiner Männlichkeit und seines Herrschaftsanspruchs gehüllt. Ich denke dabei an einen dieser jungen Senegalesen. Als er von den Kindern seines Vaters sprach, erklärte er mir nicht ohne Mühe, es seien ungefähr »dreißig . . . dreißig . . .« (diese Zahl wiederholte er etwa ein dutzendmal, das Adverb »ungefähr« sprach er hingegen ganz schnell aus). Diese mehrmalige Wiederholung, gefolgt von einer Flucht nach vorne, zeigt, so meine ich, die zugrunde liegende Wirklichkeit deutlich auf: Die väterliche Macht ist berechtigt, in ganz Senegal für Nachkommenschaft zu sorgen, aber auf sprachlicher Ebene kommt man nur unter größten Schwierigkeiten an sie heran. Wie es sich gehört, trug auch die Mutter das Ihre zur Größe des Vaterbildes bei. Diese Mutter existierte nur in ihrer Beziehung zu ihrem gelegentlichen Gatten und hatte für ihn nur Existenzberechtigung in ihrer Funktion als Gebärerin. Auf diese Weise entstand ein besonders bemerkenswertes Ödipus-Dreieck. Es kann den Leser dieses Kapitels nicht mehr verwundern, daß der Sohn unter solchen Umständen ein Stotterer wurde. Die intensive Bemutterung fixiert das Kind in einem frühen Entwicklungsstadium. Wenn die Sprache davon betroffen ist, so können sichtbare Spuren kindlicher Ausdrucksweisen erhalten bleiben, insbesondere des zweisilbigen Geplappers, das immer – wir kommen darauf zurück – eine Art von Besingen der Mutter darstellt. Es versteht sich von selbst, daß nicht alle jungen Senegalesen Stotterer sind; ein solcher Prozeß wird nur ausgelöst, wenn andere Elemente mitspielen (ebensowenig sind alle Söhne übermächtiger Mütter ipso facto homosexuell). Doch die Sprachen in diesem Teil Afrikas sind besonders reich an verdoppelten Silben (bubu, dudu, nunu, mamadu usw.). Andererseits haben viele Bantus Mühe, flüssig zu sprechen, obwohl sie sehr viel und gerne reden.

Komplexe (im psychoanalytischen Sinne des Wortes) äußern sich jedoch nicht unbedingt in Rhythmusstörungen, auch daran muß erinnert werden. Man brachte eines Tages einen bekannten Schauspieler zu mir, der noch immer am Leben ist. Er spielte eine Hauptrolle in einem qualitativ bemerkenswerten Film, aber die Dreharbeiten mußten unterbrochen werden, weil er plötzlich zu stottern begonnen hatte. Er hatte einen, zwei, drei, zehn Ärzte konsultiert, stotterte aber noch immer. Seine Beunruhigung wuchs von Tag zu Tag und löste am Ende ein eigentliches Trauma aus. Man mußte ihn wegen seiner Depressionen hospitalisieren. Der vielversprechende Film wurde nie zu Ende gedreht. Unser verzweifelter Schauspieler mußte erkennen, daß die Wochen erzwungenen Nichtstuns seinen Zustand nicht verbesserten. Etliche Zeit später traf ich ihn in meiner Praxis an. Innerhalb weniger Minuten erlöste ich ihn ein für allemal von seinen Störungen. Ganz einfach indem ich einen Wachspfropfen entfernte, der sein rechtes Ohr verstopfte! In seinem Fall handelte es sich folglich um ein rein mechanisches Stottern.

Bleiben wir noch in der Welt der Schauspieler. Ich habe schon erwähnt, daß einige Theaterschauspieler notorische Stotterer waren. Sieht man etwas genauer hin, so bemerkt man, daß das kein Zufall ist. Für viele Stotterer sind die berühmten Bretter, die die Welt bedeuten, ein hervorragendes Mittel der Selbstbestätigung und der Selbstverwirklichung, wodurch gleichzeitig auch die intrapsychischen Komplexe überwunden werden, die (neben anderen Ursachen) für ihr Stottern verantwortlich sind. Ein Stotterer ist von seinem psychologischen Profil her ein Kandidat für eine Theaterkarriere.

Die Versuchung, Theater zu spielen, wird noch dadurch verstärkt, daß das Stottern auf der Bühne verschwindet. Dafür gibt es verschiedene Gründe. Einige Schauspieler wenden, sobald sie spüren, daß sie stolpern könnten, Tricks à la Jouvet an. Manche sind nicht einmal darauf angewiesen: Sie werden vom Bewußtsein getragen, daß sie den Text, den sie gerade rezitieren, *auswendig kennen.*

Deshalb müssen sie den Inhalt ihrer Sätze, die Entwicklung der Gedankengänge nur von fern kontrollieren, und sie können ihre volle Aufmerksamkeit der Intensität, der Stimmodulierung usw. widmen. Dadurch wird der richtige Rhythmus von selbst gewährleistet. Die Stimmbildung wird direkt gesteuert, ohne daß eine Kontrolle durch das Gehör notwendig wäre. Vor allem aber fällt von dem Augenblick an, da der Schauspieler nicht mehr an das denken muß, was er als nächstes zu sagen hat, dieser Zustand dahin, daß man sich auch noch auf das konzentrieren muß, was man anschließend sagen wird (dieses stille Wort, das sich im Gehirn formt, bevor es ausgesprochen wird, und das mit dem anschließend ausgesprochenen Wort interferieren kann).

Ich habe aber auch hartnäckige Stotterer angetroffen, die nicht imstande waren, einen auswendig gelernten Text zu rezitieren, ohne zu straucheln. Hier spielt die Hautsensibilität mit, über die ich bereits gesprochen habe. Solche Menschen verfügen über eine nur ungenügende Hautkontrolle: Es gelingt ihnen nicht, unter beliebigen Umständen mit anderen zu sprechen, weil sie es nicht fertigbringen, zu sich selbst zu sprechen. Läßt man einen Stotterer der ersten Kategorie allein und laut in einem Zimmer sprechen, in dem man ohne sein Wissen (um jede Hemmung auszuschalten) Mikrophone angebracht hat, so stellt man sogleich fest, daß er völlig normal artikuliert. Weil er zu sich selbst sprechen muß, ist er auch gezwungen, auf sich zu hören. Als ich diese Experimente durchführte, habe ich als Ergebnis notiert: »Er spricht mit freier, gemessener, oft volltönender Stimme, er folgt mit seinen Worten wunderbar seinem Gedankengang, mit dem er innig vertraut ist.« Ich hatte jedoch auch noch hinzugefügt: »Dieses großartige Zusammenspiel bricht zusammen, sobald der Reiz des Alleinseins dahinfällt. Der Rhythmus verliert jede Ähnlichkeit mit dem anfänglichen Redefluß und, ein wesentlicher Punkt, der bei der Analyse der Aufnahmen ins Auge sticht, der Tonfall seiner Stimme verändert sich: Er wird monoton, verliert seine Qualität und seinen Wohlklang.« Ein Stotterer der zweiten Kategorie zeigt unter den gleichen äußeren Bedingungen sozusagen keine Veränderung. Er stolpert über seine Sätze, auch wenn man ihn ganz allein läßt, es gelingt ihm nicht, den unter diesen Umständen einzig möglichen Gesprächspartner, nämlich sich selbst, richtig anzusprechen.

Ein letztes Detail zu den Möglichkeiten der Stotterer. Nicht nur können viele von ihnen wegen ihrer unausgewogenen Persönlichkeit Schauspieler, und sogar hervorragende Schauspieler, werden, viele sind auch imstande, sich als Sänger zu profilieren. Diese Selbstkontrolle beruht ebenfalls auf einem Auswendiglernen, die große Lautstärke verbessert das Hören, und schließlich ist die Latenzzeit für jede der Silben lang genug, um eine Verdoppelung zu verhindern.

***

Das Stottern gehört zweifellos zu den am schwierigsten zu analysierenden Problemen der gesamten Audiopsychophonologie, und es liegt mir fern zu behaupten, ich hätte es aufgeklärt. Die in diesem Kapitel dargelegten Erkenntnisse sind bloße Prolegomena zu einem erst noch zu errichtenden oder zumindest zu vervollkommnenden System. Ihnen kommt immerhin das Verdienst zu, daß sie viele überkommene Vorstellungen, die den Zugang zum eigentlichen Phänomen verstellen, als zweifelhaft erscheinen lassen. In der Fachliteratur findet sich ein unglaublich verwickeltes Sammelsurium von Definitionen und Theorien, in dem man sich kaum mehr zurechtfindet. Daraus läßt sich ersehen, daß das Stottern eben ein besonders schwierig zu beurteilendes klinisches Problem ist. Die für diese Störung gegebenen Erklärungen hängen je nach Epoche mit wissenschaftlichen Untersuchungen oder aber mit persönlichen Zwangsvorstellungen der betreffenden Forscher zusammen. Die darin sich äußernden Meinungsverschiedenheiten sind unüberbrückbar. Der ganze Fächer möglicher Ursachen wird angeführt: von einem Defekt im Erbgut bis zum psychoanalytischen Konflikt.

Etwas ist jedoch sicher: Welches auch die eigentliche Ursache sein mag, sichtbar wird das Symptom dann, wenn Schwierigkeiten beim Hören vorhanden sind. Dieser Gehördefekt (ob die Ablehnung des Vaterbildes oder nur ein Klumpen Ohrenschmalz die Ursache ist) kann eine Folge von ungleichen Verzerrungen in den beiden Ohren oder einer andersartigen Asymmetrie sein, doch die Anomalie ist immer auf eine fehlende auditive Lateralität zurückzuführen. Man darf deshalb sagen, wobei wir auf eine bereits in den Einzelheiten begründete Metapher zurückgreifen, daß der Stotterer *die Töne nicht anzupeilen* vermag.

Bei ihm ist der Kontroll-Regelkreis gestört. Ich muß ergänzend hinzufügen, daß ich den Ausdruck »Kontroll-Regelkreis« zu Beginn der fünfziger Jahre eben aufgrund von Beobachtungen an Stotterern gewählt habe. Schon die Formulierung verweist eindeutig auf die Kybernetik. Doch zu dieser Zeit waren die Theorien von Norbert Wiener in Frankreich praktisch noch unbekannt, und auch ich kannte sie nicht. Als ich erfuhr, daß dieser hervorragende Mathematiker 1949 die Grundlagen zu einer Wissenschaft erarbeitet hatte, die sich dem »Studium der Regelungsmechanismen« (»control«) und der Kommunikation bei Tieren und in Maschinen widmete, wurde ich mir gleichzeitig bewußt, daß ich alles in allem Kybernetik betrieben hatte, ohne es zu wissen. Ich war freilich weder der einzige noch der erste. Der Begriff »Kybernetik« ist vom griechischen Wort »kybernesis« abgeleitet, das »Lenkung, Steuerung« bedeutet. Noch bevor er von Ampère als Bezeichnung für die Kunst des Regierens verwendet wurde, war er bereits in den Texten von Platon benutzt worden. Doch der griechische Philosoph dachte noch nicht an die Konsequenzen der heutigen kybernetischen Theorien: Fernsteuerung, Automatisierung usw. Doch die ursprüngliche Vorstellung, auf der diese Theorien aufbauen, findet sich zweifellos bereits im antiken Denken. Sobald in einem theoretischen System der Ausdruck »Regelkreis« auftaucht, kann man sicher sein, daß es sich um eine kybernetische Auffassung handelt. Wie dem auch sei, die Kybernetik erwies sich für mich als außerordentlich fruchtbar: Ihr verdanke ich es, daß ich so tief in das Wesen nicht nur der Rhythmusstörungen, sondern aller, ob normalen oder pathologischen, mit dem Hören und dem Sprechen zusammenhängenden Äußerungen vorzudringen vermochte.

Bei der weiteren Beschäftigung mit Stotterern entdeckte ich noch andere hochinteressante Dinge. Ich kann nicht auf alle eingehen, möchte aber noch einen Punkt, der mich immer wieder erstaunt hat, hervorheben.

Als ich mit der Lektüre der Heiligen Schrift begann, stellte ich fest, daß dieses Studium für mich sehr bereichernd war. Spirituell selbstverständlich, aber auch intellektuell. Ich kannte schon vorher das vom Evangelisten Markus (7,33–35) aufgezeichnete Ereignis, als ein Stotterer von Christus geheilt wurde: »Und er nahm ihn aus der Menge heraus beiseite, legte ihm seine Finger in die Ohren und berührte seine Zunge mit Speichel [...] und sprach zu ihm ›Tu dich auf‹.« Und er fügte hinzu: »Da öffneten sich seine Ohren, und das Band seiner Zunge löste sich.« Diese Heilung hatte den Exegeten Probleme aufgegeben, weil dieser Stotterer als einziger Mensch, an dem Jesus ein Wunder vollbrachte, aus der Menge herausgenommen worden war. Pater Lagrange kommt nach einer genauen Prüfung des griechischen Textes und einem Vergleich mit dem aramäischen Urtext zum Schluß, Jesus habe diese Behandlung ganz einfach deshalb abseits der Menge vorgenommen, weil er dem Stotterer auf die Zungenspitze gespuckt habe. Diese Einzelheit ist freilich für uns kaum bedeutsam. Interessant ist hingegen, daß Christus in diesem Bericht die Heilung des Stotterns von einer Öffnung des Ohrs, also des Gehörs, abhängig macht. Ich sehe darin eine Bestätigung für meine seit je vertretene Auffassung. Die symbolische Geste einer Lösung der Zunge benötigt keine zusätzliche Erklärung. Lange gestört hat mich hingegen die »Zungenspitze«: Weshalb eine solche Präzisierung? Ich begriff sie erst viel später, als ich mir bewußt wurde, daß Stotterer *im wesentlichen mit dem hinteren Teil der Zunge* sprechen.

Dieses Organ ist ein Paket aus fünfunddreißig Einzelmuskeln (beidseits siebzehn und einer in der Mitte), das bei der Lautbildung die Luft in der Mundhöhle zweiteilt: Der vordere Teil erstreckt sich bis zu den Zähnen, der hintere bis zum Kehlkopf. Zwischen diesen beiden Luftkammern wird so eine hypothetische Schranke geschaffen, die man spüren kann, wenn man ein »gö« oder »khö« ausspricht. Beim Artikulieren einer solchen Silbe wissen die meisten Leute nicht, wo sie »hinzustellen« sei, vor oder hinter die Schranke. Beim Stotterer wird sie systematisch im hinteren Teil gebildet, wie übrigens auch die meisten anderen Phoneme. Wenn er sprechen will, schließt sich diese Schranke. Das Phonem wird nach hinten geworfen. Oder er versucht, den Ton von sich zu geben und ihn gleichzeitig mit einer bestimmten Klangfarbe zu versehen, und darüber stolpert er, weil die beiden Operationen nicht miteinander verträglich sind.

Die Zunge ist ursprünglich von ihrer Struktur her ein Teil des Verdauungsapparats. Offensichtlich kann sie nur durch ihren beweglichsten Teil, mit anderen Worten ihre Spitze, zu einem Sprechorgan, und vor allem zu einem Organ für ein flüssiges Sprechen, werden. Alle

Leute, die mit dem hinteren Teil ihrer Zunge sprechen, handeln sich erhebliche (bisweilen sogar unüberwindliche) Schwierigkeiten ein. Wer hingegen mit der Zungenspitze spricht, vereinfacht sich das Leben bedeutend. Wenn man jemanden auffordert, mit der Zungenspitze zu sprechen, so kann man geradezu hören, wie seine Stimme klangvoll wird, und gleichzeitig erhält sein Gesicht mehr Ausdruck.

Ein guter Beobachter bemerkt noch etwas anderes. Die beiden Gesichtshälften sind asymmetrisch: Die rechte Seite ist aktiver als die linke. Das rührt daher, daß die rechte Mundseite stärker als die linke angeregt wird, wenn man mit der Zungenspitze spricht. Benutzt man hingegen den Zungenansatz, so stellt sich eine Asymmetrie zugunsten der linken Seite ein.

Durch einen Versuch an sich selbst kann man ohne weiteres feststellen, daß diese Bemerkungen begründet sind. Je nachdem ob man »vorne« oder »hinten« spricht, arbeitet entweder die rechte oder die linke Mundseite stärker. Auch auf der Ebene der Symbole läßt sich oft feststellen, daß rechts mit vorne und links mit hinten gleichgestellt wird.

Die rechte Mundseite ist für das richtige Sprechen zuständig, die für gewandtes Reden, aber auch für feinere Ausdrucksnuancen ideale Sprache. Alle gut sprechenden Personen sprechen rechts. Das heißt nicht, daß die linke Seite nicht auch einen Beitrag leistet. Sie ist ebenfalls, und zwar synchron, beteiligt. Doch ihre Bewegungen haben einfach eine geringere Schwingungsbreite.

Wenn man von einem Stotterer ein Elektromyogramm der Mundgegend aufnimmt (die Elektroden werden an den Lippen und den Mundwinkeln angelegt), stellt man fest, daß bei ihm die Bewegungen der rechten und der linken Mundhälfte nicht aufeinander abgestimmt sind. Diese Anarchie erklärt zum Teil die Verdoppelung der Silben. Es sieht fast so aus, als würden die beiden Mundhälften eine bestimmte Silbe nacheinander aussprechen.

So könnte man noch lange weiterfahren. Wichtig ist, meiner Meinung nach, daß man begriffen hat, wie sehr die Sprechfähigkeit mit einer Lateralisierung des Gehör-Stimme-Regelkreises auf der rechten Seite zusammenhängt. Das versuche ich bisweilen mit der Formulierung zum Ausdruck zu bringen: Ein Mensch, der alle seine Möglichkeiten ausschöpfen will, muß auch auf der linken Seite Rechtshänder sein.

DIE ENTBINDUNG AUF DER KLANGEBENE

Jemand klopfte an die Türe.

»Herein!«

Es waren meine beiden Narkoseärzte. Damals nahm ich noch viele chirurgische Eingriffe vor, und ein einziger Anästhesist als Helfer hätte nicht genügt. Mit beiden Mitarbeitern kam ich täglich zusammen, aber sie hatten nur vage Vorstellungen von meiner Forschungstätigkeit. Sie hatten jedoch einiges darüber gehört und wollten mehr erfahren.

»Nun, Tomatis, wir haben Sie aufgesucht, weil ... Also, offenbar haben Sie eine Art Maschine konstruiert?«

»Eine Maschine, ja, tatsächlich. Und?«

»Eine ... sehr wirksame Maschine?«

»Die Maschine, das stimmt, ist unter bestimmten Umständen recht nützlich.«

»Um Sänger zu behandeln, oder? Entschuldigen Sie, daß wir uns noch nicht zufriedengeben, aber man hat uns darüber Dinge erzählt, die unser Interesse geweckt haben. Vielleicht könnten Sie uns etwas ausführlicher darüber berichten?«

»Weshalb nicht?«

Ich erklärte ihnen kurz die Prinzipien der audiovokalen Rehabilitation, also der Behebung von Schäden des Gehör-Stimme-Systems, und die Funktionsweise der Apparatur.

»Selbstverständlich handelt es sich erst um einen Versuch«, fügte ich abschließend hinzu.

Sie schauten einander an.

»Versuch?« doppelte der eine nach.

»Sie haben aber eine Patentschrift hinterlegt?« fragte der andere.

»Ja, das stimmt.«

Sie schauten einander abermals an.

»Hören Sie ... könnten Sie uns diese Patentschrift nicht zeigen? Die Maschine würde eine stärkere Verbreitung verdienen, meinen Sie nicht auch?«

Darauf war ich nicht gefaßt gewesen!

»Ich muß gestehen«, fuhr ich fort, »daß ich mich jetzt gerade mit anderen Problemen befasse.«

»Trotzdem! Es ist wichtig . . .«

»Das hängt vom Standpunkt ab, auf den man sich stellt. Ich selbst habe keine Zeit, mich damit zu beschäftigen. Ich kann Ihnen nur sagen, falls jemand diese Patentschrift haben will, so gebe ich sie ihm.«

Sie nahmen sie eilfertig an sich . . . und verkauften sie wenig später an eine Gruppe weiter, mit der ich mich jahrelang abplagen mußte. Ich hatte mich kräftig zu wehren, um sie zurückzuerhalten.

Ich habe diese erbauliche Geschichte erzählt, weil das die erste Etappe in meinen Auseinandersetzungen mit der Geschäftswelt war. Ich selbst bin ein schlechter Geschäftsmann und erbärmlicher Verkäufer. Ich unterschreibe einfach alles, was man mir vorlegt. Geld sagt mir nichts. Das ist nun einmal so. Andere Interessen stehen bei mir im Vordergrund. Man kann sich nicht für alles begeistern. Schon allein die Forschung ist eine Geliebte, die einen Mann voll beansprucht.

Wie dem auch sei, solcher »Leichtsinn« in geschäftlichen Angelegenheiten brachte mir allerhand Unannehmlichkeiten ein. Paradoxerweise habe ich mir deswegen bei einigen Mitmenschen den Ruf eines Krämers, gewissermaßen eines Arzt-Generaldirektors, eingehandelt, dem Gewinne wichtiger als Heilungen sind. Das war meine Schuld, ich gebe es zu. Ich hätte nur besser aufpassen müssen. Ich arbeitete Tag und Nacht (Konsultationen, chirurgische Eingriffe, Rehabilitationssitzungen, Studium der Fachliteratur, theoretische Überlegungen usw.), denn während langer Zeit war ich davon überzeugt, daß ich nur noch einige Jahre zu leben hätte. Und so ging ich meinen Weg, ohne mich allzusehr um das zu kümmern, was neben mir und hinter meinem Rücken geschah. Ich war jedoch der einzige, der sich nicht darum kümmerte! Meine Tätigkeiten hatten aber mit der Zeit links und rechts allerlei Gerede zur Folge, wogegen ich kaum etwas zu unternehmen vermochte. Offene Kommentare vermischten sich mit Übertreibungen und reinem Klatsch. Es bildete sich eine pittoreske Legende, deren falscher Glanz einige Kollegen alarmierte, die von der Vorstellung geplagt wurden, solche mehr oder weniger begründeten Gerüchte könnten für sie, über die man viel weniger sprach, nachteilig sein. Inzwischen hatte zudem ein Sänger, den ich behandelt hatte und der für seine Redseligkeit bekannt war, in ganz Paris Loblieder über mich gesungen. Er tat es mit solcher Inbrunst, daß niemand auch nur einen Augenblick daran zweifeln konnte, er sei dafür bezahlt worden! Dieser Sänger hatte auch Freunde: Mein Name erschien in den Zeitungen. Die ärztliche Standesorganisation wurde auf mich aufmerksam. Man warf mir vor, ich hätte gegen die sakrosankten Standesregeln verstoßen und Reklame für mich gemacht.

Das war das erste derartige Abenteuer in meinem Leben. Aber nicht das letzte, leider. Und deshalb möchte ich mich hier vor aller Öffentlichkeit dazu äußern. Ich selbst habe manchmal durch Unterlassung oder zumindest Nachlässigkeit gesündigt, aber andere haben bewußt die Wahrheit verdreht. Die Angelegenheit uferte jedoch nicht aus, weil ich einen verdienstvollen Verteidiger fand.

Doktor Huet kam mir zu Hilfe. Er setzte sich gerne für jüngere Kollegen ein. Man könnte fast sagen, er habe das für seine Berufung gehalten. Er war Freund und Mitarbeiter von Maurice Delor. Er wird vielen Leuten als ein Arzt in Erinnerung bleiben, der die Medizin mit vollem Einsatz gegen alles verteidigt hat, was man ihr unter den Stichwörtern »Privilegien« und »Ideologie« vorgeworfen hat. Er hat sich konsequent für die ärztliche Freiheit eingesetzt. Als ich vernahm, er sei zum Generalsekretär der freien Krankenhäuser gewählt worden, war ich davon überzeugt, er sei der rechte Mann am rechten Platz und werde seine eigenen Auffassungen durchsetzen.

Ich war ihm zuvor noch nie begegnet. Er war von gemeinsamen Freunden über meine Arbeiten informiert worden, hatte mir aber nie etwas davon gesagt. Meine Bemühungen verfolgte er jedoch mit Sympathie. Er setzte sich sogleich für mich ein, als er hörte, was man mir vorwarf. Ein ehemaliger Mitschüler vom Gymnasium in Neuilly, Sohn des bekannten Pariser Orthopäden Doktor Ducroquet, berichtete mir von dieser Intervention. Wie es sich gehört, wollte ich Doktor Huet dafür danken.

»Sie haben mir nicht zu danken«, erwiderte er. »Ich weiß, was Sie tun und wer Sie sind. Es ist das mindeste, was man für einen jungen Kollegen tun kann, der gute Arbeit leistet, daß man ihm bei solchen Schereien beisteht. Für mich ist es ein Glücksfall, wenn ich auf solche Weise nützlich sein kann. Ein wirklicher Glücksfall, das darf ich Ihnen versichern!«

Solche Glücksfälle hat es in seinem Leben oft gegeben. Immer wieder hat er junge Ärzte in Schutz genommen. Doch diese sind ihm leider nicht immer dafür dankbar gewesen. Andere blieben ihm aber in tiefer Dankbarkeit verbunden.

Ich meinerseits hielt den Kontakt mit ihm aufrecht. Gespräche mit ihm waren immer bereichernd. Seine Auffassung von der Rolle und den Pflichten des Arztes war für mich ein Musterbeispiel von Loyalität. Seine immerwährende Hilfsbereitschaft stellte er unter Beweis, als er mir eines Tages telefonisch mitteilte:

»Ich habe einen Freund, G. B., den Sie unbedingt kennenlernen müssen. Ich weiß, daß Sie Mühe haben, die für Ihre Forschungsarbeiten notwendigen Gelder aufzutreiben. Kommen Sie doch bei mir vorbei. Er ist eine dynamische und einsatzfreudige Persönlichkeit. Ich habe ihm von Ihnen erzählt. Er wäre vor allem an Ihren Arbeiten auf dem Gebiet der Sprachen interessiert. Vielleicht kann er Ihnen behilflich sein, ich weiß es nicht. Rufen Sie ihn doch an . . .«

Einige Tage später verabredete ich mich also mit der betreffenden Persönlichkeit.

»Huet hat mir von Ihrer Maschine erzählt«, sagte er ohne Umschweife. »Ich bin sicher, Sie können mir in Sachen Sprachunterricht aus der Patsche helfen.«

Er verlor keine Zeit mit vagen Andeutungen, war aber auch, wenn es sein mußte, ein guter Diplomat. Als geborener Organisator sah er sogleich die praktische Seite der Dinge. Er war kein Träumer. Unablässig verfolgte er die verschiedensten Projekte, größere und kleinere. An neuen Ideen fehlte es ihm nie. Ein wirklich »kreativer« Mensch, würde man heute sagen, ein Katalysator erster Güte, ein unvergleichlicher Koordinator, und erst noch begabt für »Public Relations«. In allen Bereichen hatte er Beziehungen zu Leuten, die ihm wichtig zu sein schienen. Er stellte die richtigen Kontakte her. Und darüber hinaus brachte er es auch fertig, einen wissenschaftlichen Geist dazu zu ermuntern, sich bestimmte Fragen zu stellen und gewisse Probleme zu lösen, was für ihn wiederum von Nutzen sein konnte.

Was mich betraf, so setzte er mich – als ich mich bereit erklärt hatte, zwar nicht für ihn, aber mit ihm zusammen zu arbeiten – auf zahllose Probleme an. Einige ließen sich nicht lösen, andere brachten mich bei meiner Arbeit weiter. Ich wurde in einen Strudel von Arbeiten hineingerissen, im Vergleich zu dem alles, was ich bis jetzt getan hatte, geradezu als maßvoll bezeichnet werden durfte.

»Ich werde Sie berühmt machen«, hatte er mir versprochen.

Ich muß sagen, daß er mit Geld nicht knausrig umging. Manchmal fragte ich mich, ob ich wirklich ein Fachmann für Audiophonologie oder nicht etwa eine von einem neuen Barnum entdeckte Jahrmarktattraktion sei.

Selbstverständlich unterstützte er mich nur in solchen Bereichen derart tatkräftig, wo er sich durch diese Förderung eigene Vorteile versprach, wogegen im Grunde genommen nichts einzuwenden war. Dank ihm wurden meine Ideen weitherum bekannt. Dank ihm erhielt aber auch meine Tätigkeit in den Augen vieler Leute einen Anstrich von Geschäftstüchtigkeit. Manche fragten sich, ob das Elektronische Ohr, das untrennbar mit meinem Namen verbunden war, wirklich eine Apparatur für die Behebung von Gehörschäden oder nicht eher eine Geldscheffelmaschine sei.

Dafür hatte ich volles Verständnis. Wäre ich nicht selbst daran beteiligt gewesen und hätte ich nach dem äußeren Schein ein Urteil abgeben müssen, so würde ich mich vielleicht ebenfalls als Geschäftemacher betrachtet haben. Mein Ansehen bekam jedenfalls etliche Kratzer ab. Zuerst achtete ich nicht darauf. Als mir endlich die Augen aufgingen, war es zu spät. Die Leute, die mich für einen Scharlatan hielten, waren mit ihren Anschwärzungen schon zu weit gegangen, als daß sie noch hätten zurückkrebsen können, ohne sich vor sich selbst und ihren Mitläufern lächerlich zu machen. Um so heftiger wandten sie sich gegen mich.

Das muß ich meinem Partner als Passivposten anrechnen. Doch ich übersehe deshalb nicht, was ich ihm alles verdanke. Jede Medaille hat eine Vorderseite, aber jede Vorderseite hat ipso facto eine Kehrseite. Er forderte mich derart, daß ich geradezu gezwungen war, meine Ideen immer klarer zu formulieren und meine Extrapolationen noch weiter voranzutreiben. Eine solche Selbstdisziplin kann nur heilsam sein, und ich bin ihm dafür dankbar, daß er mir während all dieser Jahre unermüdlich im Nacken saß.

Indem er mich beispielsweise nötigte, Vorträge zu halten, verschaffte er mir eine Gelegenheit, meine Entdeckungen zugleich von einer höheren Warte her darzustellen und in den Einzelheiten klarer zu überdenken. Dank dieses Zwangs zur Formulierung erkannte ich auch ihre Vorzüge und ihre Mängel besser. Ich gewann dadurch Abstand, und das ist für die menschliche Intelligenz das beste Mittel, um rasch weitere Sprossen zu erklimmen.

Durch die Vermittlung meines Partners kam ich auch in Kontakt mit einigen Spitzenwissenschaftlern von internationalem Ruf. Solche Begegnungen haben mir, auch wenn sie nicht lange dauerten, viel gegeben. So habe ich Zugang zur intellektuellen Hautevolée wie Huxley oder Oppenheimer gefunden. Wissenschaftler zusammenzubringen war wirklich eine fixe Idee dieses Mannes. Eines Tages setzte er sich in den Kopf, ein großes wissenschaftliches Zentrum zu gründen, das einige der bedeutendsten Geister aus der zeitgenössischen Wissenschaft aufnehmen sollte. Ein ehrgeiziges, aber, soweit ich es beurteilen konnte, durchaus wertvolles Vorhaben. Leider verband er das Projekt mit einem spekulativen Immobiliengeschäft, an dem er scheiterte. Am Anfang war es darum gegangen, eine großartige Idee zu verwirklichen, am Ende blieben einige Villen und Appartements übrig, für die ein Käufer zu suchen war. Es war ihm nicht gelungen, die beiden Seiten des Unterfangens, die wissenschaftliche und die geschäftliche, miteinander in Einklang zu bringen. Geld hatte für ihn zweifellos eine zu starke Anziehungskraft. Doch alles ging schief. Er bekam selbst größte Schwierigkeiten und mußte sich längere Zeit aus dem Geschäftsleben zurückziehen. Ich sage lieber nicht, wie ...

So gewann ich zu meiner großen Befriedigung meine Denk- und Handlungsfreiheit zurück. Doch die Beziehungen zu Geschäftsleuten waren nicht ganz abgebrochen. Ich hatte einen Mitarbeiter des Rokkefeller-Teams kennengelernt, der mir eines schönen Tages vorschlug, meine Forschungstätigkeit in Frankreich aufzugeben und in einem Laboratorium an der Georgetown University in den Vereinigten Staaten zu arbeiten:

»Welche Zukunft haben Sie hier?« fragte er mich. »Die aller französischen Wissenschaftler. Keine Kredite, kein Ansehen. Bei uns werden Sie es viel besser haben. Wir sind großzügig. Glauben Sie mir, das wäre das beste Mittel, um mit Ihren Schulden ... und Ihren Verleumdern fertigzuwerden!«

»Hören Sie«, erwiderte ich, »Sie vergessen etwas, was für mich wesentlich ist: Ich bin nicht nur ein Mann des Laboratoriums, ich bin auch Therapeut. Ich will auf meine ärztliche Tätigkeit nicht verzichten.«

»Überlegen Sie es sich doch! Die wissenschaftliche Arbeit ist Ihre Stärke. Alle diese Konsultationen sind nur vergeudete Energie und Zeit.«

»Sie irren sich. Ich habe immer aus Tatsachen gelernt. Und den Tatsachen begegne ich in meiner Praxis.«

»Davon haben Sie aber schon genügend gesammelt. Was bringt es Ihnen, wenn Sie noch zehn, zwanzig, hundert oder tausend zusätzliche Patienten untersuchen und behandeln?«

»Sie irren sich abermals. Fortschritte in der Wissenschaft sind nur möglich, wenn man neue Probleme zu lösen hat. Das ist zumindest meine Meinung. Weder Untersuchungen noch Behandlungen sind reine Routine. Immer wieder tauchen unerwartete Schwierigkeiten auf. Was man für endgültig gelöst betrachtet hat, muß wieder in Frage gestellt werden usw. Solche fortwährenden Korrekturen bringen den Forscher unmerklich einer Wahrheit näher, die jedoch nie ganz erreicht wird. Fortschritte brauchen Zeit. Doch ohne diesen Widerstand der Fakten würde ich vom richtigen Weg abkommen. Vielleicht würde ich rascher Fortschritte erzielen, aber nicht in der guten Richtung. Kurz gesagt, der Kontakt mit meinen Patienten ist für mich anregend, bewahrt mich vor zu schönen und zu reinen Extrapolationen und zwingt mich fortwährend, mich auf das Wirkliche zurückzubesinnen. Es ist eine Art Sicherung, wenn Sie so wollen ...«

»Wenn Sie in einem Laboratorium arbeiten, werden Sie andere Kontrollmöglichkeiten finden. Sie sind ja nicht der erste Wissenschaftler, der unter solchen Bedingungen arbeitet. Sie können mir nicht weismachen, alle anderen gingen in eine falsche Richtung.«

»Sicher nicht! Was ich Ihnen gesagt habe, gilt nur für mich. Ich brauche Menschen, Patienten, die mir gegenübersitzen, Papier genügt mir nicht. Zudem habe ich soeben meine Freiheit wiedergefunden, die ich mir von jetzt an nicht mehr nehmen lassen will.«

»Überlegen Sie sich noch einmal mein Angebot. Vielleicht ändern Sie Ihre Meinung.«

»Offen gesagt, ich glaube es kaum. Ich möchte Ihnen raten, auf dieses Vorhaben zu verzichten.«

Einige Tage später nahm er abermals Kontakt mit mir auf.

»Doktor Tomatis, ich bin davon überzeugt, daß es in unserem beidseitigen Interesse ist, daß Sie sich in den Vereinigten Staaten niederlassen. Seien Sie vernünftig. Ich kann mein früheres finanzielles Angebot um die Hälfte erhöhen. Was sagen Sie dazu?«

»Ich habe meine Meinung nicht geändert. Ich brauche meine Freiheit und den direkten Kontakt zu meinen Patienten.«

Er täuschte sich bezüglich meiner Haltung und glaubte, ich möchte bloß noch mehr Geld herausschinden. Die Angebote kletterten deshalb in die Höhe. Täglich wurde die Brieftasche dicker. Der Amerikaner blieb hartnäckig. Ich gewann den Eindruck, ich sei ein Gegenstand auf einer Auktion.

Die Sache wurde ruchbar und sprach sich herum. Ein Vorstandsmitglied der ärztlichen Standesorganisation schrieb mir einen Brief etwa folgenden Inhalts: Ich höre, Sie seien dabei, sich für vierhundert Millionen »an die Amerikaner zu verkaufen [sic]. Das ist viel Geld, aber Sie können das der französischen Medizin nicht antun.« Es war tatsächlich viel Geld, das man mir angeboten hatte, aber nicht vierhundert Millionen, sondern anderthalb Milliarden (alte Franc)! Ich begnügte mich damit, dem Briefschreiber, dem die Interessen der französischen Medizin derart am Herzen lagen, zu antworten, er könne ruhig schlafen, das Geschäft käme nicht zustande, und zwar aus dem glänzenden Grund, daß ich kein käuflicher Mensch sei, nie gewesen sei und nie sein würde.

Man hatte mir geraten, mir die Sache zu überlegen, aber ich nahm mir diese Mühe nicht. Die Überlegung war gemacht. Ich habe keine einzige Minute meines Schlafes dafür hergegeben, um mit mir selbst ins reine zu kommen. Viele Leute in meiner Umgebung wurden jedoch mit der Zeit immer aufgeregter. Die Höhe der Summe versetzte sie in einen wahren Trancezustand. Meine Absage war für einige von ihnen empörend. Ich brachte alle jene zur Verzweiflung, die gehofft hatten, bei dieser Transaktion könnten sich auch einige Brosamen in ihre Tasche verirren. Einer von ihnen wollte sich nicht geschlagen geben. Er reiste in die Vereinigten Staaten, um mich zu seinem Nutzen zu verkaufen: sechsunddreißig Millionen für mich, der Rest für ihn! Doch er hatte kein Glück. Sonst habe ich alles blind unterschrieben, aber diesmal blieb ich hart. Mein Mittelsmann explodierte förmlich! Das war mehr, als er ertragen konnte. Er verlor fast den Verstand.

Was mich betrifft, so beglückwünschte ich mich täglich, daß ich nicht nachgegeben hatte. Ich bin davon überzeugt, daß ich in den Vereinigten Staaten weniger fruchtbar gearbeitet hätte als in Frankreich. Sicher, dort hätte man mir perfektestes Material zur Verfügung gestellt. Doch aufwendige Mittel haben noch nie jemandem das Denken erspart. Und Ideen, ich sage es noch einmal, werden durch Schwierigkeiten ausgelöst, weil man durch sie zum Nachdenken gezwungen wird. Sie sind lebensnotwendig. Ich habe also bei diesem Abenteuer auf gewisse materielle Vorteile verzichtet, die mir, nachdem meine Schulden einmal bezahlt gewesen wären, nichts genutzt hätten, weil ich kaum etwas damit anzufangen gewußt hätte. Ich habe mir dafür etwas bewahrt, das sich nicht mit Geld aufwiegen läßt, nämlich das Privileg zu kämpfen, das Privileg, mich mit hartnäckigen Fakten abzuplagen, die nein zu den Vermutungen sagen, das Privileg, mich für die enge Pforte und den schmalen Weg zu entscheiden.

Wäre ich ausgewandert, so hätte ich überdies die Möglichkeit aufgegeben, vielerlei Phänomene in aller Naivität anzugehen, das heißt nach Descartes' hübscher Formulierung, unter sorgfältiger Vermeidung von Überstürzung und Voreingenommenheit. Ich wäre die Geisel meiner Hypothesen geworden, anstatt sie fortwährend in Frage zu stellen. Ich hätte alles durch die verzerrende Brille meiner Rolle als patentierter Forscher betrachtet, anstatt darauf zu hören, was die Tatsachen mir sagen, und mit den Ideen zu spielen, die sich bei Experimenten massenhaft in meinem Kopf bilden. Als Freischärler in Frankreich, als »verdächtiges Individuum«, blieb ich mit meinen Untersuchungen ein Reisender ohne Gepäck, der sich vor Apriori hütet und immer bereit ist, seine eigenen Ideen unter der Tyrannei neuer Fakten zu nuancieren, zu korrigieren, anzuzweifeln. Es stimmt, ich wage mich in unbekannte Landschaften vor, ohne zuerst die Reiseführer zu lesen. Es stimmt auch, daß ich ein Abenteurer der Wissenschaft bin, der im Gelände seine Bekanntschaften macht und seine Erfahrungen erwirbt. Diejenigen, die mir zuhören oder mich lesen, versuche ich weder zu verblüffen noch zu beunruhigen; ich lasse mich gerne durch das in Erstaunen versetzen, was ich sehe; ich lasse mich gerne durch die Wirklichkeit in Verlegenheit bringen. Ich fürchte mehr als alles andere den Blick, der mehr sich selbst (dem System, das er entwickelt) als den beobachteten Phänomenen glaubt. Man muß sich der Herausforderung durch die Fakten stellen, wenn man eine Chance haben will, sie zu verstehen. Wirklich gut erklärt man nur das, was nicht in ein bestehendes Erklärungsschema paßt.

Als G. B. uns verlassen mußte, nahm eine Persönlichkeit seinen Platz ein, die es in zehnjähriger »Zusammenarbeit« fertigbrachte, den Ruf unseres Sprachzentrums zu ruinieren und gleichzeitig dessen Bankkonten zu plündern. Offenbar bin ich das erträumte Opfer aller Schwindler! Mein unheilbarer Hang, den anderen Vertrauen zu schenken, zieht solche Leute zu mir hin. Schlimmer noch: Er hindert mich daran, sie zu entlarven, sobald sie einmal ihre Stellung einnehmen.

Zweifellos wird man sagen, für einen Menschen, der sich mit Psychologie befaßt und von Berufs wegen einen geschärften Blick für menschliche Haltungen und Verhaltensweisen haben sollte, sei das nicht gerade rühmlich. Damit bin ich gerne einverstanden. Es läßt sich nicht leugnen, daß ich Probleme anderer Menschen immer klarer als meine eigenen Schwierigkeiten erkannt habe. Das läßt sich zum Teil durch meine altruistische Veranlagung erklären. Und die Aufmerksamkeit, die man anderen Menschen schenkt, lenkt notwendigerweise etwas von den eigenen Problemen ab.

Wenn ich freie Hand für meine Behandlungen und Heilmethoden haben wollte, so mußte ich unbedingt die administrativen Belange delegieren. Und so überließ ich eines Tages die Unterschriftsberechtigung und die Schlüssel zum Tresor einem Mann, der sich als profitgieriger Gauner von machiavellistischer Gewandtheit entpuppte.

Der Mann war früher mein Patient gewesen: ein Stotterer. Und dieser Stotterer verhielt sich uns gegenüber als ein Verräter allererster Ordnung. Wie alle Stotterer liebte er das Geld. Doch diese Liebe war bei ihm zu einer verzehrenden Leidenschaft geworden, so daß er schon bald die Konten des Zentrums mit seinen eigenen verwechselte und sich hemmungslos bediente. Als seine Machenschaften an den Tag kamen und er uns verlassen mußte, blieben wir schlicht und einfach auf dem trockenen sitzen. Das war 1974, und von diesem Tiefschlag haben wir uns bis jetzt noch immer nicht erholt.

Diese unerfreuliche Episode war für mich eine schmerzliche, aber auch nützliche Lektion. Ich habe teuer dafür bezahlt, aber ich bedaure sie nicht. Man muß aus den Abenteuern des Lebens und den schmerzlichen Ereignissen auch lernen. Bedauerlich war freilich, daß infolge dieser Unterschlagungen verschiedene wichtige Forschungsvorhaben aufgegeben werden mußten, weil kein Geld mehr vorhanden war. Mit anderen Worten: Wegen der Habgier und der Rücksichtslosigkeit einer einzigen Person konnten Hunderte und Aberhunderte von Menschen nicht so wirkungsvoll behandelt werden, wie es möglich geworden wäre, wenn diese Arbeiten hätten zu Ende geführt werden können. Noch heute liegt vieles im argen, weil wir das von diesem himmeltraurigen Individuum verursachte Loch in der Kasse wieder füllen müssen. Durch seine Machenschaften hat uns dieser Mann erst noch in eine äußerst peinliche Lage gegenüber dem Fiskus gebracht. Von den Finanzen her gesehen kann es noch Jahre dauern, bis wir wieder festen Boden unter den Füßen haben. Das Abenteuer hat unsere Aktivitäten schwer getroffen, vom moralischen Schaden gar nicht zu reden.

Da unser Verwalter ohne unser Wissen, aber dennoch *als unser Vertreter*, überall das häßliche Gesicht eines schlauen und erfolgreichen Geschäftemachers gezeigt hatte, hat er erheblich dazu beigetragen, daß vom Zentrum und mir selbst ein weit von der Wirklichkeit entferntes Bild entstand. Die Meinung, die sich manche Leute aufgrund der schlechten Publizität gebildet hatten, für die G. B. einige Jahre zuvor gesorgt hatte, wurde dadurch noch verschlimmert. Und gerade im Zeitpunkt – und das macht die bittere Ironie der Situation aus –, da ich ruiniert war und unter den Folgen dieser Unterschlagungen schwer zu leiden hatte, wurde von mir das Bild eines skrupellosen und lebenslustigen Milliardärs gezeichnet und verbreitet.

Ich empfinde keinerlei Haß für diesen verräterischen Stotterer, obwohl er meinen Namen durch allerlei mehr oder weniger trübe Machenschaften in den Schmutz gezogen hat. Dabei ging er so geschickt vor, daß ich kaum darauf hoffen darf, meine Gutgläubigkeit je beweisen zu können. Ich empfinde also keinen Haß gegen ihn, ich bedaure ihn. Als ich ihm die für die therapeutische Effizienz des Zentrums katastrophalen Folgen seiner Umtriebe darlegte, und diese Folgen sind wirklich das einzige, was ich ihm unmöglich verzeihen kann, erwiderte er mir mit belegter und treuherziger Stimme: »Ja, ich weiß, und deswegen habe ich Gewissensbisse.« Ob das aufrichtig gemeint war? Ob er überhaupt Gewissensbisse haben kann? Ich hoffe es aus ganzem Herzen. Wenn wenigstens Gewissensbisse in dieser armen Seele etwas in Bewegung brächten, so wäre schon etwas gewonnen. Doch ich zweifle daran, ob er zu solchen Gefühlen imstande ist. Niedergeschlagenheit, ja. Angst, sicher. Aber Gewissensbisse sind etwas anderes. Darunter verstehe ich nicht bloß das unangenehme Gefühl, das solche Leute verspüren, weil es ihnen nicht mehr leichtfällt, ihr Gesicht im Spiegel zu betrachten. Mir bleibt nur etwas übrig, nämlich für diese verirrte Seele zu beten.

Als man mir weitere, kaum großartigere Geschehnisse aus dem früheren Leben dieses Mannes hinterbrachte, wurde mir bewußt, was alles an Häßlichkeit und Niedertracht im Menschen stecken kann. Ein zweifellos bedrückendes, aber nicht unnützes Schauspiel. Steht man solchen Wirklichkeiten gegenüber, so darf man nie vergessen, daß dies nur ein Aspekt der Dinge ist, und nicht einmal der am weitesten verbreitete. Die Bitterkeit in gewissen Einzelheiten darf nicht die große Schönheit des Ganzen verdecken. Auch nach dieser peinlichen Erfahrung blieb ich ein unverbesserlicher Optimist. Gewisse Menschen sind wahre Teufel, gewiß. Letzten Endes aber arme Teufel! Sie selbst sind die eigentlichen Opfer ihrer Teufeleien. Bei ihnen richtet ein Therapeut nichts aus. Gott möge ihnen gnädig sein.

***

Je weiter ich mit diesem Buch vorankomme, um so mehr bin ich mir im klaren darüber, daß ich zweifellos alle jene enttäuschen werde, die pikante Einzelheiten, spektakuläre Ereignisse, phantastische Abenteuer erwarten. Ich habe zwar erstaunliche Experimente durchgeführt, jedoch durchwegs in meinem Laboratorium oder meinem Sprechzimmer. Ich bin viel gereist, habe Vorträge gehalten, Kongresse geleitet, an allen vier Enden der Welt Ratschläge erteilt. Doch meine schönsten Reisen habe ich in meinem Labor oder im Untersuchungszimmer gemacht, wenn ich einem Kind mit inneren Schwierigkeiten zu helfen versuchte oder eine Lösung für das schmerzliche Problem eines Erwachsenen in schlechter Verfassung suchte. Bei solchen Experimenten durfte ich in unerforschte Gebiete, in unbekannte Landschaften vordringen, ganz neue Horizonte entdecken. Weil ich immer viel gearbeitet habe, hatte ich kaum Gelegenheit, Menschen aus der sogenannten besseren Gesellschaft kennenzulernen. Ich habe weder die gerade in Mode befindlichen Orte besucht, noch bin ich den Spuren berühmter Leute gefolgt. Dennoch habe ich viele hochinteressante Leute, berühmte und weniger berühmte, kennengelernt. Mein Leben mag einem Außenstehenden banal erscheinen. Es spiegelt jedoch das wider, was ich bin. Falschem Glanz habe ich in meinem Leben nie etwas abgewinnen können.

Wenn ich aus meinem Leben erzähle, so berichte ich vor allem von vorsichtigem Tasten, von Versuchen und Irrtümern: das tägliche Brot des Wissenschaftlers. Weder Wilder Westen noch süßes Leben! Für mich ist das alles aber so begeisternd und auch so erregend wie das großartigste Abenteuer. Ich begreife sehr gut, daß man von geheimnisumwitterten Dingen wie dem Kriegsschatz der Nationalsozialisten oder den monumentalen Steinskulpturen auf der Osterinsel fasziniert sein kann. Mich fasziniert vor allem, wie der Mensch den Zugang zur Sprache findet.

Was für ein wunderbares Universum ist doch die menschliche Sprache! Wir nehmen diesen phantastischen Aspekt bloß nicht wahr, weil wir seit unserer Geburt und, wie wir gleich sehen werden, sogar seit unserer embryonalen Lebensphase von ihr umgeben sind. Wenn man freilich nur etwas Distanz vom Phänomen der Sprache gewinnt, so erkennt man sofort, wie wunderbar im vollen Sinne des Wortes sie ist.

Beginnen wir beispielsweise mit der Frage, wie es dem Menschen überhaupt gelingt, artikulierte Töne hervorzubringen. Zu oft hat man diese grundsätzliche Frage als vernachlässigbar vom Tisch gewischt, indem man sich hinter einer angeblichen Evidenz verschanzte: Unser Körper sei eben mit einem ausdrücklich für die Erfüllung dieser Funktion bestimmten Apparat ausgestattet. Geradezu das Musterbeispiel einer vorgefaßten Idee. Die Lösung ist nicht hier zu suchen. Wie ich schon mehrmals gesagt habe, ist das Sprechen etwas völlig Unphysiologisches. Im Gegensatz zur Meinung der meisten Leute gibt es kein eigentliches Stimmorgan, so wie es beispielsweise Verdauungs- oder Atmungsorgane gibt. Wir sprechen mit Hilfe von Elementen unseres Körpers, die ursprünglich gar nicht dazu bestimmt waren. Die mündliche Sprache geht aus einer Kombination zweier Strukturen hervor, die eigentlich eine andere Funktion hatten, nämlich Organen, die einerseits zum Verdauungsapparat (Lippen, Mund, Gaumensegel, Zunge, Zähne) und andererseits zum Atmungsapparat (Nasenhöhlen, Kehlkopf, Zwerchfell, Lungen, Brustkorb) gehören.

Ohr und Kehlkopf haben gleichzeitig ihre ursprüngliche Funktion verloren. Der Kehlkopf ist in den Dienst der Lautbildung gestellt worden, das Ohr hat die Aufgabe übernommen, die akustische Information zu analysieren; seine ursprüngliche Aufgabe war die Schalleitung zur Hirnrinde und die Aufrechterhaltung des körperlichen Gleichgewichts gewesen. Hören und Lautbildung bedingen einander gegenseitig, insofern Ohr und Kehlkopf organisch miteinander verbunden sind, was alle anatomischen und neurophysiologischen Untersuchungen bestätigen. Es ist wahr, daß man mit seinem Ohr spricht, aber ebenso wahr ist es auch, daß der Ton das Ohr hervorbringt. Kurzum, der Mensch spricht in dem Frequenzbereich, den er hören kann, und er hört bevorzugt die gesprochenen Laute.

Woher kommt aber das Bedürfnis zu sprechen? Es genügt ja nicht, daß man mehr oder weniger artikulierte Laute hervorbringt. Andere Lebewesen wären bis zu einem gewissen Grade ebenfalls dazu befähigt, aber sie besitzen keine wirkliche Sprache. Die Sprache charakterisiert vielmehr den Menschen, durch sie unterscheidet er sich von den anderen Lebewesen. Mit anderen Worten, die Sprache bringt die Menschen einander näher. Das ist, falls man sich mit einer solchen einfachen Erklärung begnügt, die Antwort auf das Warum der Sprache. Sie wird durch nichts anderes hervorgebracht als durch den Wunsch nach Kommunikation mit anderen, ein Wunsch, der auf einem doppelten Bedürfnis beruht: einerseits die anderen durch seine eigenen Eindrücke, Gefühle, Kenntnisse usw. zu bereichern und andererseits von den Belehrungen und Mitteilungen der anderen zu profitieren. Ich bin jedoch davon überzeugt, daß die richtige Antwort auf einer ganz anderen Ebene zu suchen wäre. Von seiner Struktur her ist der Mensch eine Antenne, mit der sich ein ganzes Universum einfangen läßt, das sich ausdrückt, das seine wirkliche Gegenwart enthüllt. Der Mensch taucht in eine anscheinend grenzenlose Umwelt ein, in eine wirkliche Manifestation einer unauslotbaren Präsenz, die sich in allem enthüllt, die als eine phänomenologische Antwort auf das menschliche Suchen in allem festgeschrieben ist. Mit anderen Worten, um geradewegs auf mein Ziel zuzusteuern und den Leser zum Nachdenken anzuregen, möchte ich ganz klar festhalten, daß es nur Gott ist, der spricht, und daß es den Menschen gibt, damit er diese Botschaft – sehr ungeschickt, das sei zugegeben – in die menschliche Sprache übersetzt.

Selbstverständlich kann man sich auch nicht damit zufriedengeben und die Frage von neuem aufwerfen: Woher rührt denn dieses Bedürfnis nach einem ständigen Kontakt mit den anderen?

Als ich eine Antwort darauf suchte, erinnerte ich mich an einen Satz, den ich während meines Otorhinolaryngologiestudiums gelesen hatte. Ich befaßte mich damals mit einem Werk von Negus. Dieser englische Wissenschaftler war zu dieser Zeit der weltweit bedeutendste Kehlkopfspezialist. Er hatte ein Riesenwerk, ein eigentliches Kompendium, verfaßt. Man stieß darin auf viele neue Erkenntnisse und bereichernde Stellungnahmen. Eine Beobachtung hatte mich besonders angesprochen. Am Ende eines Abschnitts hatte er geschrieben: »Würden die Eier der Singvögel von Nichtsingvögeln ausgebrütet, so würden die Jungen, sobald sie geschlüpft sind, möglicherweise ebenfalls nicht singen«; etwas später fügte er hinzu: »Würden solche Eier von Vögeln mit einem anderen Gesang als dem der richtigen Eltern ausgebrütet, so wäre es durchaus möglich, daß sich die Jungvögel beim Schlüpfen im Gesang täuschen.«

Als meine eigenen Arbeiten so weit gediehen waren, entwickelte ich eine Hypothese, um dieses Phänomen zu erklären. Könnte nicht eine audiophonatorische Konditionierung, eine entsprechende Beeinflussung des Gehör-Stimme-Apparats, bewirken, daß die Jungvögel den Gesang der Vögel annehmen, die sie ausgebrütet hatten? Das war nicht unmöglich. Sollte es jedoch zutreffen, so mußte die erwähnte Konditionierung bereits im Ei-Stadium, *in ovo,* beginnen. Eine anscheinend sehr gewagte Vermutung. Wenn sie jedoch richtig war, so befand ich mich auf der Fährte eines der großen Geheimnisse dieses Bedürfnisses nach Kommunikation.

Ich hätte gerne selbst diese Experimente wieder aufgenommen. Doch leider fehlte es an Zeit, Geld ... und Eiern. Ich mußte darauf verzichten. Doch die Frage ließ mich nicht los, und meine Meinung wurde schon bald durch Experimente bestätigt, die der bekannte Verhaltensforscher Konrad Lorenz angestellt hatte.

Lorenz berichtet nämlich: Wenn er regelmäßig mit den Eiern gesprochen hatte, so habe er feststellen können, daß die jungen Enten nach dem Schlüpfen den Kopf ihm zuwandten und in seine Richtung rannten, sobald er zu sprechen begann. Es war, als bestehe zwischen ihnen und ihm eine wirkliche Kommunikation durch die Sprache. So wie Schmetterlinge vom Licht angezogen werden, wurden die Entlein von der Stimme des Forschers angezogen.

Wenn es bei einer Tierart einen solchen Tropismus gibt, weshalb sollte es ihn dann nicht auch beim Menschen geben? Aber auch da hatte ich Mühe, diese Frage mit meinen eigenen Mitteln zu überprüfen.

Doch das übliche Glück meinte es auch jetzt gut mit mir. Diesmal halfen mir hochinteressante Untersuchungen von André Thomas an Säuglingen. Meine Aufmerksamkeit richtete sich insbesondere auf »das Zeichen des Vornamens«, wie er es nannte.

Man kann sich kaum einen noch einfacheren Versuch ausdenken. Während der ersten zehn Tage nach der Entbindung setzt man das Kind auf einen Tisch – was keine Schwierigkeiten bereitet, weil ein Säugling so lange über eine erhebliche Spannkraft verfügt –, worauf Erwachsene, und unter ihnen auch seine Eltern, nacheinander seinen

Vornamen aussprechen. Der Säugling zeigt keinerlei Reaktion, bis seine Mutter spricht. In diesem Augenblick legt sich das Kind in deren Richtung zur Seite.

Das scheint mir genau dem Verhalten der Entlein von Lorenz zu entsprechen. Das Kind reagiert auf den Klang einer Sprache – *der einzigen Stimme, die es wahrgenommen hatte, als es sich noch im embryonalen Zustand befand.*

Daraus muß man schließen, daß das ungeborene Kind hört, was zweifellos keine vorgefaßte Idee ist. Eigene Untersuchungen über das normale Hören (die ich angestellt hatte, um die Hörprobleme von Kindern mit Leseschwäche besser verstehen und beurteilen zu können) hatten mir immer tiefere Einblicke in das Hören des Säuglings verschafft. Doch dann hatte ich aufhören müssen.

Das war für mich höchst unbefriedigend, denn die Untersuchung der Phänomene des intrauterinen Lebens lagen mir besonders am Herzen. Ich habe ganz am Anfang dieses Buches dargelegt, wie sehr ich durch mein Abenteuer als Frühgeburt geprägt worden war. Es hat in vielen Fällen meine »libido sciendi«, mein Verlangen nach Wissen, angestachelt und geleitet. Mehr als andere Menschen war ich für diese Probleme sensibilisiert. Man denke nur an die Episode im Flugzeug, das mich nach Kanada brachte, als ich gewissermaßen die Bedingungen während meines Lebens in der intrauterinen Schale nacherlebte, die meine vorzeitige Ausstoßung ausgelöst hatten ...

Hartnäckig versuchte ich deshalb zu ergründen, was ein Embryo hören könnte. Dieses verbissene Suchen ließ sich nicht allein durch wissenschaftliche Neugier erklären. Ich war immer stärker davon überzeugt, daß die stimmliche Kommunikation der wichtigste Kontakt ist, den die Mutter zu dem noch in ihrer Gebärmutter befindlichen Kind unterhält. Sobald sie ihm ein Heim in sich gegeben hat, nährt sie es auf alle möglichen Arten. Insbesondere *nährt sie es mit Lauten.* Sie tut sich dem Kind durch alle möglichen organischen Geräusche in den Gedärmen kund, vor allem aber durch ihre Stimme. Das Kind ist ringsum von einer tönenden Umgebung eingeschlossen. Aus der mütterlichen Stimme erwirbt es insbesondere seine ganze affektive Substanz. Und auf dieselbe Weise nimmt es die Grundlage der Muttersprache in sich auf – doch wir wollen nicht vorgreifen.

Es kommt also eine ursprüngliche audio-vokale Kommunikation zustande. Sobald der Regelkreis sich vollkommen eingespielt hat, schöpft der Embryo aus diesem fortwährenden Zwiegespräch ein Gefühl der Sicherheit, das ihm eine harmonische Entfaltung ermöglicht.

Ich dachte mir schließlich ein System aus, durch das sich eine Vorstellung vom intrauterinen Hören gewinnen ließ: Außer aus Mikrophonen und Lautsprechern bestand es aus großen Kautschukdecken, die jede Störung durch Luftbewegungen (die das ganze Experiment in Frage gestellt hätten) zu verhindern hatten. Leider verfügte ich nicht über auch im Wasser verwendbare Mikrophone und Lautsprecher. Doch das Gerät war trotz allem recht gut brauchbar. Damit ließen sich die akustischen Eindrücke des Fötus studieren.

Der Embryo hört ein ganzes Spektrum von Tönen, hauptsächlich tiefe Frequenzen, doch das menschliche Ohr wirkt dank seines inneren Baus als Filter und nimmt, wenn es mit Wasser gefüllt ist, nur eine Auswahl dieser Frequenzen wahr. Die lautliche Umwelt, in der sich das ungeborene Kind befindet, ist somit außerordentlich reich an Tönen verschiedenster Kategorien. Der Embryo hört die gurgelnden Töne in den Gedärmen wie eine Art Galopp, er nimmt aber auch wahr, wie Lymphflüssigkeit beim Verdauungsvorgang die Darmwand durchquert, er hört die Herztöne; er erfährt das rhythmische Atmen als ein fernes Ein- und Ausfließen und so fort. Und die mütterliche Stimme wird als ein feines Geräusch wahrgenommen, das zu allen anderen Tönen als ein Code von besonderer Qualität hinzukommt.

Von diesen Elementen her versuchte ich mit anderen Anordnungen zu ergründen, wie sich das fötale Ohr gegenüber der Musik und anderen Lautkombinationen verhält. Und immer war eine phantastische Realität zu beobachten, die angenehm in den Ohren klang. Das akustische Umfeld erinnerte ein wenig an den afrikanischen Busch in der Abenddämmerung (zumindest wie wir ihn uns vorstellen und wie ihn Filme uns vermitteln): ferne Rufe, Echos, ein flüchtiges Rauschen, Meereswellen usw.

Diese Erfahrungen waren wirklich faszinierend, und ich führte reihenweise derartige Versuche durch. Nach einiger Zeit genügte mir dieses einsame Erlebnis nicht mehr: Ich mußte es an andere weitergeben.

Einen meiner Patienten kannte ich besonders gut, denn er hatte mich wiederholt aufgesucht. Man gestatte mir an dieser Stelle eine kurze Abschweifung, denn sein Fall hatte zwar nichts mit dem intrauterinen Hören zu tun, war aber dennoch höchst interessant. Der Mann hatte eine Stimme von schlechter Qualität, ein Problem, das mit einer Behandlung unter dem Elektronischen Ohr zu lösen war. Er konsultierte mich aber auch wegen eines ganz anderen sprachlichen Problems.

M. B. T., von Natur aus ein umgänglicher und leutseliger Mann, arbeitete als Ingenieur bei einer Erdölgesellschaft. Sein Vater war Arzt, und auch er selbst hatte offensichtlich medizinisches Verantwortungsbewußtsein. Angeborene Menschenfreundlichkeit machte ihn hellhörig für soziale Fragen. Deshalb wollte er den unter seiner Leitung tätigen Arbeitern bestimmte Vorteile klarmachen, die sich aus einer von der Direktion vorgesehenen Reorganisation der Arbeitsbedingungen ziehen ließen. Während seiner Referate zu diesem Thema zeigten aber die Zuhörer regelmäßig Anzeichen von Langeweile, ja Schläfrigkeit. Er selbst hielt diese Neuerungen für wichtig, es lag ihm etwas daran. Sein sprachliches Unvermögen (das bei jedem neuen Versuch dasselbe Ergebnis zeitigte) setzte ihm schwer zu.

Die Verbesserung seiner Stimme, muß ich hinzufügen, hatte daran nichts oder so gut wie nichts verändert. In diesem Fall ging es um eine Dimension der gegenseitigen Verständigung, die man kennen muß: »Gut« sprechen allein (mit fehlerfreier Sprache und ausgezeichnetem Tonfall) genügt nicht, um gehört zu werden. Man vermag seinen Mitmenschen mit der Stimme nicht zu erreichen, wenn man vorzugsweise in gewissen Hörbereichen spricht, für die der andere taub ist.

Und gerade das war bei diesen Arbeitern der Fall. Bei ihrer Arbeit waren ihre Ohren ununterbrochen einem intensiven Lärm ausgesetzt. In der Fabrik wurden unter anderem Butangas-Flaschen aufgefüllt, und dieser Arbeitsprozeß sorgte von morgens bis abends für einen erhöhten Geräuschpegel. Die meisten dieser Arbeiter litten unter einer berufsbedingten Taubheit, und zwar weil ihre Hörkurve vor allem im Bereich der hohen Töne erheblich gestört war. Sie hatten deshalb größte Schwierigkeiten, Zischlaute zu hören und folglich einer längeren Rede zu folgen, in der solche unhörbaren Silben gehäuft vorkamen. Das Ohr mußte die nicht wahrgenommenen Töne rekonstruieren, um sich die Botschaft zusammenzureimen. Eine solche Anstrengung läßt sich während einer gewissen Zeit durchhalten. Doch das Ohr ermüdet allmählich, und damit wird der semantische Inhalt der Rede unzusammenhängend.

Ich forderte deshalb meinen Patienten auf, einen Teil der Ausführungen, die er seinen Arbeitern darlegen wollte, auf Band aufzuzeichnen. Die Analyse ergab, daß die Botschaft tatsächlich in einem Wellenbereich weitergegeben wurde, in dem sie von den Zuhörern nicht aufgenommen werden konnte. An der Sprache an sich war nichts zu bemängeln, aber sie war für die Zuhörer sozusagen unverständlich.

Ich legte M. B. T. diese Zusammenhänge dar. Ich konnte nur eines für ihn tun, nämlich ihm dabei helfen, in einem anderen Hörbereich zu sprechen. Ich wies ihn insbesondere auf Wörter hin, mit denen sich dieselben Dinge sagen ließen, die aber weniger Zischlaute aufwiesen. Diese Technik wird, nebenbei bemerkt, von gewissen Medien spontan angewandt, wenn Schläge unter die Gürtellinie ausgeteilt werden. Es läßt sich nämlich tatsächlich nachweisen, daß die Sprache ungebildeter Menschen tiefe Töne bevorzugt und hohe Frequenzen verabscheut.

Diese andere Wortwahl ermöglichte es dem Ingenieur, sich Gehör zu verschaffen. Sein Erfolg war sogar derart auffällig, daß die Direktion ihn bat, auch die Arbeiter in allen anderen Werken der Unternehmungsgruppe über die Neuerungen zu informieren.

Man darf nicht meinen, es handle sich dabei um einen Einzelfall. Mit dem gleichen Problem hatte ich mich mehrmals zu befassen, so etwa bei Pastor M., einem sehr bekannten Pfarrer der reformierten Kirche.

Pastor M. hatte im Elsaß mit gewissen Schwierigkeiten zu kämpfen gehabt, weil er sich für die Vertreter der algerischen Befreiungsorganisation (FLN) eingesetzt hatte. Die Lausanner Synode hielt ihn daraufhin für besonders geeignet, die Heilige Schrift in Arbeiterkreisen der Pariser Region zu verbreiten. Doch diese Verkündigung der Frohbotschaft stieß auf gewisse Probleme, über die er eines Tages mit mir sprach. Er kannte einige meiner Arbeiten über sprachliche Belange und hatte sich deshalb gefragt, ob nicht vielleicht ich ihm bei der Überwindung dieser Hindernisse helfen könnte.

Die Voraussetzungen dafür waren gut, denn viele der Arbeiter im Gebiet von Cachan, an die er sich wenden wollte, waren in den Werkstätten der Luftwaffe beschäftigt. Ich kannte deren Gehör und die vorhandenen Mängel. Auch hier wieder befand sich der Redner in der paradoxen Situation, daß er wegen seiner qualitativ hochstehenden Sprache nicht verstanden wurde! Nicht daß er »über die Köpfe« seiner Zuhörer hinweg gesprochen hätte, mit gesuchten oder hyperspezialisierten Wörtern: Wäre das Gehör seiner Zuhörer völlig intakt gewesen, so hätten sie ihn mühelos verstanden. Doch diese Ohren hatten gelitten, sie waren ein Opfer berufsbedingter Taubheit. Und deshalb waren sie nicht mehr imstande, die Botschaft aufzunehmen, die Pastor M. verkündete und von der er glaubte, sie sei so klar und auch so einfach wie nur möglich. Dieses Gespräch mit »Tauben« hatte auf beiden Seiten eine gewisse Ermüdung und Ratlosigkeit bewirkt, die für Pastor M. deprimierend waren. Mit Hilfe von Filtern ließ ich ihn hören, was die fraglichen Arbeiter von seiner Sprache aufzunehmen vermochten. Er war beeindruckt und ließ sich überzeugen, überprüfte seinen Wortschatz und seine Sprechtechnik. Und so erzielte er ein ausgezeichnetes Ergebnis. Seine Methode wurde als gutes Beispiel gerühmt. Er gewann innerhalb seiner Kirche immer größeres Ansehen. Und gleichzeitig damit wurden wir Freunde.

Große Volksredner passen ihre Stimme instinktiv der besonderen Verständnisweise ihrer jeweiligen Zuhörerschaft an, die sie auf Anhieb aus gewissen Reaktionen erkennen. Je nach Publikum bevorzugt ihre Stimme mehr oder weniger hohe, mehr oder weniger breite Hörbereiche. Auch die Form der Rede verändert sich, je nachdem ob Leute mit höherem oder tieferem kulturellen Niveau angesprochen werden. Wie wichtig eine psychologische Abstimmung der Sprache auf das neurophysiologische Werkzeug für die menschliche Kommunikation ist, dürfte damit meiner Meinung nach hinreichend bewiesen sein.

Doch zurück zum Ingenieur M. B. T. Auf sein Ersuchen hin half ich ihm auch bei seinen Schwierigkeiten mit der englischen Sprache. Etwas später befaßte ich mich mit seinem Kind, das bei der Einschulung Mühe hatte, und noch später mit seiner Gattin. Wie im Falle von Pastor M. entwickelten sich dadurch auch immer engere persönliche Beziehungen. Von seiner wissenschaftlichen Ausbildung her interessierte sich M. B. T. für meine Laborversuche. Auch ein gewisses Heimweh nach der Welt der Medizin, der er gerne angehört hätte, brachte ihn mir und meinen Forschungsarbeiten näher. Ich schlug ihm deshalb vor, sich die akustischen Eindrücke des Fötus anzuhören, so wie ich sie rekonstruiert hatte.

Er nahm das Angebot begeistert an. Ich bat seine Gattin, ihre Stimme auf Tonband aufzunehmen, worauf ich meinem Patienten mitteilen konnte, ich sei bereit, mit seiner Einführung in das Gebiet der filtrierten Töne zu beginnen.

Er kam in Begleitung seines Töchterchens, das sich in eine Ecke des Laboratoriums setzte, während ich dem Vater erklärte, mit welchen Methoden ich die fremdartigen Töne hervorgebracht hatte, die ich ihn hören lassen würde. Ich sagte ihm auch, ich hätte einen mit einem Gummituch geschützten Lautsprecher im Wasser plaziert. Mit Hilfe eines Tonbandgeräts spielte ich die auf Tonband aufgenommenen Worte ab. Und die gesprochene Botschaft hatte ich mit dem geschützten und im Wasser eingetauchten Mikrophon aufgenommen.

Nach einer ersten Demonstration ersuchte mich M. B. T. um eine Wiederholung und zusätzliche Erklärungen. Eine ganze Weile vergnügten wir uns mit diesem Spiel. Immer wieder hörten wir uns diese fließenden Geräusche, dieses tönende Zauberwerk an, das der akustischen Information entspricht, wie sie der menschliche Fötus aufnimmt. Anschließend entschloß ich mich, ihm vorzuführen, was ich für die Entbindung auf der Klangebene hielt. Und plötzlich hörte man eine Stimme im Zimmer. Es war das Töchterchen (es war damals neun Jahre alt), an das wir gar nicht mehr gedacht hatten und das sich uns nun auf eine Weise bemerkbar machte, die eines Science-fiction-Films würdig gewesen wäre:

»Ich bin in einem Tunnel«, sagte es. »Ich sehe ganz hinten zwei Engel, zwei weiß gekleidete Engel.«

In diesem Tonfall ging es weiter, es erzählte uns einen richtigen Wachtraum. Wir, sein Vater und ich, waren verblüfft, sprachlos. Doch dank meiner Erfahrung als Chirurg faßte ich mich rasch wieder. Ich hatte von dem, was das Mädchen sagte, nichts überhört, und mein Gehirn arbeitete fieberhaft. Und plötzlich war die Erklärung gefunden: Das Kind erlebte in diesem Augenblick seine eigene Geburt mit offenen Augen nach. Es war, als würde es sich im Gebärmutterausgang (dem Tunnel) befinden und am anderen Ende den Arzt und die Hebamme in ihren weissen Mänteln (die beiden Engel) sehen.

Der Vater hingegen hatte die Szene mit größter Angst verfolgt. Nur die beruhigende Gegenwart eines Arztes verhinderte seinen völligen Zusammenbruch. An seinem verzerrten Gesicht erkannte ich, daß ich mit dem im Gange befindlichen Experiment etwas sehr Tiefes angesprochen hatte. Von der tiefenpsychologischen Dimension der menschlichen Persönlichkeit wußte ich damals noch fast nichts, und es lag mir nichts daran, den Zauberlehrling zu spielen. Dennoch hatte ich den Eindruck, man sollte das Experiment nicht sofort beenden.

Das Kind fuhr also mit seiner Schilderung des Weges, den es bei seiner Geburt zurückgelegt hatte, fort. Nach einigen Minuten, die uns wie Jahre vorkamen, rief es aus:

»Jetzt sehe ich Mama!«

Nun konnte kein Zweifel mehr bestehen.

M. B. T. mit weitaufgerissenen Augen:

»Du siehst Mama! Du siehst Mama! Und wie siehst du deine Mama?« stammelte er, zugleich voller Schrecken und in größter Erregung.

»So«, antwortete das Kind.

Es lehnte sich automatisch zurück und nahm die für eine Gebärende typische Haltung an, bis das Tonband abgespielt war.

Dann verließ es das Laboratorium und beschäftigte sich während der verbleibenden Zeit auf seine übliche Weise, als ob nichts geschehen wäre.

Was geschehen war, war in keiner Weise geheimnisvoll. Mit meiner Versuchsanordnung hatte ich das Kind dazu gebracht, die Umstände seiner Geburt nachzuerleben. So entdeckte ich das, was ich später die *Entbindung auf der Klangebene* nannte – also den Übergang von der Hörweise in einer Flüssigkeit (das fötale Hören) zur Hörweise in der Luft (das Hören des Säuglings).

Der Embryo hört, das ist eine Tatsache, aber er hört nicht auf die gleiche Weise wie ein Mensch, der schon geboren ist. Die Hörfunktion entwickelt sich nach der Geburt. Das Ohr öffnet sich schrittweise.

Am Anfang muß das Ohr seine Aufgabe in einem flüssigen Medium erfüllen können. Die äußeren, mittleren und inneren Teile sind vor der Geburt akustisch derart angepaßt, daß sie durch das Wasser geleitete Frequenzen wahrnehmen. Die besonderen Wellen, die die Sprache übertragen, liegen im Bereich der hohen Töne. Doch nach der Geburt bleibt dieses wässrige Medium nur im Innenohr erhalten. Die beiden vordersten Abschnitte hingegen, der äußere Gehörgang und das Mittelohr, müssen sich den Bedingungen der Luft anpassen.

Während der ersten Tage unmittelbar nach der Geburt befindet sich das Kind, von der akustischen Erfahrung her gesehen, noch in einem Übergangsstadium. Zehn Tage lang bleibt das Mittelohr (insbesondere die Ohrtrompete) mit Fruchtwasser gefüllt und deshalb für die Frequenzen im flüssigen Medium empfänglich. Sobald es sich entleert hat, kann das Kind die hohen Töne nicht mehr wahrnehmen. Es befindet sich dann in einer Periode des »Tonschattens«, während der es fast nichts mehr hört. Auf diese Weise geht ihm der Tonus, die innere

Spannung, verloren, der ihm während seines Embryonalzustands das Hören hoher Frequenzen ermöglichte. Es beruhigt sich, es schläft ein. Es muß jetzt seine ganze Energie für die Vergrößerung des Akkommodationsvermögens seines Ohrs aufwenden. Dieser Lernprozeß dauert Wochen, bis der Kontakt, den es früher, als es sich noch in der Gebärmutter befand, zur mütterlichen Stimme hatte, *durch die Luft der Umgebung* wiederhergestellt ist.

Im Laufe dieses Lernprozesses öffnet sich das Trommelfell allmählich für die Welt der Töne, und zwar im Bereich zwischen 300 und 800 Hertz. Der unentbehrliche Druck in der Ohrtrompete wird schrittweise wiederaufgebaut, worauf das Kind die während seines fötalen Lebens wahrgenommenen Töne wieder hört und so insbesondere diese Stimme wiedererkennt, die im Dunkel der Gebärmutter eine Beziehung zur Mutter herstellte und ihm Sicherheit schenkte. Diese Stimme hat sich zwar verändert, aber ihr Rhythmus und ihre Modulation sind gleich geblieben. Das Kind erkennt die Stimme untrüglich wieder. In ihrer Richtung hält es von jetzt ab sein Ohr – in der Hoffnung, das intrauterine Nirvana wiederzufinden, womit es die Mutter während seines ganzen, für Sinneseindrücke bereits empfänglichen Lebens identifiziert hatte.

Wie in allen meinen Büchern möchte ich auch an dieser Stelle betonen, daß diese von der Mutter gebotene stimmliche Ernährung für die Entwicklung eines kleinen Menschen ebenso notwendig ist wie die Milchflasche. Der Säugling erwartet die mütterliche Stimme ebenso, wie er seine physische Nahrung erwartet. Die Gier, mit der Frühgeburten im Brutkasten die Stimme der Mutter »verschlingen«, ist der schlagendste Beweis dafür. Deshalb weise ich immer wieder aus voller Überzeugung darauf hin, daß bei der den Frühgeburten gebotenen Betreuung die Brutkästen mit Apparaturen für die Übertragung der mütterlichen Stimme ausgerüstet sein sollten, die so lebensnotwendig wie eine ausgewogene Ernährung ist.

Bei der künstlichen Entbindung auf der Klangebene scheint das Töchterchen von M. B. T. die Umstände seiner Geburt nacherlebt zu haben. Man hätte deshalb annehmen dürfen, durch die bloße Benutzung akustischer Informationen innerhalb eines bestimmten Frequenzbereichs ließen sich Reaktionen auslösen, die auf die tiefsten Schichten des Seelenlebens einwirkten. Mit anderen Worten, es wäre denkbar gewesen, solche Informationen, die imstande wären, klar umschriebene psychologische Wirkungen hervorzubringen, ließen sich unter Kontrolle bringen oder zumindest direkt und gelenkt beeinflussen. Vielleicht könnte man also über das Ohr bestimmte psychopathologische Störungen mildern.

Ich verfügte nicht über die Voraussetzungen, um selbst eine Antwort auf solche Fragen zu geben.

Ich fühlte, daß ich eine Einwirkungsmöglichkeit von beträchtlicher Tragweite gefunden hatte, doch ich mußte zuerst mir selbst größere Klarheit verschaffen und dazu die Meinung kompetenter Fachleute einholen.

Deshalb nahm ich abermals meinen Pilgerstab zur Hand. Ich suchte Kollegen aus dem neuropsychiatrischen Bereich auf, und zwar insbesondere solche mit psychoanalytischen Kenntnissen.

Die meisten von ihnen, vor allem die Gruppe um René Laforgue, zeigten sich interessiert. Doch sie erwiesen sich alle als überfordert. Ich wurde ausgiebig mit schönen Worten abgespeist, bekam aber kaum konkrete Hilfe. Ich wartete in meinem Laboratorium darauf, daß etwas geschehe – aber es geschah nichts!

Meine weitere Arbeit war blockiert, bis ich Doktor Bernard This kennenlernte, einen jungen Psychiater, Schüler von Françoise Dolto. This brachte einen ganz außergewöhnlichen Patienten zu mir, ein zwölfjähriges Kind. Ein dickliches, pausbäckiges Kind von erstaunlicher Vitalität. Es stieß so durchdringende Töne aus, daß meine Patienten aus dem Wartezimmer flüchteten. Alle fünf oder sechs Sekunden machte es einen hohen Luftsprung, eine Leistung, die ich bei keinem anderen Menschen je hatte beobachten können (und die man zweifellos nur in einem ganz hervorragenden Zirkus zu sehen bekommen kann). Mit beiden Füßen gleichzeitig klopfte es sich dabei auf den Rücken! Es sprach kein einziges Wort, aber sein Gesicht zeigte während der ganzen Zeit eine überaus aktive Mimik: Man hätte vermuten können, daß es pausenlos an etwas denke. Es wurde von seiner Mutter begleitet, aber es stieß diese zurück, als ob zwei Elektromagnete mit dem gleichen Pol aufeinanderprallen würden.

Ich war verblüfft. Noch nie hatte ich einen ähnlichen Fall erlebt. Und eben in diesem Augenblick betrat eine Frau mein Sprechzimmer, die ich noch nie gesehen hatte.

Eine Frau von bewundernswerter Spannkraft, mit einem reichen Wortschatz und kraftvoller Sprache: Françoise Dolto.

Nachdem wir uns gegenseitig vorgestellt hatten, bat ich sie, mir Näheres über den jungen Patienten zu berichten, dessen Geschrei, Mimik und Gestikulation noch immer nicht erlahmt waren.

»Das Kind ist schizophren«, erklärte sie mir.

»Ich habe schon von dieser Psychose gehört«, erwiderte ich. »Können Sie mir genau erklären, worin sie besteht?«

Und Dolto gab mir die Antwort:

»Wenn ich ehrlich sein will, man weiß nicht sehr viel darüber. Ich kann Ihnen nur sagen, daß Kinder wie dieses hier geistig noch nicht zur Welt gekommen sind.«

»Noch nicht zur Welt gekommen sind, sagen Sie? Das interessiert mich. Ich führe nämlich gerade eine Untersuchung über das intrauterine Leben und die Geburt durch.«

»Das ist mir bekannt! Bernard This hat es mir gesagt. Und deshalb bin ich mit diesem Kind zu Ihnen gekommen. Möglicherweise können uns Ihre Arbeiten weiterhelfen. Das wird sich erst noch zeigen müssen.«

»Ausgezeichnet«, antwortete ich. »Sehen wir uns unsere Agenden an, um einen geeigneten Zeitpunkt festzulegen.«

Ich verabredete mich auch mit der Mutter, um in meinem Laboratorium die für den Versuch notwendigen Aufzeichnungen vorzubereiten. Ein Tonband mit einer zwanzigminütigen Aufnahme wurde hergestellt.

Am festgelegten Tag fanden sich Françoise Dolto, Bernard This, das Kind, seine Mutter und ich im Laboratorium ein, das ich im Eßzimmer meiner Wohnung eingerichtet und für die Bedürfnisse der Untersuchung entsprechend verändert hatte.

Die Mutter hatte sich vor eine Wand gesetzt. Das Kind bekritzelte die gegenüberliegende Mauer mit einer Kreide, die es irgendwo gefunden hatte. Die beiden Psychoanalytiker setzten sich zur Mutter. Ich selbst befand mich in der Nähe der Türe, von wo aus ich mein System bedienen konnte.

Ich setzte meine Apparatur in Gang.

An dieser ersten Sitzung wollte ich noch nicht die Entbindung auf der Klangebene vornehmen. Ich wollte bloß dem Kind filtrierte Töne vorspielen, ähnlich den akustischen Eindrücken, die der Fötus in der Gebärmutter empfängt, und insbesondere die mütterliche Stimme, diese kodierte Botschaft, die als eine phantastische Geräuschkulisse empfunden wird. Ich hatte alle tiefen Töne herausfiltriert, damit das Kind Laute wie früher in der Gebärmutter zu hören bekam. Es blieben somit nur die hohen Töne der erwähnten Geräusche übrig. Da sich hohe Töne geradlinig ausbreiten, vermochte ich auf den Körper des Kindes ohne weiteres durch einen Lautsprecher, der auf das Kind gerichtet war, einzuwirken. Ich richtete also das Tonbündel auf seinen Kopf.

Es beruhigte sich sogleich und hörte auf zu kritzeln. Dann rannte es in meine Richtung, um das Licht auszulöschen. Innerhalb von Sekundenbruchteilen befanden wir uns in totaler Finsternis. Diese Handlungsweise machte mich sprachlos. Nicht, daß ich sie nicht begriffen hätte: Mir war im Gegenteil völlig klar, daß das Kind ganz einfach die Lichtverhältnisse während seines Lebens im Mutterleib wiederherstellen wollte. Verwirrt war ich nur, weil ich mir vorstellte, welche latente Intelligenz ein solches Tun bei diesem psychotischen Kind voraussetzte. Es entdeckte nämlich, ohne daß es sich anscheinend vorher dafür interessiert hatte, einen Schalter, der auch von einem Erwachsenen im Vollbesitz aller geistigen Fähigkeiten nicht ohne weiteres gefunden worden wäre!

Gleichzeitig fühlte ich mich etwas beunruhigt. Da ich wußte, zu welch großartigen Sprüngen dieses Kind imstande war, fürchtete ich, es könnte im Zimmer allerlei Verwüstungen anrichten. Dennoch wollte ich das Licht nicht wieder anzünden, aber ich verfolgte im fahlen Licht der Apparaturenlämpchen genau die Bewegungen des Kindes.

Während das Band abgespielt wurde, sah ich, wie sich das Kind schrittweise seiner Mutter näherte. Ich folgte ihm dabei so gut es ging mit meinem Lautsprecher. Zuletzt setzte es sich auf den Schoß seiner Mutter, ergriff deren Arme und legte diese um seinen eigenen Körper. Eine Sekunde später begann es an seinem Daumen zu lutschen. In dieser Haltung verharrte es, bis das Band abgespielt war. Es hatte sich gewissermaßen in den Leib seiner Mutter zurückbegeben, was um so bemerkenswerter war, als es sie seit etwa zehn Jahren kaum mehr zu kennen schien, ja sie bisweilen als eine ihm feindlich gesinnte Person betrachtete.

Als das Tonband abgespielt war, erhob es sich und zündete das Licht wieder an.

»Höchst interessant«, sagte Françoise Dolto zu mir. »Vielleicht könnte man noch etwas weiter gehen?«

»Treffen wir uns in einer Woche wieder«, schlug ich vor. »Dann wollen wir eine Art Entbindung versuchen.«

Die beiden Psychoanalytiker und die Mutter waren einverstanden. Wir verabredeten eine zweite Sitzung.

Als wir uns nach einer Woche erneut in meinem Laboratorium trafen, teilte uns die Mutter mit, das Kind habe erhebliche Fortschritte gemacht. Es war mehrmals auf sie zugekommen und hatte ihr Gesicht liebkost, was gar nicht seinen Gewohnheiten entsprach. Kurzum, eine Annäherung war ansatzweise zu erkennen. Für uns Ärzte war diese Entwicklung höchst ermutigend. Wir hielten es nicht für angebracht, noch länger zuzuwarten: Die Entbindung auf der Klangebene würde zweifellos die weitere Entwicklung in einem guten Sinne beschleunigen. Sie würde, so hofften wir mit Überzeugung, dem Kind den Zugang zu einer neuen Dimension ermöglichen.

Die äußeren Umstände dieser zweiten Sitzung unterschieden sich insgesamt kaum von denen vor einer Woche, zumindest am Anfang. Das Kind kritzelte wieder, bis ich das Tonband laufen ließ. Es hörte sogleich auf, rannte zum Schalter und tauchte das Zimmer in Dunkelheit, es setzte sich seiner Mutter in fötaler Haltung auf den Schoß und nahm den Daumen in den Mund.

Als ich aber von den akustischen Tönen im intrauterinen, wässrigen Medium zu den akustischen Eindrücken im extrauterinen Medium der Luft überging, war eine neue Reaktion zu beobachten. Plötzlich begann das Kind zu plappern.

Das war bereits eine Form von Kontaktaufnahme. Wir hatten somit in ihm das Bedürfnis ausgelöst, eine Beziehung zu seiner Mutter aufzunehmen, ein Verlangen, das sich bis jetzt noch nie gezeigt hatte. Das Kind gab verschiedenste Lautäußerungen von sich, aus denen sich schließen ließ, daß wir einer eigentlichen Sprachwerdung beiwohnten.

Nach dem Ende der Sitzung erhob es sich wie schon beim erstenmal von selbst, schaltete das Licht wieder ein und kehrte zu seiner Mutter zurück, der es den Mantel, den sie nicht abgelegt hatte, zuknöpfte.

»Wir sind soweit!« sagte Françoise Dolto zu mir. »Es ist endlich zur Welt gekommen.«

Dieses durch und durch symbolische Verhalten war dem Auge einer derart erfahrenen Psychoanalytikerin nicht entgangen. Das Kind hatte gewissermaßen einen Raum hinter sich zugeschlossen, den es entschieden für immer verlassen hatte: Es war aus der Gebärmutter herausgekommen und wollte nie mehr in sie zurückkehren.

Wir unterhielten uns zusammen über die Ereignisse, deren Zeugen wir eben gewesen waren, als wir bemerkten, daß das Kind verschwunden war. Ich fragte sogleich bei meinen Mitarbeitern nach, aber niemand hatte es vorbeigehen sehen. Das war weiter nicht erstaunlich, denn meine damalige Wohnung war voller riesiger und verwinkelter Korridore. Wir suchten überall, ohne Erfolg. Die Mutter war zuerst ganz aufgeregt, dann stürzte sie wie ein Pfeil auf die Eingangstüre zu. Man hätte meinen können, ein leiser Ruf habe sie nach draußen gezogen ...

Die mütterlichen Instinkte hatten sie nicht getäuscht. Ihr Sohn wartete ruhig auf dem Bürgersteig vor dem Haus. Sie brachte ihn wenig später zu uns zurück.

Am merkwürdigsten war, daß er eigentlich gar nicht unbemerkt hätte herausgehen können. Er hatte, wie eine rasche Überprüfung ergab, die Treppe für das Dienstpersonal benutzt. Auch hier wieder zeigte dieses Kind eine erstaunliche Beobachtungsgabe. Der Blick auf die Türe zu dieser Treppe war durch ein Büchergestell verdeckt, das ich aus Platzmangel im Gang aufgestellt hatte. Die meisten meiner Mitarbeiter hatten sie bis dahin noch gar nie bemerkt. Doch dieses schizophrene Kind hatte sie ohne weiteres gefunden und benutzt. Niemand von uns wäre auf diese Idee gekommen. Nur die Mutter hatte es intuitiv gespürt und so ihr Kind wiedergefunden.

Aus diesen Geschehnissen zog Françoise Dolto Schlußfolgerungen, die mir zuzutreffen schienen und zu denen ich auch jetzt noch stehe:

»Sie können feststellen«, sagte sie, »daß es nicht nur den Bauch seiner Mutter verlassen und dessen Ausgang verschlossen hat, es hat auch, um das Haus zu verlassen, einen ganz anderen Weg gesucht. Darin kommt sein Wunsch zum Ausdruck, sich von seiner Mutter zu lösen, um seine eigene Individualität zu verwirklichen und sein Leben außerhalb von ihr zu führen.«

Ich hatte geplant, die Sitzung eine Woche später zu wiederholen, was aber nicht geschah. Die beiden Psychoanalytiker waren dagegen. Sie wollten das bereits vorliegende Material genauer und sorgfältiger studieren. Überdies hatten sie eigene Vorstellungen von möglichen weiteren Schritten. Ich mache ihnen deshalb keinen Vorwurf. »Ich hätte nie gedacht, es könnte so rasch gehen«, hatte mir Françoise Dolto zugeraunt, nachdem das Kind den Mantel seiner Mutter zugeknöpft hatte. Möglicherweise war ich sogar zu rasch vorgegangen.

Zweifellos. Das schizophrene Kind fiel einige Zeit später durch eine beunruhigende Selbstaggression auf. Ich erfuhr von Françoise Dolto, es habe versucht, sich das Gesicht zu zerkratzen, und sich auch gegen seine Mutter gewandt. Hätte man also auf eine Behandlung durch Entbindung auf der Klangebene verzichten sollen? Ich konnte das, offen gestanden, nicht glauben, und die weitere Zukunft sollte mir recht geben. Der Mißerfolg, das ließ sich beweisen, war nur darauf zurückzuführen, daß wir zu rasch vorgegangen waren. Nicht die Methode war falsch, sondern die Anwendung, für die wir uns mangels Erfahrung entschieden hatten.

Françoise Dolto wollte es dabei belassen. Ich gab jedoch nicht auf. Mißerfolge waren mir, wie ich schon gesagt habe, immer eine Ermunterung zu neuen Versuchen. Ein weiteres Forschungsgebiet tat sich vor mir auf: Jetzt galt es, Mittel und Wege zu finden, um die Vorteile der Entbindung auf der Klangebene zu nutzen, ohne daß ihre Nachteile sich auswirken konnten. Ich ließ bei den späteren Versuchen größte Vorsicht walten. Auf diese Weise erzielte ich große Fortschritte, ohne daß unangenehme Zwischenfälle zu verzeichnen gewesen wären.

Die Ergebnisse waren um so bemerkenswerter, als der Prozeß sehr viel Zeit beanspruchte. Dem Übergang vom Hören im wässrigen Medium zum Hören in der Luft geht jetzt eine lange Vorbereitung voraus, deren einzelne Etappen klar festgelegt sind und kontrolliert werden. Der nächste Schritt wird jeweils erst vollzogen, wenn der behandelnde Arzt feststellt, daß vom Patienten selbst entsprechende Signale kommen. Dabei handelt es sich selbstverständlich um unbewußte, nicht explizit formulierte Hinweise, weshalb uns die Erkenntnisse der Tiefenpsychologie eine große Hilfe sind. Dank der Tiefenpsychologie sind wir imstande, die Zeichen zu erkennen, die uns das Kind ohne sein Wissen gibt. Überdies arbeiten wir fortwährend mit Psychiatern, Psychologen und Psychoanalytikern zusammen, weil wir davon überzeugt sind, daß aus gemeinsamen Bemühungen Fermente hervorgehen können, die neue Ideen zum Keimen bringen.

Dank dieser neuen Therapie habe ich jedenfalls besser begriffen, daß, so glaube ich, die Sprache aus diesem Bedürfnis nach Kommunikation heraus entstanden ist. Sie entspringt dem Wunsch, die während des Lebens vor der Geburt mit der Mutter durch Töne unterhaltene Beziehung nicht abbrechen zu lassen (oder allenfalls zu erneuern). Das Menschenwesen will die Verbindung zur äußeren Welt und zum anderen Menschen, die es während seines embryonalen Lebens mit größter Befriedigung erfüllt hat, entweder beibehalten oder wiederfinden. In diesem Sinne sind wir alle, wie einer meiner Kommentatoren einmal geschrieben hat, »nostalgisch mit der Gebärmutter verbunden«.

Der Schrei, mit dem das Kind sein Zurweltkommen einleitet, ist ein Schrei der Enttäuschung. Das Kind weint über das verlorene Paradies, in dem es sich noch vor wenigen Augenblicken im Bauch seiner Mutter befunden hatte.

Ich kenne alle Einwände auswendig, die man im allgemeinen gegen diese Theorie vorbringt: Besteht nicht zwischen dem Fötus und seiner Mutter eine grundsätzlich physische Beziehung? Übertreibt man nicht, wenn man eine Beziehung psychologischer Natur annimmt? Ich antworte darauf mit einem Argument, das der Leser schon kennt: Auch die Sprache besitzt eine physische Dimension. Durch die Schwingungen, die sie in der umgebenden Luft erzeugt, wird sie eine Art unsichtbares Organ, mit dem wir, in jedem Sinne des Wortes, denjenigen, der uns zuhört, *berühren* können.

Wenn das Wort nicht einen negativen Beigeschmack hätte, würde ich sagen, der Wunsch nach Kommunikation sei regressiv, denn durch ihn wird gewissermaßen eine symbolische Nabelschnur beibehalten oder neu entwickelt. Zumindest muß man von einer Memorisierung sprechen: Der Mensch kehrt zur Erinnerung an das intrauterine Leben zurück. Das ist freilich keine eigentliche Regression, weil diese symbolische Rückkehr in den Embryonalzustand nicht einen Rückschritt sondern im Gegenteil eine außerordentliche Chance darstellt. Man verschafft sich so gewissermaßen die Möglichkeit, die Zukunft besser zu meistern, indem man in seine eigene Vergangenheit eintaucht. Die Behandlung mit filtrierten Tönen gibt dem Ohr sozusagen seine ursprüngliche Bestimmung zurück und ermöglicht es ihm auf diesem Umweg, das fortgeschrittenste Stadium seiner Entwicklung zu erreichen, nämlich das des *menschlichen Hörens,* so wie ich es später noch definieren werde. Es stellt einen bestimmten Zustand von Aufmerksamkeit und von Gespanntsein der Elemente dar, aus denen es besteht (und welche die herausfiltrierten Töne wieder zu einer Einheit vereinigen).

Das so wiederaufgefrischte Wechselgespräch verlängert und vollendet den körperlichen Dialog, den der menschliche Embryo zu diesem ersten anderen, der die Mutter ist, aufgenommen hat. Es erfüllt das Verlangen, mit dem anderen, im physiologischsten Sinne des Wortes, eine fleischliche Beziehung zu unterhalten. Wir haben eben gesehen, wie. Geboren werden bedeutet, daß man aus einer durch die Gebärmutterwand begrenzten Umwelt in ein Milieu mit unendlich zurückweichenden Grenzen übergeht. Mit anderen Worten, der Mensch, der zur Welt kommt, wird sich bewußt, daß die Gebärmutter zu einem Universum explodiert ist. In einem gewissen Sinne verläßt man jedoch den Bauch seiner Mutter nie: Das mütterliche Milieu weitet sich bloß aus. Die Gebärmutterwände erweitern sich zur Wiege, später zum Zimmer, zur Familiengemeinschaft, zum Vaterland, zur Erde, zum Kosmos und so fort ...

Die Montagen mit filtrierten Tönen und die Entbindung haben meine eigene intellektuellen und ganz allgemein humanen Grenzen beträchtlich ausgeweitet. Daß man die Entstehung der Sprache gewissermaßen am »lebenden Objekt« verfolgen kann, hat mich veranlaßt, die Kommunikationsschwierigkeiten und die gestörte Persönlichkeitsentwicklung vertieft zu untersuchen. Dadurch bin ich über die Psychopathologie zur Psychologie gelangt, die mir wiederum die Pforte zur Philosophie geöffnet hat. Auf diesem Weg vermochte ich offener als je zuvor die Beschränktheit meiner ursprünglichen Spezialisierung, Otorhinolaryngologie und Chirurgie, zu überwinden.

Ich entwickelte mich gewissermaßen zwangsläufig. »Durch die Ohröffnung« habe ich Zugang zu allen diesen psychischen Erscheinungen gefunden, für deren Verständnis und insbesondere für deren Verständlichmachung zum Nutzen anderer meine Ausbildung von einem bestimmten Augenblick an nicht mehr ausreichte. Ich hatte meinerseits plötzlich mit einem besonderen Sprachproblem zu kämpfen. Der Wortschatz und die operativen Konzepte eines mit Elektronik vertrauten Labortechnikers reichten für meine neuen Forschungsvorhaben nicht mehr aus. Das wurde mir sehr rasch bewußt.

Ich nahm somit den Schulweg wieder unter die Füße, um mich unter bestmöglichen Bedingungen weiterzubilden. Diese Schule war für mich das Sainte-Anne-Krankenhaus. Dort durfte ich psychiatrischen Konsultationen von für mich unschätzbarem Wert beiwohnen.

Dank dieser Einführung schloß ich Bekanntschaft mit zahlreichen Psychiatern und Psychoanalytikern, und dieser neue Umgang erwies sich ebenfalls als höchst bereichernd. Ein Mißgeschick verdient jedoch Erwähnung.

Einer meiner Kollegen, Arzt an einer psychiatrischen Klinik, war über eine Arbeitsgruppe, die sich mit psychotischen Menschen befaßte, mit meinen Forschungen im Bereich der Gehörbildung in Berührung gekommen. Dank ihm bot sich mir die Gelegenheit einer Untersuchung in der besonderen Atmosphäre eines Krankenhauses. Ich erhielt die Erlaubnis, in einer in Nordfrankreich gelegenen Anstalt entsprechende Studien anzustellen.

230 Kinder waren hier hospitalisiert; nach meiner Schätzung war bei etwa 180 von ihnen eine Besserung möglich. Ist freilich »hospitalisiert« eine zutreffende Bezeichnung? Mit einiger Bestürzung schloß ich hier zwischen 1961 und 1963 Bekanntschaft mit Kindern, die in zu eigentlichen Käfigen umgebauten Betten untergebracht waren (Gitter nicht nur ringsherum, sondern auch darüber). Andere steckten den ganzen Tag über in Zwangsjacken. Ein schwindelerregendes, entsetzliches, mehr als nur kafkaeskes Universum, in dem die »Spinner« Opfer eines grauenvollen Überbleibsels von mittelalterlichem Aberglauben zu sein schienen. Und doch waren die hier tätigen Ärzte offene Menschen; sie hätten mir andernfalls bestimmt nicht ihr Vertrauen geschenkt.

Ich stellte mein eigenes Material zur Verfügung, um Kinder, die mir »heilbar« zu sein schienen, einer Behandlung zu unterziehen. Die anderen Ärzte der (höchst dynamischen) Arbeitsgruppe bemühten sich gleichzeitig um eine mehr psychologische Beeinflussung durch Techniken wie Psychotherapie und Psychodrama.

Der Zustand einiger Kinder normalisierte sich ziemlich rasch. Bald entstand ein Bedürfnis nach einer elementaren intellektuellen Ausbildung. Zu unserer Befriedigung marschierte jeweils am Morgen eine Kindergruppe in geordneter Kolonne zur Schule. Das Dorf geriet in helle Aufregung – aber nicht in dem Sinne, wie man eigentlich hätte annehmen können!

Die Bewohner waren empört oder sogar erschreckt, weil vor ihren Augen diese »Verrückten« durch die Straßen spazierten und dieselbe Schule wie ihre eigenen lieben Kleinen besuchten. Die Klagen häuften sich. Der Bürgermeister des Ortes, gleichzeitig auch Abgeordneter und

Minister, stellte sich auf die Seite der Einwohner und forderte, daß dieser entsetzliche Skandal auf der Stelle zu beenden sei. Völlige Verständnislosigkeit. Wir hatten keine Gelegenheit, unseren Standpunkt darzulegen oder ihm Geltung zu verschaffen. Die Verrückten waren eben Verrückte und dazu verurteilt, ihr ganzes Leben lang Verrückte zu bleiben: Man durfte es nicht zulassen, daß sie »die normalen Leute behelligten«.

Unter dem Druck gewisser Familien, die selbst daran interessiert waren, daß ihr Kind in der Anstalt untergebracht blieb, und einer lautstarken Intervention des Herrn Ministers wurde die Ordnung im Dorf wiederhergestellt. Man forderte mich auf, meine Apparaturen zusammenzupacken und mich so rasch wie möglich aus dem Staube zu machen. Der Kollege, dank dem der Versuch unternommen worden war, wurde sofort versetzt und seines Postens enthoben. Man entzog ihm die Leitung der Abteilung, auf die er Anspruch hatte. Was die Kinder betrifft, so kehrten sie in ihre Käfige zurück ...

So war ich höchst widerwillig einer der Hauptakteure in einem erbärmlichen gesellschaftlichen Drama geworden. Einmal mehr war ich so naiv gewesen, mir einzubilden, man könne ungestraft die Routine durchbrechen, Denkgewohnheiten die Stirn bieten, Vorurteile überwinden, und das aus dem einzigen Grunde, weil sie offensichtlich absurd waren. Man soll nie versuchen, eine Struktur aufzuweichen: Das ist nicht gut. Man verzeiht das nicht. Diese traurige Angelegenheit hat mich tief und dauerhaft betroffen gemacht. Am stärksten enttäuscht war ich, als man mir hinterbrachte, welche Rolle einige Kollegen dabei gespielt hatten. Solche Verständnislosigkeit bei Menschen mit dem gleichen Beruf war nur schwer zu ertragen. Viele von ihnen stellen sich, leider!, lieber in den Dienst einer Clique als der Wahrheit und vergessen dabei, daß kein Schauspiel so widerwärtig ist wie das jener Erben des Hippokrates, die sich untereinander zerfleischen, während gleichzeitig Kinder, von allen verlassen, leiden müssen.

RECHTSHÄNDER AUCH LINKSSEITIG

Das peinliche Abenteuer, von dem ich eben berichtet habe, war für meine Moral ein schwerer Schlag. Doch meine Entschlossenheit, psychotischen Kindern zu helfen, wurde dadurch nur noch bestärkt. Ich gab meine experimentellen Arbeiten nicht auf, weitete aber meine therapeutische Tätigkeit aus. In meinem Sprechzimmer sah ich bisweilen Kinder, die unter schwersten Symptomen litten. Ich machte es mir aber zur Regel, jedem Hilferuf zu entsprechen und immer einen Versuch zu unternehmen, auch wenn die Prognose noch so ungünstig war. Nie habe ich Eltern abgewiesen, die mich um Unterstützung baten.

Auch das hat man mir immer wieder vorgeworfen. Man hat mich der Selbstüberschätzung, der Kritiklosigkeit bezichtigt! Ich habe alle diese Kritiken mit Humor ertragen. Falls ich bisweilen an der Berechtigung dieser Haltung zu zweifeln begann, überwand ich meine Skrupel, indem ich an Dr. Carcopino dachte; wenn man als Arzt etwas nicht begreift, so beginnt man zu suchen. Auch wenn man nicht weiß, wie man einem Patienten Erleichterung verschaffen kann, sucht man dennoch nach neuen Lösungen. Unter Aufwand aller Kräfte. Man löst ein Problem nicht mit dem Satz: »Dagegen läßt sich nichts tun!« Kein Arzt hat das Recht, derart billig abzudanken. Der Verzicht, etwas zu unternehmen, ist keine eines Arztes würdige Reaktion. Ganz im Gegenteil. Man muß alles versuchen, selbst wenn man nur eine geringe Besserung erreicht. Woher soll man wissen, daß eine Anstrengung nutzlos ist, solange man sie nicht erprobt hat?

Ich gehe in keiner Weise mit jenen Ärzten einig, die, falls die Untersuchung eine unheilbare Krankheit ergeben hat, ihre Hände in Unschuld waschen und nichts mehr unternehmen. Überdies bin ich davon überzeugt, daß es sogar in diesem Bereich keine völlig erfolglosen Bemühungen gibt. *Man kann immer etwas unternehmen* – und sei es auch nur, daß man sich verständnisvoll der Familie zuwendet, daß man ihr hilft, das Geschehen besser zu begreifen. Daß man sie nach einem schrecklichen Urteilsspruch, gegen den man keine Berufung einlegen kann, mit ihrer Angst völlig allein in der Finsternis stehenläßt, ist eines Arztes unwürdig.

Auch wenn die Behandlung beim Patienten selbst keine Wirkung zeitigt, können die Gespräche mit den Eltern für diese tröstlich sein, vielleicht bloß ein winziger, aber doch spürbarer Trost. Äußerst wichtig ist es zum Beispiel, dem Vater und/oder der Mutter klarzumachen, daß sie für das, was mit ihrem Kind geschehen ist, nicht persönlich verantwortlich sind (was sie sehr oft meinen), daß die beim Kind feststellbaren Störungen nur die Konkretisierung einer in der gesamten Familienkonstellation angelegten Krankheit sind (wir werden gleich sehen, daß drei Generationen notwendig sind, damit ein Mensch schizophren wird) und daß schließlich die Familie krank ist, weil unsere Gesellschaft nicht so ist, wie sie sein sollte.

Es ist eine menschliche Pflicht, solche Informationen zu geben, welche die Menschen nicht nur zu trösten vermögen, sondern ihnen auch die schwere Last ein wenig erleichtern, indem man sie von eingebildeten Schuldgefühlen befreit. Doch leider sind nicht alle meine Kollegen bereit, sich dieser Pflicht zu unterziehen. Man fragt sich manchmal, ob nicht ein gewisser Sadismus einige von ihnen dazu veranlaßt, Müttern durch eine Diagnose, die keinerlei Hoffnung übrigläßt, mit größter Brutalität einen schrecklichen Schlag zu versetzen, und zwar unter dem Vorwand, man müsse »den Dingen ins Gesicht sehen«, man müsse »die Situation so, wie sie nun einmal ist, akzeptieren«.

Eines ist gewiß: Solche endgültigen Urteile, die wie Fallbeile auf die Nacken der unglücklichen Eltern herunterrasseln, bedeuten das Ende aller therapeutischen Untersuchungen und Versuche, die, wenn man darauf beharrt hätte, möglicherweise günstige Veränderungen im Zustand des Kindes nach sich gezogen hätten. Ein dieses Namens würdiger Arzt hat nicht das Recht, diese Möglichkeit, so wenig wahrscheinlich sie ihm auch erscheinen mag, zu vernachlässigen.

Mir ist durchaus bewußt, daß man sich fragen kann, ob es ratsam sei, Personal und technische Hilfsmittel einzusetzen, um in sogenannt »hoffnungslosen« Fällen eine hypothetische Besserung zu erzielen, wo man doch schon so viel für Kinder aufwenden muß, die als heilbar eingestuft werden. Diese Frage habe ich auch mir von allem Anfang an gestellt, ich habe reiflich über sie nachgedacht. Meine Antwort ist »ja«. Irgend etwas in mir sagt, daß man solche Kinder nicht einfach aufgeben darf. Wäre es ein wissenschaftliches Argument, würde ich sagen, ich wüßte es, weil ich es fühle, und ich dächte es, weil ich daran glaube. Das Gewicht meiner Überzeugung, meines *Glaubens,* wäre sonst gering, und davor habe ich Angst. Einmal mehr wird man mich dafür als Phantasten und Don Quixote ansehen ... Und so will ich denn mein Plädoyer mit tatsächlich erzielten Ergebnissen, mit greifbaren Fakten begründen. Die Erfahrung hat es mir reichlich bewiesen – ich kann das umfassend belegen –: Kein einziger Fall ist derart hoffnungslos, daß man nicht wenigstens ansatzweise Erleichterung verschaffen kann. Die Hartnäckigkeit, mit der ich alle Urteile des gesunden Menschenverstandes ablehne und das Unmögliche anstrebe, hat mir einige der schönsten Befriedigungen in meinem Berufsleben, und damit, der Leser hat es schon längst begriffen, in meinem Leben überhaupt beschert. Die Bestätigung, daß man tatsächlich immer etwas tun kann, hat mir Freuden bereitet, die sich nicht in Worte fassen lassen. Nicht Freude daran, daß ich recht gehabt hatte, sondern ganz schlicht, daß ich meine Aufgabe hatte erfüllen können, daß ich einigen Menschen zu einem besseren Leben hatte verhelfen können.

Auch der kleinste Fortschritt, das habe ich immer wieder festgestellt, zählt. Oft genügt es schon, daß man einer Familie zu verstehen gibt, man werde sich ihres Problems mit ganzem Ernst und ganzer Energie annehmen, damit Erleichterung spürbar wird. Und ein solches Aufatmen kann gewisse psychologische Voraussetzungen verändern und dadurch vielleicht (in einem gewissen Maße, selbstverständlich) eine Therapie wirksam machen, die andernfalls erfolglos geblieben wäre. Wer mit solchen Problemen vertraut ist, weiß, was schon eine bloße Veränderung der Umwelt bewirken kann.

Die Zukunft sollte mir im übrigen recht geben. Ich sage das nicht, um mich selbst zu rühmen. Ich bedaure nur, daß es mir nie gelungen war, Kollegen, die sich damals gegen mich wandten, von der Richtigkeit meiner Ansichten überzeugen zu können.

Heute ist man ganz allgemein der Meinung, es sei zweckdienlich und sogar wünschbar, schizophrenen Kindern und solchen, die nicht sprechen können, ein wenig Zeit zu widmen. Es wird anerkannt, daß man gewisse Mängel beheben kann und daß man folglich versuchen sollte, es auch zu tun. Immerhin ein Fortschritt.

Ganz am Anfang hatte auch ich mir die Frage gestellt, ob man schizophrene Kinder tatsächlich behandeln soll. Man würde sie dadurch in eine Welt stellen, in der zu leben für sie nicht leicht wäre, und damit wird der Sachverhalt noch milde ausgedrückt. Bietet ihnen ihre Krankheit nicht gewissermaßen die Gelegenheit, von den Aggressionen dieser Welt und den Ängsten, die sie auslösen, verschont zu bleiben? Normalisieren, ja, aber was soll man unter Normalität verstehen? Wenn ich diese so quicklebendigen, so dynamischen Kinder betrachtete, die sich aller mit einem Leben in dieser Welt verbundenen Schwierigkeiten nicht bewußt waren und die sich nicht in diese Welt einfügen mußten, so fragte ich mich, ob ich wirklich das Recht hatte, ihnen eine Heilung zu verschaffen, die sie gleichzeitig auch in eine feindlich gesinnte Umwelt eintauchen würde.

Auch diese Auseinandersetzung mit mir selbst beschäftigte mich während langer Zeit. Aber auch hier entschied ich mich schließlich für eine Fortführung meiner Eingliederungsversuche. Zweifellos waren diese Kinder durch ihre Krankheit gewissermaßen geschützt. Doch es handelte sich im Grunde genommen um einen rein *animalischen* Schutz.

Sobald ich jeweils diese animalische Dimension ansprach, reagierten meine Gesprächspartner, vor allem Psychoanalytiker, recht harsch. Ich muß deshalb diese Formulierung näher erklären. Für mich besteht eine enge Beziehung zwischen »animalisch« und »anima« (dem lateinischen Wort für Seele). Dem Schizophrenen bleiben wegen seiner Animalität seelische Zustände nicht verschlossen, ganz im Gegenteil. Ja, es sind eben gerade solche äußerst schmerzhaften Zustände, die sie von der menschlichen Welt ausschließen und sie in ein Universum eingrenzen, das durch einen Hauch von Bewußtsein eine neue Seele finden, alles in allem verlebendigt werden könnte.

Als Beweis dafür möchte ich eine oft beobachtete Reaktion erwähnen. Während der Behandlung kommt einmal der Augenblick, wo die mütterliche Stimme vom Kind akzeptiert wird. Und bei diesem Übergang, der zur Normalisierung führt, beginnt das schizophrene Kind, also dieses Kind, dem bis dahin alles, was geschah, völlig gleichgültig zu sein schien, das weitab von den anderen Menschen zu leben schien, das kaum zu den unseren ähnlichen affektiven Reaktionen imstande war, beginnt also dieses Kind gleichzeitig heiße Tränen zu weinen. Ein nicht eindämmbarer Sturzbach. Das Kind scheint untröstlich zu sein und zeigt alle Anzeichen einer totalen Hoffnungslosigkeit. Jetzt zeigt sich, daß dieses Kind, *von dessen Gesichtsausdruck her* man voreilig angenommen hatte, es könne gar nicht innerlich leiden, nur mehr eine klaffende moralische Wunde ist. Man sollte also nie von einer »Empfindungslosigkeit« der Schizophrenen sprechen. Das wäre bloß eine auf trügerischem Schein beruhende Täuschung.

Weshalb aber diese innere Not bei diesen Kindern? Ihr Schmerz rührt daher, daß sie ihr Sein in einen Körper einbringen müssen, der völlig vom Unbewußten belegt ist, das anscheinend alle Öffnungen zur Umwelt hin verrammelt hat. Sie empfinden sich als von ihrem eigenen Seinskern ausgeschlossen. Und sobald sie sich ihrer bewußt werden, enthüllt sich ihnen als erstes dieser Ausschluß, dieser Bruch.

Glücklicherweise geht dieses Stadium vorüber. Auf eine solche Leidensphase folgt eine Entwicklung zu fortschreitender Befreiung, während der verschiedene Auffälligkeiten (insbesondere Lautäußerungen; gurrende und andere Töne) zu beobachten sind. Der Übergang von der ersten zur zweiten Phase wird durch die Mitwirkung der Mutter erleichtert, der wir allerdings zuerst erklären müssen, was wir von ihr erwarten und wie kostbar ihre Mithilfe sein kann. Oft hängt der Erfolg der ganzen Behandlung von dieser mütterlichen Anstrengung ab. Der Einbezug der Mutter in den Prozeß scheint somit eine Quasi-Notwendigkeit zu sein, er ist jedenfalls immer ein sehr positives Element.

Ich muß offen zugeben, daß ich mir dieser Notwendigkeit bei den ersten Versuchen noch nicht bewußt war. Erst mit der Zeit hat dieser Gedanke Gestalt angenommen. Wer jedoch ein solches Behandlungsschema verwirklichen will, steht vor heiklen Problemen. Es läßt sich völlig mühelos sagen, man ersuche die Mutter um ihre Hilfe bei der Behandlung ihres Kindes. Ein Außenstehender hält eine solche Zustimmung gewissermaßen für selbstverständlich und erwartet keine besonderen Schwierigkeiten. In Tat und Wahrheit ist es aber leichter gesagt als getan.

Der seelische Zustand und das Gefühlsleben der Mütter von schizophrenen Kindern sind selbst fast immer ebenfalls erheblich gestört. Solche Kinder werden im allgemeinen von Frauen zur Welt gebracht, denen man Angst ansieht, von Frauen also, deren Persönlichkeit insgesamt zur Entwicklung von derart geschädigten Kindern beiträgt.

Will man folglich auf die unmittelbare Ursache der Psychose einwirken, so muß man auch die Mutter behandeln. Ein ausgezeichnetes Mittel, ihr selbst zu helfen, ist eben dieser Einbezug in die Behandlung. Man bringt sie gewissermaßen auf dieselbe Wellenlänge wir ihr Kind.

Man läßt sie Töne gleicher Höhe und gleicher Qualität hören. Die Wirkung ist packend: Die Angst der Mutter läßt allmählich nach, vor allem aber macht das Kind gleichzeitig große Fortschritte.

Solche Parallelität hat meine letzten Zweifel an der Wichtigkeit der familiären Mitwirkung ausgeräumt. Im übrigen ist, worauf ich schon hingewiesen habe, die ganze Familie eines solchen Kindes krank. Die Schwierigkeiten seiner Mutter auf der psycho-affektiven Ebene rührt oft daher, daß schon deren Mutter mit einer abnorm intensiven Angst zu kämpfen hatte. Ich habe es schon angetönt: *Mindestens* drei Generationen sind notwendig, um ein schizophrenes Kind hervorzubringen.

»Bald werden Sie also«, dürfte man mir mit einem gewissen Sarkasmus erwidern, »auch die Großeltern zu ihren Sitzungen einladen.«

Und weshalb nicht? Ich gebe zu, ich würde mir diese Möglichkeit nicht entgehen lassen, wenn ich ein Mittel fände, um sie davon zu überzeugen, daß auch sie kommen sollten. Um auch sogleich zu zeigen, wie hartgesotten ich bin: Ich habe die Hoffnung, es werde mir eines Tages gelingen, noch nicht aufgegeben!

Ich hatte größte Mühe, die Mütter vom Gedanken an eine Mitarbeit zu überzeugen, aber schließlich haben sie sich dazu bereit erklärt. Weshalb sollte es mir mit ebensoviel Geduld nicht auch gelingen, die Großmütter so weit zu bringen? Meiner Meinung nach muß man zumindest in diesem Bereich das Unmögliche verlangen. Ich bin davon überzeugt, daß es uns Ärzten eines Tages möglich sein wird, die Familiengemeinschaft insgesamt zu behandeln.

Man darf das nicht schon morgen oder übermorgen erwarten. Ein mächtiger, durch das mangelnde Verständnis der betroffenen Personen bedingter Widerstand der Familien ist zu überwinden (dieselbe Verständnislosigkeit, die auch erklärt, weshalb Mutter und Kind einander nicht gefunden haben). Je besser jedoch die Öffentlichkeit über solche Probleme informiert ist, um so größer wird auch meine Hoffnung. Eine populärwissenschaftliche Orientierung über die heutigen Auffassungen von Psychopathologie und psychologischer Therapie durch Zeitungen, Rundfunk und Fernsehen bewirkt zumindest, daß die Leute für bestimmte Phänomene sensibilisiert, daß sie sich ihrer bewußt werden. Noch vor fünfzehn Jahren hatte ich das Gefühl, in der Wüste zu predigen, wenn ich solche Themen anschnitt. Heute hört man mir zu und akzeptiert man bereitwilliger, was ich zu sagen habe.

Man schockiert schlimmstenfalls noch einige bornierte und in der Vergangenheit verhaftete Geister, wenn man davon spricht, das familiäre Milieu sei für gewisse größere und kleinere Fehlentwicklungen der Kinder verantwortlich (ich spreche nicht von Schuld). Ein Kind in die Welt zu setzen ist leicht; einige angenehme Minuten genügen. Aus einem Kind einen Menschen zu machen, dafür zu sorgen, daß es ein Menschenwesen im vollen Sinne des Wortes wird, ist hingegen kein Honigschlecken! Das erfordert ständige Aufmerksamkeit und Betreuung, auch eine Verfügbarkeit, die sich ganz in den Dienst des Säuglings und später des Kleinkindes stellt. Daß Fehler unterlaufen, ist nur natürlich. »Was Ihr auch tut«, hat Freud zu den Eltern gesagt, »ist falsch.« Man soll diese Aussage gewiß nicht zu ernst nehmen, aber man muß auch einsehen, daß es unmöglich ist, bei der Erziehung nie Fehler zu begehen. Ebenso braucht es aber auch Einsicht und Bereitschaft, alles zu tun, um solche Fehler zu korrigieren, wenn sich eine Möglichkeit dazu bietet.

Man hat meine Methode der Entbindung auf der Klangebene heftig kritisiert, und noch härter hat man die Theorien angegriffen, die ihr zugrunde liegen. Wäre ich selbst ebenfalls ein polemischer Mensch gewesen, so hätte ich meine ganze Zeit mit intellektuellen Spiegelfechtereien vergeuden können. Ich hatte, und einige sind es geblieben, rüde Gegner, die keinen guten Faden an mir ließen. Wollte man ihnen Glauben schenken, so ließe sich in meinen Auffassungen nicht das geringste Körnchen Wahrheit finden.

Die Kritik richtete sich schon gegen das Prinzip des intrauterinen Hörens. Kaum war die von mir vertretene Meinung, wonach der menschliche Embryo bereits höre, außerhalb der Mauern meines Laboratoriums bekannt geworden, setzten heftigste Abwehrreaktionen ein.

»Ein Witz!« tönte es von allen Seiten. »Dieser Wirrkopf Tomatis scheint überhaupt nichts zu wissen, ihm ist nicht einmal bekannt, daß das Ohr des Fötus noch nicht fertig entwickelt ist! Wie soll denn ein solcher armer Fötus überhaupt etwas hören, wenn die Nervenzellen, welche die Botschaft in das Gehirn übermitteln, noch nicht einmal miteinander verbunden sind (man nennt solche Verbindungsstellen in der Fachsprache Synapsen)?! Immerhin fehlt es unserem lieben Kollegen nicht an Phantasie. Er ist, in seiner Art, ein großartiger Phantast: Er sollte Science-fiction-Romane schreiben! Er hat tatsächlich seinen Beruf verfehlt!«

Nicht zum erstenmal war das Zielfernrohr der Schöngeister auf mich gerichtet. Meine schon ziemlich alte Krokodilhaut hatte viele solche Sticheleien überlebt. Ich ließ meinen Verleumdern die Freude. Die von mir erzielten positiven Ergebnisse waren mir Belohnung genug, mit solchem Geschwätz wollte ich mich nicht auch noch befassen.

Ich war mit meiner Haltung gut beraten gewesen, denn meine These wurde bestätigt, noch bevor ich zu ihrer Verteidigung die Klingen mit meinen Gegnern hätte kreuzen können. Die Arbeiten eines amerikanischen Forschers namens L. Salk bewiesen 1962 schlüssig, daß der Fötus die mütterlichen Herzschläge hört. Dank des hohen Ansehens, das alle in den Vereinigten Staaten durchgeführten Untersuchungen genießen, wurden Salks Schlußfolgerungen allgemein anerkannt. Meine Gegner machten eine Kehrtwende und gestanden mir gnädigst zu, daß der Fötus tatsächlich solche Töne hören könne. Doch man gab mir deshalb noch lange nicht recht. Er höre zwar die Herztöne, aber was sonst noch? Was war damit bewiesen? Damit war zumindest bewiesen, daß er zu hören vermochte! Und wenn er, obwohl seine Ohren noch nicht fertig entwickelt und die Synapsen noch nicht hergestellt waren, die Herztöne hörte, so war er vielleicht auch imstande, etwas anderes zu hören!

Wenig später ergaben embryologische Arbeiten, daß das Ohr des Embryos nach der Hälfte der Schwangerschaftszeit praktisch funktionstüchtig ist. Mehr noch, norwegische Wissenschaftler konnten mit Hilfe von Audiogrammen sogar den eindeutigen Beweis dafür erbringen.

Solche Audiogramme hatten sie aufgenommen, um Schädigungen festzustellen, die unter Umständen gewisse Krankheiten der Mutter beim Fötus hinterlassen – die Röteln beispielsweise können den Hörnerv beeinträchtigen. Diese Audiogramme werden hergestellt, indem man mit Hilfe von Vaginalsonden Töne in Richtung der Gebärmutter aussendet. Die Herztöne des Kindes kann man mit Hilfe dieser in seiner Richtung abgegebenen Schallwellen hörbar machen. Aus den Reaktionen des kindlichen Herzens läßt sich eine exakte Vorstellung von dessen akustischer Sensibilität gewinnen (man stellt somit alles in allem das Hörvermögen des Embryos anhand der Gegenreaktionen fest, die es auf neurovegetativer Ebene auslöst).

Persönlich bin ich voll davon überzeugt, daß das intrauterine Hören schon viel früher einsetzt. Wir wollen nicht vergessen, daß wir über viele unmittelbar nach der Befruchtung der Eizelle einsetzende Phänomene noch kaum etwas wissen. Sobald wir solche Prozesse besser durchschauen, dessen bin ich mir sicher, werden wir auch feststellen, daß die embryonale Empfänglichkeit für Töne viel früher einsetzt, als man derzeit einräumen will.

Vor nicht allzu langer Zeit habe ich ein viereinhalbjähriges Mädchen behandelt, das man wegen einer totalen Sprachblockierung zu mir gebracht hatte. Meine Methode zeitigte rasch Wirkungen. Das Mädchen begann zu sprechen. Es kam jeweils in Begleitung seiner Mutter zu den Sitzungen, so wie ich es verlangt hatte, und auch der Vater hatte sich bereit erklärt; er war gewissermaßen der Chauffeur der Familie.

Dieser Vater war in der Handelsschiffahrt tätig und deshalb nicht oft zu Hause. Es war ein wirklicher Glücksfall für mich (weil die väterliche Mitarbeit zu einem bestimmten Zeitpunkt der Behandlung oft notwendig ist), daß er in dieser Zeit nicht auf hoher See war. Ein weiterer Glücksfall, gewissermaßen ein unüberbietbares Glück, war es, daß er nicht wie viele andere Väter gegen das, was hier geschah, größten Widerstand leistete. Er interessierte sich vielmehr dafür, informierte sich, sprach mit mir und war durchaus bereit, seine Rolle zu übernehmen.

Das Kind hatte bereits zu sprechen begonnen, als der Vater mir anvertraute:

»Hören Sie, Doktor, ich weiß nicht, was hier vor sich geht, aber irgend etwas kommt mir merkwürdig vor. Wir haben vier Kinder, meine Frau und ich, und deshalb ist es für uns schwierig, in unserer Wohnung ein Plätzchen zu finden, wo wir uns Dinge sagen können, welche die Kinder nichts angehen. Wir haben deshalb das Problem so gelöst: Wenn wir uns solche Dinge mitzuteilen haben, benutzen wir die englische Sprache, die wir beide fließend beherrschen. Und unser Kind, das bei Ihnen in Behandlung ist, erweckt den Eindruck, als würde es Englisch noch besser als Französisch beherrschen! Es hat jedoch nie in seinem Leben irgendwelchen Englischunterricht genossen . . .«

»Das ist zweifellos darauf zurückzuführen«, antwortete ich ihm schlagfertig, »daß Ihre Frau während der Schwangerschaft Englisch gesprochen hat.«

»Während der Schwangerschaft? Nein, überhaupt nie.«

Soweit die Tatsachen. Wir befanden uns in einer Sackgasse. Eine andere Erklärung mußte gefunden werden.

Ich war damals mit Arbeit ziemlich überlastet und vergaß die Geschichte wieder. Eine Woche danach kam das Englisch sprechende Kind mit seinem Vater zu einer weiteren Kontrolle.

»Ich muß mich bei Ihnen entschuldigen!« bemerkte der Vater, als er mich sah.

»Entschuldigen?«

»Ja, ich habe mich vor einer Woche getäuscht. Ich habe eine kategorische Erklärung abgegeben, die sich bei genauer Überprüfung als falsch erwiesen hat. Ich habe meine Gattin gefragt: Und sie hat mich daran erinnert, daß sie während dieser Schwangerschaft als Englischübersetzerin bei einer Import-Export-Firma angestellt gewesen war.«

»Darf ich Sie fragen, zu welchem Zeitpunkt während dieser Schwangerschaft?«

»Nur gerade während der drei ersten Monate.«

Ich glaube, diese wahre Geschichte sagt mehr aus als eine lange theoretische Abhandlung. Ich muß im übrigen sogleich hinzufügen, daß es sich dabei keineswegs um einen Einzelfall handelt. Derartige Bestätigungen erhalte ich wöchentlich, wenn nicht täglich. Und ohne daß ich danach frage! Diesen besonderen Fall habe ich nur deshalb herausgegriffen, weil er noch nicht lange zurückliegt und deshalb noch in frischer Erinnerung ist.

Das Gehör entwickelt sich in der tiefen Nacht der Gebärmutter. Meiner Meinung nach beginnt dieser Prozeß schon wenige Tage nach der Empfängnis. Dabei lasse ich es bewenden. Von der Hypothese eines Lebens vor der Geburt, woran zweifellos manche Leute denken werden, halte ich nichts.

Diese Entwicklung besteht im Prinzip aus einer Programmierung des Hörapparats.

***

Später wurde mir bewußt, daß das Ohr noch andere Dimensionen hat, ohne daß ich freilich schon imstande gewesen wäre, sie genau zu umschreiben und zu begreifen.

An Problemen mangelte es tatsächlich nicht! Ich hätte zum Beispiel gerne mehr über die Phänomene gewußt, die dafür verantwortlich sind, daß ein Kind mit schizophrenen Symptomen zur Welt kommt, wenn seine Mutter ihr psycho-affektives Gleichgewicht verloren hat. Wie kann so etwas auf das Kind übertragen werden? Welches System kommt hier in Frage? Ist die Ursache, wie manche Wissenschaftler glauben, im Erbgut zu suchen?

Mit dieser Meinung konnte ich mich nicht befreunden. Ich dachte eher an einen rein psychologischen Vorgang. Das war weiter nicht verwunderlich, denn ich hatte mich selbst intensiv mit der Psychiatrie befaßt, und ich kam auch ziemlich regelmäßig mit etlichen Psychoanalytikern zusammen.

Doch der fragliche Vorgang mußte genauer abgeklärt werden. Ich studierte deshalb sorgfältig die Krankengeschichten meiner Patienten und ihrer Mütter. Mit den Müttern führte ich überdies ausführliche Gespräche. Und schon nach kurzer Zeit konnte ich einen eindeutigen Zusammenhang zwischen der Psychose eines Kindes und gewissen Voraussetzungen bei seiner Mutter feststellen, beispielsweise daß sie dieses Kind nicht gewollt hatte (zweifellos weil sie selbst den Wunsch nach Leben nicht in sich trug), daß sie unter dieser Schwangerschaft gelitten hatte, daß sie eine Abtreibung versucht hatte usw.

Ablehnung des Kindes, innerer Widerstand gegen die Schwangerschaft: Das sind Gründe dafür, daß ein Kind schizophren wird. Schon während seines embryonalen Lebens ist es empfänglich für solche negativen Reaktionen seitens der Mutter. Weil das in Entwicklung begriffene Kind in seinem tiefen Bewußtsein diese mehr oder weniger offene Feindseligkeit wahrnimmt, findet man bei ihm keines der Merkmale dieses allmählichen Hineinwachsens in die Außenwelt, wie sie bei normalen Kindern zu beobachten sind, sondern eben im Gegenteil die Anzeichen einer Abkoppelung von dieser Welt.

Die mütterliche Ablehnung hat jedoch nicht bei allen Kindern dieselbe Wirkung. Glücklicherweise kommen nicht alle diese »unerwünschten« Kinder, wie der Dichter schreibt, schizophren zur Welt. Das ist darauf zurückzuführen, daß auch das *Temperament* in diesem oder jenem Sinne die Entwicklung beeinflußt.

Die Charakterologie, die Persönlichkeitspsychologie, ist in dieser Hinsicht eine große Hilfe. Am anfälligsten sind Menschen, die man als »emotional« (in anderen Klassifizierungen auch als »intuitiv« oder »spirituell«) bezeichnet. Ihre Verletzlichkeit nimmt proportional zum Grad ihrer Emotionalität zu. Bei den Kindern, die schizophren werden, erreicht diese Emotionalität einen Höhepunkt. Daß der Kontakt zur Mutter unterdrückt wird, ist für sie besonders schwer erträglich. Sobald die Mutter dem Embryo die Botschaft signalisiert, daß er abgelehnt wird, löst sie eine die ganze Zukunft des Kindes schwer belastende Krise aus.

Schon vor seiner Geburt hat ein solches Kind das Gefühl, von der Welt ausgeschlossen zu sein. Es schützt sich gegen diese feindliche Umwelt, indem es seinerseits eine Ablehnung entwickelt, und zwar nicht so sehr gegen das eigentliche Leben, sondern gegen das *Sein* im strengsten Sinne des Wortes.

Nach seiner Geburt wird es nicht zu einem Menschenwesen im vollen Sinne, sondern zu diesem rein vegetativen, mit einer gewaltigen Energie ausgestatteten Lebewesen, wie wir es bereits kennengelernt haben.

Ich möchte betonen, daß solche Kinder zwar die Sprache nicht integrieren, daß aber ihre Ohren völlig normal sind. Sie könnten gar nicht derart dynamisch sein, wenn sie nichts hören würden. Nicht der Empfangsapparat ist dafür verantwortlich, sondern der Übergang zur symbolischen Verwirklichung des Denkens in der Sprache wird nicht geschafft.

Das Kind schafft diesen Schritt nicht, weil die Beziehung zur Umwelt, die während der intrauterinen Erfahrung enttäuscht wurde, nicht mehr gewünscht wird. Wozu könnte denn in einem solchen Fall die Sprache noch dienen?

Es gehört zu den kennzeichnenden Merkmalen des Schizophrenen, daß in ihm der Wunsch nach einer Beziehung zur Umwelt nicht geweckt wurde. Er verspürt in sich nicht dieses Heimweh, diese Nostalgie, nach der Gebärmutter, eine Eigenschaft aller Kinder, welche die Liebe ihrer Mutter erfahren haben, als sie sich noch in deren Bauch befanden. Ein solches Kind kennt, mit anderen Worten, kein verlorenes Paradies, das wiederzufinden wäre.

Der Weg, auf dem das Kind schließlich seinen Platz in der menschlichen Gesellschaft findet, beginnt mit dem »Dialog« zwischen dem Embryo und der Gebärmutter. Das noch ungeborene Sein muß eine ideale Entwicklung des Stimmapparats durchlaufen, damit es zur Reife gelangt. Sobald die Kommunikation zwischen dem Fötus und der Mutter zustande gekommen ist, entsteht beim sich entwickelnden Kind das Verlangen, diesen Dialog fortzusetzen. Es möchte ihn auch nach der

Geburt fortführen. Zuallererst mit der Mutter; später mit dem Vater; schließlich mit der menschlichen Gemeinschaft.

Diese ideale Entwicklung des Stimmapparats bestimmt, wie das Kind hört, wie es spricht und wie es liest. Unfälle auf diesem Weg sind folglich für die auf allen diesen Stufen, vielleicht auf der einen mehr als auf einer anderen, beobachtbaren Störungen bestimmend. Der Weg von der körperlichen Kommunikation des Fötus mit seiner Gebärmutter bis zu den subtilsten und komplexesten sprachlichen Äußerungen ist voller Fallen.

Ich gehöre nicht zu denen, die bei geringster Gefahr die Alarmglocke betätigen, aber von meinen Erfahrungen her weiß ich, daß der *ideale* Weg eben nur eine Idealvorstellung ist, also etwas, was am Horizont des Wirklichen auszumachen ist, was aber in Wirklichkeit bestenfalls annäherungsweise erreicht wird. Es gibt immer eine Kleinigkeit, ein Sandkorn, ein Haar in der Suppe, wie sich Professor Leipp mit Vorliebe ausgedrückt hat, die vom vorgezeichneten Weg ablenken. Wir haben schon früher darauf hingewiesen, daß es für die Erziehung, bei der Betreuung der Kinder keine absolut sicheren Rezepte gibt. Eltern würden vergeblich darauf hoffen, daß sie keine Fehler begehen, daß kein Unfall, kein Zwischenfall eintreten könne. Zwischen einem harmlosen Sprachfehler (der oft von selbst verschwindet) und dem völlig fehlenden Verlangen des Schizophrenen nach sprachlicher Kommunikation gibt es alle möglichen Abstufungen. Nicht alle Schnitzer, nicht alle unglücklichen Zufälle haben derart schwere Auswirkungen zur Folge! In der weit überwiegenden Mehrzahl der Fälle bilden sich im Gegenteil Gehör und Sprache in befriedigender Weise aus, auch wenn dazu ungeheuerliche Schwierigkeiten zu überwinden sind. Manchmal, ich habe es bereits gesagt, tritt eine Besserung von selbst ein. In anderen Fällen, beispielsweise bei Stottern, Leseschwäche oder bestimmten Formen von Schwerhörigkeit, ist eine Behandlung notwendig.

Bis jetzt habe ich für solche Stützaktionen das Wort »Behandlung« verwendet. Ich möchte festhalten, daß ich diesen Ausdruck aus Gründen der Bequemlichkeit gewählt habe. Der Begriff »Pädagogik« scheint mir viel angemessener zu sein. Geht es denn nicht darum, einem Menschen zu Hilfe zu kommen, der in einer gewissen Unreife gefangen geblieben ist? Die Kinder, die man zu mir bringt, behandle ich nicht, ich wecke sie. Aus denselben Gründen kann man auch nicht von einer Rehabilitation, einer »Wiedereingliederung«, sprechen. Daß man vorhandene Möglichkeiten weckt, die bisher noch nicht sichtbar geworden sind, hat nichts mit »wieder eingliedern« zu tun, sondern ist ganz schlicht eine »Schulung« – insofern sich die menschliche Existenz als eine permanente Schulung betrachten läßt.

Die von mir angewandte Methode ist im Prinzip einfach. Der Patient soll mit Hilfe einer Konditionierung die ideale Entwicklung des Stimmapparats nachvollziehen, von der er aus irgendwelchen Gründen zu stark abgewichen ist.

Nachdem ich die für die Entfaltung der Persönlichkeit günstigste akustische Entwicklung herausgefunden hatte, war es weiter nicht allzu schwierig, einen Weg zu finden, auf dem sie vom Patienten nachgeholt werden konnte. Ich verwende dafür die elektronische Apparatur, die der Leser bereits kennt, und einige zusätzliche Spezialgeräte. Im Laboratorium werden die verschiedenen Etappen des idealen Weges gewissermaßen simuliert.

Wir wollen nicht auf Einzelheiten eingehen, aber wenigstens die fünf aufeinanderfolgenden Hauptstadien kurz abhandeln. Die Bezeichnungen dafür sollen nicht wortwörtlich verstanden werden. Es handelt sich ganz einfach um Namen, die von den Benutzern des Elektronischen Ohrs in Frankreich und im Ausland verwendet werden:

1. Rückkehr zu den ursprünglichen Tönen;
2. filtrierte Töne;
3. Entbindung auf der Klangebene;
4. vorsprachliche Phase;
5. Strukturierung der Sprache.

***

Die Rückkehr zu den ursprünglichen Tönen

Mit der Zeit wußten wir immer mehr über die Reaktionen, von denen die filtrierten Töne begleitet sind, und wir kannten den Wert ihrer Wirkung besser als sonst jemand. Und so sind wir allmählich zur Überzeugung gekommen, es sei ratsamer, den Patienten darauf vorzubereiten, besser noch, schrittweise dahin zu führen, sich auf dieses so außergewöhnliche, aber, auch das muß gesagt sein, so schwierig zu verwirklichende intrauterine Hören hin zu entwickeln. Das soll mit dem Begriff »Rückkehr zu den ursprünglichen Tönen« zum Ausdruck gebracht werden. Mit einem problemlos akzeptierten musikalischen Thema, in der Regel Mozart, werden die ersten Schritte auf diesem Weg eingeleitet. Der Abstand zwischen dem vorhandenen Hören und dem angestrebten Hören hat bisweilen »astronomische« Ausmaße, dementsprechend dauert diese Einführung mehr oder weniger lange. In der Regel werden jedoch die filtrierten Töne, aus denen also unerwünschte in die Gebärmutter eindringende Laute wie die Geräusche in den Eingeweiden herausgenommen worden sind, mit Hilfe der Kopfhörer ohne Schwierigkeiten wahrgenommen.

Diese Rückkehr in Richtung des vorgeburtlichen Lebens kann manchmal mit einer einzigen halbstündigen Sitzung bewerkstelligt werden. Man wundert sich immer wieder über die außergewöhnlichen Fähigkeiten des Ohrs bei einer solchen Anpassung. Für dieses Vorgehen gilt dasselbe wie für jeden anderen Vorgang im Menschen. Alles ist möglich; man muß nur die richtige Form und die richtige Vorgehensweise suchen. Diese Behauptung gilt für das Kind wie auch für den Erwachsenen und insbesondere die Mutter. Bittet man nämlich solche Mütter, sich gleichzeitig mit ihrem Kind einer Behandlung zu unterziehen, so stößt man oft auf eine gewisse Reserviertheit, ja eine gewisse Feindseligkeit diesem Vorschlag gegenüber, weil sie die Gründe dafür nicht einsehen und sich selbst nicht betroffen fühlen. Die Behandlung mit filtrierten Tönen wird unter Umständen auch kurzerhand verweigert, weil die Frauen nicht imstande sind, derart unerfreuliche, derart häßliche, bisweilen knirschende Töne zu ertragen. Man muß sie deshalb langsam und vorsichtig, unter Vermeidung jeder Brüskierung, zu dieser Welt von Lauten hinführen, gegen die sie sich während ihres eigenen Fötallebens manchmal aufgelehnt hatten. Durch eine ganz anders filtrierte Musik schlägt man ihnen somit ein menschlicheres, weil schrittweises, Vorgehen vor. Dadurch wird die Entscheidung für eine Behandlung erleichtert, und die Erfolgsaussichten werden verbessert.

Erst wenn die Kinder oder die Erwachsenen sanft und mehr oder weniger langsam auf eine solche Einführung in das intrauterine Hören vorbereitet worden sind, kann man allmählich darangehen, ihnen einen Einstieg in die andersartige Welt der filtrierten Töne vorzuschlagen.

Die filtrierten Töne

Das Hören in der Gebärmutter ist, daran sei erinnert, dadurch geprägt, daß der Embryo in der Amnionflüssigkeit, im Fruchtwasser, schwimmt. Ein Mensch kann es nach der Geburt mit Hilfe eines Systems von elektronischen Filtern künstlich nachvollziehen. Dabei werden die Laute derart behandelt, daß nur gewisse hohe Frequenzen erhalten bleiben. Die derart filtrierten Töne versetzen den Patienten in einen Zustand zurück, der dem seines Lebens vor der Geburt entspricht. Durch diese Geräusche soll das Verlangen nach einer Beziehung zur Mutter neu geweckt werden – nach der archaischsten und folglich grundlegendsten aller menschlichen Beziehungen. Man darf deshalb nicht erstaunt darüber sein, daß solche filtrierten Töne aus der mütterlichen Stimme gewonnen werden. Das ist nicht nur ratsam, sondern unerläßlich. Darauf beruht das ganze »Geheimnis« der Umweltbeziehung. Denn diese mütterliche Stimme enthält ein eigentliches *Liebesgesetz.* Die Erfahrung hat uns immer wieder bewiesen, daß sich das erhoffte Ergebnis mit der Stimme einer anderen Frau nicht erzielen läßt.

Daraus ergeben sich natürlich zahlreiche Probleme. Was soll man beispielsweise tun, wenn es die Mutter nicht mehr gibt, weil sie gestorben ist, oder wenn das Kind adoptiert wurde und die leibliche Mutter unbekannt ist? Fälle wie diese sind freilich nicht immer unlösbar. Es ist uns tatsächlich einige Male gelungen, eine gewisse Wiederbelebung durch intrauterine Laute auszulösen, indem wir Aufnahmen mit der Stimme der Adoptivmutter benutzten. Ich muß jedoch festhalten, daß das nur mit einer wirklich liebevollen Adoptivmutter möglich ist, mit einer Frau also, die ihr Adoptivkind an sich und nicht für sich zu lieben vermag. Über solche Adoptionen wäre viel zu sagen. Ich kann mich leider aus Zeitmangel nicht darauf einlassen, glaube aber, daß eine Adoption nur auf der Grundlage einer tiefen affektiven und uneigennützigen Hilfe Bestand hat. Eine bloß materielle Unterstützung genügt nicht, und zwar um so weniger, als sie oft für die Adoptiveltern mit dem Verlangen verquickt ist, einen Namen, also den eigenen Familiennamen, weiterzugeben oder einen Mangel zu kompensieren. Viele Adoptivmütter sind bereit, ein Kind großzuziehen, weil sie das befriedigen möchten, was sie etwa als ihren »Muttertrieb« bezeichnen. Dafür genügt freilich eine Pseudo-Hingabe nicht, hinter der sich manchmal bloß ein Verlangen nach Besitz verbirgt, das seinerseits eine eigene Mutterschaft dieser »unfruchtbar« genannten Frauen, solcher Frauen, die nicht Lebensträgerinnen sind, verhindert hat. Als erstes muß man versuchen, diesen Frauen den Sinn für das Leben zu vermitteln, den sie von ihrer eigenen Mutter nicht mitbekommen haben. Es ist mir in Europa und insbesondere in Südafrika mehrfach gelungen, einem Ehepaar Elternfreuden zu bereiten, indem ich den Mann und/oder die Frau mit aus der Stimme ihrer eigenen Mütter herausfiltrierten Lauten behandelte. Weil durch diese Behandlung ein Bedürfnis, Leben mitzuteilen, also zu teilen, weiterzugeben, entstanden war, gelang es diesen zuvor ratlosen Ehepaaren doch noch, eine wirkliche Familie zu gründen.

Hier wäre auch über den Wert der gefilterten Töne und damit unvermeidlich über das Hören vor der Geburt noch viel zu sagen. Was bedeutet denn, während sich der Fötus entwickelt, dieser Dialog mit dem Leben im Schoße einer liebevollen Mutter, durch den das Kind nicht auf die Mutter, sondern auf sein späteres Menschsein vorbereitet wird? In jeder Frau gibt es diese ideale Mutter, oft aber wird sie überdeckt durch eine ausschließliche Mutter-Persönlichkeit, eine Persönlichkeit, zu der auch ein übergroßes mütterliches Ego gehört, welches das Kind nicht zum gewollten Zeitpunkt freizugeben vermochte. Ich habe mich zu diesem Thema in einem meiner Bücher, *Die Befreiung des Ödipus,* geäußert, aber ich glaube, daß dazu noch viel zu sagen wäre. Ich hoffe, daß ich mich in einem nächsten Buch deutlicher erklären kann.

Doch ich will auf dieses Hören der Stimme der Adoptivmutter zurückkommen, das manchmal bei der Behandlung unter dem Elektronischen Ohr benutzt wird und das in gewissen Fällen positive Auswirkungen auf die Entwicklung der affektiven Beziehungen zwischen der Adoptivmutter und dem Kind hat. Diese Beziehungen, das ist allgemein bekannt, sind oft durch Spannungen und Blockierungen getrübt, die eine Frustration bewirken, deren Spuren das Adoptivkind unauslöschlich in sich trägt. Es verzeiht der Frau, die es in ihrem Heim aufgenommen hat, nie, daß sie seine Mutter ersetzen wollte. Es verzeiht dem Mann, der ihm seinen Namen gegeben hat, nie, daß er versucht hat, die Rolle seines Vaters zu spielen. Es gibt auch in jedem Mann einen von seinem Ich losgelösten idealen Vater, doch damit wollen wir uns hier nicht befassen.

Wir haben sehr große Mühe, wenn eine Ehescheidung oder der Tod das Kind von seiner Mutter getrennt hat. In solchen Fällen müssen wir auf eine andere tönende Information in Form eines musikalischen Themas zurückgreifen. Doch diese Methode muß mit sehr viel Fingerspitzengefühl angewandt werden. Einerseits ist die Handhabung der Apparaturen im Laboratorium sehr schwierig, und andererseits ist die Auswahl der Musik mit erheblichen Problemen verbunden. Jedes Musikstück hat seine besonderen Merkmale und löst jeweils andere Reaktionen aus. Melodien mit vielen hohen Tönen sind offensichtlich am wirksamsten, denn sie wirken auf das dicht mit Zellen, welche die Hirnrinde aktivieren, besetzte Cortische Organ ein. Eine der Funktionen des Ohrs ist es, ich erinnere daran, die Hirnrinde anzuregen und sie so dazu zu bringen, daß sie den Körper und den Geist anregt, für die sie verantwortlich ist. Helle, harmonisch verteilte Töne unterstützen sie bei dieser Aufgabe. Wir haben Dutzende, ja Hunderte von Musikstücken in diesen fünfundzwanzig Jahren getestet. Wir beschränken uns jetzt auf Mozart und gregorianische Gesänge, weil sie die besten Resultate ergeben. Doch in diesem Bereich bleibt noch viel zu tun, insbesondere auch was die Auswahl der auszufiltrierenden Stimmlagen angeht.

Die Mitarbeit der Mutter löst darüber hinaus nicht alle Probleme. In manchen Fällen ist zwischen der Schwangerschaft und der Behandlung des Kindes so viel Zeit verflossen und so viel geschehen, daß sich die Stimme der Mutter merklich verändert hat. Als erstes müssen wir dann eine solche Stimme im Laboratorium verjüngen, damit wir eine harmonische Auswahl erhalten und die Filtrierung unter guten Voraussetzungen vornehmen können. Das zu schulende Ohr muß sich dann, wenn es sich sein embryonales Leben ins Gedächtnis zurückruft, nicht auf ein eigentliches Erraten verlassen ...

Die Mütter zum Sprechen zu bringen, damit die filtrierten Töne hergestellt werden können, ist ebenfalls etwas, das leichter gesagt als getan ist, vor allem wenn es sich um die Mutter eines Schizophrenen handelt. Als wir solche Mütter baten, vor einem Mikrophon zu sprechen, nachdem wir ihnen den Grund des Vorgehens und das zu erwartende Ergebnis erklärt hatten, wußten sie ganz am Anfang schlechthin nicht, was sie sagen sollten. Es kam sogar oft vor, daß sie sich entschieden weigerten, irgend etwas zu sagen. Frauen, die ohne jede Begeisterung schließlich doch noch einige Sätze von sich gaben, sagten bisweilen bestürzende Dinge. Schon beim bloßen Zuhören begriff man, daß es nicht Liebe oder Leben war, was sie durch ihre Stimme an ihre Kinder übermittelten, sondern Haß und Tod. Daß der kleine Knabe oder das junge Mädchen psycho-affektiv blockiert waren, war unter solchen Umständen keineswegs überraschend.

Mit einer neuen Strategie versuchten wir diese unerfreuliche Situation zu verbessern. Wir baten die Mütter, einen Text nach eigener Wahl vorzulesen. Wir gingen somit gewissermaßen einige Schritte zurück, damit wir dank eines längeren Anlaufs höher zu springen vermochten. Die von diesen Frauen ausgewählten Texte waren zum Teil haarsträubend. Meistens handelte es sich um Ausschnitte, die sie in ihrer Weigerung, Leben zu spenden, bestärkten. Zweifellos waren sie in der Regel davon überzeugt, sie hätten eine zufällige Wahl getroffen, aber in Wirklichkeit war ihr Unbewußtes dafür zuständig gewesen. Als Beispiel, und es gehört zu den nicht ganz so schlechten, gebe ich die Worte wieder, die eine Mutter kürzlich bei der Aufzeichnung ihrer Stimme im Pariser Sprachzentrum von sich gegeben hat. Selbstverständlich mußten wir ihr andere Texte vorschlagen und die Aufzeichnung wiederholen. Diese Mutter hatte also ihre Brille zu Hause vergessen und erklärte sich bereit, sanfte und angenehm klingende Worte, so wie die Erzieherin es ihr empfohlen hatte, an ihre Tochter, ein fünfzehnjähriges Mädchen mit schweren Persönlichkeitsstörungen, in das Mikrophon zu sprechen. Und folgendes kam dabei heraus:

»Ich weiß nicht, was ich dir sagen soll. Ja, ich weiß, du hast mich gebeten, daß ich hierherkommen soll. Deshalb bin ich auch gekommen. Ich würde alles tun, damit du glücklich und wieder gesund wirst. Sicher, ich weiß, daß ich in meinem Leben wegen deines Vaters, der sehr eifersüchtig war, viel gelitten habe. Solange ich mit dir schwanger war, hat es keine Probleme mit deinem Papa gegeben. Im Gegenteil, er hätte alles für dich wie auch für mich getan. Er war glücklich darüber, daß ich mit dir schwanger war. Er wünschte sich ein Mädchen. Ich habe dir erzählt, daß ich ein kleines Mädchen verloren habe, das Aline hieß, und ich wollte um jeden Preis noch einmal ein Mädchen haben. Zuerst wollte ich nur Knaben, keine Mädchen. Und als Aline tot war, wurde ich sogleich wieder schwanger, und ich bekam Richard; und obwohl ich glücklich war, diesen Knaben zu haben, wollte ich auch Aline. Und so habe ich zu deinem Vater gesagt: Jetzt müssen wir wieder von vorne anfangen, damit ich ein Mädchen bekomme. Und wir haben dich Aline genannt wie das Mädchen, das wir verloren haben, und du bist gekommen, und wir haben dir den Namen Aline gegeben. Ich war glücklich, und Papa war auch glücklich; wir hatten ein kleines Mädchen, das wir verloren und in dir wiedergefunden hatten; du hast ihm gar nicht ähnlich gesehen, denn die andere Aline hatte blaue Augen, du aber braune wie Papa. Ich weiß nicht, was in dir vorgegangen ist. Du sagst, es sei wegen mir, wegen Papa, daß du so bist. Ich weiß, als du größer wurdest, waren wir nicht glücklich. Wenn es wenigstens die Kleine gewesen wäre, die ich verloren habe. Ich weiß es selbst nicht ... (Schweigen). Wenn man dir helfen muß, so werde ich alles für dich tun. Es ist schwierig. Ich weiß nicht, was ich noch sagen soll, das ist dumm. Ich hoffe, es wird dir helfen. Ich liebe dich sehr. Ich bin glücklich, daß ich euch habe.« Das alles wurde, das sei ebenfalls festgehalten, in einem monotonen, schwunglosen, leblosen, überzeugungslosen Ton gesprochen.

Wir sind also dazu übergegangen, selbst Texte auszulesen, ein nicht leichtes Unterfangen, denn darin darf nichts enthalten sein, was vom Kind als eine Aggression empfunden werden könnte. Ideal wären offensichtlich Passagen ohne irgendwelche psychoanalytischen Neben- oder Untertöne. Einen solchen Text zu finden ist etwa gleich einfach wie die Quadratur des Kreises. Sobald gesprochen wird, schwingen verschiedene seelische Dimensionen mit. Und sobald die menschliche Seele mitschwingt, meldet sich der Bereich des Unbewußten. Da wir nicht die technische Möglichkeit haben, unseren jungen Patienten Engelsgesang vorzuspielen, müssen wir uns mit Annäherungen begnügen. In diesem besonderen Fall also mit *möglichst neutralem Material*, wobei wir uns immer bewußt sind, daß es nie ganz neutral sein kann. Wenn immer möglich verwenden wir Texte, die im Kind erfahrungsgemäß einen positiven Widerhall auslösen.

Wie aber läßt sich der allfällige Widerhall eines bestimmten Textes beurteilen? Ganz einfach: Indem man die Reaktionen beobachtet, die beim Kind ausgelöst werden, wenn er in Form filtrierter Töne übermittelt wird, in einer Form also, die beim ersten Hören unentzifferbar zu sein scheint, die aber vom Kind durchaus entschlüsselt wird. Falls es den Text als angenehm empfindet, lebt es auf, erkennt man Anzeichen von Freude, beginnt es zu strahlen. Andernfalls zeigt es Enttäuschung, beginnt es zu weinen und verläßt es hoffnungslos die Kabine. Wir haben es selbstverständlich mit vielen Texten versucht. Ich muß sagen, eines der am besten aufgenommenen Werke ist *Der kleine Prinz* von Saint-Exupéry. Diese Texte haben sehr viel Freude bereitet. Sie gefallen der Mutter, die daraus vorlesen muß, und dem Kind, das sich die Geschichte anhört. Weder Mütter noch Kinder haben sie je abgelehnt.

Jede Mutter zeichnet eine ungefähr halbstündige Tonbandsequenz auf. Damit die für die Filtrierung wichtigen hohen Töne erhalten bleiben, darf man nur qualitativ einwandfreies Material verwenden. Das Tonbandgerät muß bis 15 000 Hertz linear sein, das Tonband seinerseits muß allen Erwartungen vollauf genügen. Zudem wird die Stimme unter dem Elektronischen Ohr aufgezeichnet, damit ihre Klangqualität sicher nicht verlorengeht.

Durch die Filtrierung im eigentlichen Sinne des Wortes werden Töne der mütterlichen Stimme mit einer Frequenz von über 8000 Hertz ausgewählt. Anschließend werden die Laute so verändert, wie sie der Embryo zu hören bekommt, wenn die mütterliche Stimme durch die Flüssigkeit im intrauterinen Umfeld geleitet wird. Die Wiedergabe wird somit durch Veränderungen der akustischen Impedanz ermöglicht.

Wie viele Sitzungen mit filtrierten Tönen (die eine halbe Stunde dauern, also gleich lang wie die ursprüngliche Aufnahme der mütterlichen Stimme) notwendig sind, hängt vom einzelnen Fall ab. Bewährt haben sich Intensivbehandlungen mit sechs bis acht Sitzungen pro Tag, damit die Prozesse, von denen wir sogleich sprechen wollen, rasch in Gang gebracht werden. In leichten Fällen von Leseschwäche reichen fünfzehn bis zwanzig Sitzungen. Bei Schizophrenie hingegen werden hundert bis hundertfünzig oder noch mehr benötigt.

Man kann sich unschwer vorstellen, daß diese erste Etappe so lange nicht abgeschlossen werden kann, als das Kind die Kommunikation nicht akzeptiert und nicht allmählich eine gewisse Freude daran gewonnen hat. Es soll durch eine derartige Entkonditionierung den Wunsch nach Leben und Aus-sich-selbst-Heraustreten wiederfinden. Wir begnügen uns deshalb nicht damit, unseren Patienten filtrierte Töne vorzuspielen; wir bemühen uns, ihren inneren Widerstand abzuschwächen, indem wir sie zum Spielen einladen. Wir fordern sie beispielsweise auf, zu zeichnen, Puzzles zusammenzusetzen usw.

Diese List reicht nicht immer aus, um das Unbewußte zu täuschen. In manchen Fällen ist es so kampflustig, daß man nicht mit einer raschen Einschläferung rechnen kann. Das Kind lehnt dann die filtrierte mütterliche Stimme entschieden ab. Es verlangt, daß man diesen Lärm abstellt, der ihm lästig ist und Unbehagen verursacht.

»Man meint, eine Biene sei ganz nahe beim Ohr«, sagte einmal ein Kind zu mir. »Sie will mich stechen!«

Solche Reaktionen sind höchst signifikant. Wenn man mit dem notwendigen Feingefühl weitermacht, um den Patienten nicht abzuschrecken (indem man etwa abwechslungsweise Sitzungen mit der filtrierten mütterlichen Stimme und mit filtrierter Musik durchführt), werden die intrauterinen Töne schließlich allmählich akzeptiert. Sogar eine Freude am Zuhören wird sichtbar, ein Vorspiel zum Wunsch nach Kommunikation. Die Memorisierung, von der wir gesprochen haben, verschafft dem Kind die Möglichkeit, an eine Vergangenheit anzuknüpfen, die genügend weit zurückliegt und noch von jeder negativen Erfahrung frei ist. Man erhält den Eindruck, die Blockierungen, die es in dieser unvorteilhaften Situation eingeschlossen hatten und dadurch unser Eingreifen notwendig machten, würden allmählich aufgeweicht.

Die Entbindung auf der Klangebene

Sobald dieses erste Ziel erreicht ist, kann man vom Hören im wäßrigen Milieu zum Hören im Milieu der Luft übergehen, also, mit anderen Worten, zur Entbindung auf der Klangebene. Für diese Umstellung werden einige Sitzungen benötigt. Wir gehen auf jeden Fall Schritt für Schritt vor, falls sehr lebhafte Reaktionen zu beobachten sind. Es gibt Kinder, die nicht zur Welt kommen wollen. Man muß sie deshalb mit sehr viel Einfühlungsvermögen langsam so weit bringen. Bei solchen Kindern begleiten wir die Entbindung musikalisch. Im Verlaufe mehrerer Sitzungen filtrieren wir die zusätzliche tönende Information langsam wieder heraus. Erst nach diesem musikalischen »Abstieg in die Hölle« gehen wir von der mütterlichen Stimme aus zur Entbindung über. Auch dabei wird behutsam vorgegangen, bis das Kind die (nicht filtrierte) Stimme seiner Mutter mit wirklicher Freude wiedererkennt.

Man soll daraus aber nicht schließen, alle diese Probleme ließen sich gewissermaßen wie mit einem Zauberstab lösen. Daß man das Kind die verfremdete mütterliche Sprache hören läßt, ist ein Schritt. Daß man das Ohr dieses Kindes zu einer neuen Art der Akkommodation führt ist ein zweiter. Sobald die Geburt zustande gekommen ist, geht jedoch die Behandlung weiter. Eigentlich müßte man sagen: Jetzt erst beginnt alles! Wenn jetzt das Kind für eine neue Art von stimmlicher Kommunikation ausgerüstet ist, muß man es schrittweise darauf vorbereiten, dieses Mittel auch für die Begegnung mit anderen Menschen zu verwenden. Es wäre undenkbar, daß man es aus der Unangepaßtheit (in die es sich aus verschiedensten Gründen geflüchtet hat) brutal zu einem adäquaten Hörverhalten übergehen ließe. Die künstliche Geburt auf der Klangebene muß die Abfolge der Etappen während der Aufnahme der Töne bei einer natürlichen Geburt nachahmen.

Mit anderen Worten: Das Kind wird nicht schlagartig so weit sein, daß es »gut« hört. Vorerst nimmt es bloß verschwommene Laute wahr, gleich wie das Ohr des Neugeborenen, wenn das Fruchtwasser im Mittelohr allmählich durch Luft ersetzt wird. Man darf sich deshalb die Wirkung der Entbindung auf der Klangebene nicht als ein plötzliches Einklinken vorstellen. Sie ist eher vergleichbar mit der langsamen und schrittweisen Öffnung einer Trennwand, nämlich dieser Wand, die das Kind während einiger Zeit nach der Geburt von der mütterlichen Stimme trennt. Bevor die Beziehung, die es während der letzten Monate seines Lebens in der Gebärmutter zu dieser Stimme hatte, in ihrer ganzen Innigkeit wiederhergestellt ist, lebt es in einem eigentlichen Tonnebel, der sich nur langsam lüftet – bis schließlich der erste Tonschimmer aufleuchtet.

Durch seine (vor allem akustische) Beziehung zu seiner Mutter vermag sich das Kind als einen Teil eines ebenso angenehmen Universums, wie es früher die Gebärmutter gewesen war, zu fühlen. Eine günstige Beziehung kann so dem kleinen Menschenwesen im Innersten seiner selbst das Bewußtsein vermitteln, ein Molekül des Kosmos zu sein, nicht durch Zufall ins Leben geworfen, sondern in den durch das Denken nicht nachvollziehbaren Plan der transzendenten Schöpferkraft einbezogen zu sein (nicht nachvollziehbar, weil dieser Plan die Grenzen des menschlichen Denkens weit übersteigt). Dieses Bewußtsein zu erlangen ist gleichbedeutend mit dem, was man »in die Welt hineingeboren werden« nennt. Nicht alle erreichen diesen Zustand spontan, leider! Viele Ereignisse in der persönlichen Entwicklung, viele Unfälle, die sich unterwegs ereignen, können diese Entwicklung behindern: das Fehlen (oder eine längere Abwesenheit) der Mutter, deren affektive Gleichgültigkeit oder unzureichende Zuwendung, eine Hospitalisierung des Säuglings oder ein längerer Aufenthalt im Brutkasten, wenn es sich um eine Frühgeburt handelt usw. Für einige Kinder war die natürliche Entbindung mit Schwierigkeiten verbunden oder sogar ein traumatisches Erlebnis. Solche Kinder müssen ihre Geburt noch einmal erleben, und zwar so, daß zuvor dafür gesorgt wird, daß diese »Wiedergeburt« unter günstigeren Bedingungen als die »erste« Geburt stattfindet. Viele andere Kinder haben die Stimme der Mutter nicht wiedergefunden, weil es nie zu einer wirklichen Begegnung gekommen ist. Bei solchen Kindern geht es nicht darum, daß sie den entscheidenden Augenblick ihrer Eingliederung in das Universum *noch einmal erleben,* sondern daß sie ihn *überhaupt erleben,* weil sie diese wesentliche Etappe noch nie vollzogen haben.

Das ist, unserer Meinung nach, eine dringende Aufgabe. Solange man dieses Verlangen, in der Welt zu sein, nicht erlebt hat, ist man nicht in der Welt mit dem Verlangen zu leben.

Die vorsprachliche Phase

Auf die Entbindung auf der Klangebene folgt die aktive Phase im eigentlichen Sinne des Wortes. Aktiv ist sie in doppelter Hinsicht. Einerseits werden die Störungen, unter denen der Patient leidet, frontal angegangen. Und andererseits gibt dieser Patient seine passive Rolle auf, zu der er bisher verurteilt war, um nun aktiv an seiner Befreiung mitzuwirken. Das Kind beherrscht seine Sprache schrittweise immer besser. Doch solche Fortschritte sind nur möglich, wenn es selbst im vollsten Sinne handelndes Subjekt oder zumindest eines der handelnden Subjekte wird.

Die bis dahin vorherrschende Mutterbeziehung spielte nur in der einen Richtung. Von jetzt ab muß sie dem vom Kind gezeigten Verlangen weichen, eine Beziehung zu seiner Umwelt aufzubauen, das Gespräch mit ihr zu entwickeln und in einen Sozialisierungsprozeß einzutreten. So gesehen ist diese Phase ein Vorspiel zur sozialen Eingliederung.

In dieser Phase bereitet sich das Kind auf die Begegnung mit dem Mitmenschen vor. Ist es dem Mitmenschen aber nicht schon in der Person der Mutter begegnet? Nein: In seinem tiefsten Inneren gelingt es ihm nie, sich völlig von der Person abzulösen, die es lange in sich getragen hat, bevor sie es in diese Welt setzte. Der Dialog mit der Mutter ist überdies ein Monolog zu zweit. Natürlich gibt es Wechselwirkungen zwischen Mutter und Kind: zuallererst (also vor der Geburt) körperliche Wechselwirkungen, später das gegenseitige Gespräch. Der Säugling, der zunächst »infans« (im etymologischen Sinne des Wortes »stumm«) ist, läßt schon bald seine Stimme erklingen, und wenn die Begegnung mit der Mutter auch nur einigermaßen leicht gefunden wird und glücklich ist, wird er zu einem begeisterten Benutzer des stimmlichen Ausdrucks. Das Lallen des zufriedenen Kindes – ein Stottern im eigentlichen Sinne des Wortes – ist in Wirklichkeit ein Plaudern (was beispielsweise durch die Etymologie des holländischen Wortes für Stottern, »beggen«, bestätigt wird, was »geschwätzig« bedeutet). »Arö ... arö«, so mag das erste an die Mutter gerichtete Reden tönen, und es ist schon voller Bedeutung. Dann folgen »Mama«, »Papa«, »Pipi«, »Bobo«, »Dodo«, bereits komplexere Wörter, an denen die Eltern Freude haben, weil sie schon eine gerichtete Bedeutung zu haben scheinen, obwohl sie in Wirklichkeit reine Stimmübungen sind.

Mich hat die Tatsache beschäftigt, daß diese »Wörter« durch Verdoppelung einer Silbe erzeugt werden. Will man dieses Phänomen begreifen, so muß man meiner Meinung nach daran denken, daß zwar beide Äste des Nervus pneumogastricus, des Vagusnervs, die das Gehirn mit den Stimmbildungsorganen verbinden, zum Kehlkopf gelangen, aber auf verschiedenen Wegen. Auf der linken Seite ist die zu durchlaufende Strecke nicht gleich lang wie auf der rechten. Die Nervenimpulse benötigen deshalb mehr oder weniger Zeit, je nachdem ob sie den einen oder den anderen dieser Äste benutzen. Höchstwahrscheinlich ist die Wiederholung von Silben auf den zeitlichen Abstand zwischen den Antworten beidseits (rechts und links) des Kehlkopfs und den Reizen zurückzuführen, die jeweils von den beiden Hirnhemisphären her zum Kehlkopf kommen.

Sieht man von Lauten wie »arö ... arö« ab, die bloße stimmliche Modulationen sind, um die physische Kommunikation zwischen dem Säugling und seiner Mutter fortzuführen und aufrechtzuerhalten, so sind »Mama« und »Papa« umgekehrt, laut einer weitverbreiteten Meinung, die ersten Wörter des menschlichen Vokabulars. Doch selbst auf die Gefahr hin, daß ich damit viele Eltern enttäusche, muß ich festhalten, daß diese beiden Vokabeln zunächst nicht an die Mutter und den Vater gerichtet sind. Sie entwickeln sich aus rein mechanischen

Gründen. Am Anfang war der Atem, unser eigentlicher Lebensodem. Der Urschrei ist in ihm als eine Möglichkeit enthalten, die nur darauf wartet, das darf man hier sagen, sich zu äußern. Sobald der Mund sich öffnen will, ist der Schrei bereits dabei, ausgestoßen zu werden. Damit ist gesagt, daß er, bevor er sich mit einem Sinn belädt, ein rein physiologischer Automatismus ist. Was geschieht nämlich, wenn die Kiefer und die Lippen sich öffnen? Die Zunge und das Gaumensegel gehen auseinander. Sobald der Mund sich wieder schließt, nähern auch sie sich einander. Der hervorgebrachte Laut, der alles in allem nichts anderes als eine musikalische Färbung des Atems ist, wird durch das Schließen des Mundes gewissermaßen zerschnitten, aber nicht unterbrochen. Sobald der Mund sich wieder öffnet (mit einer rhythmischen Saugbewegung der Lippen, die von allen automatischen Bewegungen die animalischste ist), ertönt auch der Laut von neuem. Und so wird das erste »ma-ma-ma-ma« in den Raum geworfen.

Wird durch diese Erklärung eine hübsche Legende zerstört? Ich glaube es kaum. Zweifellos wird durch die Erklärung eines solchen Mechanismus dem Familienereignis der »ersten Wörter« ein Teil seines Zaubers genommen, wenn es bloß noch deshalb ein Ereignis ist, weil die Eltern wegen einer phonetischen Ähnlichkeit Lauten einen Sinn geben, den sie nicht wirklich haben. Sieht man jedoch genauer hin, so wird das Bezaubernde bei der Strukturierung der menschlichen Sprache davon in keiner Weise betroffen.

Illusionen können durchaus von Gutem sein, und das gilt besonders für dieses elterliche Mißverständnis, das dort ein »Mama« zu hören glaubt, wo nur ein im wortmäßigen Sinne bedeutungsloses »ma-ma« vorhanden ist. Dieser Irrtum löst nämlich bei den Eltern eine Verhaltensweise (Lächeln, Zärtlichkeit usw.) aus, die beim Kind den Anfang einer Bewußtwerdung der Funktion der Sprache darstellt. Es begreift, daß dieses »ma-ma-ma-ma«, das es beim Atmen (und weil es atmet) von sich gibt, für etwas nützlich sein kann. Dank solcher Laute zieht man sich die Wohltat der Zärtlichkeit zu: Man kann sie auch als eine Glocke verwenden, die nach Belieben die Mutter in die Nähe lockt. Ich habe oft darauf hingewiesen, daß das kleine Menschenkind auf diese Weise die Sprache lernt; dadurch nimmt es erstmals wahr, welche Macht und welchen informativen Wert die Lautäußerung hat. Durch solches Tun erwirbt sich der Mensch Zugang zum Humanen.

Die Sprache insgesamt baut auf dieser Grundlage auf. Ist die Wirklichkeit ihrer Entstehung nicht ebenso wunderbar wie die irrtümliche Vorstellung der Eltern? Ich habe es bereits einmal geschrieben: *Nur das erste Wort zählt wirklich.* Es zählt, aber es kostet nichts, weil es das Leben selbst, die Gegenwart dieses Lebens in einem menschlichen Körper ist. Alles andere ergibt sich spielerisch. Das Kind freut sich daran, neue Wortkonstruktionen zu erfinden, indem es auf seinen Körper als sein Instrument einwirkt und mit ihm spielt. So bildet es seine »Sprach«laute. Sobald beispielsweise die Saugbewegungen des Mundes aufhören, ziehen sich die Lippen zusammen, worauf das »pa-pa-pa-pa« das »ma-ma-ma-ma« ablöst.

Dank ihres Gebrauchswerts (Anruf, Bitte usw.) beladen sich diese ursprünglichen Wörter, genauer gesagt diese »gesprochenen Lautketten«, sehr rasch mit einer Bedeutung, und diese Bedeutung ist für ein Kleinkind so universell wie die Bewegungen der Lippen, die den Urschrei modulieren. Man darf sich deshalb nicht wundern, daß trotz aller Verschiedenheit der Sprachen und der Dialekte die Mutter auf der ganzen Erde gleich (»Mama« oder ähnlich) angesprochen wird. Denn es ist diese Mutter, die beim Bettchen erscheint, sobald dieses »ma-ma« in den Raum hinausgelassen wird; sie ist es, an deren Brust man gestillt wird, und eben deshalb wird dieses »ma-ma« mit der Bewegung des Saugens assoziiert.

Das »pa-pa« wendet sich ganz natürlich an den anderen – worunter der »andere als die Mutter« zu verstehen ist –, also an den Vater. Im Gegensatz zur Mutter, von der sich, wie wir gesehen haben, das Kind nie vollständig unterscheidet, wird der Vater von vornherein als eine Drittperson empfunden. Ich würde ihn am liebsten als ein zugleich nahes und fernes (er ist alles in allem von allen Fremden der am nächsten stehende) Gestirn bezeichnen, ein Gestirn, das dem Kind meistens als Drohung erscheint: Im nahen Kontakt mit ihm fühlt es sich erdrückt. Deshalb fürchtet es sich davor, sich dem Vaterbild zu nähern. Es hat bis in seine innerste Tiefe Angst, es könnte sich daran verbrennen, denn dieser Vater ist ein Gestirn, das nicht nur leuchtet, sondern auch versengt.

Diese Vater-Mythologie erklärt, weshalb das Verlangen nach Kommunikation mit der äußeren Welt (die Mutter gehört noch immer zur inneren Welt), also nach Kommunikation mit dem Vater, immer durch Ambivalenz geprägt ist. Das Kind wünscht und fürchtet sie zugleich, es geht darauf zu und weicht davor zurück. Das macht die Strukturierung der sozialen Etappe der Sprache so schwierig und die, trotz allem notwendige, Einverleibung der Botschaft des Vaters in das Leben des Kindes so heikel.

Am Anfang ließen wir unsere Patienten die väterliche Stimme unmittelbar nach Vollzug der Entbindung auf der Klangebene hören, doch wir mußten schon bald darauf verzichten, weil diese Methode heftige negative Reaktionen auslöste. Der Übergang von dieser spezifischen Sprache, welche die Sprache der Mutter (und vor allem für die Mutter spezifisch) ist, zur Sprache des anderen und der anderen ist eben nicht so leicht zu bewerkstelligen. Diese Ausdrucksweise benötigt das Kind zu einem gegebenen Zeitpunkt seiner Entwicklung, und zwar nicht um den Dialog mit seiner Umwelt aufzunehmen, sondern um gewissermaßen die Kommunikation mit der Mutter zu verfeinern. Es spürt verschwommen, daß es eine aussagekräftigere Stufe des sprachlichen Austausches nur erreichen kann, wenn es sich das andere Kommunikationswerkzeug, das Werkzeug des anderen, aneignet. Deshalb muß man die Drittperson, das erdrückende und versengende Gestirn, in die in sich geschlossene, mollige, schützende Welt der mütterlichen Planetenbahn eindringen lassen. Es ist notwendig, aber schwierig zu akzeptieren. Manche Kinder empfinden dieses Eindringen als unerträglich: Es ist nicht mehr und nicht weniger als eine Vergewaltigung. Die Stimme des Vaters, die man das Kind nach den filtrierten Tönen hören läßt, ist ein Einbruch des gehörnten Teufels, des Kindleinfressers in den Märchen, des Tiers in den Geschichten der Großmütter, in die Sphäre der mütterlichen Sanftheit. Der Sohn begegnet in ihr dem Unerwünschten, dem Feind. Und deshalb reagiert er mit äußerster Brutalität. Er wird zornig, beginnt zu schluchzen, reißt den Kopfhörer weg und schmeißt ihn in die entfernte Ecke des Zimmers. Der Therapeut und seine Gehilfen haben größte Mühe, ihn zu beruhigen. Durch eine verfrühte Anwendung der väterlichen Stimme kann man eine eigentliche affektive Explosion auslösen. Unter einem rein wissenschaftlichen Gesichtspunkt ist diese Art Erdbeben ein wesentliches Ereignis, denn es ermöglicht eine Überfülle von Beobachtungen. Dabei habe ich auch gelernt, welche Fehler ich früher gemacht hatte. Die Reaktionen des Kindes auf die väterliche Stimme sind, so entfesselt sie auch sein mögen, von hohem informativen Wert. Sie enthüllen auf spektakuläre Weise das Bild, welches sich das Kind vom

Vater macht. Bezeichnenderweise sind die Reaktionen beim Linkshänder besonders ausgeprägt, weil er eben gerade den Vater und dessen Symbole ablehnt: die rechte Hand und die Sprache.

Die Sprache des Vaters (die der Gesellschaft) stellt jedoch eine unersetzliche Verbindung zur Umwelt dar. Das Kind spürt das durchaus. Es fühlt auch, daß sich sein Sein durch den Zugang zu dieser Kommunikationsweise von dem der Mutter befreien, loslösen wird. Doch eben von dieser Befreiung will es nichts wissen. Es klammert sich an die ursprüngliche Verschmelzung seines Seins mit dem der Mutter, obwohl es ahnt, daß diese Einheit einmal zu Ende sein wird.

Es führt zu nichts, wenn man diese kindliche Weigerung (die dem Wunsch entspringt, ein Kind zu bleiben) bekämpft, zu bändigen versucht, oder so tut, als gebe es sie nicht. Solche Haltungen führen alle in eine Sackgasse. Man muß sich unbedingt mit Geduld wappnen und *darauf warten, daß die Annäherung zum Vater vom Kind selbst erstrebt wird* (wobei man sich wohlverstanden darauf verlassen darf, das Kind werde die Notwendigkeit einsehen, daß es sich die väterliche Sprache aneignen muß, um seine Beziehung zur Mutter zu vertiefen). Langsam, gewiß, und immer wieder zögernd, geht das Kind schließlich aus sich selbst auf die Sprache des Vaters zu, sobald einmal die durch den Kontakt mit der Mutter zustande gekommenen Phänomene einer ersten Kodierung richtig aufgenommen, einverleibt worden sind, mit anderen Worten: sobald sein Nervensystem darauf vorbereitet ist, die Strukturen, die Rhythmen, in denen die künftige Sozialsprache sich einwurzeln muß, aufzunehmen und zu fixieren.

Die vorsprachliche Phase trägt zu einer rascheren, wirksameren, endgültigeren Einverleibung dieser mit der ersten Kodierung zusammenhängenden Phänomene bei. Sie stellt alles in allem die Grundlage für das väterliche Eingreifen dar. Ihr Ziel ist es, das Gehör des Kindes auf ein Hören der Sprache hinzuführen, dessen Kontrolle vorzugsweise vom Leit-Ohr, also dem rechten Ohr, wahrgenommen wird.

Deshalb induzieren wir schrittweise eine Lateralisation, eine Verschiebung des Hörens auf die rechte Seite, bis die Dominanz des rechten Ohres in der Selbstkontrolle sichtbar wird. Parallel dazu spielen wir dem Kind musikalische oder stimmliche Klänge in Form von filtrierter oder nicht filtrierter Musik, von Kinderreimen ohne und später mit Worten, von gregorianischen Gesängen vor. Allmählich bildet sich so eine Kodierung im Nervensystem aus, welche die Schiene und das

Vehikel darstellt, auf denen die Sozialsprache ihre Strukturen aufbaut. Falls der Patient bereits erwachsen ist, werden die Kinderreime durch wiederholte, von »Kirchen«liedern abgeleitete Gesangseinlagen ersetzt. Sobald diese Phase abgeschlossen ist, muß die Strukturierung der Sprache in Angriff genommen werden. Damit sollen endgültig die psycholinguistischen Grundlagen gelegt werden, die dem Patienten den Weg zu einer den Notwendigkeiten der Umweltbeziehung angepaßten sprachlichen Ausdrucksweise ebnen.

Die Strukturierung der Sprache

Diese neue Phase beginnt mit dem Hören – noch immer unter dem Elektronischen Ohr – von Phonemen, die mit von uns als »filtrierte Zischlaute« bezeichneten hohen Frequenzen angereichert sind. Die Sprache wird nämlich um so differenzierter, je besser der Sprechende hohe Frequenzen und Harmonien in höheren Tonlagen wahrnimmt und beherrscht. Will man eine solche Sprachbeherrschung erreichen, so muß man folglich das Ohr für diese Frequenzen »öffnen«. Dazu soll die Eingabe der filtrierten Zischlaute in das Elektronische Ohr beitragen. Das Gehör der Patienten soll mit dieser Methode von bisher unerforschten Regionen angezogen werden. Dabei gehen wir in Schritten von jeweils 500 Hertz vor, bis der Gipfel der Wahrnehmung von Harmonien in höheren Tonlagen erreicht ist: 6000, 8000, 10 000 Hertz und darüber hinaus.

Unsere Formulierung darf jedoch keinen falschen Eindruck erwekken. Das ist, wie bereits gesagt, kein passiver Vorgang. Daß sich der Patient während der Behandlung bewußt einsetzt, ist unerläßlich. Man verlangt also vom Kind oder vom Erwachsenen in dieser Phase eine aktive Beteiligung. Der Patient verfügt jedoch vorläufig nur über beschränkte Möglichkeiten, eine Eigeninitiative zu ergreifen, denn er muß sich damit begnügen, während der »Klangpausen« das Gehörte zu wiederholen. Das reicht offensichtlich aus, um stimmliche Gegenreaktionen auszulösen, welche gewissermaßen ein Barometer seiner Fortschritte sind: Sobald die Wiederholungen perfekt geworden sind, hält man den Beweis dafür in Händen, daß er jetzt wie sein Vorbild (derjenige, der das Band besprochen hat) zu hören vermag. Und von dem Augenblick an, da beispielsweise ein Patient mit Leseschwäche wie jemand hört, der die Lesephoneme vollständig beherrscht, ist er auch schon sehr nahe dabei, seine Leseschwäche zu überwinden. Heilen bedeutet in einem solchen Zusammenhang nichts anderes, als die Hörweise eines gut hörenden Menschen zu übernehmen, dem es gelungen ist, ein angepaßtes Beziehungsnetz aufzubauen.

Als Abwechslung zu solchen filtrierten Zischlauten bieten wir Sitzungen mit filtrierter Musik an, deren Hauptaufgabe in einer »Entkrampfung« besteht. Das Tonbad, in das wir das Kind eintauchen, wäscht gewissermaßen seine Ängste weg. Dadurch wird es zweifellos am wirksamsten auf eine in hohem Maße entdramatisierte, wenn nicht sogar völlig heitere akustische Begegnung mit dem Vater vorbereitet – mit diesem Vater, welcher der Träger der Sprache ist.

Wie in der Phase der filtrierten Töne, die eine fehlende Mutter ersetzen sollen, erweist sich auch hier die Musik Mozarts als am besten dafür geeignet, diese Funktion zu erfüllen. Man könnte sich mit der bloßen Erwähnung dieser Tatsache begnügen. Ich meine jedoch, es sei nicht nutzlos, will man das gesamte System verstehen, eine Erklärung dafür zu suchen. *Weshalb Mozart* und nicht Beethoven, oder Ravel, oder Bartók, oder Louis Armstrong?

Meiner Meinung nach läßt sich die Antwort auf diese Frage in der Frühreife von Wolfgang Amadeus finden. Es ist bekannt, daß er schon im Alter von viereinhalb Jahren zu komponieren begann, und diese Kompositionen verraten bereits den späteren Meister! Er war in eine äußerst günstige Umwelt hineingeboren worden, in der Musik eine dominierende Rolle spielte. Schon vor seiner Geburt war das Kind Mozart mit Musik durchdrungen worden. Für mich besteht kein Zweifel daran, daß sein Nervensystem dadurch darauf vorbereitet wurde, nur Musik zu hören und in der Musik zu leben. Schon im Mutterleib haben sich diese musikalischen »Engramme« in sein Hirn eingeprägt, seine Hörweise ist auf sie eingespielt worden. Man übertreibt nicht, wenn man in seinem Falle sagt, die musikalische Ausdrucksweise sei seine eigentliche Muttersprache gewesen, die es ihm ermöglicht habe, mit dem ganzen Universum zu kommunizieren.

Der kleine Mozart ist schon bei seiner Geburt in gewisser Weise ein völlig von der Musik geprägtes Wesen. Sein Nervensystem ist auf größtmögliche Empfänglichkeit für Musik »kodiert«, und alle seine neurovegetativen Reaktionen sind auf Musik vorbereitet. Es sei daran erinnert, daß sein Pulsschlag rascher als normal war (was vielleicht erklärt, weshalb er sein Leben so rasch verbraucht hat). Der Widerschein dieser inneren Rhythmen findet sich in den charakteristischen Kadenzen, die sein gesamtes Werk kennzeichnen und ihm so einzigartig und spezifisch das Attribut »göttlicher Mozart« eingetragen haben.

Man darf mit einem gewissen Recht annehmen, daß sich auf diese Weise die Grundstruktur einer Ursprache ausgebildet hat, die so universell wie das »ma-ma, pa-pa« ist, von dem wir eben gesprochen haben. Daß primitive Stämme im Urwald, daß Eskimos, die in den eisigen Weiten von Labrador leben, positiv auf seine Musik reagieren, die doch von der ihren so grundverschieden ist, läßt sich zweifellos durch diese Universalität erklären. Vielleicht hat Mozart, ohne es bewußt angestrebt zu haben, sondern einzig aus Liebe zur Musik, die tatsächliche letzte Ursache jedes ästhetischen Ausdrucks durch die Musik entdeckt.

Wie dem auch sei, durch das Abspielen von Werken Mozarts unter dem Elektronischen Ohr wird die für die neuronalen Grundlagen des Gehörs und allgemeiner der Wahrnehmung (also der Beziehung des Menschen zu seiner Umwelt) wünschbare Architektur verwirklicht. Dank der wiederholten Massage durch diese Musik, die der Patient in Form gefilterter Töne (wodurch das Hören vor der Geburt nachgeahmt wird) in Hörhaltung aufnimmt, wird eine Fülle von Wellen erzeugt und in eine bestimmte Organisation einverleibt. Später kann dieses Wellensystem eine Botschaft von semantischer Bedeutung aufnehmen. Doch am Anfang programmiert es den Körper, damit er ein Werkzeug zur Lautaufnahme und dadurch zum Werkzeug der Sprache wird.

Die Universalität der musikalischen Botschaft Mozarts differenziert sich fortschreitend. Aus einer allgemeinen Grundlage gehen die Grundstrukturen der jeweiligen Sprachen hervor. Von diesem Stadium an werden somit Engländer, Deutsche, Spanier, Chinesen, Franzosen usw. nicht mehr genau gleich behandelt: Die Programmierung des Körpers muß diesen jeweils verschiedenen Voraussetzungen angepaßt werden.

Schließlich kommt der Tag, an dem sich das Kind bewußt wird, daß es, wenn es eine noch engere und tiefere Beziehung zu seiner Mutter aufbauen will, zu den Quellen des Wortsinns, *also zur Semantik, zum eigentlichen Ursprung,* zurückgehen muß. Erst jetzt *pflanzt* es von selbst das in sich ein, was das Vaterbild darstellt, also die Sozialsprache, die durch die vorsprachliche Phase mit mehr oder weniger Glück vorbereitet worden ist.

Ich schreibe »mit mehr oder weniger Glück«, weil ich eingesehen habe, daß man von dieser ersten Annäherung nicht mehr erwarten darf. Sie räumt zwar die Probleme weitgehend aus, sie beseitigt so viel Angst wie möglich, doch sie kann die Ambivalenz, auf die ich hingewiesen habe, und die intrapsychischen Konflikte, die sich daraus ergeben, nicht völlig überwinden. Von Ausnahmefällen abgesehen, bereitet der Übergang zur Sprache *immer* Schwierigkeiten, er ist immer mit Mühsal verbunden. Das Kind hat Angst, von diesem sprachlichen Universum, das sich vor ihm auftut, überflutet zu werden; es hat Angst, von seiner Mutter getrennt zu werden, falls es den Schritt in dieses Universum wagt.

Man kann sich deshalb mühelos vorstellen, daß es zögert, die artikulierte Botschaft in sich aufzunehmen. Der Inhalt der Botschaft läßt sich nicht von ihrer Form trennen, und diese Form ihrerseits ist – in Gestalt der Sozialsprache –, so wie sie sich dem Kind darstellt, untrennbar mit der Persönlichkeit des Vaters verbunden.

Jedenfalls gelingt es dem Vater nie, das Bild der Mutter auszulöschen, nicht einmal wenn diese nicht mehr da ist. Damit muß er sich abfinden: Er ist nichts als Semantik, nichts als Samen. Und das ist schon viel, denn dadurch ist er, wie bereits gesagt, der Vektor des Sozialen. Vergleicht man das Kind mit einem in Keimung begriffenen Samenkorn, so kann man sagen, die Mutter sei der Erdboden, die den Samen aufnimmt und nährt, während der Vater die Sonne ist, die ihn zum Austreiben bringt. Der Vater ist für die Entwicklung des Kindes ebenso unerläßlich wie die Mutter, aber er ist es auf eine andere Weise. Die Mutter ist die Voraussetzung für die affektive, der Vater für die sprachliche Entwicklung der Umweltbeziehung.

Da der Vater die Semantik verkörpert, wird er auch durch die Semantik verbildlicht. Deshalb muß man in diesem Stadium der Behandlung das Kind nicht ebenso zwingend in das Universum der Sprache einführen, wie man im Stadium der filtrierten Töne die Stimme der Mutter verwenden mußte. Der Zugang zum Wort kann auf anderen Wegen mit gleicher Dynamik und denselben strukturellen Eigenschaften verwirklicht werden. Das Kind begegnet dann dem Vater nicht mehr in der Form einer wirklichen Entität, sondern in der Form der Semantik.

Wenn in ganz besonderen Fällen dennoch der Vater dazu veranlaßt wird, ebenfalls ein Tonband zu besprechen, so sollte man seine Stimme auf eine Weise filtrieren, daß aus ihr alles, was seine Einmaligkeit ausmacht, herausgenommen wird und nur die ureigene Besonderheit seines wirklichen Wesens unmittelbar sichtbar wird. Ein Abspielen dieser Stimme unter vollständiger Respektierung ihrer Komponenten (Klang, Modulation usw.) wäre eine Spiel mit dem Feuer. Als wir mit unseren Versuchen begannen, haben wir bisweilen diesen Fehler gemacht. Die Ergebnisse waren katastrophal. Wird das väterliche Zeichen auf solche Weise eingeführt, so erhält es eben gerade die Bedeutung einer Vergewaltigung. Würde es sich nur um eine brutale, aber vorübergehende Krise handeln, so wäre es weiter nicht schwerwiegend. Leider hinterläßt aber dieser Schock tiefe Spuren; bisweilen kann der Schaden nicht mehr behoben werden. Das Kind kann seine Sprache auf immer verlieren. Seine Angst kann ein derartiges Ausmaß annehmen, daß es dem Wort gegenüber mit einer Ablehnung reagiert, die es später nicht mehr überwinden kann.

Für uns Therapeuten ist es deshalb von größter Bedeutung, daß bei der Vorbereitung der Tonbänder alle Elemente herausgenommen werden, die auf der Ebene der tiefen Affektivität eine zu große Wirkung entfalten. Ausschließlich die semantische Substanz darf zurückbleiben. Mit einer gewissen selbstironischen Übertreibung kann man deshalb sagen, der Vater werde erst angehört, wenn er tot sei.

Es versteht sich von selbst, daß der Vater über alle diese Probleme schonungslos informiert werden muß. Es ist zu wünschen, daß er eine klare Vorstellung von seinem Platz in der Familiengemeinschaft hat. Viele Eltern haben keine Ahnung von solchen Beziehungsproblemen. Zumindest in Frankreich sind sie bestenfalls Spezialisten bekannt, und höchstens an den Hochschulen wird darüber gesprochen. Darf man sich also wundern, daß Eltern bestürzt sind, wenn man ihnen die Folgen einer Behandlung auseinandersetzt, welche die gesamte Familienstruktur in Frage stellt? (Diese Struktur ist nämlich die Ursache aller dieser Störungen.)

Die meisten Väter sind im übrigen kaum oder überhaupt nicht für die Vorstellung empfänglich, daß ein echter Dialog mit ihrem Kind unerläßlich für den Aufbau einer sprachlichen Brücke ist, die dem Kind den Weg zu echten Fortschritten öffnet. Psychotherapie und Elektronisches Ohr büßen ihre Wirkung zum Teil ein, wenn der Vater sich seiner Nachkommenschaft gegenüber nicht als offen, aufmerksam und verfügbar erweist; wenn er sich nicht fortwährend darum bemüht, die Vorgänge im Seelenleben seines Kindes zu begreifen.

Der Vater muß, kurz gesagt, im gleichen Maße wie die Mutter am erzieherischen Bemühen mitwirken. Unsere Schwierigkeiten rühren daher, daß sich der Vater noch mehr als die Mutter gegen diese Notwendigkeit sträubt, sich taub stellt, unsere Vorschläge ablehnt und sich mit dem ganzen Beharrungsvermögen, das er aufzubringen vermag, dagegen wehrt. Diese Haltung hat, das versteht sich von selbst, ihre Gründe. Unbewußt hat der Vater das Gefühl – und oft zu Recht –, persönlich für die Schwierigkeiten seines Kindes mitverantwortlich zu sein, und zwar insbesondere, wenn es sich um Sprachschwierigkeiten handelt. In seinem Unbewußten weiß er sehr wohl, daß er innerhalb des Familiendreiecks für das Wort zuständig ist. Alles, was mit dem Wort zu tun hat, kann ihm deshalb nicht fremd sein. Insgeheim ahnt er, daß ihm eine Verantwortung zufällt, die er vielleicht lieber nicht wahrnehmen möchte. Oft sind die Sprachschwierigkeiten des Kindes auf väterliches Ungenügen zurückzuführen. Es kann sein, daß der Vater den Willen nicht aufbrachte, die Sprache zu vermitteln, vielleicht war er aus verschiedensten Gründen nicht imstande, sie zu vermitteln; ein solcher Grund kann die Mutter sein, weil sie ihre Macht über das Kind nicht abgeben wollte und sich deshalb weigerte, diese Aufgabe dem Vater zu überlassen. Es kommt auch oft vor, daß uns der Vater die erbetene Unterstützung verweigert, weil er insgeheim auf seinen Sohn eifersüchtig ist und seinen Rivalen nicht noch fördern möchte, indem er sich für die Behandlung von dessen Schwächen einsetzt.

Viel Diplomatie muß aufgewendet werden, damit man die Väter in unsere Behandlungsräume bringt! Manche erklären sich zur Teilnahme bereit, wenn wir ihnen zu verstehen geben, daß wir unter keinen Umständen auf ihre Mitarbeit verzichten können, daß ihre Mitwirkung in dieser Phase der Behandlung unbedingt notwendig ist. Doch einige sind auch dann noch nicht kooperationswillig. Wir machen sie dann mit dem notwendigen Fingerspitzengefühl darauf aufmerksam, daß die Behandlung ohne ihre Mitarbeit mehr Zeit beanspruchen und folglich für die Familie eine finanzielle Mehrbelastung bedeuten würde. Ich darf sagen, daß nur wenige einem derart überzeugenden Argument widerstanden haben!

Da wir die vorgebrachten Einwände zum voraus kennen, können wir unsere Propagandamaschinerie in aller Muße vorbereiten. Um Vätern die Möglichkeit zu nehmen, sich hinter beruflichen Verpflichtungen zu verschanzen, sind wir auf Wunsch sogar zu Gesprächen am Samstag und Sonntag bereit.

Doch wenn sich ein Vater endlich entschlossen hat, aus ganzem Herzen (und nicht nur zaghaft mit den Fingerspitzen, um uns eine Freude zu machen) mit uns zusammenzuarbeiten, sind erstaunlich rasche Fortschritte zu verzeichnen. Das Risiko eines Mißerfolgs wird umgekehrt erheblich verringert.

In einem besonderen Fall sind die Ergebnisse besonders spektakulär: wenn die Schwierigkeiten des Kindes eine unmittelbare Folge von Störungen sind, unter denen der Vater leidet. Man heilt dann das Kind, indem man dem Vater hilft. Unsere Tätigkeit setzt ein hohes Maß an einfühlsamem Verständnis voraus. Was geschieht am Familientisch, wenn der Vater von Sorgen geplagt wird und mit versteinertem Gesicht dasitzt? Niemand vermag ihn zum Sprechen zu bringen. Ein von Ängsten gequältes Wesen verbreitet um sich herum Angst. Wie könnte denn ein Kind sein Gleichgewicht finden, wenn es in einer Gemeinschaft von Menschen lebt, die sich ihrerseits nicht im Gleichgewicht befinden?

Ich habe einmal ein Ehepaar mit vier Kindern kennengelernt. Vater und Mutter waren überdurchschnittlich intelligent und verstanden sich ausgezeichnet. Doch alle vier Kinder kamen zu mir, weil sie trotz offensichtlicher Begabung Schwierigkeiten mit der Sprache hatten. Eines der Kinder stotterte erheblich, ein anderes war in seinem sprachlichen Ausdruck derart blockiert, daß es bei Leuten, die seine geistigen Fähigkeiten noch nie erfahren hatten, für schwachsinnig galt. Diese Kinder haben sich unauslöschlich in meinem Gedächtnis eingeprägt, weil ich während Jahren größte Schwierigkeiten mit ihrer Behandlung hatte. Widrige Umstände machten uns immer wieder zu schaffen. Nach Beginn meiner Bemühungen litt eines der Kinder plötzlich unter einer schweren Lungenkrise, die eine halbjährige Hospitalisierung in einem Sanatorium erforderte. Fortwährend waren zusätzliche Bemühungen notwendig, damit die bei der Behandlung erzielten Ergebnisse nicht wieder verlorengingen. Möglicherweise wäre ich noch immer gleich weit, wenn ich nicht schließlich den Vater selbst in Behandlung genommen hätte.

Er war ein Mann mit bemerkenswerten Fähigkeiten. Er hatte aber auch das, was ich eine »linke Stimme« nenne, also eine in sich unausgewogene Stimme. Weil er seiner Nachkommenschaft natürlich als Vorbild diente (und das um so mehr, als er eine starke und liebenswerte Persönlichkeit war), hatte er alle »linkisch« gemacht! Das war die eigentliche Ursache aller dieser Probleme, um derentwillen man mich aufgesucht hatte. Den Kindern fehlte nur etwas, nämlich daß sie in Sachen Hören und folglich Sprechen nicht »rechtisch« waren, wie man sein müßte: rechtshändig auch auf der linken Seite. Ich nahm deshalb den Vater in Behandlung und brachte ihm bei, rechtisch zu reden, das heißt, sich mit einer klangvollen, warmen, richtig kontrollierten Stimme auszudrücken. Das wirkte sich auf die ganze Familie derart erfreulich aus, daß ich schon nach wenigen Monaten die Dossiers der Kinder dem Archiv übergeben konnte. Seither erfahre ich regelmäßig befriedigende Neuigkeiten aus dieser Familie, die jetzt um die väterliche Stimme herum vereinigt ist.

Wir wollen jedoch auf mehr technische Erwägungen zurückkommen. Während dieser Periode der Sprachstrukturierung messen wir, das muß betont werden, der Bildung des Selbstkontrollsystems großes Gewicht bei. Mit Hilfe eines zweiten elektronischen Elementes können wir zu dem Zeitpunkt, da der Patient oder die Patientin das eben Gehörte wiederholt oder auf eine ihm oder ihr gestellte Frage antwortet, ein Selbsthören auslösen. Unbewußt wird das Kind mit Sprachschwierigkeiten dazu gebracht, seine Stimme so zu hören, wie ein »normales« Kind die seinige hört. Dadurch wird es sich seiner Mängel allmählich bewußt; gleichzeitig werden die Kontrolle und folglich auch die Selbstbeherrschung (eine gleichzeitige Beherrschung des körperlichen wie auch des sprachlichen Ich) verstärkt. Und parallel dazu entwickelt sich auch der Begriff des anderen.

Der Therapeut muß, will er seine Rolle wirksam spielen, zugleich sehr wachsam und sehr zurückhaltend sein. Eine zu starke äußere Einwirkung ist in diesem Fall nicht wünschenswert, denn die Wirksamkeit der psycho-sinnlichen Erziehung ist innig mit der *spontanen* Ausbildung der sie begründenden Mechanismen verquickt. Doch andererseits muß man für geringste Reaktionen des Kindes empfänglich sein, man muß ihm zu Hilfe kommen, wenn es diese nötig hat, ihm den Prozeß verdeutlichen, der sich gerade in ihm abspielt, ihm seine Fortschritte bewußtmachen usw. Was diesen letzten Punkt betrifft, so nehmen wir regelmäßig eine Prüfung vor, indem wir zur Kontrolle eine eigentliche Bilanz dessen ziehen, was wir beim Kind erreicht haben. Sobald das Gehör des Patienten normal funktioniert, sobald er also bereit ist, die Sprache anderer Menschen korrekt aufzunehmen, kann man sagen, daß die Beziehung zum weiteren Umfeld (zur Gesellschaft, zur näheren Umwelt) endlich akzeptiert worden ist. Von da an wird folglich eine dieses Namens würdige Kommunikation mit anderen Menschen (über die Person der Mutter hinaus) möglich.

Sobald diese Stufe erreicht ist, muß man es dem Patienten, ob Kind oder Erwachsener, ermöglichen, daß er sich selbst begegnet und sich selbst akzeptiert. Nach dieser Hinwendung zum anderen regen wir mit Hilfe des Elektronischen Ohrs alles in allem einen Transfer auf sich selbst an.

Durch diesen Transfer wird gleichzeitig die Selbstkontrolle verstärkt und wird sich der Patient selbst dieser Mechanismen bewußt. Das Kind begegnet nämlich sich selbst erst dann wirklich, wenn es den gesprochenen Akt, die Verbalisierungstechniken und -weisen seines Denkens vollständig beherrscht. Diese Begegnung setzt eine Anpassung des Patienten an die Wirklichkeit voraus: Er muß gleichzeitig die Bedingungen, die ihm von seiner Umwelt auferlegt werden, und seine eigene Bestimmung akzeptieren.

Man versteht jetzt meiner Meinung nach besser, wie und weshalb das Ohr ein »Königsweg« nicht nur der Sprache, sondern überhaupt aller menschlichen Anpassungsprozesse an sich selbst und an die Umwelt ist. Wenn man den Störfaktor des Unbewußten überwindet, um zuerst zum anderen und dann zu sich selbst in ihrer und seiner jeweiligen objektiven Wirklichkeit zu gelangen, so verleiht man gleichzeitig dem Ohr seine wahre Funktion. Die beiden Operationen sind untrennbar miteinander verbunden.

Das Ohr erfüllt seine Rolle als Kommunikationswerkzeug in vollem Maße, sobald die Verzerrungen der Hörkurve beseitigt sind, die sich während der Entwicklung des Kindes ausgebildet haben. Diese Verzerrungen sind eine der hauptsächlichsten Folgen der Störung, welche die tiefe Affektivität ausgelöst hat und in der die verschiedensten Blockierungen sichtbar werden. Aus dieser Hörkurve schneidet das Unbewußte *aufgrund dessen, was es nicht hören will,* die einen oder anderen Frequenzen heraus. Da jedes Frequenzband körperliche Entsprechungen hat, werden die hervorgebrachten Schäden nicht nur im Gehör sichtbar. Und da der Psychismus nicht vom Körper losgelöst ist und unser Körper der Träger einer reichen und komplexen inneren Bildwelt ist, ergeben sich daraus fast unvermeidlich psychische Störungen. Der Schizophrene zum Beispiel ist ein Mensch, dessen Ohr für die Sprache verschlossen, für den Lärm aber weitgehend offen ist, was die außergewöhnliche Dynamik solcher Kinder erklärt. Durch Lärmwahrnehmung kann tatsächlich der Körper mit Energie aufgeladen werden, weil das Ohr eine Art Dynamo ist, der in der Hirnrinde eine elektrische Spannung aufbaut. Die Arbeit dieses Dynamos ist, ich wiederhole es, für unsere geistige wie auch unsere körperliche Dynamik, insbesondere unseren aufrechten Gang, verantwortlich.

Das Gehörtraining während dieser Programmierungsperiode setzt auch eine aktive Beteiligung des Patienten voraus. Das Kind mit Leseschwäche muß unter dem Elektronischen Ohr mit lauter Stimme vorlesen, damit die Selbstkontrolle verstärkt wird. Anstatt »laut vorlesen« sage ich mit Vorliebe »sich vorlesen«. Mir scheint, diese Formulierung bringe den eigentlichen Zweck der Methode und den Zusammenhang zwischen dem Gehör und dem Wesenskern besser zum Ausdruck. Abwechslungsweise läßt man den Patienten auch weiterhin im Laboratorium angefertigte Aufnahmen hören. Einige Tonbänder enthalten Texte, mit denen sich sein Interesse wecken und seine Aufmerksamkeit schärfen lassen: Sie dienen uns dazu, ihn für die Weiterführung der Behandlung zu motivieren. Andere Tonbänder sind mit Musik bespielt: filtrierte Musikstücke, die eine Atmosphäre der Sicherheit und der Heiterkeit aufrechterhalten sollen, gregorianische Gesänge, durch welche die Modulierung der Stimme vervollkommnet werden soll.

Im Verlauf aller dieser Sitzungen wird auch die geschriebene Sprache immer besser beherrscht. Kinder können in dieser Hinsicht wahre Virtuosität entwickeln, sobald die subtilen Hör- und Selbsthörfähigkeiten in ihnen einmal geweckt sind. Sobald ein Dialog entsteht und das Kind so weit ist, daß es sich selbst als ein unterschiedenes und dennoch mit einem Ganzen, nämlich der menschlichen Umwelt, verbundenes Element betrachtet, wird alles möglich. Von jetzt an muß die Schule das Werk weiterführen. Das Kind, das wir ihr übergeben, zeichnet sich oft dadurch aus, daß sein Wunsch, etwas zu lernen, offensichtlich von Freude getragen wird, denn nach einer langen Periode von Dunkel- oder Halbdunkelheit erscheint ihm das Verständnis des geschriebenen Wortes als eine Befreiung, die als solche ein gewisses Hochgefühl auslöst. Alles in allem bringen wir wohlvorbereitete Köpfe hervor. Am Lehrer ist es dann, diese Köpfe zu formen und mit Wissen zu füllen, ohne daß er befürchten muß, daß seine Botschaft nicht wahrgenommen oder verzerrt wird.

Wir geben dem Kind, wenn es uns verläßt, den Rat, täglich zu Hause sich weiterhin mit lauter und verständlicher Stimme vorzulesen. Ich habe schon darauf hingewiesen, daß ich einer solchen Übung große Bedeutung beimesse. Nicht nur Kinder, die an Sprachstörungen leiden oder gelitten haben, sondern die gesamte Bevölkerung sollte sie pflegen: Erwachsene wie auch Kinder, Menschen, welche die Sprache meisterhaft beherrschen, wie auch solche, die sich eher schüchtern vernehmen lassen. Eine halbe Stunde lautes Vorlesen pro Tag scheint mir ein absolutes Minimum zu sein. Von den Wirkungen in die Tiefe, die nicht immer sichtbar sind, abgesehen, hat diese Methode auch einen unmittelbar feststellbaren Vorteil: Sie sorgt dafür, daß Informationen wirksam gespeichert werden. Ich sage es meinen Patienten immer wieder, daß so Gelerntes nie mehr vergessen wird. Alle Leser sollten sich selbst von dieser Tatsache überzeugen. Erzieher und Lehrer müßten noch mehr als andere Menschen über dieses Problem nachdenken und von daher gewisse pädagogische Dogmen in Frage stellen. Welches System ist denn vorteilhafter: mehr zu lernen oder besser zu lernen?

Ein Kind, das seine Lektionen mit lauter Stimme lernt, nimmt sie zwar langsamer, aber solider und dauerhafter auf. Der Nutzen ist noch größer, wenn es sich – was wir von unseren jungen Patienten verlangen – beim Lesen an seine rechte Hand und insbesondere an die Haut zwischen Daumen und Zeigefinger wendet. Durch die bevorzugte Hinwendung zur rechten Körperhälfte wird auf diese Weise eine rechtsseitige Lateralisation (eine körperliche Hierarchisierung) verstärkt, die sich für die Selbstbestätigung und -verwirklichung günstig auswirkt. Bei Debatten bin ich immer im Rahmen des Möglichen dafür besorgt, daß ich den Platz auf der linken Seite meines wichtigsten Diskussionsgegners erhalte, wenn wir nebeneinander sitzen, oder ihm rechts gegenüber plaziert werde, falls sich ein Tisch zwischen uns befindet: Dank dieser kleinen List verliere ich nie den Faden meines Gedankenganges und habe ich keinerlei Mühe, das jeweils richtige Wort zu finden! Versuchen Sie es selbst! Sobald sie einmal eine gewisse Erfahrung gesammelt haben, werden Sie sich wundern, wieviel Leichtigkeit sie mit so wenig Aufwand gewonnen haben ...

Über das audiophonatorische System erzielte Verbesserungen wirken sich in anderen Bereichen aus. Insbesondere das Verhalten des betreffenden Menschen, seine Eignungen, seine Reaktionen innerhalb seiner Umgebung werden davon beeinflußt. Kinder sind nach einer Behandlung unter dem Elektronischen Ohr sichtlich ausgeglichener: Sie sind weniger launisch, sie haben viel von ihren Rachegefühlen gegenüber Leuten und Dingen abgelegt und werden bei Gruppenaktivitäten unternehmungslustiger. Ihre Lebensfreude zeigt sich in ihren Gesichtern und äußert sich in ihren charakteristischen Reaktionen auf bestimmte Ereignisse. Das Nahrungsbedürfnis pendelt sich ein, der Schlaf wird ruhiger. Sie schlafen rascher ein und tiefer, Alpträume treten nur noch höchst selten auf.

Alle diese Verbesserungen fördern die Schulleistungen, wodurch sie ihrerseits wiederum gestärkt werden. Die Anpassung an die Erfordernisse des intellektuellen Lernens wird insbesondere durch eine plastischere Aufmerksamkeit und ein aufnahmefähigeres Gedächtnis erleichtert. Beides wird rascher als früher geweckt und funktioniert gleichzeitig immer intensiver und genauer. Das verbesserte Konzentrationsvermögen ist offensichtlich eine Folge der bewußt gewordenen Selbstkontrolle und der Beherrschung der neuerworbenen Fähigkeiten.

Es bleibt festzuhalten, daß die schulischen Fortschritte sich nicht auf das Lesen (das insgesamt dynamischer und flüssiger wird) beschränken, sondern sich im gesamten Lernstoff auswirken. Gutes Lesen ist vor allem ein intelligentes Lesen, also ein Lesen, das auf dem vollen Verstehen des Textes beruht, weshalb jede Verbesserung beim Leseprozeß eine größere Vertrautheit mit der Sprache verrät. Im allgemeinen sind damit auch Fortschritte bei der Rechtschreibung und ebenso ein verfeinertes Verständnis für die Grammatik- und Syntaxregeln verbunden, wodurch diese auch sorgfältiger angewandt werden.

Dank dieser Aneignung einer korrekten Schreibweise fallen auch die Aufsätze besser aus. Das Zusammenspiel von Gehör und Stimme, von Begreifen und Ausdruck, hat im allgemeinen zur Folge, daß auch die Noten für den mündlichen Ausdruck gut werden.

Selbstverständlich bereitet das Erlernen von Fremdsprachen weniger Mühe. Doch das Kind nimmt auch geschichtliche und geographische Fakten besser auf, weil Lesen und Gedächtnis bei solchen Lernstoffen, so wie sie bei uns noch unterrichtet werden, ein große Rolle spielen. Sehr oft sind in Physik und Naturwissenschaften gute Ergebnisse zu verzeichnen. Im Fach Mathematik werden jedoch von solchen Kindern die spektakulärsten Fortschritte erzielt. Das ist nicht verwunderlich. Die rechtsseitige Lateralisation ist verbunden mit einer besseren Beherrschung der Raum- und Zeitbegriffe, was wiederum für die Lösung arithmetischer und geometrischer Probleme von hohem Nutzen ist.

Nicht nur das Kind, und das ist sehr wichtig, profitiert von der Behandlung. Gewissermaßen auf Umwegen wirken sich diese Wohltaten auf die Familie und die gesamte Umgebung aus. Weil frühere Ängste zerstreut sind, breitet sich eine gewisse Euphorie aus. Der in seinen Kommunikations- und Ausdrucksprozessen behinderte Patient hat die ganze Familie und seine gesamte Umgebung negativ beeinflußt. Man darf füglich behaupten, die von einem einzelnen Glied der Familie unter dem Elektronischen Ohr erzielten Fortschritte würden dazu beitragen, daß auch seine Angehörigen dank des von ihm wiedergewonnenen Gleichgewichts einen Gesundungsprozeß durchmachen. Spannungen lösen sich, die Bindungen zwischen den verschiedenen Mitgliedern der Familie festigen sich. Die Familienstruktur verändert sich in einem eindeutig positiven Sinne. Im Familienkreis kehrt Frieden ein, und das wirkt sich wiederum auf die Persönlichkeitsentwicklung aus. Bei allen wächst die Freude am Gespräch mit den anderen usw. Alle haben das Gefühl zu leben, indem sie ihr Sein der Gegenwart der anderen öffnen.

Die Vorteile einer Behandlung solcher Kinder sind für die Familie um so größer, je näher sie den Prozeß verfolgt und je aktiver sie an ihm teilgenommen hat. Es ist jedoch unschwer einzusehen, daß nicht jede Art der Beteiligung von Gutem ist. Damit die Eltern mit Ausdauer an der Arbeit teilnehmen, genügt es im allgemeinen, daß man durch eine klare und präzise Information ihr Verständnis weckt. Sie sind insbesondere darauf vorzubereiten, daß das Kind während der mehr oder weniger langen Zeit, in der wir uns mit ihm beschäftigen, ungewöhnliche Reaktionen zeigen kann, die für sie vielleicht unangenehm sind. Würden wir solche Probleme stillschweigend übergehen, so wären die Eltern rasch ratlos, und ihre Angst würde zusätzlich auf das Kind übergreifen. Wir müssen sie deshalb dazu ermuntern, Geduld zu üben und, wenn möglich, die Dinge mit Heiterkeit zu ertragen. Sie sollten sich auch nicht ausschließlich auf die schulischen Auswirkungen konzentrieren, was gerade bei Eltern von Kindern mit Leseschwäche oft der Fall ist. Wir versuchen solchen Eltern bewußtzumachen, daß die Schwierigkeiten in der Schule nur Symptome, äußerliche Anzeichen eines mit Sicherheit viel tieferen Ungleichgewichts (genauer einer mangelnden Harmonie) sind: daß man also durch Einwirkung auf diesen zugrunde liegenden Mangel Orthographiefehler, ungenügende Leistungen beim Lesen, Verständnislosigkeit für Grammatik und Mathematik usw. zum Verschwinden bringt.

Sind alle Eltern mit unseren Auffassungen einverstanden? Leider nicht, zumindest nicht auf Anhieb. Auch hier ist schrittweises Vorgehen angezeigt. Selbstverständlich weigern sie sich nicht vorsätzlich, unsere Arbeit zu begreifen und an ihr mitzuwirken. Sie entwickeln jedoch unbewußte Widerstände.

Das haben wir zufällig herausgefunden, als wir den Widerstand der Kinder selbst analysierten. Bei einigen äußerte er sich vorwiegend in einem gegensätzlichen Ernährungsverhalten: Entweder aßen die Patienten, was man ihnen auch vorsetzte, oder sie verweigerten im Gegenteil hartnäckig jede Nahrung. Am Anfang glaubten wir, die solche aggressiven Reaktionen auslösende Feindseligkeit gehe vom Kind selbst aus. Bei näherem Hinsehen zeigte sich aber rasch, daß solche Reaktionen auf eine viel stummere, viel hinterhältigere Feindseligkeit zurückzuführen waren, nämlich auf die der Eltern. Es war ganz schlicht die Familie, die Widerstand leistete, nicht das Kind.

Doch auch beste Voraussetzungen bei Vätern und Müttern zeitigen bloß eine beschränkte Wirkung, wenn sie durch eine der Situation nicht angemessene Haltung des Lehrers oder der Lehrer durchkreuzt werden. So gesehen drängt sich als notwendige Ergänzung eine Information der Pädagogen auf. Leider können wir nicht von uns aus einfach Lehrer und Professoren aufsuchen, um ihnen zu erklären, was wir tun. Die Familie muß uns dazu einladen. Falls sie die Notwendigkeit eines solchen Besuchs einsieht, bemühen wir uns sehr gerne um solche Kontakte, denn sie sind nicht nur für uns fruchtbar, sondern sie verbessern auch die Aussichten auf eine günstige Entwicklung des Schülers. Viele Hindernisse fallen dahin, wenn wir den Lehrern die Verhaltensänderungen darlegen, auf die sie sich bei Schülern gefaßt machen müssen, die einer Behandlung unter dem Elektronischen Ohr unterzogen werden. Wir müssen ihnen verständlich machen, weshalb sie vorübergehend eine gewisse Nachsicht aufbringen sollten. Bei linkshändigen Patienten insbesondere kann die Zeit der Anpassung, die für eine rechtsseitige Lateralisation benötigt wird, für Schüler und Lehrer schwierig werden. Bevor das Gleichgewicht wieder eingestellt ist und merkliche Fortschritte zu verzeichnen sind, können sich die Schwächen des Kindes noch akzentuieren und vervielfachen: Es schreibt zum Beispiel weniger rasch als seine Mitschüler und hat mehr Mühe, die Buchstaben richtig schreiben zu lernen, wodurch die Fortschritte der ganzen Klasse verlangsamt werden. Doch das geht vorbei, man muß sich bloß mit Geduld wappnen.

Mit der Bereitschaft der Lehrer darf man beinahe immer rechnen. Heute gibt es auch kaum mehr Pädagogen ohne Verständnis für das Problem der Leseschwäche. Ergänzend sei hinzugefügt, daß damit ein gewichtiges gesellschaftliches Problem angedeutet ist. Ich habe schon früher darauf hingewiesen, daß es derzeit in Frankreich 1,5 Millionen Menschen mit Leseschwäche gibt, und deren Zahl nimmt noch täglich zu. Daß man ihnen hilft, ist zweifellos eine vorrangige Aufgabe.

Wo liegen die Ursachen für diese beunruhigende Ausbreitung der Leseschwäche? Es gibt zweifellos viele Gründe dafür, und ich maße mir nicht an, dieses Knäuel entwirren zu können. Der wichtigste Grund scheint mir jedoch die heutige Lebensweise zu sein. Diese zwingt (vor allem in den Großstädten) ihren Rhythmus und alles, was damit zusammenhängt, den Beziehungen zwischen dem Kind und seinen Eltern und insbesondere zwischen dem Kind und seinem Vater auf. Kinder und Väter begegnen sich immer weniger häufig. In der Pariser Region kommt es nicht selten vor, daß ein Familienvater sein Heim verläßt, bevor seine kleinen Kinder schon wach sind, und erst heimkehrt, wenn sie bereits wieder im Bett schlafen, bestenfalls einige Minuten früher, damit er ihnen noch Gute Nacht sagen kann. Daß immer mehr Frauen einer Erwerbsarbeit nachgehen, behindert zudem die Beziehungen zur Mutter. Auch auf die Qualität dieser Beziehungen wirkt sich eine solche Tätigkeit aus, denn eine Familienmutter muß nach ihrer Heimkehr oft noch allerlei Arbeiten im Haushalt verrichten, weshalb sie nicht genügend Muße hat, um sich ihrer kleinen Familie so zu widmen, wie sie eigentlich möchte, also, und das sei hervorgehoben, *wie sie eigentlich müßte.* Es kommt immer häufiger vor, daß ein Kind schon im Alter von wenigen Monaten einer Drittperson anvertraut wird, was bedauerliche Folgen haben kann, wenn es sich verlassen vorkommt. Es ist ein verbreiteter Irrtum zu meinen, ein Säugling spüre das Fehlen der Mutter nicht, wenn sich nur eine andere Person um ihn kümmere.

Eine Neubesinnung über den Lebensstil drängt sich gebieterisch auf. Nicht nur die ganze Gesellschaftsordnung und unsere Institutionen, unsere gesamte Kultur überhaupt sind neu zu überdenken. Als Pädagoge und Therapeut kann man, leider, nur kaputte Töpfe flicken.

Nicht ausschließlich allerdings. Unter den gegenwärtigen Lebensbedingungen bleibt zwar die Vorbeugung des Übels oft nur ein schöner Traum, doch wenigstens eine frühe Erkennung sollte angestrebt werden. Für die Lehrkräfte, und zwar schon im Kindergarten, wäre ein umfassendes Aktionsprogramm zu erarbeiten, dem sie einen Teil ihrer Zeit widmen könnten. Selbstverständlich ist ein Kind mit Leseschwäche im Vorschulalter leichter ins Gleichgewicht zu bringen als ein Kind, das bereits die zweite Klasse der Primarschule besucht. Die Behandlung ist um so wirksamer, je jünger das Kind ist.

Man müßte die Pädagogen so ausbilden, daß sie solche Mängel erkennen, was übrigens gar nicht allzu schwierig ist. Einige einfache Tests, die wir aufgrund unserer Forschungen und unserer klinischen Erfahrungen entwickeln konnten, würden bestätigen und klären, was schon durch eine aufmerksame Beobachtung nahegelegt wurde. Ein Kind, das nicht spricht, das sich nur mit Mühe auszudrücken vermag, ein zerstreutes Kind, das sich nicht konzentrieren kann, ein schlecht lateralisiertes Kind, ein unstabiles, unreifes Kind: lauter Kandidaten für Leseschwäche.

Gehen wir noch einen Schritt weiter. Für die Behandlung solcher Mängel, dem steht nichts entgegen, könnten sogar innerhalb der Schule für eine solche Aufgabe qualifizierte Lehrer eingesetzt werden. Das wäre sogar wünschbar. Überall, in Frankreich und in anderen Ländern, wo solche Versuche durchgeführt wurden, waren die Ergebnisse eindrücklich: Innerhalb weniger Monate vermochten Pädagogen einen Mangel zu beseitigen, dessen widrige Auswirkungen nicht nur auf die schulische Zukunft des Kindes, sondern auch auf seine psycho-affektive Reifung bekannt sind.

»Eine Frage des Geldes!« wird man einwenden. Zweifellos. Doch die Humanisierung, die »Hominisation«, eines kleinen Menschen kann nie zu teuer sein ... Die heutige Behandlung von Kindern mit Leseschwäche durch klassische Verfahren ist für den Staat viel teurer, als es die Diagnostizierung und die Behandlung mit den neuen Lern- und Integrationstechniken wäre. Eine entsprechende Berechnung wäre rasch angestellt. Doch zuerst müßte man sich des Problems bewußt werden.

GEWICHTE UND MASSE

1963, ich bin dreiundvierzig Jahre alt. Und ich bin noch nicht gestorben. Der Beweis, daß ich noch lebensfähig bin, besser gesagt, daß ich zu einem glücklichen Leben befähigt bin, ist geliefert. Meine Gattin, noch immer eine ideale Lebensgefährtin, organisiert die Verwaltung. Während ich eine neue Idee entwickle, ein neues Forschungsgebiet angehe, eine Aktion unternehme, ist bereits alles andere, wie durch Zauberei und schon im gleichen Augenblick, geregelt. Sie erledigt ihre Arbeit so, daß ich das Gefühl haben müßte – aber ich lasse mich nicht oder höchstens scheinbar hereinlegen –, ich würde alles selbst erledigen. Die Kunst, Frau zu sein, beherrscht sie, so scheint mir, mit viel Verstand. Ich mache das Spiel mit einem gewissen unterschwelligen Einverständnis mit und bin der eigentliche Nutznießer des Tandems.

Unsere Vereinigung wird überdies durch die Geburt einer kleinen Tochter, Emmanuelle, besiegelt. Auch sie eine Frühgeburt, aber wenigstens erst mit acht Monaten, doch wir hatten wirklich alles vorkehren müssen, damit sie nicht wie ich mit sechseinhalb Monaten, einen Tag vor Weihnachten, zur Welt kam. Dank tausenderlei Vorsichtsmaßnahmen wurde sie schließlich am Valentinstag, am 14. Februar, geboren. Jetzt, 1963, ist sie vier Jahre alt. Sie ist die Erfüllung unserer Liebe, aber gleichzeitig gibt sie uns auch Probleme auf, denn Léna und ich sind durch unsere Aktivitäten derart ausgefüllt, daß wir eine Hilfe benötigen, die sich um das Mädchen kümmert, während wir unseren vielfältigen beruflichen Verpflichtungen nachkommen. Meine Schwiegereltern, beide in ihrer Art großartige Menschen, wurden die Ammen unserer Emmanuelle.

Einfachheit und sanfte Festigkeit machten die besondere Größe meiner Schwiegermutter aus. Tochter eines Marineoffiziers, noch ganz geprägt von ihrer bretonischen Herkunft, wild wie die Küste und das an diese anschließende Heideland, wo sie sich als Kind getummelt hatte, auf sich selbst gestellt als Gattin und Tochter von Seeleuten, demütig in jeder Hinsicht, wie man es gar nicht anders sein kann angesichts der Unendlichkeit, die sich vor den Augen auftut, wenn der Blick sich dem Horizont zuwendet, wo ein Meer voller Geheimnisse und ein unergründlicher Himmel ineinander übergehen. Die Jahre hatten sie gebeugt, ihr ausgetrocknetes Gesicht war voller Runzeln, eingraviert von der Zeit, die uns langsam attackiert und aushöhlt, die Schicht um Schicht abträgt und auswäscht.

Sie war für mich, das muß ich sagen, eine unvergleichliche Schwiegermutter. Wir verstanden uns, ohne daß wir uns etwas sagen mußten. Unsere stillschweigende Kommunikation war von unermeßlichem Reichtum und makelloser Qualität. Sie zog Emmanuelle groß, wie sie es schon mit Léna, meiner Gattin, getan hatte. Sie kannte die Gesetzmäßigkeiten wirklicher Mutterschaft und versuchte nie, die Stelle ihrer Tochter einzunehmen. Sie zog sich zurück, sobald wir heimkehrten, und ließ uns allein mit dem Kind, das in solchen gemeinsamen Augenblicken unmittelbare und unzweideutige affektive Beziehungen zu uns unterhalten konnte. Und wenn wir fortgingen, war sie sogleich wieder da, mit dieser spürbaren, entschlossenen und sanften Gegenwart, die ein Gefühl des Wohlbefindens auslöste.

Uns fiel es freilich nicht leicht, daß wir aus beruflichen Gründen fern von unserem Töchterchen leben mußten. Und Emmanuelle selbst hatte ebenfalls darunter zu leiden. Doch was hätte man dagegen tun können? Wir versuchten diesen Mangel teilweise zu kompensieren, indem wir Emmanuelle und meine Schwiegereltern in einem idealen Haus mit einem großartigen Garten in der Nähe von Paris, in Limours, unterbrachten. In einem Paradies voller Blumen vergingen hier die Tage wie im Fluge. Das Haus war nicht übermäßig weit entfernt. Wenn unsere Verpflichtungen es zuließen, konnten wir es mühelos aufsuchen.

Ein ganz anderes Bild muß ich von meinem Schwiegervater zeichnen. Rundlich und aufrecht wie ein I, immer heiter, so urwüchsig, wie meine Schwiegermutter zart war. Doch strahlend und sonnig. Er konnte aus vollem Halse lachen und mit Emmanuelle stundenlang spielen. Er war ein hervorragender Pädagoge, ein Mann voller Lebenslust, der an allem, was die Natur ihm schenkte, seine Freude hatte. Er war glücklich, wenn es regnete und wenn die Sonne schien, vom Morgengrauen bis zur Abenddämmerung war er zum Singen aufgelegt; er begeisterte sich für ein Pflänzchen, das zaghaft die ersten Blätter entfaltete, ließ sich von den sich öffnenden Blüten bezaubern und sang mit einem Vogel um die Wette, der seine Melodien erschallen ließ ...

Und er führte einen ständigen Krieg gegen die Katzen, welche die durch sonst nichts unterbrochene Festlichkeit dieser friedlichen Natur störten, die ihn umgab und die er mit Leben zu erfüllen vermochte.

Mir war es also gelungen, meiner Krankheit zu trotzen und meine eigenen Prognosen wie auch die meiner Kollegen zu widerlegen. Ich lebte noch immer. Doch schon seit mehreren Jahren ließ mir ein Problem keine Ruhe. Es ging mir gar nicht einmal so sehr darum abzunehmen, aber ich wollte wenigstens nicht noch an Gewicht zunehmen. Von Monat zu Monat wurde ich dicker. Ich mußte zu eng gewordene Anzüge ablegen und mir besser passende anschaffen. Dank meiner bereits erwähnten Askese ging mein Gewicht zwar jedes Jahr wieder auf achtzig Kilogramm zurück. Aber bis zum folgenden September nahm ich im verrückten Rhythmus der Arbeit und der Sorgen unerbittlich wieder auf neunzig, fünfundneunzig, hundert ... Kilogramm zu.

Das hätte ewig so weitergehen können.

Doch seit einigen Monaten interessierte ich mich, angeregt durch einige zufällige Begegnungen, intensiv für gewisse indische Philosophien und insbesondere die tibetische Kultur. Ich hatte auch mit Yoga-Übungen begonnen, und zwar mit dem Ernst und dem Eifer, wie ich von meinem Temperament her alles betreibe. Mit fortschreitendem Verständnis für diese besondere Technik der Körperbeherrschung stellte ich auch bald fest, daß es so etwas gab, was man als »Verdauungs-Yoga« bezeichnen könnte: eine spezielle Disziplin im Umgang mit Nahrungsmitteln. Das wurde zu einer wichtigen Etappe in meinem Leben. Dank dieser Methode gelang es mir einige Jahre später endlich, eine zwar etwas verspätete, aber doch äußerst bereichernde Übereinstimmung mit meiner eigenen körperlichen Hülle zu finden.

Ich habe, das muß ich zugeben, von einer Mode profitiert, als ich mich dem Yoga zuwandte. Seit etwa einem Jahrzehnt hatte diese Technik in Frankreich einen unerhörten Aufschwung genommen. Manche Leute hatten kein anderes Gesprächsthema mehr. Glücklicherweise traf ich auch mit Leuten zusammen, die sich nicht bloß durch einen mehr oder weniger suspekten Gefallen an der pittoresken und exotischen Seite der Sache hatten motivieren lassen. Ich sprach mit ihnen und bekam dadurch Lust, eigene Erfahrungen zu sammeln.

Berufliches Interesse war ebenfalls daran beteiligt. Yoga bedeutet bekanntlich auch eine streng kontrollierte Atmung. Eigene Versuche hatten mir gezeigt, daß sich die Atmung über bestimmte Hörbereiche leicht beeinflussen läßt, was zweifellos auf einer Gegenreaktion des Vagusnervs, also des pneumogastrischen Nervs, des zehnten Hirnnervenpaars, beruht. Ich war deshalb neugierig darauf, welche Entdeckungen die Yogis ihrerseits auf diesem Gebiet gemacht hatten.

Ich nahm Kontakt mit einem Yoga-Lehrer auf, dem ich alle meine Fragen zu diesem Thema vorlegen konnte. Er führte mich in die grundlegenden Prinzipien der Yogi-Atmung ein und demonstrierte mir alle diese Methoden vor. Ich war derart begeistert, daß ich mich entschloß, selbst Yoga zu betreiben.

Während etwa fünf Jahren war ich ein emsiger Anhänger dieser Techniken. Ich verdanke ihnen außerordentlich viel. Sie vermittelten mir ein stärkeres Körperbewußtsein, und ich begriff jetzt auch, welchen Anforderungen eine ausgewogene Ernährung genügen sollte. Überhaupt ließe sich kaum vorstellen, daß man »Yoga betreiben« könnte, ohne sich bei der Ernährung einer gewissen Disziplin zu unterziehen. Hemmungslose Völlerei wäre mit Yoga völlig unvereinbar. Ich muß das zu meinem Bedauern all den Menschen vorhalten, die glauben, wenn man nur richtig atme, könne man beliebige Mengen von geschäftlichen Banketten verkraften und nach Belieben Tabakrauch einatmen! Ein in sich geschlossenes und zwingendes System wie Yoga schließt offensichtlich alle anderen Systeme aus. Man weiht sich ihm entweder vollständig, oder aber man verzichtet von vornherein auf seine Wohltaten. Wer darauf hofft, mit dieser Technik ließen sich die Unvollkommenheiten einer bestimmten Lebensweise ausgleichen, wird unweigerlich eine Enttäuschung erleben.

Soll das heißen, ich sei ein vorbehaltloser Anhänger dieser Methode? Überhaupt nicht. Ich bin im Gegenteil zutiefst davon überzeugt, daß auch Yoga seine Grenzen hat. Nicht unbedingt an sich, aber jedenfalls bei seiner Wirkung auf uns westliche Menschen. Die eigene Kultur läßt sich nicht ablegen wie ein altes Kleidungsstück. Für Menschen mit unserer westlichen Auffassung führt deshalb Yoga in eine Sackgasse, sobald man sich voll dieser Technik anvertraut. Es soll angeblich die absolute Therapie und sogar die absolute Metaphysik sein: Das *kann es nicht* für uns sein. Wer Yoga zum Mittelpunkt seines kulturellen und intellektuellen Systems macht, macht einen Schritt zurück. Ob man es wahrhaben will oder nicht, Yoga hinkt unserer Entwicklung einige Jahrhunderte hintennach und hat kaum mehr viel mit unserem heutigen Lebensstil und folglich unserem Denken zu tun. Es sind objektive

Veränderungen unseres Weltbildes, in denen unser westliches Denken einwurzelt.

Als ganzheitliche und endgültige Erklärung dieses Universums scheint mir deshalb das heutige Yoga notwendigerweise unzulänglich zu sein. Ich frage mich andererseits auch, ob es tatsächlich eine so reine, so rein indische, Philosophie darstellt, wie behauptet wird. Bei etwas genauerer Prüfung entdeckt man darin Spuren einer Esoterik, die mit der gewisser hebräischer und im weiteren Sinne christlicher Kulturen identisch ist, insbesondere mit gewissen Entwicklungen im östlichen, zum Beispiel russischen Raum. In einer in voller Krise befindlichen Welt kann die Versuchung groß sein, alles, was der Westen hervorgebracht hat, in Bausch und Bogen zu verwerfen. Eine derart extreme Reaktion hätte zwar einen gewissen polemischen Wert, doch sie ließe sich kaum als vernünftig bezeichnen. Man kann sich seiner Wurzeln nicht mit einem bloßen Achselzucken entledigen. Daß man umgekehrt eine östliche Philosophie in ihrer ganzen Absolutheit mit kritikloser Begeisterung aufnimmt, ist in gewisser Weise eine typisch westliche Haltung.

Noch gefährlicher scheint mir beim Yoga die Unterweisung zu sein, welche die Gegenwart eines Vorstehers, des Meisters, des »Guru«, um ein Modewort zu verwenden, erfordert. Wer Fortschritte in irgendeinem Bereich machen will, benötigt zweifellos Belehrung durch einen Eingeweihten. Leider kommt es vor, daß dieser schon bald seine Rolle überbetont, indem er sich für einen Eingeweihten schlechthin hält, was mit verschiedensten Nebenerscheinungen verbunden sein kann. Von da an gibt es für den Schüler keine mögliche Lebensweise mehr, die nicht durch den Kanal des Guru gehen würde, der alles von seinem Elfenbeinturm aus gleichschaltet und lenkt, von einem Ort aus also, wo nur für den Meister Platz ist, in einem privilegierten, abgeschirmten Raum, wo alles offenbar wird, wo der Blick keinerlei Undurchsichtigkeit mehr wahrnimmt, wo Erleuchtung diesen spezifischen Zustand von Wesen bewirkt, die den langen, zur vollkommenen Selbsterkenntnis führenden Weg durchlaufen haben.

Es ließen sich Seiten um Seiten mit solchen Erwägungen füllen. Solche Vorstellungen könnten allenfalls einen Ignoranten befeuern, indem sie ihm vorspiegeln, er erreiche auf diesem Weg eine Stufe der Transzendenz, die in Wirklichkeit einer Elite vorbehalten ist, die im Verlaufe vieler Leben endlich einen Platz in einem Nirvana findet, aus dem alle Plackereien des Diesseits verbannt sind. Und der Meister diktiert dem von ihm abhängigen Schüler, ohne zu zögern, die Lehren, dank deren es diesem ermöglicht werden soll, die so ausschließlich jenen vorbehaltene Stufe zu erreichen, die vom Licht dazu berufen sind.

Diese Abhängigkeit, Folge einer natürlichen Schüler-Lehrer-Übertragung, verwandelt sich rasch in einen heimlichen und später verbalisierten Vertrag, der die ganze reflexive Substanz des Schülers unter den Einfluß des Meisters stellt und im vollen Sinne des Wortes fesselt. Man kann sich die Gefahren einer solchen Übertragungsbindung vorstellen.

Es gibt hier im Diesseits keinen absoluten Meister. Es gibt nur geistige Aktivitäten aus einem Bewußtsein heraus, das geprägt ist durch die Gewißheit eines existentiellen Ablaufs im Hinblick auf ein Sein, das insgesamt in jeden von uns eingepflanzt ist und das allein wirkt und unterscheidet. Aus der Kraft dieses Seins und der Undurchsichtigkeit der existentiellen Schale erwächst der wahre innere Dialog, über den jetzt die zugrunde liegende Persönlichkeit durch die Essenz beseelt wird.

Wenn man freilich während einer bestimmten Zeit Schritt für Schritt dem Vorbild des Yogi folgt, so kann das für alle von uns nur nützlich sein; ich selbst empfinde es noch immer als einen Glücksfall, daß ich damals dazu Gelegenheit hatte.

Ich denke dabei nicht nur an die neuen Erkenntnisse über eine vernünftige Ernährung. Doch schon allein diese hatten erhebliche Auswirkungen auf meine Seinsweise und ermöglichten mir ein tieferes Verständnis des Körperbildes, mehr noch der äußeren und inneren Gestaltung des Körpers, alles in allem seiner Architektur.

Um die gleiche Zeit erfuhr ich von den Arbeiten eines Amerikaners namens Shelton, Verfasser eines Buches mit dem Titel *Gesundheit durch richtige Zusammensetzung der Nahrung*. Da er nicht der Kaste der Mediziner angehörte, kam es unvermeidlich zu heftigen Auseinandersetzungen; er war mehrmals wegen unberechtigter Berufsausübung zu Gefängnisstrafen verurteilt worden. Dennoch setzte er seine Forschungen hartnäckig fort; seine Erkenntnisse faßte er schließlich zu einem für die Ernährung sehr kohärenten System zusammen. Was er in diesem und anderen Büchern (worunter einem höchst interessanten über das Fasten) festgehalten hat, gehört zu den feinsten und scharfsinnigsten Analysen der heutigen Ernährungswissenschaft. Shelton ist von der Tatsache ausgegangen, daß wir zwar umfassende Kenntnisse über die Physiologie der Verdauung einzelner Stoffgruppen (Verdauung der Fette, Verdauung der Zucker usw.) besitzen, daß wir aber nichts darüber wissen, wie Gemische verdaut werden. Zumindest in der westlichen Welt bestehen jedoch die klassischen Mahlzeiten aus verschiedensten Bestandteilen. Und Shelton hat durch unermüdliches Forschen bewiesen, daß der menschliche Organismus die für ihn lebensnotwendigen Verbindungen nicht dadurch aufnimmt, daß er alle diese verschiedenen Grundsubstanzen jeweils einzeln für sich verdaut.

Man erhält fast den Eindruck, die menschliche Intelligenz habe sich darauf kapriziert, die für den Organismus verhängnisvollsten Ernährungsweisen auszuwählen! Die von unseren kulinarischen Traditionen entwickelten Gemische sind tatsächlich besonders schädlich. Aus welchen Gründen hat keine angemessene Anpassung stattgefunden? Diese Frage hat mich lange beschäftigt. Am Ende bin ich zu folgender Hypothese gelangt: Eine Verdauung, die der natürlichen Veranlagung der damit betrauten Maschine entspricht, kostet den Organismus kaum etwas; das mit diesem Prozeß am engsten verbundene Organ – also, was man sehr gerne übersieht, das Gehirn –, verbraucht nur einige wenige Joule. Mit anderen Worten, das Gehirn ist schon nach sehr kurzer Zeit wieder für andere Aufgaben verfügbar. Bereitet man umgekehrt eine Mahlzeit zu, die an die Verdauung große Anforderungen stellt, so wird das Gehirn mehrere Stunden lang beansprucht: Der betreffende Mensch denkt folglich nicht mehr oder denkt verlangsamt.

Aus welchen Gründen, werden Sie einwenden, sollte er aber an einer solchen Schwächung seines Denkvermögens gewissermaßen Freude haben? Die Antwort ist einfach: Weil dadurch die ganze Hirntätigkeit, *folglich auch die unangenehmen Vorstellungen*, blokkiert oder zumindest beträchtlich gemildert wird. Eine viel Zeit beanspruchende und aufwendige Verdauung führt so zu einer Dämpfung der Angst, und deshalb schreibt ihr der betreffende Mensch unbewußt einen positiven Wert zu. Sowohl das Essen als auch das Trinken können eine Abstumpfung bewirken. Schlechte Ernährung wirkt wie eine Droge. Und wie jede Droge führt sie zu einem Aufgeben – und in diesem Fall, und das ist äußerst schwerwiegend, gibt man sein denkendes Ich auf.

Die Funktion der Angstvermeidung scheint für unsere seelischen Abwehrmechanismen derart wesentlich zu sein, daß sie dem Menschen, um ihm sein Leben zu erleichtern, eine Kochkunst suggeriert haben, die genau das Gegenteil dessen bewirkt, was sie eigentlich bewirken sollte, um den Strukturen und den Funktionsweisen des Organismus zu entsprechen.

Shelton erwähnt in diesem Zusammenhang ein aussagekräftiges Beispiel, nämlich die Verdauung von Reis. Diese Getreideart besteht bekanntlich hauptsächlich aus Kohlehydraten, die schon im Munde verdaut werden, weil die Speicheldrüsen eine Diastase, ein als Ptyalin bezeichnetes Enzym für die Zerlegung der Stärke in Zuckermoleküle, ausscheiden. Große Reisesser wie die Inder beispielsweise kauen diese Nahrung sehr lange, bevor sie sie herunterschlucken, weil sie instinktiv wissen, daß die Stärke im Reis kräftig eingeweicht und von dieser Diastase bearbeitet werden muß, damit sie vom Organismus leicht aufgenommen wird. Doch das Ptyalin reagiert äußerst empfindlich auf Säuren. Bereichert man den Reis somit mit einer beliebigen Zugabe (Sauce, Brühe usw.), die eine auch noch so geringe Menge Säure enthält, so wird das Ptyalin unwirksam! Ein Tropfen Zitronensaft in einem Liter Ptyalin (vorausgesetzt, man würde einen ganzen Liter dieses Enzyms zusammenbringen; dafür müßte die gesamte Einwohnerschaft von Paris mobilisiert werden!), ein einziger Tropfen würde genügen, damit die Diastase ihre Funktion nicht mehr auszuüben vermöchte. Daraus ist unschwer zu ersehen, daß eine auf Vermischung und subtilen Gegensätzen von Gewürzen beruhende Küche (eine Küche also, in der zwangsläufig viele und verschiedenste Bestandteile in den Mahlzeiten zusammenkommen) sozusagen automatisch zu einem ernährungswissenschaftlichen Unsinn wird! Neun- von zehnmal verschlingen wir Nahrungsmittel, die nicht gehörig vorverdaut worden sind und deshalb das Darmsystem zu einer Gymnastik zwingen, der es von seiner Natur her nicht gewachsen ist. Im schlimmsten Falle verwandelt es sich in einen bloßen Abflußkanal mit allen möglichen pathologischen Komplikationen, die daraus erwachsen können.

Die von Shelton vorgeschlagenen Ernährungsregeln sind sehr einfach: Unter keinen Umständen Eiweiße, Fette und Kohlehydrate, also Zuckerverbindungen, in ein und derselben Mahlzeit vermischen. Damit werden Unverträglichkeiten vermieden, die sich aus einer Vermengung unweigerlich ergeben würden. Umgekehrt darf in einer beliebigen Diät keiner dieser drei Bestandteile fehlen. Shelton erklärt den Kohlehydraten (Brot, Reis, Teigwaren, Kartoffeln usw.) keineswegs den Krieg wie gewisse andere Ernährungsfachleute, weil durch einen Verzicht für die Gesundheit gefährliche Mangelerscheinungen hervorgerufen werden könnten. Man darf von allem essen, vorausgesetzt, man verteilt die wesentlichen Bestandteile auf verschiedene Mahlzeiten. Man kann also durchaus an ein und demselben Tag Fleisch *und* Kartoffeln zu sich nehmen, nur nicht beides gleichzeitig! Man kann beispielsweise Fleisch am Mittag und Kartoffeln am Abend essen. Auf solche Weise wird die Gefahr von Gärungsprozessen in den Eingeweiden vermieden.

Man ersieht daraus: Was Shelton vorschlägt, ist nicht eine dieser »eingleisigen« Kuren, bei denen man einen Tag oder gar eine Woche lang *nur* Fleisch oder *nur* Früchte oder *nur* Käse zu sich nimmt. Hier wird sogar im Gegenteil Vielfalt empfohlen. Ein Gemisch verschiedener Nahrungsmittel auf ein und demselben Teller ist überdies erlaubt, falls deren Verträglichkeit erwiesen ist. Man darf beispielsweise Fleisch mit Salat und grünen Bohnen kombinieren, Kartoffeln mit Salat und Spargeln.

Shelton schlägt Menüs vor, die sich, woran kaum jemand zweifeln wird, erheblich von den »klassischen« Speisekarten unterscheiden, die man in Frankreich und anderen Ländern auf den Tischen vorfindet: eine Vorspeise, ein Stück Fleisch mit Gemüse, Käse (das alles zusammen mit Brot) und Obst oder eine andere Nachspeise. Eine solche Nahrungsmittelkombination verheißt mit Sicherheit Schwierigkeiten bei der Verdauung, ja, man nimmt das Risiko von eigentlichen Verdauungsbeschwerden auf sich. Wenn Fleisch zum Beispiel mit Brot und sogar noch mit Käse zusammen verzehrt wird, sind Störungen des Verdauungsprozesses unvermeidlich. Käse verträgt sich nicht mit Brot. Und Früchte sind neben den anderen Menübestandteilen völlig fehl am Platz.

Daraus darf man freilich nicht schließen, Shelton verbiete Obst. Im Gegenteil, er hält Früchte für außerordentlich wichtig und zeigt, daß sich mit ihnen allein ausgewogene Mahlzeiten zubereiten lassen. Sie enthalten große Mengen von Mineralsalzen und oft auch von Zucker, wozu bisweilen Eiweiße und Fette kommen, was zusammen eine ausreichende Lebensgrundlage bildet. Wer diese wertvollen Eigenschaften für sich nutzen will, muß sich jedoch an gewisse allgemeine

Prinzipien halten, auf die ich hier nicht näher eingehen will, weil ich nicht die Absicht habe, Anleitungen für eine ausgewogene Diät zu geben.

Bevor ich dieses Thema abschließe, möchte ich aber doch noch darauf hinweisen, daß man während der Mahlzeiten nichts trinken sollte, damit die Verdauungssäfte, die beim Essen ihre Wirkung entfalten müssen, nicht verdünnt werden. Falls man durstig wird oder ist, sollte man diesem Bedürfnis frühestens zwei Stunden nach der letzten Mahlzeit oder aber spätestens eine halbe Stunde vor der nächsten nachgeben. Eine anscheinend drakonische Vorschrift. Sie ist es jedoch nicht, weil man bei dieser Art von Ernährung nur höchst selten ein Durstgefühl hat. Das läßt sich damit erklären, daß infolge der verbesserten Wirksamkeit der erwähnten Enzyme der gesamte Verdauungsprozeß reorganisiert wird.

Schließlich möchte ich noch drei Ratschläge geben, die jedoch eher Wünsche als eigentliche Regeln sind:

1. Nur essen, wenn man wirklich Hunger hat, und wenn immer möglich nicht so lange essen, bis man völlig satt ist;
2. sich einen Rhythmus von zwei Mahlzeiten im Tag angewöhnen (wobei man während einer Umstellungsperiode noch deren drei vorsehen kann);
3. die Nahrung in einer ruhigen, entspannten, heiteren Atmosphäre zu sich nehmen.

Viele meiner Patienten kommen auch auf Ernährungsprobleme zu sprechen, obwohl sie mich im allgemeinen aus ganz anderen Gründen aufsuchen. Ich erzähle ihnen dann von Shelton, erkläre ihnen seine Grundsätze und wie man diese anwenden kann: Alle, die das Abenteuer wagen, fühlen sich ausnahmslos wohl. Mit dieser Diät, die eine eigentliche Technik für die Wiederherstellung eines Ernährungs- und Verdauungsgleichgewichts ist, magern die Dicken ab und nehmen die Mageren zu. Und zwar ohne daß man Entbehrungen auf sich nehmen muß (man muß nur eine vollständige Liste der bevorzugten Nahrungsmittel erstellen und das eine durch etwas anderes oder ein anderes durch das eine ersetzen), also je unter einem extremen Hungergefühl zu leiden hätte; ohne Entbehrungen und folglich ohne Risiko und ohne Müdigkeitserscheinungen. Die übliche teigige Schlaffheit nach einer Mahlzeit fällt dahin, die durch die Verdauung freigesetzten großen Energiemengen ermöglichen es der Hirnrinde, höchste Aktivität zu entfalten, anstatt unter den Nachteilen einer falschen Nahrungskombination zu leiden.

Die von Shelton empfohlene Ernährungsweise war für mich persönlich ein Erfolg, während andere Methoden überhaupt nichts gebracht hatten. Fortschritte stellten sich langsam, aber sicher ein. Als ich mich für sie entschied, war mein Körpergewicht wieder auf hundertzwanzig Kilogramm angewachsen. Während der ersten Woche nahm ich ein Kilogramm ab. In der zweiten ein weiteres Kilogramm. Insgesamt baute ich während siebenundfünfzig Wochen auch siebenundfünfzig Kilogramm ab, und zwar siebenundfünfzig Kilogramm, die ich nie mehr zunehmen werde.

Ich habe mir damals zwar anschließend einige Kilogramm Gewicht zugelegt, um wieder ein gewisses Gleichgewicht zu erreichen. In den vergangenen zwölf Jahren hat sich aber mein Körpergewicht praktisch nicht mehr verändert. Selbstverständlich habe ich nicht mehr aufgehört, mich – im Rahmen des Möglichen – »nach Shelton« zu ernähren, doch das war für mich nie ein Muß, ganz im Gegenteil. Von dem, was ich gerne esse, muß ich mir nichts versagen, und den Geschmack an Nahrungsmitteln, die schädlich sein könnten, habe ich ohne jede Anstrengung verloren, und zwar einfach deshalb, weil sich mein entschlackter und ins Gleichgewicht gebrachter Organismus spontan gegen sie sträubt.

Wenn ich von Entschlackung spreche, so ist das durchaus wörtlich zu verstehen. Es gehört zu den hauptsächlichsten Vorteilen dieser Ernährungstechnik, daß sie die Eingeweide schrittweise ausputzt. Sogar die üblicherweise mit der Stuhlentleerung verbundenen ekelerregenden Gerüche verschwinden, und auch Blähungen sind nicht mehr zu befürchten.

Oft habe ich beobachtet, daß Leute, die bei ihrer Ernährung Sheltons Prinzipien beachteten, nach einiger Zeit einen gewissen Abscheu gegen Fleisch entwickelten. Doch das ist keine allgemein verbreitete Reaktion. Andere Shelton-Anhänger bleiben überzeugte Fleischesser. Der Verzicht auf Fleisch kommt jedoch so häufig vor, daß er hier Erwähnung verdient. Die Lösung vom Fleisch wird oft durch eine Hinwendung zum Fisch kompensiert. Etliche Sheltonianer werden aber auch reine Vegetarier und fühlen sich wohl dabei.

Eine vegetarische Lebensweise soll freilich keineswegs zum Gesetz erhoben werden. Sie entspricht sehr wohl bestimmten Temperamenten, doch andere Menschen empfinden keinerlei Bedürfnis danach. Falsch wäre, wie so oft im Leben, eine unzulässige Verallgemeinerung. Die vegetarische Lebensweise wird höchstens suspekt, wenn man sie durch dick und dünn verteidigt, aber umgekehrt darf man daraus, daß sie bei gewissen Personen erfolglos bleibt, nicht schließen, daß *in allen Fällen* von ihr abzuraten sei. Man sollte, so scheint mir, der spontanen Neigung des Körpers zu dieser oder jener Lebensweise gehorchen. Die vegetarische Lebensweise ist *eine* Wahrheit. Sie ist nicht *die* Wahrheit. Eine Diät sollte immer der psychomorphologischen Bestimmung der betreffenden Person entsprechen. Wenn man einem Menschen von einem bestimmten psychomorphologischen Typ das Fleisch verbietet, so kann das schlicht und einfach eine Verkümmerung zur Folge haben.

Unter Beachtung der erforderlichen Vorsicht ist die Methode garantiert wirksam. Ich habe bereits erwähnt, daß ich pro Woche ein Kilogramm abgenommen habe. Ich kenne aber Patienten, die es regelmäßig wöchentlich auf zwei, pro Monat also auf acht Kilogramm gebracht haben, und das, man muß immer wieder darauf hinweisen, ohne sich irgend etwas zu versagen und ohne das geringste Risiko für ihre Gesundheit.

Unter solchen Umständen fragt man sich, weshalb sich die Lehre Sheltons dennoch nur langsam durchsetzt. Das ist unzweifelhaft ein Los aller neuen Ideen, gleichgültig welche Wohltaten sie verschaffen. Doch in Nordamerika gewinnt sie, mühsam, aber unwiderstehlich, an Boden. In den Vereinigten Staaten stoßen täglich neue Anhänger hinzu. Dort gibt es schon jetzt Gaststätten, wo man, wenn man es wünscht, »nach Shelton« essen kann, ganz zu schweigen von den zahlreichen Kliniken, die diese Ernährungsmethode seit einiger Zeit praktizieren. Auch in Kanada ist eine ähnliche Entwicklung zu beobachten. Wir selbst haben die Shelton-Diät den Zentren empfohlen, die unsere Techniken anwenden, und wir sind alles andere als enttäuscht worden: aufgestellte, innerlich ausgewogene Patienten.

In Europa ist sheltonsches Denken noch kaum bekannt. Im Alltag und in den einschlägigen Institutionen spürt man noch kaum etwas davon. Es läßt sich jedoch überall in den Gaststätten »nach Shelton« essen, man muß seine Mahlzeiten bloß nach den erwähnten Grundsätzen zusammenstellen.

Auch von dieser Abspeckung abgesehen, hat sich einiges in meinem Leben verändert, insbesondere in der Organisation meines Berufslebens.

Vom Ende der sechziger Jahren an wurde ich allmählich meiner otorhinolaryngologischen Praxis und meinem Operationssaal untreu. Ich blieb zwar weiterhin ein höchst aktiver Chirurg mit um die fünfzig Patienten pro Woche in der Stadt! Doch meine ärztliche Tätigkeit wurde immer stärker konkurrenziert durch meine Aktivitäten als Erzieher, in der Rehabilitation und als Psychotherapeut. Die Bezeichnung »Arztpraxis« war für solche Tätigkeiten sowohl zu eng als auch zu ungenau geworden. Ich ersetzte deshalb diese Bezeichnung durch eine aussagekräftigere, nämlich »Sprachzentrum«.

Dabei ging es nicht um ein bloßes Spiel mit Worten. Es war vielmehr einer der großen Wendepunkte in meinem Leben. Vor 1960 war ich ein Otorhinolaryngologe gewesen, der überdies auf dem Gebiet des *Hörens* (und nicht nur des Gehörs) forschte und seine Erkenntnisse anwandte, falls sich Gelegenheit dazu bot. Nach 1960 betrachtete ich mich selbst eher als einen *Gehör*spezialisten mit im übrigen auch einer gewissen otorhinolaryngologischen Erfahrung. Weil ich mit Arbeit überlastet war, mußte ich eine Wahl treffen, und ich entschied mich, ohne zu zögern, für den Weg der audiopsychophonologischen Erziehung.

Ein etwas komplizierter Begriff, der barbarisch tönt, und ich weiß, daß er manche Leute verwirrt. Doch andererseits hat er den Vorteil, daß er klar sagt, was man darunter zu verstehen hat.

Ich bin somit ein Audiopsychophonologe, und mit diesem Titel stelle ich mich den Leuten vor, die mich aufsuchen. Und diese Leute ihrerseits haben im Laufe der Jahre immer häufiger die Dienste des »Ohr-Pädagogen«, wie ich mich bisweilen nenne, in Anspruch genommen, aber immer seltener die des Spezialisten für Nasen-, Rachen- und Ohrenkrankheiten. Ganz am Anfang hatten sich eher selten Kandidaten für eine Wiederherstellung des Hörvermögens in meinem Wartezimmer eingefunden. Doch später stellte sich allmählich eine Tendenzwende ein, bis schließlich sozusagen nur noch solche Patienten bei mir vorsprachen.

Da ich meinen Beruf als Chirurg und praktischer Arzt, so glaube ich, sehr liebte und auch gewisse Erfolge (in jedem Sinne des Wortes) verzeichnete, nahm ich weiterhin bis zu meinem fünfzigsten Lebensjahr

Operationen vor, wenn auch immer seltener. Diese Entscheidung hatte ich schon gefällt, noch bevor ich wußte, daß ich mich eines Tages auf Therapien eher psychologischer Art spezialisieren würde – eine Entscheidung, an die freilich außer meiner Gattin kaum jemand geglaubt hatte. Dabei hatte ich mir schon immer vorgenommen, das Skalpell in diesem Alter beiseite zu legen. Ich war und bin noch immer der Meinung, ein Chirurg sollte seinen Beruf aufgeben, solange er ihn noch voll beherrscht, und nicht erst, wenn seine Fähigkeiten schwinden. Am 1. Januar 1970 verschloß ich deshalb meinen Operationssaal.

Schon ein Jahrzehnt zuvor hatte ich umständehalber meine Arbeit in den Werkstätten der Luftwaffe aufgeben müssen. Strukturelle Veränderungen, auf die ich nicht näher eingehen will, hatten sich sowohl auf das Arbeitsumfeld als auch auf die Arbeitsbedingungen ausgewirkt. Bei vielen Forschern hatte der frühere Enthusiasmus merklich nachgelassen; ein schwerfälliger Verwaltungsapparat wurde, neben anderen Schikanen, als Belastung empfunden. Auch von den arbeitsmedizinischen Problemen her gesehen hatten unsere Aktivitäten immer weniger die Würze einer Pionierfunktion und dafür immer mehr den faden Geschmack der Routine.

Vielleicht hätte ich es trotz allem noch einige weitere Jahre geschafft, wären nicht andere Ereignisse eingetreten. Meine Arbeit verteilte sich auf ein halbes Dutzend Orte an allen vier Enden der Pariser Bannmeile. Noch 1955 hatte ein Arbeitstag für einen Besuch aller Stätten genügt. Bis 1960 hatte jedoch der Autoverkehr derart zugenommen, daß ich für den Besuch eines Laboratoriums und die Heimfahrt einen halben Tag aufwenden mußte. Das bedeutete, daß ich die Hälfte der mir zur Verfügung stehenden Zeit diesen Aktivitäten hätte widmen müssen; das konnte ich mir einfach nicht erlauben. Die Entscheidung fiel mir nicht leicht, doch nach reiflicher Überlegung reichte ich meine Demission ein.

Der Entschluß, vollamtlicher Audiopsychophonologe zu werden, bedeutete, ich muß es noch einmal sagen, ein Abstandnehmen von der Schulmedizin. Mit zunehmender Erfahrung wurde mir die Unausweichlichkeit eines solchen Bruches immer stärker bewußt, und jetzt ist er vollzogen. Wir kommen darauf zurück. Ich habe es bereits gesagt: Die Entwicklung der Medizin in diesem letzten Viertel unseres Jahrhunderts war für mich alles andere als erfreulich gewesen. Was wesentlich ist, nämlich eine menschliche Beziehung zwischen dem Praktiker und seinem Patienten, wurde immer mehr zugunsten einer extrem entpersönlichten Dienstleistung vernachlässigt. Der Patient wird zu einem anonymen Empfänger, der Arzt zu einem bloßen Aussteller von Rezepten. Die heutige Medizin will den praktischen Arzt zu einem Computer umfunktionieren. Von allem Anfang an habe ich auf genau entgegengesetzte Weise zu arbeiten versucht. Das hat mir, auch darauf kommen wir zurück, tödliche Feindschaften und allerlei Scherereien eingetragen. Doch es handelt sich um eine meiner tiefsten Überzeugungen, und daran lasse ich nicht rütteln. Wenn der Arzt wirklich das ist, was er, wie man uns sagt, heute sein sollte, so betrachte ich mich nicht mehr als Mitglied dieser Gilde. Ich lehne eine solche Anpassung ab, denn meine Berufung sehe ich darin, den Menschen zu helfen und sie zu behandeln.

Im Zentrum, das ich in Paris leite, und in den vielen anderen Zentren, die mit unserer Unterstützung in mehreren Ländern entstanden sind, werden im allgemeinen keine medizinischen Behandlungen im üblichen Sinne des Wortes durchgeführt, außer in besonderen Fällen, wie sie beispielsweise in gewissen psychiatrischen Kliniken anzutreffen sind. Unser Handeln ist pädagogischer Art: Wir lehren die Leute zu *hören,* ein Wort, dessen ganze Bedeutung der Leser jetzt schon kennt. Schlecht hören, schlecht lesen, schlecht schreiben, schlecht sprechen, schlecht singen, schlecht kommunizieren, sich in seiner Haut nicht wohl fühlen, geistig oder affektiv nicht auf der Höhe sein, Neurosen und Psychosen: Alle diese Störungen sind gewissermaßen der Ausdruck eines schlechten Gehörs, weil das Ohr für die Worte anderer verschlossen ist. Dabei ist jedoch anzumerken, daß der im eigentlichen Sinne medizinische Eingriff dank des Erfolgs der pädagogischen Handlung in vielen Fällen erheblich erleichtert oder sogar ganz einfach überflüssig wird.

Vor fünfundzwanzig Jahren verwendete ich erstmals den Begriff Audiophonologie, und das brachte viele Leute zum Lachen. Seither ist viel Zeit vergangen, und die Audiophonologie ist jetzt, das darf ich feststellen, eine anerkannte Disziplin mit Lehrstühlen an einigen Hochschulen. Pikant ist nicht nur, daß einige ihrer heutigen Protagonisten aus den Reihen der früheren Lacher stammen, was sie jedoch keineswegs daran hindert, mich weiterhin als einen Scharlatan zu behandeln. Es muß gesagt sein, daß für viele von ihnen im Begriff Audio-phonologie der Bindestrich das wichtigste Element ist, aus dem sie aber ... einen Trennungsstrich machen! Das System, so wie sie es begreifen, umfaßt das Gehör und die Stimme, aber eben die beiden Aspekte fein säuberlich voneinander getrennt. An einer amerikanischen Universität, die zu den auf diesem Gebiet am besten ausgerüsteten gehört, sind die Laboratorien, in denen über das Ohr geforscht wird, etliche Kilometer vom Institut entfernt, das sich mit der Stimme und der Sprache befaßt! Das ist leider kein anekdotisches Detail, sondern ein Symptom, in dem die Auffassung der Verantwortlichen zum Ausdruck kommt.

Falsch an dieser Auffassung ist meiner Meinung nach, daß wegen dieser willkürlichen Aufgabe der Einheitlichkeit die Dynamik des Gesamtsystems nicht mehr begriffen wird. Das Paar Gehör/Stimme müßte sogar im Gegenteil durch eine Verschweißung, zu der die Psychologie wesentlich beitragen könnte, noch stärker als Einheit behandelt werden. Vom gleichen Augenblick an, da ich diese Dimension eingebracht hatte, verstand ich auch die grundlegende und unauflösliche Einheit des Systems. Und gleichzeitig habe ich begriffen, daß mein wirkliches Anliegen die *Sprache* in allen ihren Ausdrucksformen und Bestimmungen war. Daraus ist die Bezeichnung »Sprachzentrum« hervorgegangen, die zunächst für unser Hauptquartier in Paris geschaffen wurde, später aber auch auf eine Anzahl französischer und ausländischer Institutionen ausgeweitet wurde, die in mehr oder weniger engem Kontakt mit uns arbeiten.

Ich muß einige Worte zu dieser Expansion sagen, weil sie mangels ausreichender Informationen von Leuten, die nur gerade davon gehört haben, nicht immer richtig interpretiert worden ist.

Ich habe bereits davon gesprochen, daß mir im Zusammenhang mit der Kommerzialisierung des Elektronischen Ohrs Merkantilismus vorgeworfen worden war, ohne daß ich persönlich mit der Sache zu tun hatte. Auch gab es eine Zeit, da mehr oder weniger wohlmeinende Leute, ohne mich konsultiert oder auch nur informiert zu haben, in Frankreich und Belgien in aller Eile Institute gründeten, in denen man eine Maschine, die der meinen wie eine Zwillingsschwester glich, geradezu als ein Allheilmittel anpries. Und sozusagen immer wollte man es »noch besser machen«. Ergebnis: Mißerfolge stellten sich in Rekordzeit ein!

Ich behaupte nicht, mein Elektronisches Ohr sei überhaupt nicht verbesserungsfähig. Ich selbst habe seit meinen ersten Versuchen vieles daran verändert. Erfolg kann man damit aber nur haben, wenn man ausreichende und genaue Kenntnisse über die Physiologie des menschlichen Ohrs besitzt, so wie sie in einem meiner letzten Bücher dargestellt sind. Außerhalb gibt es kein Heil! Alle zusätzlichen Einrichtungen, die man anbringt, so spektakulär sie auch sein mögen, sind ebenso viele Hindernisse gegen einen guten Verlauf der Behandlung. Die Maschine wird dadurch vielleicht gefälliger für das Auge, aber sie verliert ihre Wirksamkeit.

Es wäre auf jeden Fall verfehlt zu hoffen, durch bloße Manipulation an den Knöpfen einer Apparatur, so ausgeklügelt diese auch sein mag, ließe sich eine pädagogische Wirkung erzielen. Ich betone es noch einmal: Nichts kann in einer therapeutischen Beziehung den menschlichen Kontakt ersetzen

Als die Erfolge ausblieben, haben gewisse Leute geglaubt – und vor allem glauben wollen! –, ich sei dafür verantwortlich, ich würde aus dem Hintergrund alles leiten, die Fäden ziehen und die Dividenden einstreichen. Ich habe den Fehler begangen, daß ich nicht sogleich auf diese Anschuldigungen reagierte. Ich darf zu meiner Entschuldigung sagen, daß ich Dringlicheres zu tun hatte. Man reibt sich bei solchen Auseinandersetzungen auf, die ohnehin nichts bringen, weil die meisten Leute einen Quatsch, der ihnen recht gibt, einer unangenehmen Wahrheit vorziehen ... Hinzu kommt, daß nicht nur meine Gegner mich nicht geschont haben, sondern daß auch gewisse Personen aus meiner Umgebung mich verraten haben, indem sie aus meinen Forschungsergebnissen Nutzen zu ziehen versuchten. Unter dem Vorwand, meinen Interessen zu dienen, hat man mich betrogen, schamlos bestohlen; man hat meinen Namen mit fragwürdigen Transaktionen in Verbindung gebracht usw. Solche Untergrundmachenschaften, von denen ich meistens nicht die geringste Ahnung hatte, haben Zweifel an den Beweggründen und den Zielen meiner Arbeit geweckt. Seither versuche ich, eine etwas straffere Kontrolle über die Belange auszuüben, die den Stempel »Tomatis« oder »Elektronisches Ohr« tragen. Damit ich freilich etwas unternehmen kann, muß ich zuerst erfahren, daß es irgendwo in einem Winkel dieser Erde Personen gibt, die sich mehr oder weniger offen auf meine Techniken berufen.

Viele Zentren, auch das muß nun gesagt sein, sind mit meinem vollen Einverständnis (meistens sogar in Zusammenarbeit mit mir) eröffnet worden. Doch alle diese Zentren sind finanziell, administrativ und betrieblich von unserem Zentrum in Paris unabhängig. Ich habe nichts mit deren Leitung zu tun, und es gibt keine Gesetze, über die ich Druck auf sie ausüben könnte. Ich kann höchstens meine Apparaturen zurückverlangen, falls diese nicht richtig eingesetzt werden. Ein Know-how-Vertrag schließt gewisse Anwendungen aus, die von der Methode her möglich wären. Diese Zentren sind, ich wiederhole es, weil viele Leute gerne so etwas glauben möchten, keineswegs Filialen des Sprachzentrums am Boulevard de Courcelles in Paris. Und dieses Sprachzentrum seinerseits ist nur ein Zentrum neben anderen.

Selbstverständlich haben alle diese Institutionen auch vieles gemeinsam, und sei es nur eine Beziehung zu meinen Auffassungen. Wenn außerhalb von Paris ein solches Zentrum gegründet wird, so bittet man mich in der Regel, ihm die nötigen Impulse zu verleihen, damit es sich in der richtigen Richtung entwickelt. Ich halte regelmäßig Vorträge an solchen Orten und setze mich von Zeit zu Zeit mit den verantwortlichen Personen zu Gesprächen zusammen.

Solche Leiter müssen sich, damit sie sich wissenschaftlich und moralisch auf uns berufen können, über eine praktische Ausbildung ausweisen können. Sie dürfen ihr Zentrum nach ihren Vorstellungen einrichten, aber nur wenn diese Forderung erfüllt ist. Wir lehnen jede Verantwortung für Dinge ab, die in Zentren geschehen, deren leitende Persönlichkeiten uns nicht bekannt sind und deren intellektuelle und menschliche Eigenschaften wir nicht haben prüfen können.

Das Zentrum in Paris weist im Vergleich zu den anderen dennoch eine Besonderheit auf: Es behandelt nicht nur Patienten, es betreibt auch wissenschaftliche Forschung und bildet künftige »Ohr-Pädagogen« aus.

Unsere Kandidaten müssen mehrere Kurse besuchen, die sich ungefähr über ein Jahr erstrecken. Noch bevor sie zu diesen Veranstaltungen zugelassen werden, versuchen wir uns ein Bild ihres Bildungsstandes zu machen, aber wir prüfen auch ihre moralische Festigkeit und vergewissern uns, daß sie imstande sind, andere Menschen – insbesondere Kinder – gerne zu haben und mit ihnen zu kommunizieren.

Sobald die Ausbildung zu Ende ist, müssen sich die Kandidaten einer Jury aus Mitgliedern der Internationalen Vereinigung für Audiopsychophonologie (AIAPP, Association internationale d'Audio-Psycho-Phonologie) stellen. Sie kann ein Fähigkeitszeugnis für die von den Bewerbern erstrebten beruflichen Qualifikationen ausstellen.

Die Organisation solcher Kurse ist für mich eine zusätzliche Aufgabe, die ich in meinem Zeitplan ebenfalls berücksichtigen muß. Meine Mitarbeiter und ich wenden einen Teil unserer Aktivitäten für entsprechende Veranstaltungen, für Vorträge, für eine Einführung in die praktische Arbeit und für Gespräche mit den Kursteilnehmern auf; und das ist nicht immer leicht, denn die Weitergabe unseres Wissens ist insofern eine heikle Aufgabe, als wir gewisse Dinge neu formulieren, bestimmte Vorurteile abbauen, auf wichtige Probleme zurückkommen müssen. Hängt das damit zusammen, daß das, was wir lehren, so schwierig zu begreifen ist? Keineswegs, doch einige unserer Auffassungen sind derart ungewöhnlich, sie stehen oft in einem so flagranten Widerspruch zu herkömmlichen Ideen, daß wir sie erst plausibel machen können, nachdem wir die Köpfe einer eigentlichen Entkonditionierung unterzogen haben. Je länger die Kursteilnehmer an herkömmlichen Hochschulen studiert haben, bevor sie sich uns anvertrauen, um so weniger sind sie empfänglich für die Theorien, die dem, was ihnen vordem gesagt wurde, völlig entgegengesetzt sind. Da jedoch einige Universitäten ebenfalls damit beginnen, audiopsychophonologische Kurse ähnlich den unsrigen anzubieten, werden wir wahrscheinlich in Zukunft immer seltener solche Hindernisse zu überwinden haben. Doch zum gegenwärtigen Zeitpunkt müssen wir noch immer zuerst reinen Tisch machen, bevor etwas Solides aufgebaut werden kann, und das bedeutet für uns einen großen Zeit- und Energieaufwand.

Wir verlangen von den Kandidaten auch nicht eine zu exklusive Spezialisierung. Das Bildungsniveau ist höchst unterschiedlich, vom Abitur bis zu blendenden Hochschultiteln: Psychologie-, Linguistikstudenten, Orthophonie- und Pädagogikschüler usw. schreiben sich regelmäßig für unsere APP-Kurse (Kürzel für Audiopsychophonologie) ein. Wir scheuen jedenfalls Leute, die sich mit großartigen Diplomen ausweisen, *die aber nur gerade das sind.* Zu oft haben wir die traurige Erfahrung machen müssen, daß sich hervorragende Theoretiker mit Kindern beschäftigen wollten, ohne daß sie sich innerlich dazu gedrängt fühlten. Deshalb stellen wir höhere Ansprüche an Herzlichkeit, Altruismus, Bereitschaft zur Selbstlosigkeit als an sogenannte intellektuelle Qualitäten. Zweifellos entbindet das eine, wie Charles Péguy geschrieben hat, nicht vom anderen, und man ist nicht schon deshalb ein guter Pädagoge, nur weil man gefühlvoll ist. Während aber der Geist ausnahmslos immer gefördert, gepflegt, erweitert werden kann, läßt sich am Herzen im Rahmen eines Praktikums nur schwer durch äußere Einwirkung etwas verbessern! Eine Reihe von Enttäuschungen hat uns vorsichtig werden lassen: Heute haben wir kaum mehr Mühe, bei den Kandidaten, die zu uns kommen, zu unterscheiden zwischen solchen, die wirklich Kinder gerne haben, und anderen, die nur eine berufliche Stellung, einen Ersatz oder eine Möglichkeit für die Lösung der eigenen Probleme suchen.

Kandidaten mit einem Abiturabschluß können noch ihre Kenntnisse vervollkommnen und ihre Bildung verfeinern, nachdem sie in einem Zentrum zu arbeiten begonnen haben. Sie setzen jedoch daneben oft auch ihre Studien fort und bereiten sich parallel zum Praktikum auf ein Psychologie-Lizentiat oder ein Lehr-Diplom vor. Unsere Mitarbeiter mit einer Hochschulausbildung erhalten leichter eine verantwortliche Stellung.

Wie ich bereits gesagt habe, kommen Hochschulabsolventen verschiedenster Richtungen zu uns: Psychologen, Soziologen, Musikologen, Linguisten, Orthophonisten, Pädagogen, Mediziner usw., also aus allen Fachrichtungen, die irgend etwas mit Audiopsychophonologie zu tun haben. Solche Mitarbeiter müssen sich selbst darum bemühen, ihnen noch fehlende Kenntnisse zu entdecken und zu erwerben. Ein Linguist beispielsweise wird sich zusätzlich mit dem Ohr und den psycho-affektiven Wirklichkeiten befassen, während ein Psychologe dem Sprechen und dem Hören besondere Aufmerksamkeit widmet.

Weil wir eine Apparatur mit der Bezeichnung »Elektronisches Ohr« benutzen, nehmen sogar von Zeit zu Zeit Elektroniker an unseren Praktika teil. Am Anfang interessieren sie sich vor allem für die Beziehungen zwischen der Maschine und dem menschlichen Ohr. Doch schon bald erwärmen sie sich für das ganze System. Sie wollen wissen, wie die Sprache entsteht und funktioniert, in welchem Maße die Psyche an diesen Vorgängen beteiligt ist, welche Voraussetzungen für eine Kommunikation gegeben sein müssen und so fort. Solche intellektuelle Neugierde ist zusammen mit der Fähigkeit, jemand anderen lieben zu können, der wichtigste Trumpf der Praktikanten. Solche Neugierde hat zur Folge, daß am Ende alle dieselbe Bildung, unabhängig von ihrer ursprünglichen Spezialisierung, besitzen.

Immer öfter kommen auch Mediziner zu uns. Nur selten ein Otorhinolaryngologe: zwei in fünfzehn Jahren! Dafür eine erhebliche Anzahl von Psychiatern. Das läßt sich leicht erklären. Weil die Psychiater eine eklektischere Ausbildung als ihre Arztkollegen erhalten, verfügen viele von ihnen über einen offeneren Geist. Die meisten zeigen auch diese intellektuelle Neugierde, die ich soeben so hoch gelobt habe. Nicht weil sie bereits von der Brauchbarkeit unserer Methoden und der Richtigkeit unserer Theorien überzeugt sind, suchen sie uns auf, sondern eben um beides auf die Probe zu stellen: »um zu sehen«, wie man gemeinhin sagt.

Ihr Besuch, das geben sie ohne weiteres zu, hat durchaus auch einen eigennützigen Nebenzweck. Sie sind sich bewußt geworden, daß sich ihre Wissenschaft derzeit in einer Sackgasse befindet, und sie suchen nach Möglichkeiten, um diesen Zustand zu überwinden. Medikamente haben im Gegensatz zu dem, was man lange gehofft hatte, nur beschränkte Wirkungen. Die Psychoanalyse ihrerseits wird ihren Versprechungen ebensowenig gerecht wie die Chemotherapie. Sowohl die Medikamente als auch die Psychoanalyse haben zwar der psychopathologischen Therapie große Fortschritte ermöglicht, aber sie erweisen sich jetzt als unzulänglich. Eine psychoanalytische Behandlung fördert zwar oft die Ursachen der Erkrankung zutage, aber sie wird mit dem Übel nicht fertig; Medikamente, die in Notfällen eine große Hilfe sind, zeigen bei einer Langzeitbehandlung erheblich geringere Wirkung.

Die Voraussetzungen für diese Psychiater sind dieselben wie für alle anderen Praktikanten: vor allem den anderen lieben. Die Teilnehmer, die sich von uns haben überzeugen lassen, die wissen, was wir tun, die über das Wie und das Warum unserer Tätigkeit informiert sind, arbeiten anschließend in den verschiedenen psychiatrischen Krankenhäusern und in den Einrichtungen für die psychotherapeutische Überwachung (etwa in den medizinisch-pädagogischen Instituten). Sobald ihnen die Verwaltung die Erlaubnis erteilt und die Mittel gibt, beginnen sie ihre Patienten mit Tönen zu behandeln.

Wir müssen notgedrungen unsere Mitarbeiter zuerst von gewissen Bildungsinhalten entkonditionieren. Den hartnäckigsten Widerstand leisten die Mediziner. Jeder Arzt hat nämlich, von seiner Funktion her, die Tendenz, sich für einen Wissenden zu halten. Wir haben einige Niederlagen einstecken müssen, aber wir wurden auch durch einige

Siege entschädigt, die wir nach hartem Kampf bei Kollegen errungen haben, von denen wir geglaubt hatten, sie würden sich nie für unsere Auffassungen gewinnen lassen.

Wer einen Psychiater überzeugen will, muß sich mit viel Geduld wappnen! Einer von ihnen, der in einer psychiatrischen Klinik ein Elektronisches Ohr gesehen hatte und neugierig geworden war, stellte unsere Geduld fünf Jahre lang auf die Probe, bis er seine ersten Behandlungen mit gefilterten Tönen durchführte. Und auch nach dieser langen Zeit war es uns noch nicht gelungen, seine alten Reflexe völlig einzuschläfern. Vor nicht allzu langer Zeit rief er mich notfallmäßig an:

»Hören Sie, Tomatis, das geht entschieden nicht mit der Kranken, von der ich Ihnen erzählt habe! Ich habe die Gardenalspritze in der Hand, was soll ich tun?«

»Fahren Sie mit den Tönen fort (die Patientin wurde einer Entbindung auf der Klangebene unterzogen), mit nichts anderem als den Tönen«, antwortete ich.

»Ich bin froh, daß Sie es mir sagen. Ich war mir bei diesem Fall nicht mehr sicher, am liebsten hätte ich weitergemacht, wie ich es früher getan habe . . .«

Viele der Ärzte, die uns aufsuchen, wollen sich nur über unsere Methoden informieren, haben aber nicht die Absicht, sie praktisch anzuwenden. Im Laufe der Jahre hat die Nachfrage so zugenommen, daß wir für diese Kollegen spezielle Praktika veranstalten. Ich habe es bereits gesagt, sozusagen nie haben wir den Besuch eines französischen Otorhinolaryngologen erlebt. Umgekehrt haben sich ausländische Kollegen gemeldet, und sie kommen noch immer in großer Zahl. Aus Nordamerika, Lateinamerika, Großbritannien usw. haben uns Männer mit großen Verdiensten und bisweilen hohem Ansehen aufgesucht. An unseren Veranstaltungen haben weltweit anerkannte Persönlichkeiten teilgenommen. Erheiternd war, daß sie sich ganz klein machten und in unauffälliger Kleidung durch unsere Türe kamen, weil sie sich davor fürchteten, von ihren französischen Kollegen, die so lauthals über mich herzogen, auf frischer Tat erwischt zu werden!

Dieser Besucherstrom hat mich gezwungen, fortwährend neue Mitarbeiter einzustellen, auch auf die Gefahr hin, daß das Pariser Zentrum ungeheuerliche Ausmaße annahm. Diese Mitarbeiter – ich meine, die Tatsache verdient Erwähnung – sind zum größten Teil ehemalige Patienten. Da sie die Tiefenwirkung der Behandlung mit dem Elektronischen Ohr aus eigener Erfahrung kannten, wollten sie die durch eine solche Kur ausgelösten physiologischen und psychologischen Prozesse genauer kennenlernen. Während dieser Tätigkeit gaben wir ihnen Gelegenheit, ihre Studien (Psychologie, Pädagogik, Medizin ...) aufzunehmen, fortzuführen und/oder zu vervollkommnen; ihr Interesse für die Audiopsychophonologie und deren Welt wuchs und entfaltete sich. Sie verlangten immer genauere Auskünfte, und wir gaben sie ihnen. Nach einiger Zeit hatten sie die notwendigen Kenntnisse erworben, um ihrerseits andere Personen auszubilden. Wir haben uns deshalb immer gehütet, junge Leute abzuweisen, die den Wunsch nach Zusammenarbeit mit uns äußerten, die also danach verlangten, anderen Leuten so zu helfen, wie wir ihnen geholfen hatten. Die weiteren Ereignisse haben uns im übrigen recht gegeben, denn viele von ihnen wurden zu ausgezeichneten Assistenten.

Sobald ein ehemaliger Patient uns darum ersucht, von uns in die audiopsychophonologische Theorie und Praxis eingeführt zu werden, nehmen wir ihn bei uns auf. Falls er von den übrigen Mitgliedern unseres Teams akzeptiert wird, vertrauen wir ihm zunächst kleinere Aufgaben an, freilich ohne deswegen seine Ausbildung zu vernachlässigen. Wenn er nach einigen Monaten seinen Wunsch noch nicht aufgegeben hat, wird er endgültig in das Zentrum integriert. Sobald die erste Periode einer minimalen theoretischen Ausbildung vorüber ist, möchte sich der betreffende Mitarbeiter vielleicht weiter ausbilden, indem er ein Universitätsstudium beginnt oder wiederaufnimmt. Selbstverständlich gestatten wir ihm das, wobei wir ihm allerlei Erleichterungen zugestehen. Wir machen keine Geschenke, denn das hätte weder einen Sinn noch einen bildenden Wert. Wir geben ihm bloß die Gelegenheit, seine Studien selbst zu finanzieren, indem er sich an Aktivitäten beteiligt, die auch für ihn bereichernd sind. An unserem Zentrum arbeiten deshalb ständig sieben oder acht Studenten, die daneben ihre Studien fortsetzen (meistens Psychologie, Pädagogik oder Linguistik, aber auch einige Mediziner, die uns freilich nach einer bestimmten Zeit oft verlassen, weil zwischen der Schulmedizin und uns, ich muß das wiederholen, Unverträglichkeit besteht). Aus ihrem Kreis können ohne weiteres spätere Spezialisten für Audiopsychophonologie hervorgehen.

In Frankreich gibt es gegenwärtig einige Zentren, für die wir uns verbürgen und die unsere Kontrolle akzeptieren oder, genauer, sogar wünschen. Sie sind nicht gleichmäßig über das Land verteilt, gewisse Regionen werden offensichtlich vorgezogen. Doch es ist für uns ermutigend, daß sich unsere Ideen immer stärker ausbreiten und daß weitere Zentren unter unserer Verantwortung entstehen. Umgekehrt gibt es leider auch solche Zentren, die angeblich unsere Technik anwenden, die aber von uns nicht anerkannt sind. Wir können solche Gründungen nicht verhindern, was bedauerlich ist. Doch schon bald ist damit zu rechnen, daß in dieser Hinsicht Klarheit geschaffen werden muß, damit sich die Öffentlichkeit eine klare Meinung darüber bilden kann, welche Institute nach unserer Methode arbeiten und welche uns nur nachahmen, wobei unvermeidlich auch schädliche Abweichungen festzustellen sind.

Die von uns unterstützten Zentren entfalten Tätigkeiten, die sich folgendermaßen klassifizieren lassen:

- Leseschwäche und Schulschwierigkeiten in etwa der Hälfte aller Fälle;
- Stottern, Sprach- und Stimmbildungsstörungen bei etwa zwanzig Prozent der Patienten;
- Schwere Störungen in der Persönlichkeitsentwicklung (Schizophrenie, Autismus);
- Verhaltensstörungen;
- Erlernen von Fremdsprachen;
- schließlich Gesangsschulung, aber nur selten.

Parallel dazu werden fortwährend Zentren im Ausland errichtet. Diese Entwicklung hatte kurz vor 1960 unter schlechten Voraussetzungen begonnen. Hinter meinem Rücken und auf meinem Rükken taten sich Geschäftemacher, denen es nicht so sehr um die Öffnung der Ohren, sondern um die Füllung des Geldsacks ging, mit verschiedenen trickreichen Machenschaften hervor. Von einem Fall habe ich bereits erzählt. Da wollte man mich an die Amerikaner verkaufen. Das Geschäft scheiterte aber an meiner Hartnäckigkeit. Andere Versuche erlitten das gleiche Schicksal. Eine Affäre wäre aber beinahe geglückt.

Man machte mich mit einer sehr selbstsicher, voller Autorität und gewandt auftretenden Dame bekannt. Als ehemalige Sängerin hatte sie sich, wie sie sagte, für meine Arbeiten begeistert, und sie wollte diese in den Vereinigten Staaten und insbesondere in Kanada bekannt machen, wo sie sich nach langen und verschlungenen Irrfahrten niedergelassen hatte. Sie ließ mich wissen, sie sei eine Zeitlang Sekretärin von General de Gaulle gewesen, wodurch ihr die Türen zahlreicher Botschaften und Regierungsämter offenstünden. Nachdem sie die Vereinigten Staaten aus Gründen, die ich inzwischen vergessen habe, wieder verlassen hatte, eröffnete sie in Montreal eine Theaterschule, wo sie insbesondere Unterricht in Stimmbildung erteilte.

Sie kannte zweifellos viele Leute. Ich meinerseits hatte den Wunsch, daß meine Forschungsergebnisse bekannt würden (nicht um des Ruhmes willen, sondern weil ich sie für richtig und nützlich hielt), und so war die Versuchung groß, mit dieser Frau zusammenzuarbeiten, und zwar um so mehr, als die erwähnte Schule nicht ihre einzige Gründung war. In Montreal hatte sie auch eine Institution für die Behandlung von Stimmbildungsstörungen ins Leben gerufen, und dort wurden mehrere meiner Theorien praktisch angewandt. Sie hatte verschiedene Organisationen für diesen Aspekt ihrer Tätigkeit gewonnen. Auf ein günstiges Echo war sie bei Jesuiten gestoßen, zu denen verschiedentlich Kontakte aufgenommen wurden (so kam es, daß ich eines Tages in Kanada vor vierhundert Soutanen einen Vortrag hielt!). Kurzum, alle Voraussetzungen schienen gegeben zu sein, damit diese Person meine »offizielle« Vertreterin in Nordamerika werden könnte.

Leider mußte ich schon bald einsehen, daß diese großartige Frau einen einzigen Beweggrund hatte, nämlich Ruhm und Geld einzuheimsen. Sie gründete mit meinem Segen (und meiner Mitarbeit) und mit Hilfe einer Universität ein großes Forschungslabor. Ich zog mich aus dieser Angelegenheit zurück, als mir die Hintergründe bekanntwurden, und ich wunderte mich einmal mehr darüber, daß es gelungen war, meinen Namen, ohne mich zu konsultieren, zu Geld zu machen. Etwas später mußte ich erfahren, daß sich in Kanada ohne mein Wissen sogar eine Gesellschaft gebildet hatte, die meinen Namen trug. Vielleicht wäre mir diese Geschichte nie zu Ohren gekommen, hätten mich nicht ihre Leiter mit bemerkenswerter Naivität (oder vielleicht auch Schamlosigkeit) zu Hilfe gerufen: Die Maschinen, die sie nach dem Vorbild meiner Apparaturen fabriziert hatten, erbrachten erbärmliche Ergebnisse, und sie baten mich zu kommen, um alles in Ordnung zu bringen! Ich muß nicht besonders hervorheben, daß ich diese freundliche Einladung dankend abschlug …

Schließlich klärte sich der wahre Sachverhalt auf. Diese Frau hatte sich mit einem der Promotoren meiner Techniken in Europa, von dem schon ausgiebig die Rede war, zusammengetan. Sie hatten sogar eine Firma gegründet, ohne es mir zu sagen ... Doch dieses kanadische Abenteuer hatte nicht nur negative Seiten. Zu den Jesuiten unterhielt ich weiterhin ausgezeichnete Beziehungen, ebenso zu einer Universität, die sich für das Projekt interessiert hatte.

Ein Zentrum entstand kurze Zeit später in der Hauptstadt, und zwar auf Initiative einer Psychologin, damals Professorin an einem Universitätsinstitut für Probleme der Kindheit. Diese Abteilung für Kinderpsychologie war von ihren Zielen und den verfügbaren Mitteln her einmalig auf dieser Erde.

Doch leider war es ein »vergoldetes Gefängnis«. Unsere Hoffnungen auf Forschungsergebnisse erwiesen sich nach wenigen Jahren als völlig verfehlt, weil in einer vollkommen wirkungslosen Arbeitsgruppe weder eine Koordination noch eine Zusammenarbeit zustande kam. Unser erstes kanadisches Abenteuer schien sich zu wiederholen.

Das Kindheits-Studienzentrum (Child Study Center), das eng mit der Universität verbunden war, hatte sich sowohl pädagogische als auch therapeutische Ziele gesetzt. Im pädagogischen Bereich befaßte es sich mit der Zweisprachigkeit, Französisch und Englisch, der drei bis fünf Jahre alten jungen Kanadier. Auf therapeutischer Ebene wurden schwere Leseschwäche und bestimmte psychiatrische Leiden vom Typ des Autismus behandelt. In allen diesen Fällen benutzte man das Elektronische Ohr als wichtigstes Arbeitsinstrument. Die Arbeitsgruppe verwendete es auf ihre Weise – wie ich später erfahren habe –, aber anscheinend ähnlich wie wir. Wir meinten, wir hätten nun einen festen Brückenkopf mit Hochschulstatus auf der anderen Seite des Atlantiks, doch in Wirklichkeit wuchs eine Institution ohne jede Ausstrahlung heran. Immer wieder versuchte ich, diese Forschungsstelle zu beleben; während meiner Aufenthalte bemühte ich mich, der Abteilung, die sich speziell mit unserer Methode befaßte, neue Impulse zu geben, doch ich mußte mich schließlich damit abfinden, daß alle Anstrengungen infolge der unüberwindbaren Trägheit der bestehenden Struktur erfolglos blieben. Die Institution wurde nicht zu einem Zentrum für Forschungsarbeiten und Versuche, sondern verursachte höchstens Ärger und Sorgen.

Ein Student dieser Universität bekundete besonderes Interesse für unsere Methode und vor allem für unsere Apparatur, die auf ihn eine gewisse Faszination ausübte. Er hieß R., kam aus Südafrika und wollte in Psychologie doktorieren. Er wählte das Elektronische Ohr als Dissertationsthema und kehrte, als er sein Diplom in der Tasche hatte, in sein Heimatland zurück, um dort ein eigenes Laboratorium zu eröffnen.

Voller Begeisterung propagierte er dort die Ideen, die er aus meinen Werken geschöpft hatte. Er assistierte auch bei bestimmten Experimenten und galt als ein Wissenschaftler von besonders originellem Denken, und zwar um so mehr, als er nie seine Quellen nannte und meine Arbeiten überall verbreitete, als ob es sich um die Frucht seiner eigenen Forschungsbemühungen handeln würde. Als es ihm an weiteren Ideen mangelte, bestieg er das Flugzeug für ein kurzes Praktikum am Boulevard de Courcelles. Seiner Aussage gemäß verspürte er ein Bedürfnis, seine Kenntnisse zu vervollkommnen.

Das alles war zweifellos nicht sehr ehrenhaft, aber es wäre auch nicht allzu schwerwiegend gewesen, hätte R. sich nicht darauf kapriziert, eigene Maschinen zu konstruieren. Er fiel Kopf voran in die Falle, in die schon vor ihm einige gefallen waren und in die auch später noch viele andere stürzten: Obwohl er sozusagen keine Ahnung von der Physiologie des menschlichen Ohrs hatte, fühlte er sich dennoch dazu berufen, Verbesserungen am Modell anzubringen. Man ahnt die Folgen: Die Apparaturen wurden nach kurzer Zeit in eine Ecke gestellt, weil sie nicht die erwarteten Resultate erbrachten.

Einige Universitäten hatten freilich schon solche Apparaturen gekauft, und zwar insbesondere die in Potchefstroom (Transvaal), die älteste von allen, aber auch die Hochschulen in Johannesburg und Stellenbosch (Afrikaander-Universität der Kapprovinz). R. verlor, weil er eine gewisse Berühmtheit erlangte, jeden Sinn für das Maß. Er legte sich mit vielen Leuten an, stiftete Unruhe. Die kanadische Universität, an der er seine Kenntnisse erworben hatte, mußte seinetwegen allerlei Unannehmlichkeiten in Kauf nehmen. Ihre irritierten Führungskräfte öffneten mir schließlich die Augen über die wahre Persönlichkeit des ehemaligen Doktoranden. Ich war überhaupt nicht argwöhnisch gewesen, obwohl mir bestimmte Hinweise hätten zu denken geben müssen.

Später erhielt ich zufällig noch etwas genauere, und erst noch negativere, Informationen. Ich vernahm beispielsweise, daß er für einen großen internationalen Kongreß in Tokio eine Mitteilung über die Lateralität vorbereitet hatte: In Wirklichkeit handelte es sich um Ideen, die er während seines Praktikums von mir übernommen hatte. Als die Publikation erschien, setzte ich ihn, ohne viel Federlesens zu machen, vor die Türe.

Aus Südafrika schickte er mir daraufhin einen unglaublichen Brief. Neben verschiedenen Beleidigungen und Drohungen versprach er mir, ich würde nie mehr, ganz bestimmt nie mehr, solange er lebe, meinen Fuß in sein Land setzen!

Sogar für einen friedfertigen Menschen wie mich ging das etwas zu weit. Ich griff meinerseits zur Feder, legte eine Kopie des fraglichen Briefes bei, und erbat von der Universität Potchefstroom (der R. angehörte) eine Erklärung. Das konnte ich mir um so eher erlauben, als die Verantwortlichen der zuständigen Fakultät, Professor Van Dyk und Doktor Van Jaarsfeld, seit drei Jahren jährlich einmal nach Paris kamen, um sich über meine jüngsten Entdeckungen zu informieren und mich bei der täglichen Arbeit zu beobachten. Als sie sich von der Wirksamkeit meiner Technik überzeugt hatten, begannen sie mit Behandlungen unter dem Elektronischen Ohr, wobei sie sich insbesondere mit Stotterern befaßten.

Die Antwort kam rasch, sie war kurz und bündig: Die Regierung höchst persönlich lud mich zu einer Vortragsreihe ein. Dabei bekam ich auch die Maschinen von R. zu sehen, von denen ich bis dahin nichts gewußt hatte und die ihre Existenz friedlich zuhinterst in einem Wandschrank beendeten ... Es gelang mir auch, die Aura von Merkantilismus und gar Scharlatanismus zu zerstreuen, die sich infolge der von dieser erbärmlichen Persönlichkeit begangenen Fehler um meinen Namen gebildet hatte.

Wenn es wahr wäre, was der Engländer G. C. Colton geschrieben hat, daß die »Nachahmung die aufrichtigste aller Schmeicheleien« sei, so wäre ich einer der umschmeicheltsten Männer unseres ganzen Berufsstandes gewesen! Man möge mir nachsehen, daß ich daran leise zweifle. Die Leute, die mich mit größter Schamlosigkeit plagiierten, haben auch die schlimmsten Verleumdungen über mich verbreitet. Gewiß, sie haben »aufrichtig« gehandelt, das heißt in völlig aufrichtiger Sorge um ihre persönlichen Interessen, doch das ist *für mich* ein eher schwacher Trost ...

Ich schreibe das Wort *Trost,* weil einige dieser Verleumder, einige dieser intellektuellen Diebe, mich schwer getroffen haben. Übrigens nicht so sehr durch ihr schäbiges Vorgehen, sondern weil es sich um Menschen handelte, denen ich mein ganzes Vertrauen geschenkt hatte. Sogar von einem Kollegen, dem ich zu einer Karriere verholfen hatte, wurde ich betrogen und verunglimpft.

Der Leser mag selbst entscheiden.

Eines Tages empfing ich einen Medizinstudenten, der sein viertes Studienjahr absolvierte. Er hatte mich aufgesucht, weil er stotterte. Aus dem Gespräch mit ihm war zu entnehmen, daß er seine Studien aufgegeben hatte und daran dachte, wie sein Bruder zum Theater zu gehen. Ich habe mein ganzes Leben lang mit Schauspielern verkehrt, und obwohl ich gar nichts gegen diesen Beruf habe, in dem sich mein Vater mehr als vierzig Jahre lang ausgezeichnet hat, betrachtete ich diesen Meinungsumschwung meines Besuchers als eher leichtfertig und aus einer bedauerlichen Laune heraus entstanden. Wenn man sich einmal dafür entschieden hat, anderen zu helfen, und man beinahe soweit ist, daß diese Hilfe konkret wird, wirft man nicht aufgrund einer unüberlegten Handlung und aus Liebe zum Applaus das Handtuch!

Ich entschloß mich deshalb, ihn auf zweifache Weise in die Hand zu nehmen. Einerseits bekämpfte ich sein Stottern, und es gelang mir, ihn nach kürzester Zeit zu heilen. Andererseits tat ich mein möglichstes, um ihn zu seinen ursprünglichen Berufsabsichten zurückzuführen. Auch das war ein Erfolg. Er schloß sein Studium ab, entschied sich für die Psychiatrie und wurde schließlich Psychoanalytiker.

Je größere Fortschritte er machte, um so lebhafter wurde sein Wunsch, in unsere Methoden eingeführt zu werden. Weshalb hätte ich diese Bitte abschlagen sollen? Mein Team und ich sorgten also für seine Ausbildung auf diesem Gebiet.

Ich muß hinzufügen, denn auch solche Einzelheiten sind von Bedeutung, daß ich seine Dissertation begleitete (und am Ende praktisch auch verfaßte), ihm eine Praxis in der Nähe unseres Zentrums, am Boulevard Haussmann, verschaffte und ihn vielen Patienten empfahl, was für einen Anfänger wichtig ist. Ich veranstaltete sogar einen Empfang, damit er notwendige Kontakte zu verschiedenen Persönlichkeiten knüpfen konnte, die ich seit langem kannte.

Ich habe I. B. nie als einen »geistigen Sohn« betrachtet: Dieser Ausdruck wäre viel zu stark. Das Unglück wollte es aber, daß er mich schlicht und einfach als seinen Vater ansah; und als guter Freudianer hatte er nichts Dringlicheres zu tun, als diesen Vater zu »töten«.

Hinter meinem Rücken verbündete er sich mit dem Verwalter, von dem ich bereits gesprochen habe und der uns in große Verlegenheit gebracht hat. Und dieses Stotterer-Bündnis endete mit einem Berg von Betrügereien. Sie rauften sich zusammen, um uns zu verraten, und am Ende verrieten sie sich auch noch gegenseitig.

Nachdem I. B. bei uns viel gelernt hatte, begann er sich in der kleinen Welt der Audiophonologie und der Psycholinguistik aufzuplustern. Lauthals verkündete er überall, er kenne mich nicht, er sei mir überhaupt nie begegnet. Er kopierte unverfroren eine meiner Apparaturen, die nicht mehr durch ein Patent geschützt war, und entfaltete eine große Publizität. Um seine Vaterschaft in der Öffentlichkeit noch besser zu belegen, gab er ihr seinen Namen. Er verkündete, er sei der Begründer einer neuen Wissenschaft, die sich, wie er betonte, dadurch auszeichne, daß sie genau die entgegengesetzten Theorien vertrete.

Vor der Öffentlichkeit profilierte er sich vor allem mit dieser letzten Aussage, denn er wußte nur zu gut, daß mit den Unterschieden zwischen den beiden Apparaturen kaum Staat zu machen sei. Mein ehemaliger Schützling verschaffte mir den Ruf eines Wissenschaftlers aus einer anderen Zeit, der sich im Nebel einer veralteten und durch die Ereignisse völlig überholten Wissenschaft verirrt habe. Er zog über die »Absurditäten« meines Systems her, Absurditäten in seinen Augen wohlverstanden nur deshalb, weil er von der Physiologie des menschlichen Ohrs nichts begriffen hatte. Schließlich, und das ist für einen Psychoanalytiker eigentlich eher paradox, qualifizierte er alle meine Auffassungen von den akustischen Beziehungen zwischen der Mutter und dem Fötus als pure Wahnvorstellungen.

Daß dieser Mensch ohne jedes Schamgefühl eine solche Haltung zu vertreten vermochte, war zweifellos von allem Anfang an in seiner geistigen Struktur vorgegeben gewesen. Doch die Zusammenarbeit mit meinem wenig wählerischen Verwalter spielte dabei eine enthüllende und katalysierende Rolle. Kaum daß ich mich von diesem flotten Burschen getrennt hatte, traf ich sie auch schon anderswo zusammen an, was für mich ein Beweis dafür war, daß sie schon seit langem insgeheim zusammengearbeitet hatten. Sie versuchten nun abermals, einige leicht abgewandelte Erfindungen aus meinem Laboratorium zu Geld zu machen, wobei sie sich sogar an meine eigenen Patentanwälte wandten, die mich darüber informierten. So geht es nun einmal in dieser Welt zu: Irgendeinmal kommt alles ans Licht.

Ich habe nicht das Temperament eines Polemikers, und über andere herzufallen bereitet mir wenig Vergnügen. Deshalb will ich es dabei bewenden lassen. Auch sonst tauchten Plagiate auf. Einer dieser Nachahmer sorgte in Annecy für ein gewisses Aufsehen. Auch er war von uns ausgebildet worden. Man muß freilich annehmen, von dem, was wir ihm mitgegeben hatten, sei nicht gerade viel übriggeblieben, denn von überall her kamen Leute zu uns, bei denen er eine Behandlung angefangen hatte. Weil er von gewissen elementaren psychologischen Gesetzmäßigkeiten überhaupt nichts verstand und hemmungslos therapeutische Methoden anwandte, von denen er hätte wissen sollen, daß sie keinerlei positive Wirkung haben konnten, befanden sich solche Patienten nach einer Konsultation bei ihm in einem schlechteren Zustand als zuvor.

Die Liste ließe sich erweitern. Doch nicht alle Kollegen, die meine Theorien und meine Techniken anwenden, sind unbegabt. So gibt es einen jugoslawischen Linguisten, der bisweilen als mein wichtigster »Rivale« vorgestellt wird und dessen persönliche Beiträge alles andere als uninteressant sind. Ursprünglich hatte es zwischen uns keinerlei Konkurrenz gegeben, weil wir auf völlig verschiedenen Gebieten tätig waren. Nachdem wir uns jedoch mehrmals begegnet waren, kam er auf die Idee, die mit seinen grundsätzlich phonetischen Maschinen erzielten Ergebnisse auch im linguistischen Bereich anzuwenden. Fehlende Kenntnisse über gewisse neurophysiologische Prozesse sind jedoch der Schwachpunkt seiner Theorien, und mir scheint überdies das Material, das seine Gruppe verwendet, gewissen Anforderungen auf diesem Gebiet nicht zu genügen. Weil er die punktuellen phonetischen Antworten nicht zu allgemeineren Kurven zusammenfaßt und keine elektronischen Elemente mit mehreren Kanälen verwendet, sind die von ihm vorgelegten Ergebnisse unvollständig und sogar unsicher. Wie er für die Verbreitung seiner Arbeiten sorgt, ist hingegen sehr bemerkenswert, und er wird dabei von einer mächtigen ideologischen Struktur kraftvoll unterstützt.

Man hat mich oft nachgeahmt, man hat mich bestohlen, doch ich bin deswegen nicht verbittert. Ich würde sogar gerne als erster Beifall spenden, wenn dank dieser den meinen nachgeahmten Apparaturen noch mehr Patienten geheilt werden könnten. Hingegen stoße ich mich daran, und es bekümmert mich, daß sich die meisten dieser Fälscher nicht damit begnügen, die Ideen eines anderen auszubeuten; sie wollen der Welt zusätzlich noch ihre eigene Genialität beweisen, vergleichbar beispielsweise mit einem Maler, der die *Mona Lisa* kopieren und sie mit einem großen Hut und einem Sonnenschirm ausstatten würde, weil das nach seiner Meinung »sich gut macht«. Im allgemeinen blieben jedoch die Bemühungen dieser Ideendiebe vergeblich. Weil kaum therapeutische Erfolge zu verzeichnen waren, blieb der erhoffte Gewinn aus. Eine gewissermaßen immanente Gerechtigkeit, die sich einmal mehr durch die fehlende Bescheidenheit der Kopierer erklären läßt. Sie mochten sich nicht damit begnügen, das Vorbild schlicht und einfach nachzubauen. Sie hielten sich vielmehr für viel klüger als der Erfinder selbst und wollten diesen auf seinem ureigenen Gebiet übertreffen. Und immer waren es solche »Verbesserungen«, die auf unzureichender Kenntnis der psychophysiologischen Wirklichkeiten beruhten, die zu ihrem Untergang führten.

Man darf das nicht als einen Auswuchs von Selbstgefälligkeit auffassen. Noch mehr als andere bin ich davon überzeugt, daß sich meine Techniken vervollkommnen lassen. In ihrem gegenwärtigen Zustand befinden sie sich erst im Stadium des Stotterns. Sie sollen weiterentwickelt werden, etwas anderes verlange ich gar nicht. Zuerst wären jedoch die Voraussetzungen exakt festzulegen, unter denen eine solche Verbesserung möglich wäre. Wenn man sich damit begnügt, an einem bereits ein gutes Vierteljahrhundert alten Apparat eine angebliche »Neuerung« anzubringen (wobei man ihn unter dem Vorwand, man entferne unnötige Bestandteile, vielleicht sogar noch verschlechtert), so ist das jedoch Pfuscharbeit ohne Zukunft.

Ich möchte hinzufügen, daß es eigentlich unnötig wäre, mich zu bestehlen, denn ich bin jederzeit bereit, unentgeltlich abzugeben, was man von mir erbittet. Es vergeht kein Tag, ohne daß mir Dutzende von neuen Ideen durch den Kopf gehen. Aus Zeitmangel kann ich gar nicht alle weiterverfolgen. Für mich wäre es sogar eine Entlastung, ein Glück, wenn junge Forscher sie unter ihrem eigenen Namen aufnehmen und so weit entwickeln würden, daß daraus solide therapeutische oder pädagogische Prinzipien hervorgehen. So ließen sich neue Methoden erarbeiten, die möglicherweise vielen tausend Menschen in der ganzen Welt inneres Gleichgewicht und Lebensfreude gewährleisten würden!

***

In Südafrika gibt es derzeit Zentren, die nach dem Vorbild des von uns konzipierten Sprachzentrums betrieben werden. Gleichartige Institutionen sind auch in Kanada aufgebaut worden. Im Idealfall sind solche Strukturen wohlverstanden einer strengen Kontrolle unterstellt. Das gilt für Toronto, wo ich mich persönlich um die Ausbildung der Psychologen kümmere, die später die Verantwortung für Zentren oder Abteilungen übernehmen sollen, in denen meine Techniken angewandt werden. Die Forschung untersteht ebenfalls meiner Kontrolle, wobei ich aber mit auf Psychologie oder Pädagogik spezialisierten Hochschulprofessoren zusammenarbeite. In Toronto befaßt sich ein wissenschaftliches Komitee mit gewissen statistischen Auswertungen insbesondere unserer Ergebnisse auf dem Gebiet der Lernschwierigkeiten; gefördert wird von ihm auch die Erforschung der Grundlagen, auf denen meine frühesten Arbeiten beruhen.

Die Universität von Potchefstroom hat mir ihrerseits ein elektronisches Laboratorium zur Verfügung gestellt und mich zum konsultierenden Professor ernannt. Ich halte mich deshalb jedes Jahr einige Wochen in Kanada und in Südafrika auf, wobei ich meine Zeit sowohl den wissensbegierigen Studenten als auch ihren noch immer nach Vervollkommnung trachtenden Professoren widme. So lasse ich sie von der Erfahrung eines – ich will damit nicht mich selbst rühmen, aber es ist nun einmal so – Pioniers profitieren. Im Laufe der Jahre hat die Zahl der spezialisierten Professoren an diesen Universitäten stark zugenommen, so daß mir immer weniger Zeit für die Studenten verbleibt. Meine Dienste werden vor allem für die permanente Weiterbildung der Lehrkräfte in Anspruch genommen, und das ist gut so, denn die Audiopsychophonologie ist wie viele andere junge Wissenschaften noch in voller Entwicklung begriffen.

Sie breitet sich auch – Entwicklung und Ausbreitung hängen im allgemeinen eng miteinander zusammen – rasch aus. Schon in den frühen sechziger Jahren sind in Belgien mehrere Zentren gegründet worden. Leider erlagen sie der Versuchung, sich angeblich den meinen ähnliche (aber freilich sehr viel billigere) Apparaturen zu erwerben, die von einem gewissen Psychologen hergestellt wurden. Mit diesen Maschinen ließen sich nur mittelmäßige Ergebnisse erzielen, so daß ihre Benutzer jede Hoffnung auf eine erfolgreiche Behandlung und Rehabilitation mit dieser Methode aufgeben mußten. Als diese Entwicklung am toten Punkt angelangt war, begann sich 1966 ein Arzt der belgischen Marine, Dr. S., intensiv mit meinen Arbeiten zu befassen. Er profitierte von seiner besonderen Stellung, denn über seine Nachmittage konnte er frei verfügen, weshalb ihm genügend Zeit für Privatpatienten blieb. Er hatte von meinen Forschungsarbeiten gehört, und weil er sich hauptsächlich mit schwierigen Kindern befaßte, nahm er Kontakt mit mir auf. Während mehrerer Monate verbrachte er die Wochenenden bei uns in Paris, bevor er sich entschloß, selbst die Methoden anzuwenden, die er bei uns kennengelernt hatte. In seiner Privatpraxis arbeitete er nur noch mit dem Elektronischen Ohr. Kurze Zeit später quittierte er seinen Dienst bei der Marine.

Auf seine Initiative entstanden in Belgien mehrere andere Zentren; dank seiner Dynamik und seines kämpferischen Geistes gelang es ihm, alle drei belgischen Regionen für sich zu gewinnen: Flandern, Wallonien und Brüssel. Wo immer möglich koordinierte er die Zusammenarbeit zwischen diesen drei Gebieten. Er tat noch mehr und brachte die frohe Botschaft auch nach Holland, wo er einen renommierten Neurologen, Professor Mesker, Spezialist für Probleme der Leseschwäche, für die Methode interessierte. In den Niederlanden, in der Nähe der Grenze zu Belgien, entstand so ein Zentrum von mittlerer Bedeutung.

Die Zusammenarbeit mit diesem holländischen Arzt war für beide Teile bereichernd. Er ergänzte seine eigene Technik mit dem Elektronischen Ohr und vermochte so einige Behandlungen, die ihm vorher etliche Probleme aufgegeben hatten, erfolgreich abzuschließen. Auch wir unsererseits hätten vielleicht von seiner Methode und den kraftvollen und originellen Auffassungen, die ihr zugrunde lagen, profitieren können, wenn wir sie studiert und vertieft hätten. Dieser Forscher hat insbesondere interessante Untersuchungen über die Beziehungen zwischen der Hand und der Hirnrinde durchgeführt. Leider sind seine in holländischer Sprache verfaßten Arbeiten noch nicht übersetzt worden. Aus einer geplanten Zusammenfassung könnten möglicherweise aussichtsreiche therapeutische Anstöße gewonnen werden.

Auf Belgien folgte die Schweiz, wo ebenfalls einige Zentren gegründet wurden. Auch hier haben uns Behandlungsmethoden mit (insbesondere vom bekannt-berüchtigten Dr. B. in Annecy) kopierten Apparaturen, die zudem von ungenügend ausgebildetem Personal bedient wurden, etliche Schwierigkeiten aufgehalst. Erst nach einiger Zeit stieß unsere Methode auf neues Interesse, als ein Psychoanalytiker, der sich vor allem mit der Behandlung von schwerwiegenden Persönlichkeitsstörungen befaßte, eingriff. Er eröffnete eine audiopsychophonologische Abteilung, in der er Patienten mit schweren Kommunikationsstörungen zielgerichtet behandeln konnte. Seither hat er in seiner Praxis weitere Methoden eingeführt, die nichts mit uns zu tun haben. Ein weiteres Zentrum ist in Genf eröffnet worden. Hier werden vor allem Kinder mit Schulschwierigkeiten behandelt.

Auch in Spanien bestehen Zentren. In Madrid wird eine eher exklusive Klientel betreut. Ein anderes Zentrum in Andalusien, wo vorwiegend Forschung betrieben wird, verdient hingegen mehr Aufmerksamkeit. Hier bei Almeria, in einer ländlichen Umgebung, wird nicht nur im Laboratorium gearbeitet, es werden auch audiopsychophonologische Lehrgänge angeboten. Es hat sich in den vergangenen Jahren gezeigt, daß überall auf der Welt und unter anderem auch im spanischen Sprachraum ein großes Bedürfnis nach Information besteht. In den kommenden Jahren sind weitere Zentren in Caracas, in Chile, in Argentinien, in der Dominikanischen Republik usw. zu erwarten. In Spanien sind ebenfalls Neugründungen geplant. Vom kommenden Jahr an ist neben praktischer Ausbildung auch eine permanente Ausbildungsmöglichkeit in der Landessprache vorgesehen.

In den Vereinigten Staaten sind auf Initiative mehrerer Psychologen und Mediziner verschiedene Versuche hängig. In diesem Teil der Welt wäre eigentlich an eine konsequente Propagierung unserer Methode zu denken. Bis jetzt habe ich mich immer gegen dieses Abenteuer gesträubt. Es könnte unversehens zu einer kaum mehr zu bewältigenden Aufgabe werden, so daß ich möglicherweise sogar mein Hauptquartier in Paris aufgeben müßte. Dennoch möchte ich etwas für eine Verbreitung meiner Ideen unternehmen, und zwar mit Unterstützung einiger meiner Schüler und mit einer an die auf dem nordamerikanischen Kontinent üblichen wissenschaftlichen Lehrmethoden speziell angepaßten Ausbildung. Eine methodologische Frage muß ebenfalls dringend angegangen werden, nämlich die statistische Auswertung unserer Ergebnisse. In Europa steht man diesem Problem (obwohl die amerikanische Methode jetzt an allen Universitäten eingeführt ist) noch etwas reserviert gegenüber. Alte Gewohnheiten müßten zuerst überwunden werden. Ich darf immerhin feststellen, daß in Frankreich und

Belgien immer regelmäßiger auch solche statistischen Erhebungen durchgeführt werden.

Zwischen unseren eigenen Aktivitäten und den bestehenden und, so nehme ich an, auch den künftigen Zentren (seien es Kliniken, seien es Forschungsinstitutionen) gibt es sehr unterschiedliche Beziehungen. Die Verbindungen mit einigen dieser Institute sind sehr eng. Andere Zentren sind selbständiger, es kommt sogar vor, daß sie auf eine ganz andere als die von mir vorgezeichnete Linie umschwenken. Die einzige Gemeinsamkeit bleibt dann das Elektronische Ohr.

Diese Apparatur wird derzeit an verschiedenen Orten hergestellt und weiterentwickelt. Ich habe mir das Recht vorbehalten, alle Apparate persönlich zu kontrollieren, die den Namen »Elektronisches Ohr« tragen oder sich ausdrücklich auf meinen Namen berufen. Das bin ich mir, würde ich meinen, schuldig. Für mich bedeutet es zusätzliche Arbeit, die ich aber, weil nicht – noch nicht! – jährlich Hunderte von Elektronischen Ohren hergestellt werden, gerne auf mich nehme. Es geht mir dabei nicht um Imagepflege, ich möchte mich bloß vergewissern, daß menschliche Ohren nicht in meinem Namen angegriffen und geschädigt werden. Die Begehrlichkeit der Geschäftemacher, die mir schon immer zu schaffen gemacht hat, hat sich leider nicht von meinen Maschinen abgewandt. Um diesen Mißstand zu mildern, behalte ich mir vertraglich die Entscheidung vor, ob eine Apparatur bestimmten Personen, die sie anfordern, ausgehändigt werden darf oder nicht. Der Vertrag wird grundsätzlich zwischen dem Benutzer und mir abgeschlossen, damit unerwünschte Kreise nicht mitmischen können. Seit ich so vorgehe, schütze ich nicht mehr (gegen meine Willen) alle möglichen Abenteurer auf dem Gebiet der Gehörerziehung. Die großzügigen Förderer neuer Ideen lassen mich endlich in Ruhe. Sie halten mir keine großen Reden mehr, um dann eines schönen Tages mit der Kasse zu verschwinden.

Seit einiger Zeit kontrolliere ich die neu hergestellten Apparate nicht mehr allein. Kompetente und von mir ausgewählte Personen unterstützen mich bei dieser Aufgabe und werden sie weiterführen, wenn ich einmal nicht mehr da sein werde.

Daß ich immer mehr Aufgaben meinen Mitarbeitern anvertraue, ist für mich unerläßlich. Ich müßte gleichzeitig überall sein. Da mir aber diese Gabe der Allgegenwart abgeht, mußte ich lernen, vieles zu »delegieren«, um eine modische Formulierung zu verwenden. Die vielen Reisen an alle Enden der Welt halten mich jährlich sechs Monate von Paris fern. Dennoch soll das Zentrum Tomatis am Boulevard de Courcelles in Paris mein wichtigster Arbeitsplatz bleiben. Von hier aus möchte ich zusammen mit meinem Team die Forschungstätigkeit beleben und gleichzeitig die immer zahlreicheren Anfragen unserer Kundschaft beantworten. Ich muß auch dafür sorgen, daß die Lehrtätigkeit hier aufrechterhalten bleibt und in den verschiedenen Disziplinen fortwährend vertieft wird: insbesondere Neurologie, Linguistik, Psychologie und Psychosomatik. Wie in allen anderen Zentren kommen auch hier die notwendigen Impulse von mir. Doch mit jedem Jahr, das vergeht, trifft man mehr Stellvertreter in meinem Sprechzimmer an. Unausweichlich wird zu meinem eigenen Schaden (der Leser weiß, welche Bedeutung ich dem Kontakt mit den Patienten beimesse) der Tag kommen, da ich immer seltener für Ratschläge zur Verfügung stehe, mit Kindern, Männern und Frauen, die Schwierigkeiten haben, sprechen kann. Irgendeinmal werde ich ihren Heilungsprozeß nicht mehr bis zu einem für alle befriedigenden Ende verfolgen können.

Ich kann mich aber auch nicht meiner Aufgabe als Katalysator entziehen. Weil ich an das, was ich anbiete, und an die Wirksamkeit der von mir angewandten Methoden glaube, bin ich es mir schuldig, auch dafür zu werben.

Diese Rolle als Wortführer mißfällt mir, offen gestanden, nicht. Bisweilen glaube ich sogar, eine solche Tätigkeit sei meine eigentliche Berufung. Die durch die Anwendung meiner Theorien erzielten Erfolge bedeuten für mich auch den Auftrag, mich für ihre Ausbreitung einzusetzen, sie anderen weiterzugeben, denn darum geht es vor allem. Und dieser Aufgabe widme ich mich um so lieber, als in meiner Abwesenheit ebenso positive Ergebnisse erreicht werden, wie wenn ich persönlich da bin.

Bei dieser Gelegenheit möchte ich auf einen Einwand antworten, den ich immer wieder hören mußte. »Sie verschanzen sich hinter Ihrer Technik und der Wirkung Ihrer Maschine«, wurde etwa gesagt. »In der Realität beruht jedoch die Wirkung Ihrer Therapie auf den menschlichen Beziehungen zwischen Ihnen und Ihren Patienten, auf Übertragung und auf Ihrem persönlichen Markenzeichen.« Ich weiß nicht, ob ich darauf stolz sein soll, daß man mir ein solches Charisma zubilligt. Umgekehrt bin ich mir jedoch sicher, daß dieses Argument nicht zutrifft. Wenn diese Erklärung gewisser Psychoanalytiker für den Erfolg meiner »Behandlungen« richtig wäre, so müßte ich eigentlich, meinem Gefühl nach, nur mein Konterfei an alle Patienten abgeben, damit sich diese bereits viel besser fühlen! Nein, so geht es nicht. Und das läßt sich auch, Spaß beiseite, beweisen. In den Zentren, wo ich zwar für erste Impulse gesorgt habe, die ich aber kaum je wieder aufsuche und deren Arbeit ich deshalb nur von fern oder durch Mittelspersonen verfolge, werden statistisch vergleichbare Erfolgsquoten erzielt. Viele Menschen mit Schwierigkeiten haben sie aufgesucht und sind geheilt heimgekehrt, ohne mich je, und sei es auch nur auf einem Bild, gesehen zu haben.

Es stimmt, bisweilen lenke ich die Dinge etwas geschickter als der eine oder andere meiner Schüler. Das rechne ich mir jedoch nicht als Verdienst an. Weil ich die Techniken und Apparaturen selbst entwikkelt habe, mit all den in diesem Buch beschriebenen tastenden Versuchen, verfüge ich ganz einfach über eine viel größere Erfahrung als sie. Sagen wir es so: Ich habe den Vorteil, als erster gestartet zu sein, weshalb ich die Fäden besser überblicke. Ich erinnere bloß an das Sprichwort: »Einem alten Affen muß man nichts vormachen . . .«

Wie dem auch sei, ich bin der Pilger der Audiopsychophonologie geworden. Das ist zwar eine hektische Existenz, weil man zwanzig Stunden im Tag arbeitet, keine Sonn- und Feiertage kennt, aber ich beklage mich nicht. Ich habe mich daran gewöhnt. Ich lebe noch immer im gleichen Rhythmus wie damals in Neuilly. Das verdanke ich einer Gesundheit, die einer solchen Belastung gewachsen ist.

Auf meinen Reisen habe ich viel gelernt. Auf ein geflügeltes Wort zurückgreifend, würde ich sagen, sie hätten meine »Jugend geformt«, als ich während der Schulferien meinem Vater von Stadt zu Stadt folgte. Sie haben mich auch bereichert, als ich reifer geworden war. Durch sie habe ich eine Erfahrung gemacht, die jeder Mensch machen sollte, nämlich daß es auch andere Meinungen als die eigene gibt. Ich habe begriffen, daß die Menschheit vielfältig ist und die Menschen verschieden sind, daß menschliche Gruppen sich durch allerlei ethnische und kulturelle Faktoren voneinander unterscheiden, obwohl sie alle dasselbe genetische Kapital mitbekommen. Alle diese Entdeckungen haben mich fasziniert; ihnen verdanke ich es, daß ich die Welt und die Menschen jetzt mit anderen Augen betrachte. Sie haben auch meine

Theorien, sogar meine therapeutischen Methoden beeinflußt, denn diese können, wie ich schon früh eingesehen habe, nicht überall auf der Erde dieselben sein.

Wir haben feststellen müssen, daß die mittlere Zeit, die für jede Etappe der Therapie (im Vergleich zur Gesamtdauer der Behandlung wie auch zur Länge der anderen Etappen) aufgewendet werden muß, je nach Kultur merklich variiert. Das bedeutet, daß die Selbstverwirklichung eines Menschen, die »Hominisation«, nicht in allen menschlichen Gesellschaften im gleichen Rhythmus und nach dem gleichen Schema abläuft. Die Entwicklungsstufen entsprechen einander nicht, die Fixierungen und Blockierungen ebensowenig usw. Vielleicht kann ich aufgrund solcher Besonderheiten eines Tages eine Art Geographie des Spracherwerbs entwerfen, eine Geographie, die, wie ich jetzt schon sagen kann, äußerst facettenreich sein wird. Es wäre meiner Meinung nach höchst interessant, die Vielfalt der Mentalitäten, letzten Endes also der Art und Weise des Menschseins, aus dem Blickwinkel der Psycholinguistik zu untersuchen. Die meisten Fachleute sind sich übrigens dieses Problems vollauf bewußt, doch die Auffassungen in diesem besonderen Bereich sind noch vage; man müßte sie auf eine solidere wissenschaftliche Grundlage stellen.

Ich habe auf meinen Reisen die verschiedensten Mentalitäten, Gesellschaften, Kulturen, Gesellschaftsklassen und Lebensbedingungen kennengelernt. Ich habe alle Räume durchmessen und alle Kreise besucht. Ich habe in den Werkstätten Menschen behandelt, die in einem höllischen Lärm arbeiten mußten, Kumpel, die in die tiefsten Schächte hinunterstiegen. Mein Beruf hat es mit sich gebracht, daß ich auch Königen, Prinzen, Künstlern, von der Öffentlichkeit verhätschelten Stars, Ministern, Politikern jeder Observanz und jeder menschlichen Größe begegnet bin. Ich habe mich in den Kreisen der Aristokratie und des Proletariats bewegt, bei produktiven Menschen und Müßiggängern, bei edlen und weniger edlen Zeitgenossen. Ich habe mit ihnen Gespräche geführt. Auch daraus habe ich viel gelernt. Ich weiß seither, und zwar mit Gewißheit, daß es auf allen Sprossen der menschlichen Stufenleiter gleichermaßen aufrichtige Menschen, wirkliche Menschen gibt. Ich weiß, daß die Qualität der Menschen nicht davon abhängig ist, ob sie kaum (oder überhaupt nicht) eine Schule besucht haben oder großartige Diplome vorweisen können. Ich weiß vielleicht auch, daß es in allen Ländern, in allen Rassen, auf allen Bildungsstufen, bei allen

Begabungen, auf allen Macht- und Erfolgsstufen unehrenhafte Menschen gibt. Das habe ich, wie man gesehen hat, nur zu oft zu meinem Schaden erfahren müssen . . .

Letzten Endes könnte ich mich somit über alle diese Reisen nur freuen, hätten sie mich nicht gezwungen, einen Teil dessen zu opfern, was mir so sehr am Herzen liegt: das Familienleben. Ich kann nicht von einem vollständigen Verzicht sprechen, denn meine Gattin ist als meine nächste Mitarbeiterin bei meiner Arbeit und auf meinen Reisen immer dabei. Mir würde es schwerfallen, ohne sie auskommen zu müssen. Sowohl auf affektiver als auch auf rein beruflicher Ebene bilden wir zudem ein Tandem, das nur richtig funktioniert, wenn wir beisammen sind. Ich glaube, ein derart tiefes und beständiges Einvernehmen ist auch bei Paaren, die sich gut verstehen, ein eher seltenes Phänomen. Man wird sich deshalb nicht wundern, daß mich meine Gattin auf sozusagen allen meinen audiopsychophonologischen »Kreuzzügen« überall auf dieser Erde begleitet.

Das gilt leider nicht für unsere Tochter Emmanuelle. Meine Verpflichtungen als Forscher waren von allem Anfang an nur schwer mit einer »Vollzeitbeschäftigung« als Vater in Einklang zu bringen. Schon bei den vier Kindern aus meiner ersten Ehe hatte ich wählen müssen und »wer wählen sagt, sagt verzichten«, wie allgemein bekannt sein dürfte. Und dabei ist es schon leicht übertrieben, wenn man in diesem Zusammenhang von »Wahl« spricht: In Wirklichkeit wird man eher von der Forschung gewählt, als daß man sie wählt. Doch die Entscheidung, daß man die eine oder andere Verpflichtung seinen Kindern gegenüber vernachlässigt, wird nie in voller Freiheit gefällt, es sei denn von einem Ungeheuer. Gerechterweise müßte man sagen, daß man von den Ereignissen getrieben wird, noch genauer, daß man einem »Ruf« gehorcht, den man gehört hat. Die Aufgabe, die meine Gattin und ich unseren Patienten und unseren fast überall auf dieser Erde lebenden und in der gleichen Intention tätigen Mitarbeitern gegenüber auf uns genommen haben, verlangt eine totale Hingabe. Auch die Erziehung eines Kindes erfordert in gewisser Hinsicht restlosen Einsatz. Was soll man angesichts eines solchen Dilemmas tun?

Als Kleinkind war Emmanuelle, wie bereits dargelegt, zum Teil von meinen Schwiegereltern auf beispielhafte Weise großgezogen worden. Diese Vorbildlichkeit hat uns ein wenig darüber hinweggetröstet, daß wir selbst diese Aufgabe unmöglich voll hatten übernehmen können.

Später haben wir dafür gesorgt, daß sie uns auf unseren Reisen begleiten durfte (während mehrerer Jahre hat sie deshalb ihre Schulbildung durch Fernkurse erworben), eine für ein junges Mädchen zweifellos außergewöhnliche Möglichkeit, die Welt mit offenen Augen zu erleben. Das ging so lange gut, bis sie sich im letzten Schuljahr entschloß, die Familie zu verlassen und auf eigenen Füßen zu stehen. Sie war damals achtzehn Jahre alt ... und damit volljährig geworden ... Was ich hier erzähle, ist leider in unserer Zeit nichts Einmaliges ...

Im Verlaufe der Jahre gingen Alltag und Forschung immer stärker ineinander über. Unser Familienleben ist dennoch intensiv und wird getragen von gegenseitigem und außergewöhnlichem Verständnis; wir beide sprechen aus, was der Partner oder die Partnerin denken, und beide haben wir nichts anderes im Sinn, als dem anderen den Strom der Stunden, die im Ablauf der Tage entschwinden, zu erleichtern und zu verschönern.

Einige meiner Sorgen sind jetzt nur noch das Salz, das zum Leben gehört, seine Würze. Sie nehmen zwar immer noch zu, man möchte meinen, der Teufel sitze mir auf den Fersen. Doch so ist das Leben, sage ich mir, man muß es nehmen, wie es kommt. Leben wir denn hier im Diesseits nicht, wie der Evangelist sagt, unter der Herrschaft des Fürsten dieser Welt? Wichtig ist nur, daß man nicht von dieser Welt ist. Und dank der Weisheit, die das Alter schenkt, stecke ich jetzt, wie man so schön sagt, die Sarkasmen meiner Richter ein, und ich bin ihnen dankbar dafür, daß sie mich durch die schrillen Töne in ihrer Stimme immer wieder mit neuer Energie laden.

Die Standesorganisation der Ärzte lädt mich regelmäßig vor, damit ich Erklärungen für Kunstfehler oder Vergehen gegen die Standespflichten abgebe, die ich angeblich begangen haben soll. Solchen Verhören gegenüber bin ich noch immer ratlos. Wie ist es nur möglich, daß so viele Gehirne mobilisiert werden, um derart armselige Urteile zu fällen? Ich versuche jeweils, mich mit Hilfe von angesehenen Männern, von renommierten Anwälten zu verteidigen ... Reiner Zeitverlust. Meine Anwälte plädieren nicht nur vor menschenleeren Bänken, vor verstopften Ohren, sondern vor bornierter Feindschaft, die voller Bissigkeit Galle verspritzt, was mich immer noch verwundert. Winzigste Tatsachen, die von mißtrauischen oder zumindest neidischen Kollegen gekonnt zu Nadelstichen aufgebauscht werden, schüren eine Spitzfindigkeit, die mir immer zweifelhafter vorkommt.

Was tun? Weiter kämpfen? Ja, sicher, aber wenn möglich gegen einen fairen Gegner und für eine gute Sache. Doch eben das ist nicht der Fall. Bei jeder Sitzung, zu der mich meine Kollegen vorladen, werden unwahrscheinliche Urteile gegen mich gefällt. Man überhäuft mich mit allen möglichen Gemeinheiten, man wirft mir vor, ich würde die Medizin zugrunde richten, sie entehren. Mir verschlägt es die Sprache vor diesem Sondergerichtshof, der sich darin gefällt, einem Arzt, dessen einzige Sorge es ist, seinem Nächsten zu helfen, harte Schläge zu versetzen, die tiefe Spuren hinterlassen könnten.

Die Vorladungen häufen sich von Jahr zu Jahr, man läßt mir kaum eine Verschnaufpause zwischen zwei Reisen ins Ausland. In ihren Talaren, die sie anziehen, um ihre Richterrolle sicherer spielen zu können, behandeln mich meine Ankläger jeweils wie einen Übeltäter. Und das mit einer Regelmäßigkeit, die auch den standhaftesten und nachgiebigsten Kollegen zur Verzweiflung treiben würde. Ich habe es schließlich aufgegeben und mich auf Ehre und Gewissen entschlossen, aus der Standesorganisation der Ärzte auszutreten, der ich ohnehin nur noch aus Gewohnheit angehörte, weil ich schon vor langem einen anderen Weg als die meisten meiner Kollegen eingeschlagen hatte.

Eine schmerzhafte, aber notwendige Seite meines Lebens wird damit aufgedeckt. Und das ermöglicht mir, eine Bilanz zu ziehen. Ich bin um eine außergewöhnliche menschliche Erfahrung reicher geworden und setze einen Schlußpunkt dahinter, der Ausgangspunkt für einen Aufbruch zu neuen Horizonten werden soll. Von meinem Beruf her gesehen, und insbesondere was meine Forschungen betrifft, ist die Bilanz genügend positiv, um mich anzuspornen, in der gleichen Richtung weiterzuarbeiten. Innerhalb der Familie herrscht reine Harmonie. Meine Gattin unterstützt mich, steht mir in allem bei, was ich täglich unternehme. Die Kinder haben »ihren Weg gemacht«, wie man so schön sagt, und haben einen festen Platz in der Gesellschaft gefunden. Psychologie, Medizin und Audiopsychophonologie sind ihre Welt.

Und was soll ich über meine gesellschaftliche Stellung sagen? Habe ich mich harmonisch in die Welt der Menschen eingefügt? Oder bin ich noch immer eine unangepaßte Frühgeburt, ein, was die Beziehungen zur Gemeinschaft im üblichen Sinne angeht, unreif Gebliebener? Eine Standortbestimmung in dieser Hinsicht fällt mir schwerer, ich habe einige Mühe, mich irgendwo in die Gesamtheit der derzeit bestehenden gesellschaftlichen Strukturen einzuordnen. Als Arzt bin ich in die Haf und Neid hervorbringenden Kämpfe und Druckversuche verstrickt, die von gewissen Leuten im Zeichen einer fragwürdigen Gleichheit und einer seltsamen Brüderlichkeit ausgenutzt werden. Auf dem Gebiet der Linguistik erlebe ich die geschickt aufgezogenen strategischen Manöver mit, in denen Wörter und Argumente wie Programmierungen verwendet werden, um die Menschen so in Trab zu bringen, wie Lochkarten Roboter in Bewegung versetzen.

Für Politik bin ich kaum begabt, dafür bin ich nicht weniger offensichtlich von einem Forschungsdrang beseelt, der mich täglich dazu bringt, die Menschen besser zu verstehen und in ihnen ein immer größeres Bewußtsein für die menschlichen Probleme zu wecken. Deshalb will ich diesen Weg weiter verfolgen und versuchen, mich dort nützlich zu machen, wo ich es anscheinend sein kann.

Ich habe eben von den Tönen gesprochen, die von meinen Berufskollegen bei den denkwürdigen Sitzungen des Vorstandes der Standesorganisation ausgestoßen worden waren. Diese Töne haben mich nicht zu Boden geworfen, sondern mich im Gegenteil mit neuer Energie geladen. Spaß beiseite, denn solche Scherze sind eigentlich beklagenswert. Doch diese Aussage bezieht sich auf meine jüngsten Arbeiten. Sie zeigen alle diese so spektakulären Veränderungen auf, die wir täglich bei unseren Behandlungen erleben, und erklären sie.

Die grundlegende Funktion des Ohrs besteht darin, daß es in der Hirnrinde ein elektrisches Potential, eine Spannung, aufbauen muß. Der Arzt vergißt gerne diesen Tatbestand, weil er ihm durch die geltenden Vorstellungen verbaut ist, gemäß denen dem Ohr grundsätzlich eine Hörfunktion zukommt. Doch dieses Hören ist sekundär, im weitesten Sinne sekundär. Es ist aber eine aus der Zoologie wohlbekannte Tatsache, daß der Hörapparat die Aufgabe eines Dynamos hat. Er erzeugt elektrischen Strom für die Versorgung des Gehirns.

Dieses Gehirn wird, gleich wie eine elektronische Apparatur, mit zweierlei Arten von Energie versorgt. Die eine liefert der Stoffwechsel, und zwar indem er die aufgenommene Nahrung in ihre Bestandteile zerlegt und so dem Organismus Energieträger zuführt. Für die Freisetzung dieser Energie wird darüber hinaus Sauerstoff benötigt. Doch ein Gehirn kann vorbildlich ernährt und wunderbar belüftet sein, ohne daß es deshalb schon denkt. Damit es auch diese Funktion ausübt, muß es Reize empfangen. Es erhält jede Sekunde um die 300 000 Impulse, und das vierundzwanzig Stunden lang jeden Tag.

Das Ohr allein liefert durch das Vestibulum, das Innenohr-Labyrinth, sechzig Prozent dieser Ladungen, indem es das Gleichgewicht, den aufrechten Gang, die ganze der Schwerkraft entgegengesetzte Harmonie reguliert. Die Cochlea, die Gehörgangsschnecke, fügt dreißig Prozent dieser Reize hinzu, indem sie ergänzend die Töne wahrnimmt. Man ersieht daraus, welche Bedeutung dem Labyrinth und der Schnecke bei der Aufladung der Hirnrinde zukommt. Und unsere jüngsten Forschungsarbeiten waren eben dieser energetischen Rolle des menschlichen Ohrs gewidmet. Dank dieser neuen Erkenntnisse verstehen wir jetzt gleichzeitig auch die Gegenreaktionen besser, die derzeit durch die Unterdrückung des Lärms und die Veränderung der Frequenz der lautlichen Reize in der Umwelt ausgelöst werden. Zusätzliche Schäden werden nämlich heute einerseits durch den so übertrieben geführten Krieg gegen den Lärm und andererseits durch gewisse Tonbänder verursacht. Die Töne haben, wie wir in unseren Arbeiten immer wieder hervorgehoben haben, und zwar abhängig vom Frequenzbereich, den sie im Ohr ansprechen, jeweils ganz verschiedenartige Konsequenzen. Entweder wirken sie auf den Körper ein, ohne ihn aufzuladen (das sind die tiefen Töne), oder sie aktivieren die Hirnrinde, womit sie das Denken fördern (das sind die hohen Töne).

Ein an »neuronischem Potential« sehr reiches Ohr eignet sich besser für die Denkfunktion. Deren schöpferisches Vermögen wird dadurch vergrößert, und die durch die Dynamik des Denkens ausgelöste grundlegende Aktivität wird gesteigert. Diese Energie liefernden Phänomene verbessern somit die gesamte innere Verfassung des Menschen. Sein eigener Wille, die Grundlage seiner Autonomie, vermag dadurch mit den inneren Problemen fertigzuwerden. Die »Heilungs«erfolge, die wir erzielen, beruhen auf eben diesem Prinzip. Nimmt man beispielsweise das Verhalten, so erklärt diese Harmonisierung bei der Verteilung der Hirnrindenenergie unsere spektakulären Ergebnisse bei sogenannt »depressiven« Menschen. Bekanntlich werden heute viele Menschen mit einer solchen Etikette versehen, als würde der Strudel, von dem wir uns alle ergriffen fühlen, einige unserer Mitmenschen besonders stark treffen, so daß sie von der Flut mitgerissen werden, ohne je das Ufer wieder erreichen zu können. Ebenso ist bekannt, daß die klassischen Mittel, die zur Behebung dieses Zustands eingesetzt werden, nur eine ungewisse Wirkung entfalten. Jeder Therapeut, jeder

Psychiater ist sich heute dessen voll bewußt. Deshalb müssen die Forschungsprojekte, die auf eine Dynamisierung des Menschen durch das Labyrinth-Schnecke-System abzielen, unermüdlich weiterverfolgt werden.

Derzeit befassen wir uns intensiv mit während der vergangenen Jahre erzielten Ergebnissen, die zeigen, daß die Audiopsychophonologie bei der Behandlung der *Ménière-Krankheit*, die sich etwa durch Drehschwindel und Ohrensausen äußert, eine gewisse Milderung bewirkt. Ursprünglich wurde vermutet, der Störung liege eine Blutung im Labyrinth zugrunde, doch die Meinungen über die Ursachen der Erkrankung haben sich stark gewandelt. Heute wird ein Überdruck in der endolymphatischen Flüssigkeit, welche die Hohlräume im Labyrinth ausfüllt, als eigentlicher auslösender Faktor betrachtet. Die einschlägigen Behandlungsmethoden scheinen eine solche Auffassung zu stützen. Meiner Meinung nach ist jedoch dieser Überdruck nicht die Ursache, sondern eine Folge der Krankheit. Er wäre somit, immer meiner Meinung nach, eine irritierende Reaktion auf das Übel. Worauf sollte also dieses Ménièresche Schwindelgefühl zurückzuführen sein? Aufgrund häufiger Heilerfolge, die wir erzielt haben, halte ich mich zur Vermutung berechtigt, daß es sich um eine Unregelmäßigkeit im Muskel des Steigbügels handelt. Dieser Muskel, der den Druck im Innenohr reguliert, kann, wie jeder andere Muskel und insbesondere die Gesichtsmuskeln, plötzlich unabhängige, ungewollte Bewegungen ausführen, die man als Klonus bezeichnet. Jeder Mensch hat schon an sich selbst erlebt, daß plötzlich einige Muskelstränge Bewegungen ausführen, gegen die man machtlos ist. Ein solcher Klonus tritt häufig im Gesicht auf. Es ist nun auffällig, daß man dieses Phänomen ziemlich regelmäßig bei der Befragung von Menschen mit den genannten Schwindelanfällen beobachtet. Diese Gesichtsmuskeln werden aber von denselben Nervensträngen wie der Steigbügel innerviert. Die Fußplatte dieses Gehörknöchelchens, die wie ein Kolben in das Labyrinth eindringt, bewirkt, daß die endolymphatische Flüssigkeit zusammengepreßt wird, und dadurch wird ein katastrophenhafter Zusammenbruch ausgelöst. Dieser Sturm wird dadurch bekämpft, daß alles unternommen wird, um diese zu aktive Muskulatur zu entspannen: Die endolymphatische Flüssigkeit bewirkt dann die Schwindelgefühle, das Ohrensausen (als eine Wahrnehmung der Körpergeräusche, weil die Regulierung, die sie verhindern sollte, ausfällt) und die Taubheit infolge der fehlenden Spannung des Steigbügelmuskels.

Sobald sich das Schwindelgefühl eingestellt hat, kann die Muskulatur ihre Funktion nicht mehr so leicht erfüllen, und die innere Reizung löst dann eine Blutung aus, die ihrerseits zum Überdruck führt. Sobald jedoch die Spannung des Steigbügelmuskels mit Hilfe der elektronischen Elemente wiederaufgebaut ist, wird bei allen behandelten Personen die Gleichgewichtsfunktion wiederhergestellt. In den meisten Fällen wird auch das Ohrensausen gemildert und schließlich auch die Hörfähigkeit bis zu einem gewissen Grade zurückgewonnen.

Diese Heilungserfolge und viele andere Erfahrungen, auf die im Rahmen dieser Darstellung nicht näher eingegangen werden kann, haben mich gezwungen, meine früher erworbenen Auffassungen über die *Gehörphysiologie* neu zu überdenken. Wie manche andere Forscher, die nach einer Erklärung für die Mechanismen des Gehörs suchen, befand auch ich mich in einer Sackgasse. Es stimmt zwar, daß sich gegenwärtig viele Einzelheiten befriedigend erklären lassen. Vieles ist freilich noch nicht bekannt, und danach müssen sich die allgemein anerkannten Theorien beurteilen lassen. Ich habe deshalb intensiv über die Funktionsweise des menschlichen Ohrs nachgedacht, um eine nuanciertere Erklärung für unsere Erfolge zu finden, die sich aus neuen Erkenntnissen und neuem Wissen ergeben. So gelang es mir, meine Auffassungen zu einem zusammenhängenden System zu vereinigen und dadurch aus der Sackgasse herauszukommen, in der wir, meine Kollegen und ich, uns verirrt hatten. Eine neue Theorie ist daraus hervorgegangen. Sie ist zwar umstritten, aber noch niemand hat sie bisher widerlegen können. Zweifellos hat jede Theorie ihre Grenzen. Das ist unvermeidlich und nicht so wichtig. Wesentlich ist vielmehr, daß die neue Auffassung die Forschung einen Schritt weiter voranbringt und so die Grenzen dessen, was wir nicht wissen, zurückschiebt.

Wie funktioniert also dieses Ohr? Was soll ich auf diese Frage antworten? Eine zu theoretische Abhandlung würde vielleicht als eher langweilig empfunden. Wer genauere Einzelheiten wissen möchte, sollte ein ernsthaftes und leider nur wenig unterhaltsames Buch *(Vers l'Ecoute humaine,* Band 2) zur Hand nehmen. Wer sich jedoch mit bildhaften Vergleichen begnügt, wofür ich durchaus Verständnis habe – ich liebe Bilder –, muß wissen, daß das Ohr ganz anders funktioniert, als man glaubt und von ihm annimmt, nämlich genau umgekehrt. Mehr noch, die in einer Reihe angeordneten Gehörknöchelchen, also Hammer, Amboß und Steigbügel, transportieren nicht den Ton, wie man früher angenommen hat, gewissermaßen als eine Knochenbrücke zwischen zwei Ufern, dem Außenohr und dem Innenohr. Diese Knöchelchen versetzen vielmehr dank ihrer Stellung und der Hebelwirkung, die sie durch die Anspannung der Hammer- und der Steigbügelmuskulatur ausüben, die gesamte Schädelkapsel in Resonanz. Der vom Trommelfell aufgenommene Ton wird somit durch die Knochen der Schädelkapsel transportiert und bringt diese zum Mitschwingen, wodurch das häutige Labyrinth an seinen Rändern angeregt wird. Durch den Steigbügelmuskel, der auf das gleichnamige Gehörknöchelchen einwirkt, wird in dieser Blase ein konstanter Druck aufrechterhalten, wodurch die Schwingung verteilt und reguliert wird ...

Das widerspricht der herkömmlichen Theorie und stößt seit mehr als einem Jahrhundert fest verankerte Auffassungen um. Das ist jedoch kein Grund dafür, daß dieser neue Erklärungsversuch, der dank breit abgestützter Erkenntnisse eine zusätzliche Dimension in die Gehörphysiologie einbringt, deswegen aufgegeben werden müßte. Selbstverständlich muß ich diese neuartige (das Attribut revolutionär wäre vielleicht eher angebracht) Auffassung immer wieder gegen Einwände verteidigen. Einige schließen sich ihr an, andere lehnen sie entschieden ab, wobei die meisten Kollegen in diesen Chor einstimmen, ohne überhaupt zu wissen, wovon gesprochen wird.

Eine andere Untersuchung interessiert mich ebenfalls ganz besonders, nämlich wie sich gewisse Verhaltensstörungen unter dem Einfluß bestimmter Töne verändern. Denkt man zunächst an kleinere Störungen, so versteht man ohne weiteres, daß eine Normalisierung des Gehörs, weil dadurch der Wunsch nach Kommunikation mit der Umwelt wiederhergestellt wird, eine harmonischere Beziehung zur familiären und sozialen Umgebung zur Folge haben kann. Es gibt jedoch eine alarmierendere Krankheit, die sich, so glauben wir, möglicherweise von unserer audiopsychophonologischen Methode beeinflussen ließe, nämlich der *epileptische Zustand*. Mit dieser Krankheit haben sich viele medizinische Arbeiten befaßt, was ihr Studium nicht unbedingt erleichtert. Daß von unserer Methode her eine Behandlungsmöglichkeit besteht, läßt sich kaum bestreiten. Es ist eine Tatsache, daß sich der Zustand gewisser jugendlicher Patienten, die zwar wegen Verhaltensstörungen unter dem Elektronischen Ohr behandelt wurden, die aber auch epileptische Symptome zeigten, sowohl von ihren epileptischen Störungen als auch von ihrem Verhalten her gesehen stark gebessert hat. Deshalb vermute ich, daß die Epilepsie vielleicht noch mehr, als man bisher angenommen hat, eine Antwort auf einen bestimmten psychologischen Zustand ist.

Gewiß, es gibt die traumatische Epilepsie als Folge einer Hirnverletzung bei der Geburt, es gibt auch die durch einen Unfall, eine Stange, die auf den Kopf fällt, verursachte Epilepsie, es gibt epileptische Zustände nach Krankheiten in der frühesten Kindheit. Es gibt aber auch die vielen anderen Formen, die sich nicht erklären lassen, über die viel geschrieben worden ist und die man, damit sie einen Namen haben, mit dem Attribut »essentiell« versieht. Je tiefer ich in das Wesen dieser Krankheit vordringe, um so deutlicher wird mir aufgrund gewisser Erleichterungen und, sagen wir es im Klartext, gewisser Heilungen, die wir erzielen konnten, bewußt, daß sich das epileptische Syndrom immer auf dieselbe Weise entwickelt: Auf den Grand-mal-Status, den klassischen schweren Anfall, folgt die Absenz, die »Denkpause«, eine Form des »Petit mal«, und auf die Absenz die Rückbildung, wobei die Medikamente in immer kleineren Dosen abgegeben werden. Ich vermute nun, daß der Grand-mal-Status in der Regel auf dem gleichen Wege, aber in umgekehrter Richtung, zustande kommt. Meiner Meinung nach sieht es so aus, als könnte ein außerordentlich schmerzhaftes, beängstigendes Phänomen durch die Auslösung einer Absenz, in der manche Kinder eine wahre Meisterschaft entwickeln, erklärt werden. Auf märchenhafte Weise lassen solche Kinder etwas der Vergessenheit anheimfallen, sie beseitigen so die Schmerzwellen, die auf sie eindringen. Die Gewitterstürme im affektiven Gehirn lassen sich so durch eine Petit-mal-Krise beseitigen oder besänftigen. Doch das wäre zu einfach und zu schön, und so geht das gesamte Gehirn in Flammen auf; die Absenz greift auf die Hirnrinde über und verallgemeinert sich, das Drama läßt sich nicht mehr aufhalten. Man erreicht aber ein noch besseres Vergessen, wenn das Drama sich wiederholt, denn dadurch wird das, was vergessen werden soll, völlig aus dem Bewußtsein verdrängt. Man kann diesen Prozeß alles in allem mit dem vergleichen, der sich bei einem Trinker abspielt: Er trinkt, um zu vergessen, und trinkt später immer weiter, ohne mehr zu wissen, weshalb.

Der Epileptiker löst bei sich gewissermaßen einen Elektroschock aus. Man hat bekanntlich diese Behandlungstechnik eben gerade dafür entwickelt, um Zwangsphänomene zum Vergessen zu bringen. Der Epileptiker greift zu einem »Selbst-Elektroschock«. Eine solche Auffassung ist zweifellos einer Prüfung wert, und damit beschäftige ich mich immer intensiver.

Das gilt auch für die *Mechanismen der Somatisierung*, bei der ein Erlebnis auf ein bestimmtes Organ übertragen wird, das dann von der Krankheit befallen wird. Bei einer als »Hörtest« bezeichneten Untersuchung erhält man nicht nur Informationen über die Beziehungen zwischen einem Menschen und seiner Umwelt, man entdeckt dabei auch Somatisierungen in gewissen Körperteilen. Eine genauere Erklärung würde sich aufdrängen. Wir wollen uns mit dem Hinweis begnügen, daß der Dialog zwischen den Organen und dem Körper insgesamt nicht immer harmonisch verläuft. Die Angst – die ein Nicht-Dialog, ein Nicht-Hören ist – fixiert sich dann auf bestimmte Organe, wodurch Krankheiten wie Ohrenentzündungen, Angina, Asthma, Infarkte, Geschwüre usw. ausgelöst werden. Noch einmal eine Stufe tiefer, also auf der Stufe der Körperzellen, wäre der Tumor, die bösartige Geschwulst, zu nennen, die, so scheint mir, ebenfalls ein Anzeichen einer Disharmonie, eines Nicht-Dialogs ist. Doch es ist immer noch besser, daß man dem Teufel anstatt seiner Seele nur seinen Körper gibt, wie ich zu sagen pflege.

Auf diesem Gebiet befassen wir uns derzeit mit der Entwicklung von besonderen Apparaturen, die den Dialog von Organ zu Organ und zwischen dem Organ und dem ganzen Menschen wiederherstellen sollen. Man ersieht daraus, an Arbeit fehlt es uns nicht. Ist aber letzten Endes nicht alles Sprache, also Hören? Ohne Übertreibung darf man sagen, jede Disharmonie beim Hören ziehe eine Disharmonie in den menschlichen Beziehungen nach sich, die sich gegen den Mitmenschen oder gegen sich selbst wenden kann.

Um diese Überlegungen abzuschließen und abzurunden, möchte ich noch hinzufügen, daß ich den größten Teil meiner Zeit für die Audiopsychophonologie aufwende. Vor allem deren sprachliche Dimension fasziniert mich, von der Entstehung der Sprache bis zu der Bedeutung oder der Möglichkeit von Resonanzen, die durch Töne im Körper ausgelöst werden. Man sollte meiner Meinung nach unbedingt versuchen, von einer neurophysiologischen Grundlage her die Strukturen zu bestimmen, die für die Entwicklung der Sprache wesentlich sind. Die einzelnen Sprachen unterscheiden sich zwar erheblich voneinander, doch das Denken wird auf dieser Stufe der Sprache überall auf identische Weise formalisiert. Die sprachlichen Mechanismen der Menschen sind offensichtlich nur deshalb so gleichförmig, weil ihnen auf der Ebene des Nervensystems ein identisches Substrat zugrunde liegt. Zu einer solchen wirklich angewandten Linguistik kann die Audiopsychophonologie vielversprechende Erkenntnisse beisteuern.

DEN TOD GIBT ES NICHT

Soll ich sagen »bereits«? Muß ich sagen »endlich«? Das Buch ist fertig geworden, und das verwundert mich selbst eigentlich am meisten. Am Anfang, das muß ich jetzt gestehen, glaubte ich nicht daran, daß eine Zusammenfassung der hervorstechenden Episoden in meinem Leben zu einem Buch von solchem Umfang anschwellen würde. Für einmal war ich Pessimist, denn damals dachte ich noch, in meinem Gedächtnis seien nicht genügend Erinnerungen hängengeblieben. Jetzt aber muß ich mich im Gegenteil fragen, ob ich nicht zu viele Dinge verschwiegen habe ...

Auf jeden Fall hoffe ich, ich sei guter Sitte treu geblieben, obwohl ich mich gewissermaßen nackt ausgezogen habe. Ich zähle mich nicht zu den bedeutenden Persönlichkeiten und nehme deshalb auch nicht an, mein Privatleben, das im übrigen nur einen geringen Raum einnimmt, sei für andere in irgendeiner Hinsicht interessant. Aus diesem Grunde habe ich mich in der Stille meines Studierzimmers immer wieder gegen das Projekt einer Autobiographie gewehrt, obwohl ich mich anfänglich ohne langes Zögern dazu bereit erklärt hatte. Mit der Zeit ist jedoch in mir die Überzeugung gewachsen, daß eine solche Erzählung nur dann eine Daseinsberechtigung hat, wenn sie für den Leser, der dieses Buch in die Hand nimmt, zu einem *Buch vom Ende* wird. Doch mit sechsundfünfzig Jahren hielt ich die Zeit für eine solche Bilanz noch nicht gekommen, für ein Testament schon gar nicht.

Denn meine Arbeiten haben noch längst nicht die Ziele erreicht, die ich mir ganz am Anfang gesteckt hatte. Eine riesige Aufgabe wartet noch darauf, daß sie vollendet wird. Ich setze jetzt zwar einen Punkt hinter mein Leben, aber ich habe dennoch das Gefühl, und ich komme nicht darüber hinweg, am Anfang von etwas zu stehen und nicht am Ende. Viele Jahre lang habe ich hart und unermüdlich gearbeitet, und doch bleibt noch immer alles zu tun. Viele Buchseiten sind gefüllt worden, und doch wäre noch immer alles zu sagen. Dennoch mußten diese Seiten geschrieben werden, und sei es auch nur, um das »Gelände vom Schutt zu räumen«.

Schon seit etlicher Zeit hatte ich in mir den unwiderstehlichen Drang gespürt, in meinen freien Stunden zur Feder zu greifen, um meine Vorstellungen bei einem breiten Publikum bekannt zu machen. Wer würde es an meiner Stelle tun, wenn ich es nicht täte? Ich fühle mich verpflichtet, meine neurophysiologischen Erfahrungen weiterzugeben: als Otologe, der mit den Mechanismen des Gehörs besonders gut vertraut ist, als Spezialist für die Sprech- und die Singstimme, der sich sein Wissen selbst erworben hat, als Linguist und Psycholinguist, der einige neue Erkenntnisse über die der Sprache zugrunde liegende neurologische und psychoorganische Struktur in das bisherige Wissen einbringen kann. Zu meiner Arbeit haben immer auch Bücher und Artikel über besondere Aspekte meiner Forschungsprojekte gehört. Deshalb ist auch dieses Buch nicht das erste, das unter meinem Namen erscheint. Ich habe mehrere andere geschrieben und bei verschiedenen Verlagshäusern publiziert. In meinen Schubladen liegen schon ganze Kapitel von fünf oder sechs Werken, die mich seit einigen Jahren beschäftigen. Es ist mir ein inneres Bedürfnis, an mehreren Manuskripten gleichzeitig zu arbeiten: Ich habe dann das Gefühl, ich würde gewissermaßen in nebeneinanderliegenden Werften mehrere Schiffe bauen, die meine Auffassungen über die Lateralität, die Musiktherapie, den Gesang, die angewandte Linguistik, die komplexen Beziehungen zwischen der Sprache und dem Gehirn und so fort später einmal in die Ferne tragen würden.

Ich denke auch an Artikel oder vertiefte Studien über Mozart, Beethoven, die Musik im allgemeinen und die verschiedenen musikalischen Stile, ihre unterschiedlichen Besonderheiten und ihre neuropsychologischen Wirkungen usw. Und alle diese Vorhaben sollte ich in der Schublade liegen lassen, den Abschluß dieser Arbeiten (die ich selbst bisweilen für dringlich gehalten habe) *sine die* aufschieben? Müßte ich mir selbst nicht schuldhafte Nachlässigkeit vorwerfen, wenn ich das alles zugunsten eines Unterfangens opferte, das mir, ich sage es noch einmal, gewissermaßen das Schlußwort zu bilden scheint und deshalb auch bei *mir* auf größte Vorbehalte stößt?

Kurzum, in mir entwickelte sich Widerstand gegen dieses Buch. Er wurde um so stärker, je weiter es gedieh, so daß meine Gespräche mit Alain Gerber über die letzten fünfzig Seiten doppelt soviel Zeit beanspruchten wie vorher alle anderen zusammen! Ich zauderte immer mehr, weil tausend andere Fragen auf mich einstürmten, durch die vieles wieder in Frage gestellt wurde. Mit welchem Recht darf man derart über sich selbst sprechen? War denn dieses ganze Projekt nicht letzten Endes bloß ein anmaßendes Abenteuer, das ich höchstens bedauern würde, falls ich überhaupt je damit fertig würde . . .?

In anderen Augenblicken machte mir die Eitelkeit hinter dem ganzen Vorhaben zu schaffen. Mit der Füllfeder in der Hand über die beschriebenen Seiten gebeugt, fragte ich mich dann zwischen zwei Sätzen: »Reicht es dir wirklich noch nicht? Hast du dir noch nicht genügend Nächte unter der Lampe um die Ohren geschlagen, um Papierbogen vollzukritzeln und von anderen vollgekritzelte Papierbogen zu entziffern? Mit Schwierigkeiten zu kämpfen bereitet dir zwar Freude, das ist eine Tatsache. Du bist der Meinung, die Hindernisse, auf die man stößt, seien das beste Mittel, um die Widerstandskraft dieses Rohstoffs auf die Probe zu stellen, aus dem das menschliche Wesen besteht, nur durch sie könne man sich voll verwirklichen, ja sich selbst übersteigen. Hast du aber nicht schon genug gekämpft? Hast du es wirklich nötig, dich auch noch auf diesen neuen Kampf einzulassen?«

Mit solchen Worten kanzelte ich mich selbst ab, und dennoch machte ich weiter. Doch beim Weiterfahren trat ich immer fester auf das Bremspedal . . .

Aber ich habe nicht angehalten, denn ich selbst war immer davon überzeugt, die Entscheidung darüber, welchen Prüfungen ich mich entziehen soll oder nicht, liege nicht bei mir. Ich bin zwar kein Fatalist, es gibt nichts, was ich den Launen eines blinden Schicksals zuschreiben würde. Doch ich gehöre zu den Menschen, die glauben, sie hätten alles zu akzeptieren, was mit ihnen geschieht, dabei aber auch darauf zu achten, daß sie diese Ereignisse auch richtig *verstünden*. Denn alles, was einem Menschen geschieht, hat einen Sinn. Ebenso wie alles eine Bedeutung für denjenigen hat, der richtig zuhört, hat auch alles einen Sinn für denjenigen, der begreifen will.

Den eigentlichen Sinn dieses Buches habe ich zufällig entdeckt, und zwar erst lange, nachdem ich mich hinter die Arbeit gemacht hatte. Das war, wie man gleich sehen wird, als mir ein wirklich »harter Schlag« versetzt wurde.

Bei der Zusammenstellung dieser Autobiographie, die mir so viele Probleme aufgab, stützte ich mich, um vorwärtszukommen, auf den

Grundsatz, daß alle anderen Bücher für Spezialisten, also Wissenschaftler, Ärzte, Pädagogen und Psychologen, bestimmt seien, daß sich aber dieses Buch an Menschen wende, die es erwerben und genau durchlesen würden (ich habe deshalb darauf geachtet, daß der in einem solchen Werk unvermeidliche technische Teil so verständlich wie möglich blieb, ohne daß aus den Vereinfachungen Verfälschungen wurden). Um solche Skrupel zum Schweigen zu bringen, habe ich bewußt alles ausgelassen, was über die Ereignisse hinausging, die mich zum Forscher und Erzieher gemacht haben, der ich jetzt bin. Alles andere wurde unerbittlich gestrichen: Ohne diese klare Abtrennung wäre dieses Buch vermutlich nie erschienen.

Doch kommen wir auf den ursprünglichen inneren Widerstand zurück. Schließlich bin ich damit folgendermaßen fertiggeworden.

Heute weiß ich, daß diesem Widerstreben eine Vorahnung zugrunde lag. »Es fällt mir so schwer, dieses Buch vom Ende zu schreiben«, sagte ich mir, »weil ich offensichtlich spüre, daß es noch Dinge zu tun gibt und daß ich noch nicht am Ende meines Weges angekommen bin. In ihm wird der Anfang mit dem Ende verknüpft und das Ende mit dem Anfang verbunden.« Und wie ich intensiv um mein Leben hatte kämpfen müssen, als bei meiner Geburt alles darauf hindeutete, daß ich tot sei, wurde mir auch das seltsame Abenteuer zuteil, daß ich an diesem Buch über mein Leben weiterarbeitete, während ich im Sterben lag . . .

Der Leser erinnert sich vielleicht daran, wie ich bei einem Flug über der Ostküste von Labrador im hellen Licht einer großartigen Morgenröte meine Lebensbedingungen im Bauch meiner Mutter noch einmal miterlebte. Damit war mein Bedürfnis nach Zusammenpressung verbunden gewesen, das damals für immer verschwand. Zufällig befand ich mich wieder in einem Flugzeug, als das Geschehnis eintrat, das einen ganzen Lebenszyklus beendete und mir gleichzeitig einen würdigen Abschluß für dieses Buch bescherte. *Ich habe mein Sterben miterlebt,* ich habe meinen Tod durchgemacht und bin lebend daraus hervorgegangen: Das ist mir während dieses Fluges geschehen. Ich gehöre zu den privilegierten Menschen, denen dieser berühmte »Abstieg in das Reich der Toten« zuteil geworden ist, von dem in der antiken Literatur so oft berichtet und der von Dante so genial dargestellt worden ist.

Mein Terminkalender war wie üblich überladen (was ich für mich als ausgefüllt bezeichne). Es geschah im September 1976.

Zusätzlich zu meiner Tätigkeit als Psychologe am Boulevard de Courcelles und in einem südspanischen Zentrum versuchte ich den Zentren in Madrid und Genf neue Impulse zu geben. Ich beantwortete Anfragen aus Ottawa, Toronto und Montreal, von Vorlesungen an der Universität von Quebec und Fernsehsendungen gar nicht zu sprechen. Und so fort. Gleichzeitig kam ich meinen Forschungsverpflichtungen in Südafrika nach. Ich legte so ziemlich überall meine Ansichten dar und arbeitete an verschiedenen Manuskripten. Darüber hinaus mußte ich mich mit der Höllenmaschine der indirekten Steuern herumschlagen, deren komplexe Verzahnungen zu meinem Untergang und meiner völligen Vernichtung zu werden drohten. Über den Ausgang dieses einzigartigen Kampfes konnte es keinerlei Zweifel geben: Ich kämpfte mit voller Kraft, als gelte es, die Interessen von jemand anderem zu verteidigen, aber ich wurde dennoch besiegt. Ich verstand überhaupt nichts von dem, was sich über meinem armen Haupt zusammenbraute, und wurde dennoch aller oder jedenfalls fast aller Übeltaten dieser Erde angeklagt, in den Schmutz gezogen und den Gerichten vorgeworfen. Ich vermochte meinen guten Glauben nicht nachzuweisen, denn meine Mitarbeiter, die mich betrogen hatten, waren selbstverständlich so vorsichtig gewesen, alle kompromittierenden Beweise verschwinden zu lassen. Ich wurde deshalb vom Gericht belehrt, ich sei eine Art Räuber, ein Nichtsnutz, ein Schandfleck der Gesellschaft, einer von denen, die alle ihre Fähigkeiten und ihre ganze Kraft dafür einsetzen, den Staat, die Regierung und das ganze Menschengeschlecht zu betrügen! Um die Geschichte abzurunden, nutzten meine Brüder in Äskulap, die Ärzte, die ihnen gebotene Gelegenheit, einem bereits torkelnden Menschen noch den Gnadenstoß zu versetzen. Ihre Hiebe gegen mich waren heftiger als je zuvor.

Kurzum, ich war völlig am Boden. Nur eine überdurchschnittliche physische Widerstandskraft, die mich bis dahin noch nie im Stiche gelassen hatte, hielt mich aufrecht. Und zwar so vortrefflich, daß sich weder die Menschen in meiner Umgebung noch ich selbst des Erschöpfungszustandes wirklich bewußt wurden, in dem ich mich befand. Ich war am Ende meiner Kräfte, aber ich merkte es nicht, und man sah es mir auch nicht an (nur meine extrem blasse Gesichtsfarbe war seit einigen Monaten meinen Mitarbeitern aufgefallen). Und so wurde mir die phantastische Erfahrung eines Erschöpfungstodes zuteil.

Ich war eben aus Spanien zurückgekehrt, wo ich den Urlaub auf meine Art verbracht hatte, nämlich als Vorsitzender eines psycholinguistischen Seminars und mit Besuchen in mehreren Zentren. Hier hielt ich mich jeweils ein bis zwei Tage lang auf, um Ratschläge zu erteilen und Fragen der Verantwortlichen zu beantworten. Anschließend wurde ich in Paris erwartet, wo ich während dreier Tage derart viel zu tun hatte, daß ich kaum zum Schlafen kam. Nach dieser anspruchsvollen Tätigkeit brach ich mit einem kleinen Dienstwagen in Richtung Schweiz auf, wo ich an einer Serie von Apparaturen, mit deren Fabrikation begonnen worden war, einige Laborversuche vornehmen wollte.

Ich kam frühmorgens in Freiburg im Üchtland an und machte mich fast sogleich wieder auf den Weg, um eine Mitarbeiterin, die nach Paris zurückkehren mußte, nach Genf zu bringen. Anschließend fuhr ich nach Freiburg zurück, wo ich bis vier Uhr nachmittags arbeitete. Ich war froh darüber, daß ich mich an einem Ort befand, der mir immer als besonders gastfreundlich vorgekommen ist.

Kaum war meine Arbeit beendet, begab ich mich zusammen mit meiner Gattin und einem unserer Freunde wieder nach Genf. Das Flugzeug sollte uns zum »Centro del Lenguaje« in Madrid bringen, wo eine Arbeit auf mich wartete, die mich achtundvierzig Stunden lang fast ununterbrochen beanspruchen würde.

Wir saßen in der Touristenklasse, meine Gattin zu meiner Rechten, unser Freund zu meiner Linken. Aus einem Lautsprecher wurde uns angekündigt, auf den spanischen Lufthäfen würde gestreikt, weshalb eine fahrplanmäßige Landung vielleicht nicht möglich sei. Ich war ganz in Gedanken versunken und dachte vor allem über die Reisen nach, die mir nach Beendigung meiner Verpflichtungen in Madrid bevorstanden. Mein Terminkalender war sorgfältig geplant worden. Man erwartete mich während der folgenden Tage in Genf, Paris, Metz, Belgien und drei Wochen später in Südafrika.

Es war ungefähr 19.00 Uhr, wir näherten uns der spanischen Hauptstadt. Mein Nachbar las eine Zeitung, auf der das Datum des Tages vermerkt war: 17. September 1976. Mein Blick wurde von einem Artikel auf der Titelseite angezogen, der sich mit Südafrika befaßte, und zwar insbesondere mit den verschiedenen Problemen im Bergbau. Die Frage war mir vertraut, weil ich mich schon mehrmals mit ihr beschäftigt hatte. Ich hatte sie schon aus verschiedensten, vor allem den sprachlichen, Blickwinkeln analysiert. Als mir der Artikel in die Augen stach, hatte ich gerade über meine Arbeit in diesem Land, an der Universität Potchefstroom wie auch im Witrand-Krankenhaus, nachgedacht. Mehr noch, ein Punkt hatte meine Aufmerksamkeit besonders beansprucht, nämlich meine Untersuchungen über die Anpassungsprobleme, mit denen die Minenarbeiter aufgrund ihrer verschiedenen ethnischen Zugehörigkeit zu kämpfen hatten.

Und was geschah nun? Ich kann es nicht genau beschreiben. Offenbar hatte dieses zufällige Zusammentreffen einen Prozeß von außergewöhnlicher Intensität und Vielfältigkeit ausgelöst. Es sah für andere so aus, als sei ich eingeschlafen. Man erzählte mir später, ich sei plötzlich gewissermaßen nicht mehr präsent gewesen, ausgenommen durch meinen völlig reglos gewordenen Körper. Während dieser Zeit hatte ich selbst das Gefühl, ich befände mich in einem Minenschacht, angetan mit der Schutzkleidung, die in solchen Fällen vorgeschrieben ist.

Ich raste mit schwindelerregender Geschwindigkeit dem Zentrum der Erde entgegen. Tausend Meter! Zweitausend Meter!! Vor meinen geöffneten, starr blickenden und erloschenen Augen formten die ineinander verschlungenen geologischen Schichten völlig verrückte Bilder mit halluzinierenden Szenen, in denen ich rasch eine Art Fotomontage aller Prüfungen wiedererkannte, die mir im Laufe meines Lebens widerfahren waren, und zwar zweifellos um meine Widerstandstandskraft zu testen.

Auf der Oberfläche dieser Gesamtschau schwamm zunächst eine verbildlichte Darstellung des Problems, das sich unerwartet im Schoße meiner Familie gestellt hatte – unsere Tochter Emmanuelle, die sich nach dem Vorbild vieler heutiger Jugendlicher im Alter von achtzehn Jahren entschlossen hatte, alle Beziehungen zur Familie abzubrechen. Dann tauchten andere Schwierigkeiten aus der Tiefe auf: mit der Steuerbehörde, mit der ärztlichen Standesorganisation usw. Der Zeitpunkt, Rechenschaft abzulegen, war offensichtlich gekommen. Vor meinem inneren Auge zogen meine eigenen Stellungnahmen, meine Verhaltensweisen, gewisse Ereignisse, in die ich verwickelt gewesen war, vorbei. Alles zu einem einzigen Panoramabild zusammengefaßt, in dem die verschiedenen Elemente paradoxerweise miteinander vermischt waren und dennoch klar voneinander unterschieden blieben. Mein ganzes Leben wurde mir wie in einem Kaleidoskop vorgeführt, ohne daß die geringste Einzelheit im Bild gefehlt hätte. Mit einem einzigen Blick erfaßte ich den Film meiner gesamten Vergangenheit, vom jetzigen Zeitpunkt bis in die früheste Kindheit zurück. Mein Leben lag vor mir, wie in ein Fresko mit verschiedenen Schichten eingeschrieben, mit vielfältigen Dimensionen ausgestattet, die sich vor meinen Augen fortwährend veränderten. Die von meinem Bewußtsein erlebte Zeit läßt sich nicht mit gewöhnlichen Normen beschreiben: Alles kam mir gleichzeitig lang und kurz vor; ebenso erschien mir die Dauer insgesamt als hektisch und als zähflüssig.

Gewisse schmerzhafte oder unerfreuliche Episoden, die aus meinem Gedächtnis entschwunden waren, tauchten jetzt mit unerwarteter Intensität aus der Vergessenheit auf, und gleichzeitig wurden alle Karteiblätter, die sich während vierzig Jahren angestrengter Arbeit, unermüdlichen Literaturstudiums und vielerlei Experimente angesammelt hatten, vor mir ausgebreitet und gewissermaßen wiederbelebt. Meine Erfahrungen als menschliche Kreatur breiteten sich wie in einem schwindelerregenden Blick durch ein Teleskop in Form klar gegeneinander abgegrenzter, aber entsetzlich beweglicher Segmente vor mir aus.

Ich drang immer tiefer in diesen Bergwerkstollen vor. Je weiter nach unten ich fiel, um so verschwommener wurden die Szenen dieses phantastischen Theaterstücks. Ich bohrte mich in ein immer zähflüssigeres, immer finstereres Universum ein, während sich die Fallgeschwindigkeit gleichzeitig beschleunigte. Besser gesagt, *nur etwas von mir* führte diese Reise in das Innere der Erde aus. Mein Körper selbst blieb an der Oberfläche, ohne daß ich deswegen von dieser fleischlichen Hülle, in der ich während so vieler Jahre gelebt hatte, getrennt worden wäre. Die Dunkelheit um mich herum wurde immer undurchdringlicher. Ich kämpfte wie in einem Zweikampf gegen diese Finsternis, in einer luftlosen Atmosphäre, die schwer auf mir lastete.

Plötzlich geriet ich in schlammige Schichten. Mit meinem Blick vermochte ich sie nicht mehr zu durchdringen, und ich litt unter einem gewissen Schwindelgefühl. Das alles war keineswegs angenehm, und trotzdem ging ich ohne Angst weiter, als ob ich mir meines Weges sicher sei. Deshalb hatte ich den tröstlichen Eindruck, ich würde mich mit voller Kraft am Seil des Lebens festklammern. Ich entfernte mich immer weiter von meinem Körper und verspürte dennoch keinerlei Bedauern, denn ich blieb mit ihm ununterbrochen in Verbindung. Meine Fallgeschwindigkeit beschleunigte sich noch immer, und zwar derart, daß mir schien, ich würde bald zu einer Schwelle gelangen, jenseits der die Zeit aufgehoben und der Raum aufhören würden.

Und plötzlich nahm ich in der Dunkelheit, die mich mit so dichter Schwärze umgab, daß sie mich mit Todesangst hätte erfüllen müssen, ein funkelndes Licht wahr, von dem ich, selber Teil eines immer rascheren Flugs, angesaugt wurde. Glückliche Erinnerungen überfluteten massenhaft mein Bewußtsein. Eine frohlockende Freude ergriff von mir Besitz. Ein weißglühendes Licht zog mein ganzes Wahrnehmungsvermögen auf sich. Dann wurde ich von einer aufsteigenden Bewegung erfaßt. Das dauerte eine Ewigkeit und war dennoch so rasch wie der Blitz. Jetzt befand ich mich diesem Licht von unbeschreiblicher Helligkeit und Intensität gegenüber. Nichts kann die Milde eines solchen Feuers beschreiben. Seine Strahlkraft läßt sich mit keinem anderen Licht vergleichen. Eine wunderbare Aura umhüllte mich. Vor mir erschien ein Bild, das zweifellos auch Fra Angelico gesehen hat, sonst hätte er von ihm nicht ein derart getreues Abbild malen können. Ich begriff schlagartig, was dieses Licht war, das von mir Besitz ergriffen hatte. Ich verstand, daß das Leben, dieses Leben, das während meines tiefen Sturzes vor mir vorbeigezogen war, nichts anderes als der Weg war, der zu diesem Licht führt.

Dennoch wurde mir nicht die Gnade zuteil, aus diesem ungewissen Übergangszustand, den die menschliche Existenz darstellt, zu entrinnen. Ich nehme an, das Privileg, einen Blick jenseits des Todes des Fleisches werfen zu dürfen, sei mir gewährt worden, damit ich Zeugnis von dem ablege, was ich während meiner Reise gesehen habe. Ich erinnere mich, daß ich nach meiner Rückkehr in die Welt fortwährend einen Satz wiederholte, mit dem ich üblicherweise Menschen auf den Tod vorbereite: »Wenn Sie morgen wieder erwachen, so ist das ein Zeichen dafür, daß Sie Ihren Auftrag noch nicht vollendet haben.« Eine Stimme sprach zu mir, als ich in meinen Leib zurückkehrte: »Dein Auftrag ist noch nicht erfüllt, lieber Freund. Du mußt weitermachen.« Es war meine eigene Stimme. Ich öffnete die Augen. Vor meinem Gesicht hatte ich eine Sauerstoffmaske. Ein Passagier, zufällig ein Arzt aus Südamerika, bemühte sich um mich. Im Flugzeug herrschte eine unbeschreibliche Aufregung. Es folgte eine Notlandung, eine Fahrt in der Ambulanz ...

Doch ich selbst war nach dem Ende dieser Reise ins Jenseits völlig heiter gestimmt. Mich beschäftigte bloß die große Angst, die mein

Zustand bei meiner Gattin ausgelöst hatte. Sie hatte mich für tot gehalten, und das war tatsächlich keine Täuschung. Während einiger Minuten waren alle meine Lebensfunktionen zum Stillstand gekommen.

Meiner Aufgabe im Madrider Zentrum kam ich so gut wie möglich nach. Dann begab ich mich ins Grüne nach Freiburg, wo mir Freunde eine Unterkunft in einem friedlichen Ort des Greyerzerlandes angeboten hatten. Dort durfte ich, umgeben von menschlicher Herzlichkeit und Großzügigkeit, endlich die Ruhe genießen und den verpaßten Schlaf nachholen. Ein höchst angenehmer Urlaub. Die Natur in dieser Gegend ist von ergreifender Schönheit, sie zeigt sich immer wieder unter einem anderen Aspekt. Die Leute sind höflich, hilfsbereit, umgänglich.

Die medizinische Diagnose versah diesen Zwischenfall mit der Etikette »neurovegetativer Kollaps«. Zweifellos war er durch Erschöpfung ausgelöst worden. Ich selbst kann, wie man gesehen hat, viel mehr oder vor allem viel Besseres darüber sagen.

Dieser Kollaps ist gerade zur rechten Zeit gekommen, damit dieses Buch einen würdigen Abschluß findet und zu einem in sich geschlossenen Ganzen abgerundet wird. Meine Autobiographie bedeutet das Ende eines Zyklus. Sie legt Rechenschaft über diesen Zyklus ab. Ein neuer Aufbruch muß folgen.

Im übrigen bin ich zutiefst davon überzeugt, daß mir die Gnade, die Schrecken des Todes zu durchleben, deshalb gewährt wurde, damit mir eine gelebte Erfahrung von diesem so oft beschriebenen Abstieg in die Abgründe zuteil und mir darüber hinaus greifbar bestätigt wurde, was immer mein tiefer Glaube war, daß wir nämlich nie sterben. *Den Tod gibt es nicht.* Genauer gesagt, was wir Tod nennen, ist nur ein letztes Sichaufschwingen, ein Flug, der uns zur Fülle unseres Seins bringt.

Es sieht so aus, als bestehe der Lauf des Lebens aus einer Abfolge von Fakten, die manche Leute durchleben, ohne etwas zu begreifen, so sehr bleiben sie in den erstarrten Schichten ihrer familiären, gesellschaftlichen oder kulturellen Erziehung verhaftet. Nur wenigen gelingt es, die aufeinanderfolgenden Etappen zu objektivieren oder sogar zu entziffern, welche die Lebensdynamik, der substantielle Träger ihres Seins, in ihrem Fleisch durchläuft.

Durch den Körper und im Körper manifestiert sich das Sein. Durch die Sprache teilt sich seine Gegenwart mit. Doch die Sprache ist für den Menschen auch die Gefahr, daß er sich verliert, wenn er in seinem Innersten einer Sprache verfällt, die ihm ihre Struktur aufzwingt, die seine Aussagen geschmacklos macht, die ihn durch ihre Mechanismen erstickt. Verpackt in eine dicke und dichte Puppe, die sie wie ein Panzer umschließt, verkümmert die Raupe seiner Kreativität, sie zerfällt, verblaßt und geht zugrunde. Der Mensch ist dann nur noch ein Roboter, der den ganzen Tag lang Banalitäten von sich gibt. Es ist, als sei er in Ketten gelegt. Gefangen im unaussprechlichen Dünkel, Herr seines Schicksals zu sein, gehorcht er in Wirklichkeit blind dem Druck von Kräften, denen jede Menschlichkeit abgeht.

Zu welchen Horizonten führt mich mein weiterer Weg? Welche Etappen muß ich noch durchlaufen? Ich bin bereit, mich den härtesten Hindernissen zu stellen. Im Vertrauen auf das Vorbild des Lebens, von seiner Wirklichkeit, von seiner Offenbarung durchdrungen, gehe ich voller Begeisterung dem entgegen, der IST. Den einen beistehend, anderen Erleichterung verschaffend, Lebensfreude versprühend, mit weit geblähten Lungen, mit allem mitschwingend, auf jede Bitte antwortend, tiefer die Bedeutung dessen begreifend, was diesem Leben Sinn verleiht, von der Notwendigkeit überzeugt, diesen Sinn allen Menschen zu vermitteln, lasse ich dieses Buch hinter mir zurück, um das nächste vorzubereiten.

Schon bin ich unterwegs. Auf dem Pfad des Lebens eile ich mir immer wieder voraus, renne ich mir fortwährend hintennach. Ein Licht erhellt diesen Raum: Forscher sein bis an mein Ende. Und schon jetzt spüre ich, daß ich mich jenseits dieses Endes nicht verlieren werde.

2. TEIL

NEUE ERFAHRUNGEN

(1976–1989)

Sobald die Segel einmal gesetzt sind, muß man sich, so scheint es, nur noch von den Winden treiben lassen. Und segeln wir in der Kraft vom Lebensodem beseelter Passatwinde, müssen wir fortwährend auf die Riffe achten, die im Laufe des Lebens unausweichlich auftauchen.

Wenn aber das Steuerruder in guten Händen ist, kann man mühelos auf das Ziel zusteuern, das allein der Mission einen Sinn gibt. So ging auch unsere Fahrt mit bisher nie erreichtem Reichtum und neuer Intensität weiter.

Was ist also seit 1976 alles geschehen, seit diesem Ereignis, das mehr als nur ein Unfall unterwegs war, das vielmehr kraftvoll den Weg aufzeigte, den ich von da an zu gehen hatte? Eine Erneuerung, eine Wiedergeburt, stark geprägt von dieser unbeschreiblichen Erschütterung, die mich auf dieser Reise jenseits des Todes aufgewühlt hatte. Eine Reise ohne Wiederkehr, so scheint es, zumindest ohne Rückkehr zu früher gültigen Bezugspunkten. Ich war ein anderer Mensch geworden, aber trotzdem ein Mensch mit einem Auftrag geblieben, nämlich seinen Weg unter den Mitmenschen fortzusetzen und sich den neuen Hindernissen zu stellen.

Die Genesung dauerte lange, aber eine hingebungsvolle Gattin und treue Freunde sorgten dafür, daß ich wieder zu Kräften kam und das Zentrum in Paris, dessen innere Dynamik während meiner Abwesenheit einigen Schaden genommen hatte, mit neuem Leben zu erfüllen vermochte.

Zur internationalen Welt unterhielt ich weiterhin vielfältige Kontakte. Europäische und amerikanische Forscher schienen sich immer stärker für die Welt der Töne und deren Auswirkungen auf die Psyche und den menschlichen Körper zu interessieren. Die Untersuchungen über die Wirkung der Musik gingen erfolgreich weiter. Ich ließ jedoch bei dieser Arbeit eine gewisse Vorsicht walten, weil ich mir bewußt war, wie dürftig die für die Evaluierung dieser Wirkungen zur Verfügung stehenden Strukturen waren. Dem Apparat, der dazu bestimmt ist, die Welt der Töne zu empfangen, damit meine ich selbstverständlich das Ohr, war nur wenig Beachtung geschenkt worden. Über die neurophysiologischen Grundlagen des Vorhof-Schnecke-Systems waren Arbeiten im Gange, denen ich wenig abzugewinnen vermochte. Ich beteiligte mich deshalb nicht an diesen musikalisch-therapeutischen Bemühungen, sondern konzentrierte meine weiteren Untersuchungen auf die sehr spezifischen Antworten, die durch den Filter des Gehörs hindurch gesammelt werden.

Ich beschäftigte mich aber auch mit gewissen Aspekten der Gehör- und Kommunikationsstörungen. Vor allem der Autismus, diese totale Abkapselung von der Außenwelt, ließ meine Gedanken noch immer bis tief in die Nacht hinein nicht in Ruhe. Psychiatrische Fälle häuften sich bei meinen Patienten in Paris, und so begann ich mich ernsthaft mit der Welt der Wahnvorstellungen zu befassen. Eine seltsame Welt, und meiner Meinung nach vor allem eine Welt der Unfähigkeit zu hören. Ich fragte mich, wie sich solche an Demenz leidenden Menschen dazu bringen ließen, ihre Abschottung zu überwinden, wie man ihnen helfen könnte, den Sinn von Beziehungen zum Mitmenschen wieder einzusehen. Und so mußte ich mich von neuem dem Ursprung dieser grundlegenden Kommunikation im vorgeburtlichen Leben zuwenden. Ich setzte meine Untersuchungen über das intrauterine Hören fort, stellte neue Hypothesen auf, fertigte Prototypen eines Elektronischen Ohrs an, mit dem sich die fötalen akustischen Wahrnehmungen noch stärker wiederbeleben ließen. Ich verbesserte die Technik, die es solchen schwer geschädigten Wesen ermöglichen sollte, den Weg aus der kranken Welt, in der sie eingeschlossen waren, in ein soziales Umfeld zu finden, das bereit war, sie aufzunehmen.

Wer einen solchen Wandel bewirken will, muß unbedingt mit der Mutter, dem Vater, mit der Familie, den Therapeuten, den Lehrern zusammenarbeiten. Und das ist alles andere als einfach. Ich stieß auf starr verankerte Barrieren, die sich nicht heben lassen wollten. Die angesprochenen Mitmenschen ließen sich nicht umstimmen und fühlten sich von den Problemen des Kindes oder des Erwachsenen nicht betroffen, die wir einer Behandlung unterziehen wollten. Insbesondere die Beteiligung der Mutter war in meinen Augen eine unerläßliche

Voraussetzung für einen Erfolg des Unterfangens. Mehr als je zuvor waren das Pariser Zentrum wie auch alle anderen Zentren unseres Netzes auf die mütterliche Hilfe angewiesen.

Die Mutter wird sich durch ihre Teilnahme an den Sitzungen, bei denen das Gehör unter dem Elektronischen Ohr stimuliert wird, der wesentlichen Rolle bewußt, die ihr bei der Behandlung ihres Kindes zukommt. Das verleiht ihr die notwendige Energie und befreit sie von einem Teil ihrer Angst. Sie kann sich dann den für sie bisweilen sehr schmerzhaften Problemen stellen.

Das gilt auch für den Vater, der sich ebenfalls aktiv am gemeinsamen Werk beteiligen muß, mit dem seinem Kind geholfen werden soll. Schon ganz am Anfang, bei der ersten Konsultation, bei der ersten Besprechung, muß er sich Klarheit darüber verschaffen, zu welcher Rolle er sich in diesem »Kartenspiel« zwischen Kind, Eltern und Therapeut berufen fühlt. Aus diesem Spiel muß das Kind als Gewinner hervorgehen. Seine erwachsenen Mitspieler müssen wissen, daß sie ihren ganzen Ehrgeiz, ihre Prioritäten, ihre ichbezogenen Neigungen aufgeben müssen, damit das Kind seinen Platz innerhalb der Familie und im Sozialkörper finden kann.

Für den Vater ist das nicht einfach. Ich darf jedoch sagen, daß während der vergangenen zehn Jahre eine offensichtliche Wandlung zu beobachten war. Väter befassen sich jetzt stärker mit den die Familie und insbesondere die Kinder betreffenden Alltagsproblemen. In mancher Hinsicht ist man freilich zu weit gegangen, indem man den Vater zur Nährmutter machte und seine Stellung innerhalb der Familie zu radikal veränderte. Doch die neue Elterndynamik hat sich vor allem zugunsten des Kindes ausgewirkt, das sich besser verstanden, besser in seine Umwelt integriert fühlt.

Es kommt immer seltener vor, daß die Mutter allein das Kind zur Konsultation begleitet. Schon bei der Festsetzung des Termins wird der Vater ersucht, seine Gattin zu begleiten (und zwar auch dann, wenn die Eltern getrennt leben). Meistens nimmt er diese Einladung an, ja es kommt sogar vor, daß er seine Termine verschiebt, um für dieses erste Gespräch verfügbar zu sein. Eine solche Beteiligung ist für uns von grundlegender Bedeutung. Wenn sich beide Elternteile vom Problem ihres Kindes betroffen fühlen, wissen wir, daß die Aussichten für eine erfolgreiche Behandlung gut sind. Falls hingegen der Vater den von uns vorgeschlagenen Maßnahmen Widerstand entgegensetzt, so verzichten wir auf eine Behandlung des Kindes. Wir wissen dann zum voraus, daß wir zum Scheitern verurteilt sind. Falls der Vater fehlt (die Mutter Witwe oder Alleinerzieherin, Eltern geschieden), so stellt sich das Problem anders, und wir gehen es auch anders an.

Auf diese grundlegende Kommunikationsstörung, die der Autismus darstellt, werden wir in einem Teil dieses Nachworts ausführlich zu sprechen kommen. Bei meinen Untersuchungen bin ich jedoch auch noch auf gewisse Phänomene gestoßen, die nicht nur das Kind bei seiner schulischen Ausbildung behindern, sondern mit denen auch Erwachsene sich bei ihren Lern- und Memorisierungsprozessen immer häufiger auseinanderzusetzen haben. Mit diesem Thema glaube ich bestens vertraut zu sein, denn es beschäftigt mich seit mehr als dreißig Jahren. Ein Kongreß über *learning disabilities* in Toronto bot mir 1978 Gelegenheit, mich noch gründlicher mit dieser Problematik zu befassen. Diese internationale Veranstaltung wurde zum Ausgangspunkt eines Abenteuers, das ich mit Vorliebe als »kanadisches Epos« bezeichne. Es wurde für meine Gattin und mich zu einem wichtigen Ereignis, das während einiger Jahre unsere Lebens- und vor allem unsere Denkweise grundlegend veränderte.

DAS KANADISCHE EPOS

Die Beschäftigung mit dem nordamerikanischen Kontinent stellt einen Europäer vor allerhand Probleme. Wie groß der Unterschied zwischen einem Bürger der Vereinigten Staaten und einem Einwohner von Ontario ist, die anscheinend beide dieselbe Sprache sprechen, läßt sich zwar ebenfalls nicht auf Anhieb ermessen, doch die grundlegenden Divergenzen zwischen einem frankophonen und einem anglophonen Kanadier muß man unbedingt zuerst kennenlernen, wenn man Kanada als ganzes verstehen will.

Darauf waren Léna und ich nicht vorbereitet. Seit vielen Jahren hatten wir uns in den kanadischen Universitätskreisen von Quebec und Ottawa zu Hause gefühlt, und deshalb glaubten wir, was wir in Montreal unternommen hatten, lasse sich ohne weiteres auf Toronto übertragen. Wir mußten freilich sehr rasch einsehen, daß wir uns auf einem anderen Planeten befanden!

Unsere besonderen Vorstellungen und Behandlungsmethoden hatten auf dem nordamerikanischen Kontinent und insbesondere in Kanada viele Anhänger gefunden. Deshalb hatten wir es für zweckmäßig erachtet, den V. Internationalen Audiopsychophonologie-Kongreß 1978 in Toronto abzuhalten. Das zentrale Thema waren die Schulschwierigkeiten und die engen Beziehungen zwischen dem Hören und dem Lernprozeß; *learning through listening,* dieser Slogan hatte mehr als sechshundert Personen zur Teilnahme bewegt.

Verschiedene Studien über die möglichen Auswirkungen unserer Technik auf die Mechanismen des schulischen Lernens wurden auf diesem Kongreß erstmals vorgestellt.

Mehrere Psychologiestudenten der Universität Ottawa präsentierten ihre eben abgeschlossenen Dissertationen. Eine französische Spezialistin legte interessante Gedanken über die Beziehungen zwischen der Orthophonie und unserer Methode vor. Ich meinerseits referierte über »Gehirn-Integratoren« insbesondere im Mittelohr, im Vorhof (Vestibulum) und in der Schnecke (Cochlea), Gedanken, die meiner

Meinung nach einen wichtigen Durchbruch auf dem Gebiet der Neurologie darstellten.

Das Thema dieses Kongresses war auf beträchtliches Interesse gestoßen. In der Folge nahm eine seit zehn Jahren in Toronto bestehende kanadische Organisation Kontakte zu uns auf, ein Laboratorium für medizinische Analysen mit vielen Tochterfirmen in der Provinz Ontario und in mehreren amerikanischen Bundesstaaten. Man schlug uns ein Forschungsprojekt vor, das sich im wesentlichen mit Lernschwierigkeiten befassen sollte. Die anderen Anwendungen unserer Methode interessierten die genannte Gruppe nicht.

Dank dieses unvorhergesehenen und umfangreichen Angebots erhielt unsere Tätigkeit eine ganz neue Dimension. Bisher waren wir gewissermaßen Handwerker gewesen, jetzt eröffneten sich uns zwar nicht gerade industrielle, das Wort wäre unpassend, aber doch viel allgemeinere Möglichkeiten.

Ein gewaltiger Sprung. Meine Gattin und ich wagten ihn. Wir waren uns der Schwierigkeiten bewußt, die uns beidseits des Atlantiks erwarteten, wir waren aber auch voller Zukunftshoffnung. Erstmals wurde uns von einem prestigeträchtigen Team eine substantielle Hilfe angeboten. Eine solche Chance durften wir uns nicht entgehen lassen.

Für uns war es tatsächlich ein großer Glücksfall, daß wir mit Leuten von Format, von unvergleichlichen menschlichen Qualitäten zusammenarbeiten sollten, daß uns bedeutende Mittel sowohl in technischer Hinsicht als auch auf der Ebene der Forschung zur Verfügung gestellt wurden. Auch innerhalb dieser Gruppe, die uns ein solches Angebot machte, gab es freilich Widerstände. Einige Mitglieder opponierten – wir erfuhren es später –, weil sie keinerlei Zusammenhänge zwischen medizinischen Analysen und Lernschwierigkeiten zu sehen vermochten. Sie konnten sich nicht vorstellen, daß Beziehungen zwischen dem Ohr und Schulproblemen bestehen könnten, und schon gar nicht zwischen dem Hörapparat und dem Nervensystem. Weil sie den wissenschaftlichen Wert eines solchen Projekts nicht abzuschätzen vermochten, waren sie sich auch in keiner Weise bewußt, daß sich völlig neue Möglichkeiten zugunsten der Kinder ergeben könnten.

Jede Neuerung löst derartige Reaktionen aus. In der Rückblende muß man auch tatsächlich feststellen, daß es gar nicht anders sein konnte. Die Geschichte lehrt, daß es für einen Neuerer immer gefährlich ist, an festgefügten Strukturen, an bestehenden Beamtungen, an solide etablierten Verhältnissen zu rütteln. Ein Forscher ist vor allem ein »Ordnungsstörer«, er nötigt gewisse Geister, grundlegende Probleme aus einem anderen Gesichtswinkel zu betrachten, ja bisweilen bestehende Meinungen in Frage zu stellen. Dieses menschliche Problem stellt sich zu allen Zeiten und in allen Ländern.

Als wir uns für dieses kanadische Epos entschieden, waren wir uns der Opposition innerhalb und außerhalb der kanadischen Gruppe nicht bewußt, und so stürzten wir uns mit gewohnter Naivität in dieses wunderbare Abenteuer, das uns vorgeschlagen worden war. Und das war gut so, denn während mehrerer Jahre erlebten wir zusammen mit einem hochkarätigen und vor allem zutiefst menschlichen Team erhebende Augenblicke.

Wir teilten unsere Arbeitskraft auf Toronto und Paris auf. Wir überwachten das allmählich entstehende europäische Netz und wurden gleichzeitig von einigen Mitgliedern des Direktionskomitees der kanadischen Gesellschaft betreut, unterstützt, abgesichert, gesponsert. Wovon ein Forscher nur träumen kann, wurde uns zur Verfügung gestellt: Laboratorien, Techniker, Versuchsmöglichkeiten in großem Maßstab, Statistiken, Forscherteams usw.

Das übertraf unsere Erwartungen bei weitem. Ein einziger Schatten trübte diese Idylle: das eingeschränkte Arbeitsfeld. Gewohnheitsmäßig bearbeitete ich mehrere Probleme gleichzeitig, und das mit einigem Grund, denn alle hatten dieselbe Ursache: Gehörschwierigkeiten. Die Beschränkung auf eine einzige Anwendung der Methode, die Lernschwierigkeiten, die *learning disabilities,* machte mir wirklich zu schaffen.

Ich mußte in dieser Zeit auf den Autismus, die Schizophrenie, die Epilepsie, die Depression, die Ménière-Krankheit, die Charakterschwierigkeiten, die psychomotorischen Störungen usw. verzichten, kurz gesagt, auf eine Themenvielfalt, die auf den ersten Blick sehr unterschiedliche Gebiete umfaßte, die sich aber bei genauerer Analyse als durchaus einheitlich erwies. Für meine kanadischen Partner war es undenkbar, alles in denselben Sack zu werfen. Sie ließen sich auch nicht davon überzeugen, daß es sich bloß um eine facettenreiche Antwort auf ein und dieselbe Störung handelte, nämlich auf den Verlust oder die fehlende Entwicklung des Wunsches zu hören.

Weil aber meine Schirmherren in Toronto so gescheit waren und so entschieden darauf beharrten, beschäftigte ich mich dennoch einige

Jahre lang ausschließlich mit den Auswirkungen der Gehörstimulierung auf die Lernschwierigkeiten. Ich begriff rasch, daß es sich lohnte, dieses Opfer, das von der Gesellschaft mit großen Summen unterstützt wurde, auf mich zu nehmen. Es war tatsächlich noch viel über die Hindernisse zu sagen, mit denen das Kind in der Schule konfrontiert ist, wenn es gleichzeitig lesen, die Schrift lernen, orthographisch korrekt schreiben, formulieren, schöpferisch tätig sein, sich etwas einprägen, Stoff aufnehmen muß.

Auf klinischer und therapeutischer Ebene war für mich das Problem endgültig gelöst. Da wir während vieler Jahre in Europa gute Ergebnisse erzielt hatten, durfte ich voll befriedigt sein und mich guten Gewissens mit Forschungsarbeiten ganz anderer Ordnung befassen. Ich hatte vergessen, daß wir über keine statistischen Auswertungen verfügten. Das war eine unverzeihliche Unterlassung, damit bin ich einverstanden. Dieser Mangel wurde vom kanadischen Team erkannt. Man wollte ihn sogleich beheben und stellte alles bereit, damit wir uns hinter diese sehr spezielle Arbeit machen konnten.

Daß es nicht einfach war, dürfte allgemein verständlich sein. Man mußte einen eigentlichen Problemkatalog aufstellen, um die kanadischen Kriterien mit den Konzepten der Alten Welt in Einklang zu bringen. Dann hatten wir das nordamerikanische Personal für unsere Art der Problembehandlung auszubilden, während wir uns gleichzeitig einem besonderen Training unterzogen, um uns mit der von der unseren so grundlegend verschiedenen amerikanischen Art, dieses Problem anzupacken, vertraut zu machen.

Es war eine erfahrungsreiche, aber auch schwierige Zeit. Erfahrungsreich, weil uns die Möglichkeit geboten wurde, mit einer besonders dynamischen, kompetenten, energischen, aktiven, aus äußerst sympathischen Menschen zusammengesetzten Gruppe zu arbeiten. Schwierig, weil die Konfrontation zweier Denkweisen – der amerikanischen und der europäischen – zu Problemen im methodologischen Bereich führte. Der Rahmen, innerhalb dessen diese Arbeit ausgeführt wurde, wurde immer enger und stärker eingegrenzt. Das zehrte an der Substanz der ausgeführten Forschungsarbeiten. Und was man aus diesen Statistiken herauslesen konnte, war sehr weit von dem entfernt, was wir für die Wirklichkeit hielten.

In einem ersten Schritt mußte ein »internes« Protokoll über die klinischen Befunde erstellt werden. Ihm lagen die Ergebnisse zugrunde, die wir bei Kindern erzielten, die mit Lernschwierigkeiten zu kämpfen gehabt hatten und die nach unserer Technik behandelt worden waren. Nordamerikanische Kriterien waren aufzuspüren, die unserer griechisch-lateinischen Mentalität einigermaßen entsprachen, was nicht einfach war. In achtzehn Monaten angestrengter Arbeit konnte immerhin ein Rapport über die Tests verfaßt werden, die vor und nach Anwendung unserer Methode durchgeführt worden waren.

Dieser Rapport fiel positiv aus, er übertraf bei weitem die Punktzahlen, die am Anfang vorgesehen gewesen waren, aber er entsprach nicht den Anforderungen der nordamerikanischen Forschung. Zusätzliche, objektivere, genauere Beweise waren zu erbringen, die mehrere hundert Parameter einbezogen, von Computern verarbeitet und von kompetenten Informatikern interpretiert werden mußten. So fanden wir Zugang zur märchenhaften Welt der Statistik, einer Welt, die man zwar kennen muß, aber nur um sie im gegebenen Augenblick wieder zu verlassen, um zu einer objektiven Haltung ganz anderer Art zurückzukehren.

So begann eine zweite Etappe. Mit ihr sollte erreicht werden, daß die Auswirkungen unserer Methode auf die kindlichen Lernprozesse offiziell anerkannt wurden. Zunächst wurden drei große nordamerikanische Universitäten zur Mitarbeit verpflichtet: Windsor und Guelph in Ontario, North-Shore im Bundesstaat New York. Nur die Teams aus Windsor und North-Shore hielten bis ans Ende durch.

Alle Beteiligten machten sich somit nach ihren Normen und von ihrem jeweiligen Arbeitsbereich her ans Werk, um unsere Forschungsergebnisse nach den in Kanada und in den Vereinigten Staaten geltenden Forschungskriterien zu bewerten. Es handelte sich somit um eine vergleichende Studie, die unsere Ergebnisse dem Besten gegenüberstellte, was bisher auf dem nordamerikanischen Kontinent auf dem Gebiet der *learning disabilities* geleistet worden war.

Muß besonders hervorgehoben werden, daß nicht weniger als fünfzehn Monate benötigt wurden, um die Protokolle vorzubereiten? Der Leser mag selbst abschätzen, welch phänomenale Geldsummen in dieses Projekt investiert wurden. Nur in Amerika lassen sich solche Mittel für Forschungsarbeiten auftreiben. Kurzum, alles wurde innerhalb der vorgesehenen Zeit erledigt. Zahlreiche Parameter wurden anfänglich in North-Shore von auf Statistik spezialisierten Psychologen besonders hervorgehoben. So konnte man sicher sein, daß alle Elemente aufeinander abgestimmt waren und nichts vergessen wurde. Anschließend war eine Auswahl zu treffen, um die Ergebnisse überschaubar zu machen und die bemerkenswertesten Elemente herauszustreichen.

Diese beiden nach zwei verschiedenen Gesichtspunkten ausgeführten Untersuchungen kamen auf dieselben Punktzahlen, die schon bei unseren früheren Arbeiten erreicht worden waren, wobei freilich die Resultate von bestimmten »Untertests« her gesehen mehr oder weniger signifikant waren. Je komplexer eine Analyse ist, um so weniger deutlich sind die wesentlichen Punkte zu erkennen.

Hätte sich etwas Besseres erwarten lassen? Zweifellos nicht. Doch Empörung machte sich unverzüglich breit. Parteiische, unbegründete und einige besonders bösartige Gerüchte wurden geschickt bis auf Regierungsebene kolportiert. Bestorganisierte Klüngel von *speech therapists,* die in etwa den europäischen Logopäden entsprechen, griffen die Vorwürfe auf, die man schon in Frankreich gegen uns vorgebracht hatte. Sie vermochten zwar ebensowenig Gegenbeweise vorzulegen, aber sie fühlten sich ganz einfach von einer für sie ungewohnten Vorgehensweise überfahren, obwohl diese von ihrer eigenen Methode nicht sehr verschieden war. Die Notwendigkeit, ihre Strukturen überdenken zu müssen, versetzte sie in Panik. Sie brachten eine Menge kunstvoll ausgeklügelten »Klatsch« vor, den sie allen möglichen Personen zustellten. Unseren so beweiskräftigen Versuchen stand von da an ein professionell redigierter Rapport gegenüber, der die Bevölkerung und die Fachleute vor der von uns eingeleiteten Bewegung warnte.

Aus dieser nordamerikanischen Erfahrung muß gefolgert werden, daß alle Untersuchungen über unsere Techniken von vornherein mit Fehlern behaftet gewesen waren. Niemandem in diesen verschiedenen Forschungsgruppen ist es in den Sinn gekommen, man müßte zunächst einmal prüfen, was herauskommt, wenn zwei vergleichbare Kindergruppen parallel zueinander behandelt würden, die einen nach einer gewöhnlichen Schulmethode, die anderen nach unserer Technik. Im Gegenteil, man veranstaltete eine eigentliche Konkurrenz zwischen unserer Methode und dem, »was es an Bestem auf dem Gebiet der Pädagogik auf dem nordamerikanischen Kontinent gibt«.

Vergessen, gewissermaßen unterdrückt wurde ein Parameter, der jedoch der evidenteste und wichtigste wäre, nämlich das Elektronische Ohr, das allein schon Ergebnisse liefern könnte, die im Vergleich zu denen der schwerfälligen Strukturen in hyperspezialisierten Institutionen mehr als nur konkurrenzfähig wären. Auch in diesen Institutionen werden selbstverständlich Erfolge erzielt, aber um welchen Preis! Bezieht man das kompetente Personal, das während Jahren mit dieser Aufgabe beschäftigt ist, in seine Überlegungen ein, berücksichtigt man zudem die gewaltigen Geldmittel, die aufgewendet werden, und die Räumlichkeiten, die für diese Behandlungen notwendig sind, um wenig aussagekräftige Ergebnisse zu erhalten, so darf man demgegenüber ohne weiteres behaupten, daß ein Elektronisches Ohr für sich allein unter optimalen Bedingungen in einem halben Jahr dasselbe leistet, was ganze psycho-pädagogische Arbeitsgruppen innerhalb einiger Jahren zu erreichen hoffen dürfen. Der Faktor Zeit wurde bei allen diesen vergleichenden Untersuchungen nie in die Betrachtungen einbezogen, ebenso wenig die finanziellen Folgen.

Man muß endlich einsehen, daß man dank des Elektronischen Ohrs und mit auf Schulschwierigkeiten ausgerichteten Tonprogrammen derzeit innerhalb weniger Monate Tausende von Kindern von ihren Lernschwierigkeiten befreien kann. Das gleiche Ergebnis läßt sich innerhalb einiger Jahre bloß an einigen hundert Schülern erreichen, wenn man ein ganzes Arsenal äußerst kostspieliger pädagogischer Mittel einsetzt. Meiner Meinung nach ist das ein gewichtiges Argument, das von den direkt mit Erziehungsfragen befaßten nationalen Verantwortlichen nicht vernachlässigt werden sollte.

Auf dem nordamerikanischen Kontinent ist mir also dasselbe widerfahren wie einige Jahre zuvor in Europa. Wer eine Neuerung einführt, darf nicht damit rechnen, daß es ihm anders ergeht. Das Neue muß seinen Weg machen, doch der Preis ist immer derselbe: die Zeit. Auch bei diesem besonders verheißungsvollen Versuch mußten wir für einige Zeit zurückstecken, doch an einigen Orten sind dennoch dauerhafte Institutionen entstanden.

Noch als diese statistischen Arbeiten im Gange waren, traten kanadische Schulräte mit dem Wunsch an uns heran, unsere Methode an ihren Schulen einzuführen. Das Laboratorium in Toronto installierte die notwendigen Einrichtungen und arbeitete ein spezielles Programm für diese Art von Aktivitäten aus. In mehreren kanadischen Provinzen wurden solche Einheiten gegründet. Einige dieser Schulen verfügen heute über eine reiche und lange Erfahrung, so beispielsweise Sudbury im Norden von Ontario. Eine feste Einrichtung in Sudbury selbst wird ergänzt durch ein fahrbares Laboratorium, das seine Dienste mehreren Schulen unter derselben Leitung anbietet.

In anderen Provinzen rüsteten sich gewisse Sonderschulen ebenfalls mit Elektronischen Ohren aus. Sie benutzten dasselbe Programm und erzielten höchst befriedigende Resultate.

Parallel zu diesen von den Schulen gewünschten Einrichtungen wurden private Zentren in Toronto, Regina und Winnipeg gegründet. Neue Projekte werden sowohl in Kanada als auch in den Vereinigten Staaten studiert. Einige von ihnen möchten ihr Tätigkeitsfeld erweitern, etwa durch die Behandlung von grundlegenden Kommunikationsstörungen oder mit Lernmethoden für Fremdsprachen.

Unsere Methode macht somit ihren Weg, aber sie setzt in Nordamerika wie in Europa eine vertiefte Ausbildung des Personals voraus, das sie anwendet. Für diese Ausbildung bin ich zuständig, aber ich habe gewisse Kompetenzen delegiert, damit sie in gewissen Ländern und Kontinenten, so in Nordamerika und in Europa in Belgien, Spanien und Italien, an Ort und Stelle durchgeführt werden kann.

***

Während diese Forschungsarbeiten fortgesetzt und in verschiedenen Gegenden Kanadas Institutionen für die Anwendung unserer Methode gegründet wurden, war mir die Möglichkeit geboten, mit einem sehr fähigen Ingenieur zusammen mehrere Prototypen des Elektronischen Ohrs und einer Apparatur für die Bewertung des Gehörs mit der Bezeichnung TLTS zu studieren. Auch hier wieder hatte ich viel Glück, daß mir ein ausgezeichneter Spezialist zur Verfügung stand. Er begriff meine Hypothesen über die Physiologie des Hörens, die ich ihm darlegte, und setzte sie in leistungsfähige Apparaturen um. Diese werden derzeit in Europa und in Nordamerika benutzt.

Unserem Team in Toronto verdanken wir erhebliche Fortschritte. Es bedeutete einen großen Schritt vorwärts, als wir von komplexester Elektronik zum alltäglichen Gebrauch von Computern übergingen. Diese Ausweitung war für mich nicht vollkommen neu, denn schon früher hatte ich an der Universität Potchefstroom mit den Computern »spielen« dürfen. Was aber in Kanada sowohl bei der Herstellung neuer Modelle des Elektronischen Ohrs als auch bei der Entwicklung neuer Apparaturen wie des TLTS und vieler anderer Laborgeräte (Filter, Verstärker, automatische Regulatoren) geschah, war für mich ein packendes Abenteuer. Ich verbrachte unvergeßliche Augenblicke bei unserem Ingenieur in Toronto, wenn er die Computer befragte, kompatible Modelle auswählte oder zuvor ausgewählte elektronische Elemente zusammensetzte. Man sucht alle Bestandteile zusammen, und schon entsteht wie durch Zauberei die Maschine. In Wirklichkeit ist das alles selbstverständlich nicht so einfach, aber ich muß gestehen, daß mich diese Art von Arbeit sehr fasziniert hat.

Diese fortwährenden Verbesserungen haben mich dazu angeregt, vom bereits Vorhandenen aus immer ausgeklügeltere Automaten zu entwickeln. Die Maschinen der Zukunft werden das Personal immer stärker von technischen Zwängen befreien, damit es sich ganz dem Patienten widmen kann. Doch schon mit den jetzt verwendeten Maschinen läßt sich die Behandlungsdauer um die Hälfte und bisweilen sogar um zwei Drittel, je nach Fall, verkürzen. Seit 1982 wird dafür ein neuer Parameter, die »Präzession«, genutzt.

Präzession und Körperbild

Die Einführung dieses neurophysiologischen Faktums bedeutete eine Wendung, eine entscheidende Wendung, für unsere Methode. Neue Untersuchungen, die ich über die Gehörmechanismen und die eng damit verbundenen Teile des Nervensystems durchgeführt hatte, bildeten die Grundlage für diese wichtige Vervollkommnung.

Die Gehörfunktion ist im Vergleich zum Hören, das ein rein passives Phänomen darstellt, bekanntlich ein Akt, bei dem der Wille mitspielen muß. Man hört nur, wenn man hören will, man muß sich folglich dafür anstrengen. Der Gehörapparat muß in eine maximal angepaßte Form gebracht werden, damit man auch aufnimmt, was man aufzunehmen gewillt ist. Dabei geht man von der Empfindung zur Wahrnehmung über.

Man muß im wörtlichen und bildlichen Sinne des Wortes die »Ohren spitzen«. Damit der gesamte Körper das tut, muß er durch Vermittlung des aufnahmefähigen Sinnesorgans, also des Vorhof-Schnecke-Systems, vor allem aber durch das Training der Muskulatur des Mittelohrs und des äußeren Ohrs, so weit gebracht werden. Überdies ist die gesamte mit dieser dynamischen Funktion des Hörens verbundende Nervenstruktur zu organisieren.

Das setzt voraus, daß das Labyrinth, also Vorhof (Vestibulum) und Schnecke (Cochlea), durch den Willen darauf vorbereitet wird. Mehr noch, der zuvor notwendige Akt, nämlich der Wunsch zu hören, der folglich vor den vielen neurophysiologischen Regulierungen vollzogen werden muß (deshalb der Ausdruck »Präzession«, abgeleitet vom lateinischen Verb praecedere, vorausgehen), bringt die Muskeln des Mittelohrs ins Spiel. Die Spannung der Hammer-Muskulatur muß sich der Spannung der Steigbügel-Muskulatur anpassen, die dafür sorgt, daß das Labyrinth richtig funktioniert. Die Spannung des Steigbügel-Muskels – und das ist sehr wichtig – muß somit hergestellt sein, bevor die für die Mechanismen des Mittelohrs zuständigen Elemente bereit sind: Hammer-Muskel, Muskulatur der Ohrtrompete, innerer Luftdruck usw.

Die Gehörfunktion ist nicht nur vom Ohr abhängig. Sie mobilisiert das gesamte Nervensystem, und zwar durch Vermittlung des Vorhofs, dessen spezifische Nerven die Muskelspannungen, die Statik, die Dynamik, die Stellung der Gliedmaßen zueinander, also die gesamte Haltung und Gestik, regulieren. So wird verständlich, daß die Gesamtheit des Körpers angesprochen wird, sobald man sich zum Hören bereit macht.

Das Nervensystem organisiert auf diese Weise kybernetisch die Antwort des Ohrs, das sich anpassen, sich auf das Hören vorbereiten muß, sich also in einen Zustand versetzt, der darauf abzielt, Töne aufzunehmen. Es befindet sich dann im Zustand der vestibulo-cochlearen Präzession. Der Vorhof seinerseits wird von der Tonleitung durch die Knochen in einen funktionstüchtigen Zustand gebracht und aktiviert. Unter diesem Gesichtspunkt geht die Tonleitung durch den Knochen der Tonleitung durch die Luft voraus. Deshalb sprechen wir von einer Präzession des Knochenweges im Vergleich zum Luftweg.

Dank dieses neuen Denkansatzes ist die Wirkung des Elektronischen Ohrs auf Sprache, Stimme und Körper erheblich verändert worden. Gleichzeitig mit den Fortschritten meiner Untersuchungen im Pariser Zentrum wurde die zeitliche Abschätzung der Präzession immer genauer. Das hat mich dazu veranlaßt, Apparate mit kurzer Präzession (von 1 bis 10) und mit langer Präzession (10 bis 100) zu konstruieren. Die letzteren werden vor allem bei Autismus, Stottern, verzögerter

Sprachentwicklung (beispielsweise bei mongoloiden Kindern und gewissen Debilen) und ganz allgemein in allen Fällen einer schlechten Integration des Körperbildes angewandt.

Ich habe hoffentlich diesen Begriff der Präzession einigermaßen verständlich dargelegt. Er ist für das Hören fundamental und zeigt Möglichkeiten für weitere Forschungen über das Ohr und das Nervensystem auf.

Für mich und alle Mitarbeiter unseres Netzes bedeutete dieser Begriff ein großes Abenteuer auf dem Gebiet der Technik. Es war auch eine harte Prüfung, mit dieser Präzession umgehen zu lernen, sie auf verschiedenste Fälle anzuwenden, die auf den Körper ausgeübten Wirkungen abzuschätzen, damit die Sprache und die Stimme wörtlich »inkarniert« werden und das, was man gemeinhin das Körperschema nennt, strukturiert wird.

Unsere Arbeit ist noch längstens nicht abgeschlossen. Doch wir kommen auf diesem faszinierenden, aber schwierig zu behandelnden Gebiet schrittweise vorwärts. Von einem eigentlichen Wendepunkt sind wir noch weit entfernt. Es gab wirklich große Augenblicke in der Geschichte unserer Methode: Einführung der elektronischen Elemente, Tonleitung durch den Knochen verbunden mit der Tonleitung durch die Luft, die kurze Präzession, die lange Präzession. Und morgen, so hoffe ich, werden es weitere Dinge uns ermöglichen, rascher und wirksamer denen zu helfen, die beim Hören und bei der Kommunikation Schwierigkeiten haben.

***

Diese kanadische Periode verschaffte somit Léna und mir sowohl auf dem Gebiet der Forschung als auch in freundschaftlichen Belangen erhebende Augenblicke. Zwischen uns und einigen Mitarbeitern des Laboratoriums in Toronto sind tiefe Bindungen entstanden, die unserer Arbeit viel Aufmerksamkeit verschafften und uns persönlich viel Wärme schenkten. Unsere Erinnerungen an den Empfang, den uns Freunde wie Wilf, Ed, Ron und andere treue Mitarbeiter, welche die Methode mit großem Pflichtbewußtsein anwandten, während Jahren bereitet haben, werden nie verblassen.

Dank solcher dauerhaften Freundschaften lernten wir auch Kanada, seine Kultur, seine Kunst, seine Bräuche, seine Erwartungen besser kennen. Wir haben die verschiedenen Provinzen besucht, die großartigen Landschaften, die Rocky Mountains, wir bewunderten die Sonnenuntergänge in den unermeßlichen Ebenen Saskatchewans. Kenner haben uns die Kunst der Eskimos nahegebracht. Die kanadische Malerei-Schule, die aus dem Siebnerklub hervorgegangen ist, hat uns die Tiefen der Seele dieses Landes offenbart, das wir zu entdecken und zu lieben begonnen haben.

Doch alles nimmt ein Ende. 1983 wurden wir wieder von unseren europäischen Aktivitäten in Anspruch genommen. Das kanadische Team übernahm die Verantwortung für das, was wir, insbesondere auf dem Gebiet des schulischen Lernens, eingeleitet hatten. Mit wehem Herzen, aber auch voller Hoffnung verließen Léna und ich Kanada und unsere lieben Freunde, um nach Paris und seinem Team wie auch zu allen Mitarbeitern des europäischen Netzes zurückzukehren.

RÜCKKEHR IN DIE HEIMAT

Das kanadische Abenteuer war eine außergewöhnliche Etappe in unserem Leben, doch es vermochte unser Denken nicht vollständig auszufüllen. Dieses Denken verweilt gewohnheitsmäßig bei allem, was es interessiert, es funktioniert gewissermaßen ohne mein Zutun und läßt ein Problem erst wieder los, wenn dieses erschöpfend behandelt oder zumindest untersucht ist. Eine Einschränkung der Forschung auf die ausschließliche Behandlung der Lernstörungen wäre für uns gleichbedeutend mit einer eigentlichen »Sterilisation« gewesen. Mit diesem Thema hatte ich mich schon lange genug befaßt. Höchstens einige Statistiken hätten meine Betrachtungsweise noch beeinflussen können. Die Welt der Zahlen, die für die wissenschaftliche Methode, vor allem in Nordamerika, so unerläßlich ist, kann nur auf Bestehendes angewandt werden, und unter der Voraussetzung, daß man Parameter findet, die in eine numerische Form gebracht werden können. Viele Feinheiten entgehen dieser Art von Forschung. Wer aber Probleme nicht an sich, in ihren zugrunde liegenden Mechanismen betrachten will, weil er befürchten muß, sich in einer theoretischen, vielleicht sogar utopischen Betrachtungsweise zu verlieren, muß zugeben, daß das Kriterium der Zahlen einem Forschungsergebnis, gleichgültig welcher Art, eine gewisse Glaubwürdigkeit verleiht.

Ich hatte also keinerlei Absicht, mich bloß mit einem einzigen Thema zu befassen. Das galt sogar für das Problem, das mich nach Kanada geführt hatte. Rasch erwärmte ich mich wieder für die europäische Betrachtungsweise. Der mehr klinische Aspekt reizte mich, nicht zuletzt wegen der zahlreichen Fragen, die immer wieder an mich gerichtet wurden. So wandten sich meine Überlegungen unaufhörlich verschiedensten Themen zu. Angezogen fühlte ich mich vor allem von einer vertieften Untersuchung des Lebens in der Gebärmutter und des Verhaltens des Embryo-Fötus. Gleichzeitig wurde ich immer öfter mit den Problemen des Autismus konfrontiert; besondere Aufmerksamkeit schenkte ich der Ménière-Krankheit. Tausenderlei

Gelegenheiten mahnten mich an die noch unbekannten Ursachen der Epilepsie. Schließlich befaßte ich mich auch voller neuer Freude mit den Problemen des Gesangs und der Kommunikation im allgemeinen.

All das trug zu einer Konsolidierung meiner Untersuchungen über das Ohr und seine Physiologie, sein Nervennetz, sein Verhältnis zum Gehirn, seine Wirkung auf die Psyche bei. Von der vorhandenen Grundlage zahlreicher Elemente her, die ich während der vergangenen dreißig Jahre zusammengetragen hatte und die untrennbar mit meinem Leben als Forscher verbunden waren, machte ich mich deshalb von neuem auf den Weg. Vor allem die märchenhafte Welt des Lebens vor der Geburt faszinierte mich. Diese Arbeiten ermöglichten es mir 1981, ein Werk über die »Nacht in der Gebärmutter« (»La nuit utérine«) zu publizieren.

Das Gehör des Kindes vor seiner Geburt

Eine Vertiefung meiner Untersuchungen über das intrauterine Leben drängte sich um so mehr auf, als das Interesse, das ich 1953–1955 in wissenschaftlichen Kreisen geweckt hatte, fortwährend zugenommen hatte. In mehreren, vor allem europäischen Ländern versuchten Wissenschaftler, jeder auf seine Art, das neu zu entdecken, was ich schon vor langer Zeit nachgewiesen hatte, daß nämlich der Fötus hört.

Man weiß jetzt allgemein, daß ich nicht im geringsten zögere zu behaupten, der Embryo höre. Es ist mir schon deshalb ein echtes Herzensanliegen, dem noch nicht geborenen Kind diese Fähigkeit zuzuschreiben, weil dieser Aussage eine tiefe Überzeugung zugrunde liegt; das Hören unterstützt von allem Anfang an den Menschen in seiner ontogenetischen, also seiner embryonalen Entwicklung und in seiner Menschwerdung. Das Hören ist tatsächlich eine Fähigkeit von hohem Rang, die unmittelbar auf das Bewußtsein einwirkt. Dieses vermag seinerseits das Hörvermögen zu nutzen, um das Wesen ganz zu durchdringen, das sich auf sein Gehör verläßt. In diesem Grenzbereich entsteht eine dialektische Beziehung zwischen dem Bewußtsein und dem Gehör. Sie bewirkt, daß das eine um so aktiver ist, je stärker das andere wird. Von dieser Interaktion ist die Struktur der menschlichen Dynamik abhängig.

Mit noch mehr Nachdruck und noch größerer Autorität gelang mir so der Nachweis, daß der Fötus hören kann, daß er aber nur die hohen Töne zu hören vermag. Und hier drückt der Schuh. Heute sind tatsächlich viele Forscher davon überzeugt, daß der Fötus hören kann, aber umstritten ist noch immer die Frage, was er hören kann. Die meisten Wissenschaftler, die sich mit diesem Problem beschäftigen, vertreten derzeit die Meinung, jeder normale Mensch müsse annehmen, der Fötus höre vor allem die tiefen Töne.

Wäre das der Fall, so müßte man das Leben des Kindes in seinem Gebärmutter-Paradies wirklich als infernalisch bezeichnen. Es würde alle die lärmigen Töne in den mütterlichen Eingeweiden hören, die über und neben der Gebärmutter liegen; es würde überwältigt vom Lärm der von der Mutter ein- und ausgeatmeten Luft; es würde pausenlos ihre nervenaufreibenden Herzschläge vernehmen; es würde von den Geräuschen überschwemmt, die durch seine eigenen Bewegungen im Fruchtwasser ausgelöst werden. Ein solches Leben wäre kaum auszuhalten, würde nicht sein Ohr durch irgend etwas geschützt. Gott sei Dank arbeitet und funktioniert das Ohr wie ein Filter. Es vermag die störenden Töne zu dämpfen und dadurch die tiefen Töne zu unterdrücken. Das Ohr ist somit das pure Gegenteil eines Dietrichs: Es öffnet nicht allen Tönen den Weg, sondern wirkt als ein Filter, der die tiefen Töne nicht durchläßt. Das fötale Hören setzt erst bei ungefähr 2000 Hertz ein. Das gilt für das menschliche Ohr, aber auch für viele Tiere: Opossums, Ratten usw. Auch der so hochentwickelte menschliche Organismus hätte eine solche Anomalie nicht dulden können, die der Frucht, die im mütterlichen Schoß heranreift, das Leben verunmöglicht hätte.

Es läßt sich anatomisch leicht nachweisen, daß das fötale Ohr auf tiefe Töne nicht anspricht. Solche Untersuchungen wurden an Tieren verschiedenster Entwicklungsstufen vorgenommen. Wer sich mit der Reaktivierung des Gehörs befaßt, kennt die weckende Wirkung von hohen Tönen (gefilterte mütterliche Stimme oder Mozartsche Musik) auf einen Patienten, während tiefe Töne schläfrig machen oder gar einen hypnotischen Zustand hervorrufen. Eine Feststellung neurophysiologischer Art führt uns schließlich zur gleichen Folgerung beim Studium der kindlichen Stimme. Es ist bekannt, daß sich diese während der Adoleszenz verändert. Das Gehör paßt sich jetzt infolge der bekannten audiovokalen Gegenreaktion den tiefen Tönen an. Die

Mutation, der Stimmbruch, wird durch die während der Pubertät ausgeschütteten Hormone ausgelöst. Das Stimmspektrum wird um den Bereich der tiefen Töne bereichert, und diese Ausweitung manifestiert sich durch eine Senkung der Stimmhöhe beim Knaben um eine Oktave und beim Mädchen um eine Terz.

Unsere Untersuchungen haben nicht nur gezeigt, daß der Fötus hört, sondern daß er das Gehörte auch zu integrieren vermag, wir haben zudem feststellen können, daß der Embryo vom zweiten Monat seines intrauterinen Lebens an Informationen in den Nervenknoten des Vorhof-Schnecke-Systems speichert. So entsteht ein erstes Gedächtnis, das später mit fortschreitender Entwicklung in das Nervensystem übertragen wird. Dieses eigentliche Gedächtnis bildet sich somit nach dem des Hörorgans. Der »Embryo-Fötus«, auf der Stufe des Hörens eine wirkliche Entität, erhält so klarere Konturen. Es zeigt sich, daß ein Prozeß, welcher die zum Menschenwesen führenden Strukturen vorbereitet, schon von der Empfängnis an implizit wirksam ist.

Plädoyer zugunsten des Lebens

Es ist mir nicht unbekannt, daß eine solche Auffassung diametral einer Strömung entgegengesetzt ist, die dem Fötus den Status eines »Nicht-Seins« zuschreibt, was gewissen Spezialisten die Möglichkeit verschafft, ihn in kleine Stücke zu zerhacken, um daraus aktive Substanzen zu gewinnen, mit denen sich »wirkliche Kinder« heilen lassen. Weil sich diese Bewegung fortwährend ausbreitet, sah ich mich 1984 veranlaßt, an einer unter der Ägide der »Vereinigung gegen die Ausbeutung menschlicher Föten« veranstalteten Tagung in Straßburg teilzunehmen. Ärzte, Juristen und Theologen trafen sich, um gemeinsam nach Möglichkeiten zu suchen, wie sich dieser Handel mit nicht-geborenen Kindern unterbinden ließe. Ich war der einzige Arzt, der sich dieser Herausforderung stellte, alle anderen hatten sich aus Gründen, nach denen ich mich aus Zeitmangel nicht näher erkundigte, vor dieser Aufgabe gedrückt. Ich hatte anderes zu tun. Eine hochgestellte Persönlichkeit, die den Vorsitz hätte führen sollen, glänzte ebenfalls durch Abwesenheit ... Nur Juristen und Theologen hatten sich eingefunden. Sie legten mit Kompetenz und aus aufrichtiger Überzeugung, was einiges an Mut und Zivilcourage erforderte, Texte und Dekrete vor, die dem Kind von der Empfängnis an wirkliche Rechte zuerkennen. Sie schreckten nicht davor zurück, einen blühenden internationalen Handel anzuprangern, der von den gleichgültigen Augen der staatlichen Autorität und der Ärzteschaft geflissentlich übersehen wurde. Die Ärzte waren an diesem qualitativ hochstehenden Produkt besonders interessiert, weil sich damit die Bedürfnisse der Krankenhaus-Laboratorien und gewisser Kosmetikfirmen abdecken ließen. Ganze Wagenladungen von Embryonen und Föten wurden so verschachert.

Woher kamen sie? Die Ärzte und die Experimentatoren wußten es nicht. Sie nahmen die »Ware« in Empfang, ohne sich um deren Herkunft zu kümmern. Es interessierte sie auch gar nicht. Wichtig war für sie nur, daß sie Organe, Drüsen, aktive Substanzen »lebendig« aus diesen »Paketen von menschlichem Fleisch« entnehmen und gewinnen konnten, die man ihnen gegen wohlverstanden gutes Geld lieferte.

Die mit diesen schon vor der Geburt »ausbeutbaren« Kindern schwangeren Mütter wurden von den professionellen Abtreibern, welche die Kinder durch Kaiserschnitt zur Welt brachten, sorgfältig vorbereitet. Die Schwangerschaft wurde zu einem bestimmten Zeitpunkt unterbrochen, wobei man dieses Datum immer weiter hinausschob, schließlich bis auf sechs Monate, damit der Fötus noch »lebendig« war, bevor man ihn zerlegte.

Die mutige Bewegung gegen solche zumindest barbarischen Praktiken hat trotz der wohlbekannten Verschwörung des Schweigens bis heute durchgehalten. Die Schriften der Gesetzeshüter, ihre Rundfunk-Interviews, ihre öffentlichen Erklärungen werden mit einer Geschicklichkeit, hinter der man eine ausgeklügelte Strategie vermuten muß, konsequent unterdrückt, verharmlost, totgeschwiegen. Wir unsererseits betonen noch immer, daß der kleine Mensch vom ersten Lebensfunken an, unmittelbar nach seiner Empfängnis, hört und schon während seines Daseins in der Gebärmutter Erfahrungen von höchster Wichtigkeit für seine Zukunft als Mensch sammelt.

In einer Zeit, da die empfängnisverhütende »Pille« alle demographischen Kriterien umstößt, da aber umgekehrt infolge einer Fehlreaktion alle möglichen Anstrengungen unternommen werden, um Retortenbabys zu fabrizieren, da der Niedergang der Sitten die gesamte Familiendynamik zerstört, halten wir es für notwendig, an gewisse wesentliche Auffassungen vom Leben an sich und von den in ihm enthaltenen Möglichkeiten zu erinnern.

Sollten wir nicht alles unternehmen, um dem Kind schon vor seiner Geburt zu helfen und um ihm nach seiner Geburt ein anständiges und vor allem menschenwürdiges Dasein zu ermöglichen? Sollten wir nicht alles tun, um die Leiden und die Not eines Säuglings zu lindern, insbesondere wenn er zu früh zur Welt gekommen ist, wenn er manchmal schon vom sechsten Monat seines Fötallebens an aus seinem gebärmütterlichen Nirvana ausgestoßen wird?

Eine Frühgeburt hört die Stimme seiner Mutter

Ein zu früh geborener Mensch ist und bleibt ein Mangelwesen, weil er außerhalb der Regel in eine Welt gelangt ist, auf die er nicht vorbereitet war, und weil ihm schlagartig die intrauterine Kommunikation entzogen wurde. Die spezifischen Reize, die ihm nur von der Stimme der Mutter vermittelt werden können, fehlen ihm, und er spürt diesen Mangel um so nachhaltiger, als er in die völlig ungeeignete Umwelt des Brutkastens gelegt wird. Hier überwiegen die tiefen Frequenzen, die den Säugling in einen Zustand völliger Undynamik versetzen. Um diese folgenreiche Unzulänglichkeit zu mildern, bin ich zunächst auf die Idee verfallen, die Geräusche, die das Kind in seinem Brutkasten hört, zu verändern, und zwar durch Hinzufügung »filtrierter Töne«, die zuvor der mütterlichen Stimme entnommen worden waren.

Daraufhin hatte ich Gelegenheit, an der Klinik einer ausländischen Universität, die sich vorwiegend mit solchen Problemen auseinandersetzt, einem der grundlegendsten Experimente über diese fundamentale Beziehung zwischen Kind und Mutter beizuwohnen. Es dürfte bekannt sein, daß »dank« der Pille mit jährlich steigender Tendenz Zwillinge und Drillinge zur Welt kommen. An solchen Kindern, die zwar nicht lange genug, wie es bei Frühgeburten üblich ist, aber eben in derselben Gebärmutter gelebt haben, lassen sich somit entsprechende Studien anstellen.

Mit Unterstützung des Leiters dieser Universitätsklinik konnte ich den folgenden Versuch durchführen. Ungefähr 700 Gramm schwere Drillinge, also Kinder in einer schwerwiegenden Notlage, waren für dieses Experiment ausgewählt worden. Das erste Kind wurde auf die gewohnte Weise in den Brutkasten gelegt, das zweite bekam darin ein Mozart-Stück zu hören, dessen Töne wie üblich gefiltert worden waren. Das dritte schließlich wurde mit der ebenfalls gefilterten Stimme seiner Mutter »überschwemmt«, damit es sie auf dieselbe Weise wie vorher in der Gebärmutter wahrnahm. Die Reaktionen aller drei Säuglinge wurden visuell beobachtet, zusätzlich wurden Atmung und Herzschläge mit entsprechenden Geräten kontrolliert.

Diese Beobachtungen wurden zu einem Erlebnis für das ganze an dieser Untersuchung beteiligte Team. Das erste Kind, das ohne jeglichen Reiz auskommen mußte, lag reglos in seinem Brutkasten und versuchte unter Aufwand aller Kräfte zu überleben. Beim »Mozart-Kind« ließ sich eine deutliche Aktivität mit stärkerer und rascherer Atmung und 140 bis 160 Pulsschlägen pro Minute feststellen. Das dritte schließlich, das glücklichste von allen, das völlig von der filtrierten mütterlichen Stimme umgeben war, zeigte richtige Lebensfreude und versuchte sich kraftvoll zu bewegen. Mehr noch, es lächelte ... Die regelmäßige und tiefe Atmung war begleitet von einem regelmäßigen und konstanten Puls von 160 Schlägen pro Minute. Hinzuzufügen wäre, daß Mozart-Musik und mütterliche Stimme ohne Filtrierung und ohne elektronisches Element (also nicht durch das Elektronische Ohr übermittelt) keine oder beinahe keine Wirkung zeitigen.

Damit wird das bestätigt, was wir seit mehr als dreißig Jahren über die Wichtigkeit der Wirkung der, so wie der Fötus sie hört, aufgenommenen mütterlichen Stimme sagen. Solche Feststellungen müßten eigentlich vor allem für Kinderärzte und für die spezialisierten Frauenärzte, die sich um das Überleben der Frühgeburten kümmern, eine Herausforderung sein. Sollte man nicht Möglichkeiten überlegen, wie alle diese Kinder in eine solche tönende Umwelt im buchstäblichen Sinne des Wortes eingetaucht werden könnten?

Zeigt sich in diesem Verhalten nicht ein gebieterisches Bedürfnis nach solcher affektiver »Nahrung«, die ebenso wichtig wie gewisse dringliche Pflegemaßnahmen wäre? Müßte nicht jede Klinik für Frühgeburten mit den notwendigen Einrichtungen ausgerüstet werden, damit derartige Reize, die für die Organisation des Nervensystems von grundlegender Wichtigkeit sind, für die Aktivierung der hauptsächlichsten Hirnbezirke tatsächlich zur Verfügung stehen?

Der Vorschlag ist zweifellos bedenkenswert. Das Kind, dessen vorgeburtliches Leben auf dramatische Weise um einige Wochen Aufenthalt im gebärmütterlichen Nirvana verkürzt wird, sollte intensiv behandelt werden. Dabei sind auch sein affektives Leben und insbesondere seine lebensnotwendige Beziehung zur Mutter zu berücksichtigen.

Der Embryo-Fötus, ein Mensch im vollen Sinne des Wortes

Unsere Untersuchungen über das fötale Hören haben die Theorien bestätigt, die davon ausgehen, daß beim Fötus ein intensives psychisches und sinnliches Leben festzustellen ist. Während der neun Monate seines intrauterinen Lebens speichert das Kind den größten Teil seiner menschlichen Erfahrungen, die später für den weiteren Verlauf seines nachgeburtlichen existentiellen Weges bestimmend sind.

Noch vor wenigen Jahren wäre eine solche Aussage kaum möglich gewesen. Das gilt jetzt nicht mehr. Von allen Seiten her, von Fachleuten verschiedenster Disziplinen werden immer zahlreichere Beweise geliefert, die belegen, was wir schon 1954 behauptet haben, daß nämlich der Fötus während der Schwangerschaft seiner Mutter durch die Entwicklung einer dynamischen Beziehung zu ihr eine aktive Rolle spielt.

Man erregt jetzt kaum mehr Aufsehen, wenn man sagt, der Fötus fühle, nehme wahr, memoriere und integriere. Es gilt auch als anerkannt, daß er nach viereinhalb Monaten seines vorgeburtlichen Lebens zu hören beginnt. Wie ich bereits dargelegt habe, sind wir zur Überzeugung gekommen, daß er schon früher zur Wahrnehmung befähigt ist und daß er dabei, als Frucht seiner sinnlichen Erfahrungen, zahlreiche Erinnerungen speichert. Ein Ansatz zu einem psychischen Leben bildet sich deshalb schon früh aus, und zwar von dieser frühesten Kommunikation mit der gebärmütterlichen Umwelt an. Eine Welt von Beziehungen wird dadurch aufgebaut, deren Resonanzen ein unerwartetes Forschungsgebiet für alle diejenigen werden könnten, die sich mit den Geheimnissen des beginnenden Lebens befassen möchten.

Unsere eigenen Untersuchungen während der vergangenen dreißig Jahre haben so viele konvergierende medizinische Fakten erbracht, daß kaum mehr Zweifel an einer vorgeburtlichen Psychologie möglich sind. Mit anatomischen, embryologischen und physiologischen Beweisen läßt sich eine embryonal-fötale Psychogenese durchaus begründen.

Aufgrund von Analysen in diesen verschiedenen Bereichen habe ich ein Bild der vielgestaltigen Wahrnehmungen entwerfen können, die vom Kind in seiner Gebärmutterhöhle gemacht werden. Das Hören der mütterlichen Stimme ist meiner Meinung nach von diesen Eindrücken der wichtigste. Es ist gewissermaßen die Grundlage für den Wunsch nach Kommunikation.

Zahlreiche Untersuchungen, die von mir oder parallel zu mir auf dem Gebiet der Phylogenese und der Ontogenese, also der Stammesgeschichte und der Entwicklung vom befruchteten Ei bis zum lebensfähigen kleinen Menschen, durchgeführt wurden, haben bewiesen, daß das menschliche Ohr sich rascher entwickelt als der ganze übrige Körper. Sie haben eine Tatsache aufgezeigt, daß nämlich das Innenohr während des Embryonallebens von allen Organen die raschesten und erstaunlichsten Umwandlungen erfährt. Daraus ist auch die frühzeitige Bedeutung des Vorhofs und folglich seiner Wirkung auf die körperliche Dynamik, auf die Ausbildung des Körperbilds, hervorgegangen. Es konnte bewiesen werden, daß die Entwicklung des Nervensystems um den Vorhof-Schnecke-Apparat herum bei der Geburt bereits abgeschlossen ist. Die Nervenverbindungen insgesamt sind hingegen erst im Alter von etwa zweiundvierzig Jahren wirklich funktionell! Eine Frühreife des Gehörapparats, das darf man wohl sagen, die man unmöglich mit Stillschweigen übergehen kann.

Das menschliche Ohr bereitet somit auf seinem Weg zum Hören sein späteres Königreich schon von den ersten Tagen nach der Empfängnis an vor. Als erstes Organ von allen läßt es das Leben in seiner Kommunikationsdynamik und seiner Sehnsucht nach Einheit sichtbar werden. Es baut rasch sein ganzes Nervennetz auf, damit es seine Erfahrungen als Fötus, die Grundlage der menschlichen Entwicklung, die das Kind nach seiner Geburt vollenden muß, optimal aufzeichnen, sich einverleiben kann.

Auf dieser äußerst lebendigen, grundsätzlich aktiven anatomisch-physiologischen Grundlage entfaltet sich nun eine Psychogenese, die ihrerseits zur Grundlage der späteren psychischen Aktivität wird. In diesem Boden wurzelt die genetische Psychologie. Daran ist nichts Ungewöhnliches. Man darf ohne weiteres annehmen, daß sich beim

Embryo-Fötus sehr rasch eine intensive psychologische Dynamik hinsichtlich der Gefühle als auch der Beziehungen organisiert.

Wenn man mit der notwendigen Ausdauer zu ergründen versucht, wie die bekannten Verhaltensweisen des Menschen entstehen, entdeckt man zu seiner Überraschung, daß die archaischsten Strukturen, von denen man weiß, daß sie ganz tief in der Seele verwurzelt sind, während des vorgeburtlichen Lebens in der »Urhöhle« erworben worden sind. Aus der Zeit in dieser ursprünglichen Behausung, in dieser Hülle, die jeden Menschen einmal umgeben hat, sind viele archetypische Erinnerungen erhalten geblieben. In ihnen erkennt man zahlreiche Symbole, die aus dieser Urquelle hervorgegangen sind.

Schon in dieser Entwicklungsphase bildet sich eine grundlegende Beziehung zur äußeren Welt aus, zunächst mit der Gebärmutter und all dem, was sie von der Ernährung, von der Kommunikation durch Töne und Berührung, von der Organisation des Raumgefühls her gesehen bedeutet. Die spätere Entwicklung ist folglich nur mehr eine Wiederholung dieser Grundstrukturen. Nacheinander werden die verschiedenen Stadien entdeckt, die ineinander verschachtelt zu sein scheinen und es durch ihre Programmierung tatsächlich auch sind. So geht der Embryo aus dem Ei hervor, ebenso der Fötus aus dem Embryo, und dieser wiederum bringt das Neugeborene hervor. Dasselbe gilt für den Weg von der ursprünglichen ersten Zelle bis zum Menschen in seiner letzten Lebensphase. Was man sich vorher einverleibt hat, wird zur Grundlage für die spätere psychische Aktivität, die sich weiterentwickelt und allmählich immer komplexer wird.

Mit der projektiven Symbolik läßt sich die Spur dieses ursprünglich Erlebten zurückverfolgen. Untersuchungen über den Lebensraum, gewisse Untersuchungen wie der Baum-, der Männchen-Zeichen- oder der Häuschen-Test usw. zeigen eine Bilderwelt auf, die sich unter dem Einfluß solcher archaischster Engrammbildungen während des Lebens in der Gebärmutterhöhle gebildet hat.

Überdies sind die Herz- und Atemrhythmen der Mutter, auch die des Fötus selbst, die Geräusche aus der Umgebung, die vom Körper der Mutter ausgehen, ebenso viele tönende Wahrnehmungen, die aufgezeichnet und filtriert werden, die also, daran sei erinnert, nur als rhythmische Erscheinungen wahrgenommen werden. Diese erlebten Lautäußerungen können im Leben nach der Geburt auf psychologischer und sogar psychiatrischer Ebene wichtige Nachwirkungen haben. Geräusche und Töne von außerhalb der Wand zu den Eingeweiden hin haben ebenfalls ihre Auswirkungen. Doch das Hören der mütterlichen Stimme bleibt zweifellos das wichtigste Phänomen für die gesamte spätere affektive und gefühlsmäßige Organisation. Wir haben insbesondere die beträchtlichen Auswirkungen der filtrierten mütterlichen Stimme auf die Entwicklung des Wunsches nach Kommunikation aufgezeigt.

Diese Beziehungsdynamik erfordert offensichtlich ein Substrat, in dem sie sich ausbilden kann. Dafür kommt nur die Beziehung zur Mutter in Frage. Man kann diese affektive, tiefe Beziehung, die zwei Wesen, die Mutter und das später zur Welt kommende Kind, von allem Anfang an miteinander in Resonanz bringt, gar nicht genügend hervorheben. Keine andere Beziehung kann je so tief wie diejenige sein, die sich während der neun Monate ausbildet, in denen die Mutter und der Embryo-Fötus in einer wirklichen Symbiose leben. Dadurch werden sie zu dem, was sie potentiell bereits sind: Mutter und Kind. Durch seine Gegenwart und von den ersten Augenblicken seiner Einnistung in der Gebärmutter an verändert der Embryo-Fötus die Frau, die ihn in sich trägt. Sie wird ganz anders. Und ihre Seele hallt von einem ganz besonderen Liebesduett wider, das so ganz anders ist als alle gebräuchlichen Gefühlsergüsse. Sie schwingt von da an mit den Wellen des Lebens mit, das sie weitergibt. Dadurch, daß sich in ihr ein Kind entwickelt, verwirklicht die Frau ihre potentielle Dimension einer Lebensspenderin. Dadurch wird sie zur Partnerin in einem Paar, die durch nichts ersetzt werden könnte.

Es ist bekannt, wie sehr es der Mann mit seinem zerstörerischen Wesen fertig gebracht hat, diese wesentliche Bindung, der er selbst das Glück verdankt, den Weg ins Leben gefunden zu haben, zu verdecken, zu erniedrigen, zu zerstören, zu vernichten. In einer existentiellen Dialektik gefangen, die zur Folge hat, daß er sich in den Mäandern einer Entwicklung verirrt, die seine Vorgänger eingeleitet haben, vergißt er bisweilen, was sein eigenes Wesen ausmacht, dieses Wesen, aus dem der wirkliche Dialog erwächst und von dem diese außergewöhnliche Beziehung zwischen zwei Wesen ausgeht, die miteinander verschmelzen.

Es gibt keine Situation, die mit einer Schwangerschaft vergleichbar wäre. Sie allein vermag diese doppelte Bindung durch Liebe, im edelsten Sinne des Wortes, hervorzubringen, diese durch aufmerksames

Hören aufeinander eingeleitete und in Freiheit angenommene Abhängigkeit.

Es gibt keine Psychogenese ohne die totale Mitwirkung der Mutter. Sollte der Wahn des Mannes zerstörerisch wirken und sich die Frau einer Schwangerschaft widersetzen, sie entschieden ablehnen, bleibt in ihrem tiefsten Inneren ein mütterliches Mitschwingen erhalten. Wenn sie auf diese negative Art Leben schenkt, läßt sie den Tod in das Leben einfließen, nicht ohne sich selbst in ihrer wesentlichen Wirklichkeit zu zerstören. Man ahnt bereits die spätere psychologische Struktur und deren Verirrungen, welche die psychische Welt des Kindes bilden werden, eine Welt, auf die später noch die des Erwachsenen aufgepfropft wird.

Deshalb sage ich mit Vorliebe, das Hören führe das Kind noch vor seiner Geburt in seine Zukunft als Mensch ein. Man weiß jetzt, daß daran nicht nur das Ohr, sondern auch die Sensibilität der gesamten Haut, alle inneren Empfindungen, sogar die der Eingeweide, beteiligt sind. Man wendet somit seinen ganzen Körper dem anderen zu, damit man hört, aber dadurch erfährt man auch, wer man selbst durch diese Beziehung ist. Man kann nicht zuhören, ohne sich selbst einzubeziehen, und das Hören beginnt mit dem Hören auf sich selbst beim Aufbau einer Beziehung zum anderen.

Menschliche Existenz beginnt mit dieser allerersten Beziehung zur Mutter. Und sie wird um so wahrer, um so authentischer, je mehr sie von jeder emotionalen und affektiven Verzerrung frei wird. Sie nähert sich dann dem, was die Entwicklung des Seins auf seinem menschlichen Weg sein sollte. Wir wissen, daß alles ganz anders ist, aber ich bleibe dennoch davon überzeugt, daß eine vertiefte Untersuchung der Beziehungsdynamik, die während des intrauterinen Lebens zustande gekommen ist, reiche Erkenntnisse vermitteln könnte, durch die alles menschliche Verhalten begriffen und geleitet werden könnte. Zweifellos ließen sich daraus fundamentale Grundprinzipien für die Erziehung ableiten. In dieser Hinsicht bleibt der Embryo-Fötus unser Lehrmeister.

***

Die so faszinierende Welt der Gebärmutter, in der es noch so viel zu erforschen gibt, die bei den Untersuchungen über eine mögliche Restrukturierung des innersten menschlichen Wesens so kostbare Hinweise liefert, die auch so verschwenderisch Antworten im therapeutischen Bereich gibt, wird zweifellos noch während Jahren unsere besondere Aufmerksamkeit beanspruchen. Unsere und die der kommenden Generationen. Indem wir in diese Welt eintauchen, dringen wir auch tiefer in eines der schmerzlichsten Probleme unserer Zeit vor, nämlich in diese totale Isolierung eines Menschenwesens von seiner Umwelt und insbesondere diese Abwendung vom Menschen, der ihm das Leben geschenkt hat.

Das autistische Kind – Angriff auf die Festung

Sobald man sich mit dem Autismus befaßt, stellt man fest, daß man vor einem sehr facettenreichen Problem steht. Es läßt sich zweifellos ein gemeinsamer Stamm erkennen, doch tausenderlei Einzelheiten sorgen dafür, daß es ebenso viele klinische Bilder wie autistische Kinder gibt. Und dabei werden ebenso viele Störungen in den mitmenschlichen Beziehungen sichtbar, wie es Familien mit autistischen Kindern gibt.

Es dürfte allgemein bekannt sein, daß man kaum etwas über die Entstehungsgeschichte des Autismus weiß. Spezialisten äußern sich mit gewaltigen dialektischen Ausführungen dazu, doch zu oft zum Schaden des Kindes selbst, das an diesem Syndrom leidet; auch zum Schaden der Familie, für die ein solches Problem eine eigentliche Zerreißprobe ist. Die ganze Familienstruktur ist gestört, aus dem Gleichgewicht gebracht, auf dramatische Weise desorganisiert.

Wir unsererseits stellen jedoch unseren Standpunkt klar und einfach dar, denn wir haben ein klinisches Bild vor Augen, aus dem als wichtigstes Element ein auffälliges Anzeichen heraussticht, das sich folgendermaßen äußert:

Das autistische Kind hört nicht zu

Die eigentlichen und letzten Ursachen einer derart kategorischen Oppositionshaltung lassen sich nicht immer bestimmen. Etwas steht jedoch für uns fest, daß nämlich das autistische Kind hört – dafür scheint es zumindest Belege zu geben –, daß es sich aber entschieden weigert zuzuhören.

Die daraus erwachsenden Folgen sind unvermeidlich. Weil sich das Kind weigert zuzuhören, das heißt, die Sprache zu integrieren, lebt es in einer Welt voller Töne, aus der jedoch das Wort ausgegrenzt ist. Eine außerordentlich mühsame Situation, sowohl anstrengend für das Kind, das sich darin befindet, als auch für die Familie, die dieser Verweigerung jeglicher Kommunikation gegenüber völlig machtlos ist.

So lebt das autistische Kind zwar intensiv in einer tönenden Welt, aus der aber paradoxerweise jede Semantik verdrängt ist, in der nie ein gegenseitiges Verstehen zustande kommt. Es kann zwar eine Fliege hören, die an ihm vorbeifliegt, aber es ist nicht imstande, seinen Namen zu erkennen, wenn dieser unmittelbar neben ihm ausgesprochen wird. Man gewinnt den Eindruck einer Spaltung zwischen dem Fühlen und dem Wahrnehmen. Ein passives Handeln, das sich von Tönen überschwemmen läßt, ist, bisweilen sogar im Übermaß, vorhanden, doch der Übergang zum aufmerksamen Zuhören, aus dem das Bewußtsein hervorgeht, wird nicht geleistet.

Es fehlt somit, wie man sieht, ein bestimmter *Mechanismus*. Ob er verlorengegangen ist, ob er nie ausgereift ist oder ob er ganz einfach nicht vorhanden ist, die Tatsache ist jedenfalls unübersehbar: Dieser Mechanismus fehlt.

Die autistischen Kinder sind somit vielen Reizen ausgesetzt, aber keiner von diesen wird in Kategorien strukturiert. Diese Kinder hören, aber sie hören nicht zu. Sie haben Augen und sehen nicht. Sie haben einen Mund, aber reden nicht.

In dieser grundsätzlichen Form ist der Autismus tatsächlich sehr viel weiter verbreitet, als man glauben möchte, und in den Fällen, über die wir hier berichten, handelt es sich ausschließlich um extreme Äußerungen.

Die Welt, in der die autistischen Kinder leben, ist paradox, beziehungslos, ohne jeden Zusammenhang zwischen einem Ereignis, das gerade abläuft, und einem anderen Ereignis, das man bereits erlebt hat. Die Kinder verschaffen sich durch einige Stereotypien, die sie auf sich selbst fixieren, eine gewisse Sicherheit, und dadurch kommt gleichzeitig etwas wie eine Verhaltenswirklichkeit zustande.

Die Welt stellt sich ihnen als etwas Uneinheitliches, nicht in Entwicklung Begriffenes dar. Was sie sehen, besteht aus einer Abfolge einzelner, zusammenhangloser Bilder. Die Töne erleben sie als sich wiederholende Sequenzen, ohne daß einer von ihnen eine Beziehung zur Sprache hätte. Würde nämlich nur ein einziges Wort semantisch wahrgenommen, empfunden, so wäre das Syndrom sogleich beseitigt.

Was läßt sich angesichts einer solchen Sachlage tun?

Es ist nicht damit getan, was man leider nur zu oft sieht, daß man ein Kind darauf »dressiert«, Worte auszusprechen. Das macht keinen Sinn. Und alle auf einem solchen System beruhenden erzieherischen Maßnahmen sind zwangsläufig zum Scheitern verurteilt. Erreicht wird damit letzten Endes bloß, daß das Kind einige Dutzend Wörter benutzt, und das nach monate- und jahrelangen Bemühungen.

Wir unsererseits schlagen als erstes eine *Erziehung des Gehörs* vor. Wir haben bisher zahlreiche autistische Kinder behandeln dürfen, und aufgrund dieser Erfahrungen nehmen wir an, der Wunsch nach Kommunikation, und insbesondere der Wunsch nach Kommunikation mit der Mutter, sei bei diesen Kindern aus unterschiedlichsten Gründen nie wach geworden.

Was soll das heißen? Es sei daran erinnert, daß das Ohr ein sehr früh entwickeltes Organ ist, aus dem das ontologischste aller Bedürfnisse, das nach Kommunikation, hervorgeht. Das menschliche Wesen ist ein grundsätzlich soziales Geschöpf, und eine Kommunikation in einer Gruppe ist nur denkbar, wenn die Fähigkeit zuzuhören rasch ausgenützt wird.

Diese Fähigkeit ist schon früh, wir haben es ausführlich dargestellt, vorhanden, weil das menschliche Ohr seine Entwicklung als anatomisches Organ schon in den ersten Monaten des intrauterinen Lebens vollendet. *Der Embryo-Fötus ist bereits ein Hörender.* Der mit dem Vorhof-Schnecke-System verbundene Nervenapparat ist vom fünften Monat des Fötallebens an funktionstüchtig. Zudem ist das Hörzentrum in der Schläfengegend des Gehirns bei der Geburt bereits voll ausgebildet.

Diese erstaunliche Frühreife des Ohrs im Vergleich zu allen anderen Organen berechtigt zur nicht übertriebenen Aussage, der Wunsch zu hören sei als das allerontologischste Bedürfnis des Seins zu betrachten.

Dieser Wunsch zu hören weckt das Kind, das geboren werden soll, zu seiner menschlichen Bestimmung. Schon jetzt entwickelt sich eine Kommunikation, die dem kleinen Menschen zeigt, daß er der umgebenden tönenden Welt zugehört. Fügen wir hinzu, daß das fötale Ohr die Stimme der Mutter besonders gut wahrnimmt. Zwischen der Mutter und ihrem Kind besteht eine Interkommunikation, eine wirkliche Kommunion. Die Mütter wissen das sehr wohl. Sie sprechen mit dem Kind, das sie in sich tragen. Sie singen ihm Lieder vor, sie unterhalten sich mit ihm.

Vor dem Hintergrund einer innigen, täglichen, ununterbrochenen Beziehung, aus der die Geräusche der Eingeweide ausgemerzt sind, weil die Schnecke die tiefen Töne herausfiltriert und dadurch unterdrückt, lebt der Fötus schon in diesem wunderbaren Staunen, das durch das Rauschen der Stimme seiner Mutter ausgelöst wird.

Hier und nirgendwo sonst beginnt der Wunsch zu hören. Wenn dieses Bedürfnis aus irgendeinem unerfindlichen Grund nicht wach oder im Keime erstickt wird, so entstehen tiefgreifende Kommunikationsstörungen. Die Folgen sind bekannt.

Diese treffen vor allem das Kind, das sich in seinem Elfenbeinturm einschließt, der jedoch in Wirklichkeit ein Gefängnis ist. Es ist ganz einfach in einem Raum ohne Antwort, in einer Zeit ohne Dauer gefangen. Es scheint den Gesetzen der psychischen Schwerkraft nicht zu gehorchen. Nichts weckt seine Aufmerksamkeit, Beziehungen fehlen oder bleiben ärmlich. Es befindet sich ganz allein in einer Koppel ohne Ausgang und dreht sich im Kreise innerhalb einer Abschrankung, aus der es gar nicht herauskommen möchte. Verspürt es überhaupt irgendwelche Wünsche in sich? Man ersieht daraus ohne weiteres – diese knappen Ausführungen haben es hoffentlich gezeigt –, daß der Autismus unserer Auffassung nach ein Gebiet ist, auf dem das Psychische alles andere dominiert. Und die erzielten Ergebnisse lassen sich nur dadurch erklären, daß wir die organische Seite völlig außer acht lassen. Doch jetzt wäre es eigentlich an der Zeit, etwas über unsere Einwirkungsmöglichkeiten auf das autistische Kind zu sagen.

Wir versuchen, den Wunsch zu hören mit Hilfe der mütterlichen Stimme zu wecken, die wir dem Kind auf fötale Weise, also in Form filtrierter Töne, vorspielen. Man wundert sich immer wieder, wie zwanglos und rasch autistische Kinder, die doch an sich die Welt der Sprache gar nicht akzeptieren möchten, vom Wunsch erfaßt werden, diese neue Botschaft aufzunehmen. Vielleicht erinnern die Töne sie an etwas »bereits Erlebtes« (was das Wort *desiderium* etymologisch bedeutet, ich betone es noch einmal), oder es wird in ihnen das elementare Bedürfnis zu hören geweckt, das die Grundlage für jede Kommunikation ist.

Das scheint fast selbstverständlich zu sein, falls man der Weckung des Hörvermögens, zweifellos der erstaunlichsten Erwerbung unter allen dynamischen Strukturierungen des Menschen, die erwähnte Bedeutung zuerkennt. Doch ich erinnere daran, daß unsere Bemühungen um das Kind nur erfolgversprechend sind, wenn wir gleichzeitig die Mutter und wenn möglich die ganze Familie für unser Unterfangen gewinnen können.

Wenn nämlich eine autistische »Selbsteinschließung« ihre Ursache in einer Familienstruktur hat, so ist die gesamte Beziehungsdynamik stark gestört, denn es gibt kein normales Kommunikationsmittel. Jedes Eingreifen auf dieser Ebene wird sogleich blockiert, abgelehnt, bisweilen verbunden mit heftigen Gewaltausbrüchen.

Deshalb erwarten wir von der Familie und insbesondere der Mutter, die bereitwillig ihre Stimme für das Kind hergegeben hat, daß sie ebenfalls eine Gehörerziehung auf sich nehmen. Steht auch die Stimme der Großmutter zur Verfügung, so erzielt man offensichtlich noch raschere Ergebnisse, weil die Mutter des autistischen Kindes ebenfalls von den Sitzungen mit der filtrierten Stimme ihrer Mutter profitiert.

Gewisse Reaktionen des Kindes zeigen, ob es uns gelungen ist, bis dahin brachliegende Strukturen zu mobilisieren. Sie werden vorerst auf neurovegetativer Ebene (Schlaf, Appetit) und später auf der Stufe des Verhaltens sichtbar. Sobald man soweit ist, muß man der Mutter helfen, solche Veränderungen zu akzeptieren, denn sie hat sich seit langem an untypische, ungewöhnliche Reaktionen ihres Kindes gewöhnt. Durch seine verwirrende Haltung wird nämlich das autistische Kind das Objekt seiner Mutter, während umgekehrt die Mutter für das Kind zu einem Ding geworden ist. Und die Spannungen, die sich dadurch zwischen ihnen entwickelt haben, können dem Kind den Weg zu einem normalen Leben verbauen.

Der Vater bleibt, wie wir bereits gesehen haben, von diesem Geschehen nicht ausgeschlossen. Wir erklären ihm die Rolle, die er innerhalb der Familie zu spielen hat. Sein Verhalten diesem Kind gegenüber, das, so könnte man sagen, nie das seine geworden ist, weil es den Weg zur Semantik nicht gefunden hat, muß tatsächlich von Grund auf neu umschrieben werden. Die Sprache ist dafür verantwortlich, daß ein Kind Sohn oder Tochter seines Vaters wird. Es muß jedoch eine sehr spezifische Sprache sein, durch die Information vermittelt werden kann und die zur Grundlage des Gesetzes werden muß. Der Vater ist nicht derjenige, der grollt. Er ist derjenige, der erklärt, der das Gesetz darlegt, bis es wirklich akzeptiert wird. Ihm kommt die Aufgabe zu, dessen Anwendung sicherzustellen.

Wenn sich der Vater an der Gehörpädagogik beteiligt, auch daran sei erinnert, stellen sich erkennbare Ergebnisse noch rascher ein.

Es ist alles andere als leicht, auf der Stufe der familiären Beziehungsdynamik eine Artikulation zu erreichen, die diesen Namen auch verdient. Zuerst muß man das Kind zu einer wirklichen Begegnung mit seiner Mutter bringen. Es muß heranwachsen, damit es sie entdeckt. Es muß erwachsen werden, um sie zu lieben.

Und es steht gar nicht von vornherein fest, daß eine Mutter, die so lange die Gefangene eines Fötus geblieben ist, den sie gleichzeitig in sich und außerhalb von sich trug, von ganzem Herzen diesen von Liebe getragenen Schwung akzeptiert.

Wenn das autistische Kind ein potentielles Werden sein, wenn es somit zu einem Menschen heranreifen soll, so müssen Mutter und Vater die ihnen zukommende Rolle spielen. Es geht wohlverstanden um das Kind. Die Mutter schenkt ihm ihr Herz, der Vater die Sprache. Die Mutter allein hat das Recht auf die Liebe des Kindes, das sich schrittweise auf einen immer erwachseneren Zustand hinbewegt, während das Wirken des Vaters in der Entwicklung des Kindes seine Erfüllung findet.

In einer solchen entspannten Atmosphäre keimt im Kind allmählich der Wunsch zu kommunizieren, sich auszudrücken. Oft entwickelt sich die Sprache über ein Plaudern, das der Familie befremdlich vorkommen kann, wenn sie nicht darauf vorbereitet ist.

Hier, und hier noch mehr als in anderen Belangen, muß man der Mutter und dem Vater dabei helfen, daß sie ihr Verlangen, rasch vorwärtszukommen, bezähmen. Der Wunsch zu hören ist beim Kind erst schwach ausgebildet, er strukturiert sich nur langsam. Er muß den Wunsch nach Kommunikation auslösen. Man darf das Kind nicht hetzen, man muß darauf verzichten, die Mechanismen, die diesem langsamen Prozeß zugrunde liegen, beschleunigen zu wollen. Falls es die Eltern eilig haben, wenn sie Wörter hören möchten, wenn sie vom Kind wünschen, daß es andere Wörter wiederholt, so besteht die reale Gefahr, daß alles bereits Erworbene wieder in Frage gestellt wird.

Wenn ein Säugling zuerst nur plaudert und erst allmählich die Sprache erwirbt, so respektieren alle diese Tatsache. Man bewundert sogar das Kind.

Ein autistisches Kind hingegen, ebenso auch ein Kind, das Widerstand leistet oder verspätet zu sprechen beginnt, wird vielleicht immer wieder geneckt, man fordert es auf, ein Wort noch einmal zu sagen, häufiger zu sprechen. Man bedrängt es, damit es wie ein Zirkustier reagiert.

Unter solchen Umständen gewinnt das Tier! Wenn das Kind diese völlig verzerrte Dynamik spürt, macht es beim Spiel nicht mehr mit. Es will gewollt der ganzen Familie Eindruck machen, indem es die Wörter nur dann von sich gibt, wenn es das will, oder indem es sich weigert, Wörter auszusprechen, und das, was man von ihm will, nicht tut.

Das Kind gewinnt dieses Spiel. Das stimmt. Doch dabei stirbt in ihm der Wunsch nach Kommunikation wieder.

Bei einem autistischen Kind, das langsam damit beginnt, sprechen zu wollen, muß man stillschweigend und liebevoll alles, was es sagt, in sich aufnehmen, man muß seine Fortschritte aufzeichnen und fortwährend über seine Erwerbungen Buch führen.

Der Anfang ist am schwierigsten. Später beschleunigt sich die Entwicklung. Im gleichen Rhythmus, wie die Sprache sich entwickelt, wächst die Selbstsicherheit des Kindes. Der Blick wird ausdrucksvoll. Wörter werden aneinandergereiht, und später werden ganze Sätze gebildet.

Das Kind findet so schrittweise den Weg in die Welt der Kommunikation. Seine Sprache normalisiert sich. Gleichzeitig fügt es sich auch oft harmonisch in seine soziale Umwelt, in seine Familie und in die Schule, ein.

Solche von uns als positiv bewerteten Ergebnisse erzielen wir in sechzig Prozent der von uns behandelten Fälle. Es bleiben somit vierzig Prozent Mißerfolge übrig, was eine Herausforderung für uns darstellt. Sie zeigen uns, daß unsere Aufgabe noch nicht restlos erfüllt ist.

Auf dem Gebiet des Autismus bleibt tatsächlich noch viel zu tun. Zahlreiche Forscher befassen sich überall auf der Welt mit diesem Problem. Die Anstrengungen müssen vervielfacht werden, damit diese in ihrer Festung eingeschlossenen Kinder aus ihrer Hölle befreit werden können. Ist diese Festung völlig leer? Ich glaube es nicht. In ihr befindet sich ein Sein, das sich ausdrücken, am Leben um es herum teilhaben möchte; doch es ist eben eine Festung, in die man eine Bresche schlagen muß.

Man muß sich um ein solches Kind, das sich in einer Notlage befindet und das an unsere Türe klopft, kümmern. Man muß sich bewußt sein, daß es da ist und daß es ist. Man muß ihm bewußtmachen, daß es zur Menschheit gehört.

***

Neben dem Problem des Autismus haben uns auch andere Themen während Jahren beschäftigt. Musik und Gesang waren schon immer privilegierte Forschungsgebiete, und sie wurden es erst recht 1985, im »Jahr der Musik«.

Das »Jahr der Musik«

Verschiedene Aktionen in zahlreichen Ländern haben während der vergangenen Jahre der Welt der Musik innerhalb der menschlichen Tätigkeiten zu einer bevorzugten Stellung verholfen. Es war deshalb nicht mehr als recht, ihr ein ganzes Jahr zu widmen. Zahllose kulturelle und wissenschaftliche Veranstaltungen sind in dieser Zeit zu ihrer Ehre organisiert worden.

Weltweit gab es hochrangige Festivals, etwa Solisten- oder Chorkonzerte, an denen Hunderte, ja Tausende von Erwachsenen und Kindern aus verschiedensten Völkern teilnahmen; Kongresse wurden durchgeführt, in Paris beispielsweise über den gregorianischen Gesang. Dem Leser ist bereits bekannt, welche Bedeutung ich diesem musikalischen Ausdruck beimesse und welche Bedeutung ihm innerhalb der nach unseren Methoden arbeitenden Zentren zukommt. Auch andere pädagogische und kulturelle Aktionen sind erwähnenswert, vor allem Veranstaltungen zur Förderung der Kreativität, die dieser reichen Periode einen unauslöschlichen Stempel aufgedrückt haben.

Ich konnte unmöglich allen Anfragen aus Frankreich, Kanada, Norwegen usw. nachkommen, aber ich hielt immerhin einige Vorträge, in denen ich vor allem auf die Macht der Töne und auf die neuropsychophysiologischen Wirkungen der Musik zu sprechen kam. Einmal mehr ging ich auf die Gegenreaktionen ein, die akustische

Phänomene bei der Körperhaltung auslösen, ebenso auf die Beziehungen zwischen der Tonarchitektur und der menschlichen Struktur, auf die nützlichen Auswirkungen und die erzieherische Kraft des Gesangs.

Viel zu sagen gab es über die guten Seiten der Musik, eine Thematik, die bei verschiedenen Gelegenheiten behandelt wurde. Mir meinerseits bot sich so eine Gelegenheit, auf die pädagogische und therapeutische Wirkung der Musik und des Gesangs zurückzukommen, also auf Gedanken, die ich schon rund vierzig Jahre zuvor geäußert hatte.

Während langer Jahrzehnte hatte man nicht mehr bedacht, welchen bedeutenden Einfluß der Gesang auf die Erziehung und das Lernen in der Schule haben kann. Mit Initiativen aus musikalischen und pädagogischen Kreisen wird jetzt versucht, das grundlegend vermenschlichende Element im selbstpraktizierten Singen wieder hervorzuheben. Die Lehrkräfte in Kindergärten und Primarschulen sollten sich dieser Notwendigkeit wieder bewußt werden und sich weiterbilden. Sie selbst müssen wieder singen lernen, ein Musikstück interpretieren können und ein Instrument beherrschen.

In der heutigen Lehrerausbildung wird der Musikpädagogik nicht genügend Beachtung geschenkt. Man spricht zwar viel über die Entwicklung des Körperbildes, über Psychomotorik, über die Körperhaltung, aber man vergißt dabei, daß man gerade mit Tönen und insbesondere mit dem Gesang als wesentlichen Elementen den Körper richtig und wirksam zu mobilisieren vermag. Dabei kommt es wohlverstanden nicht darauf an, welche Art von Gesang und welche Art von Musik gepflegt werden. Man muß dabei die Möglichkeiten des Nervensystems des auszubildenden Kindes und die Zweckmäßigkeit der von ihm erwarteten Übungen beachten. Der Körper des Kindes muß darauf vorbereitet werden, ein Werkzeug für das Lernen, die Memorisierung, den Ausdruck und die Kommunikation zu sein.

Doch die heutigen Lehrer haben oft selbst Mühe beim Singen. Sie haben zum Teil schlecht eingestellte, rauhe, herbe, also wenig anregende Stimmen. Sie dynamisieren ihre Kinder nicht, sondern sie schläfern sie ein, entmotivieren sie, verringern ihre Aufmerksamkeits- und Konzentrationsfähigkeit. Sie sprechen so falsch, wie sie falsch singen.

Es gibt moderne, auf jüngste wissenschaftliche und technische Erkenntnisse abgestützte Methoden, mit denen Erwachsene innerhalb kürzester Zeit dazu gebracht werden, richtig zu hören und zu singen, indem man das richtige Funktionieren ihres Gehör-Stimme-Regelkreises fördert. Heute ist es kein Problem mehr, eine Stimme auszubilden, ihr die Möglichkeit zu verschaffen, auf das Hirn einzuwirken, ihren Klang, ihre Qualität, ihre melodischen Fähigkeiten zu verbessern.

Den für die Lehrerausbildung verantwortlichen akademischen Kreisen sollte bewußtgemacht werden, daß die für die Erziehung der Kleinkinder zuständigen Lehrkräfte eine vertiefte musikalische Ausbildung benötigen. Nicht virtuose Sänger, hochtalentierte Instrumentalisten oder begnadete Chorleiter sollen aus ihnen gemacht werden. Aber sie müssen imstande sein, Kinder mit kindlichen Reimen und Liedern zu einer gut ausgebildeten Sprache hinzuführen. Muß daran erinnert werden, daß man durch das Singen einer Sprache zu den Quellen zurückgeht, aus denen sie neuroanatomisch hervorgegangen ist? So bereitet man ein Gehör vor, das für das Erlernen der Muttersprache notwendig und geeignet ist.

Daß man Kinder singen lehren muß, kann gar nicht genügend hervorgehoben werden. Es ist überdies allgemein bekannt, daß sie sich sehr glücklich fühlen, wenn sie sich auf diese Weise ausdrücken dürfen. Zoltán Kodály hat darauf hingewiesen und eine qualitativ hochstehende Musikpädagogik entwickelt. Seine Methode wird heute in der ganzen Welt gepflegt. Andere Musiker haben ebenfalls wirksame Methoden ausgearbeitet. Diese wenden Lernprozesse an, welche die durch körperliche, visuelle und akustische Integratoren aktivierten Regelkreise des Nervensystems berücksichtigen, über die wir an anderer Stelle gesprochen haben. Das Werk von Willems gehört zu dieser anspruchsvollen Pädagogik; Kindern und Erwachsenen wird so der volle Zugang zur faszinierenden Welt der Musik geöffnet. Ich selbst hatte 1985 das Glück, daß ich zusammen mit Professoren und Instrumentalisten, die sich auf Einladung der Willems-Gesellschaft in Lyon zusammengefunden hatten, einige höchst fruchtbare und anregende Tage erleben durfte.

So erhält die Musik mit der Zeit die ihr innerhalb der pädagogischen Aktivitäten in der Schule wie auch im Alltag zustehende Bedeutung zurück. Ich spreche selbstverständlich von einer Musik, durch die der Mensch mit dem ganzen Universum in Einklang kommt. Sie bewirkt eine Harmonisierung, eine Dynamisierung, sie weckt Kreativität und setzt eben dort an, wo das Geheimnis beginnt. Sie läßt uns nur ahnen, was die Welt der Töne mit ihrer existentiellen Antwort uns sagen will, das vibrierende und klingende Schweigen des zugrunde liegenden Unhörbaren. Durch ihre Modulierungen formt sie das menschliche Sein in allen seinen physischen, geistigen und spirituellen Facetten. Durch die Akzente, die sie setzt, vermag sie Menschen aus ihren Fesseln zu befreien, in denen sie durch die vom Leben gewobenen Netze gefangen sind. Diese Musik liegt den Gesängen zugrunde, mit denen die Befreiung des in der Lebensangst gefangenen Seins besungen wird. Sie ist ein unentgeltliches und freiwilliges Geschenk, das merkwürdiger- und wunderbarerweise dem Menschen gegeben ist, damit er sich zu seiner eigentlichen *conditio humana* aufschwingt.

Bevor ich diese kurze Abschweifung in das Reich der Musik beende, muß ich Eltern und Erzieher vor gewissen abirrenden Musikformen warnen, tönenden Drogen, mit denen ganze Generationen von Jugendlichen bewußt in ein Abhängigkeitsverhältnis gebracht werden sollen. Es kommt vor, daß das jugendliche Nervensystem unwiderruflich zerstört wird. Diese angeblich moderne, extrem lautstarke Musik vom Typus Rock und Pop ist für das Gehör im höchsten Maße gefährlich. Gewisse Schädigungen lassen sich nicht mehr gutmachen.

Verbreitet sind auch die kleinen tragbaren Tonbandgeräte, die Walkmen. Sie sind populär, sie sind aber auch die Ursache eines eigentlichen kollektiven Autismus, der die Menschen von ihrer Umwelt absondert und bei ihnen den Wunsch nach Kommunikation verkümmern läßt. In der Botschaft, die durch Kopfhörer vermittelt wird, überwiegen überdies die langwelligen Frequenzen, also tiefe, entspannende Töne, die beim Benutzer Passivität auslösen, auf die oft eine depressive Verstimmung folgt. Eine übermäßige Lautstärke zerstört das Ohr und dessen Möglichkeiten: Zuhören, Aufmerksamkeit, Dynamisierung, Kreativität.

Leute wie Patricia Joudry wollten solche Apparate anstelle des Elektronischen Ohrs dazu benützen, um Leute zu aktivieren und von den Wohltaten unserer Methode profitieren zu lassen. Ein grundsätzlicher Irrtum, der höchstens beweist, daß die betreffenden Personen von Neurophysiologie nichts verstehen. Leider hat sich ein Musiker von den Qualitäten eines Yehudi Menuhin dazu hergegeben, ein Vorwort zum Buch von Patricia Joudry zu schreiben und damit viele

Heranwachsende und Erwachsene in vielen Ländern zu einer völlig falschen und unethischen Verhaltensweise zu verführen.

Doch falsche Entscheidungen lassen sich im Diesseits nicht vermeiden. Sie gehen vorbei, sie verschwinden wieder. Aber die Wahrheit bleibt bestehen, unveränderlich und auf alle Zeiten. Auch die Musik wird solche Fehlentwicklungen überwinden. Sie wird ihre Universalität wahren und die Menschheit zu den hohen Sphären der schöpferischen Harmonie führen.

***

Als ich mich etwas grundsätzlicher mit der Musik befaßte, war es mir gleichzeitig auch vergönnt, mich vertieft mit gewissen anderen Themen zu befassen, etwa dem Stottern, dem Körperbild, den Symbolen in Zeichnungen, der Familiendynamik aus dem Blickwinkel des gegenseitigen Zuhörens. Es ist ein wahrer Glücksfall, wenn man sich auf ein Gebiet spezialisiert hat, das so viele Möglichkeiten enthält! Ich weiß, diese Vielfalt von Anwendungsmöglichkeiten, die unsere Methode zuläßt, schreckt manche Beobachter ab, andere sind verblüfft, wie betäubt, wieder andere begegnen uns noch skeptischer als zuvor. Zu ihrem eigenen Schaden, muß man leider sagen. Sie versteifen sich krampfhaft auf eine kümmerliche Stellungnahme, so daß sie zu einer zusammenfassenden Synthese gar nicht imstande sind, und beharren hartnäckig auf einer einmal eingenommenen Haltung. Sie bekennen sich zum Prinzip, daß es unmöglich zwei Phänomene geben kann, die sich auf dieselbe Ursache zurückführen lassen. Für sie ist es völlig undenkbar, daß dieselbe Ursache einen Apfel wegen seines Gewichts zu Boden fallen läßt und einen Satelliten wie den Mond auf seiner Umlaufbahn hält. Wie kann man nur Gewicht und Schwerkraft in den gleichen Topf werfen? Dasselbe gilt für das Ohr und die Zusammenhänge zwischen dem Gehör und verschiedenen Mechanismen, die nur vielfältige Facetten der Funktion des Ohrs sind.

Der Autismus hängt mit dem Hören zusammen, wie wir gesehen haben, dasselbe gilt für die Kommunikationsstörungen. Es handelt sich um verschiedene Erscheinungsformen einer Mitwirkung des Hörorgans, das aus in der Regel psychologischen Gründen nicht den Erfordernissen eines idealen Funktionierens genügen kann, für die es geschaffen wäre.

Andere Funktionsstörungen sind spezifisch auf die Tätigkeit des Ohrs selbst zurückzuführen, beispielsweise die Ménière-Krankheit. In diesem Buch wurde darüber gesprochen und auf die psychologischen Ursachen eines solchen Syndroms hingewiesen. Die heutigen medizinischen Hypothesen, mit denen die Ursachen erklärt werden, erweisen sich als unzulänglich. Sie werden in keiner Art und Weise dem gerecht, was wir regelmäßig bei der Behandlung des Gehörs unter dem Elektronischen Ohr feststellen können. Die übliche anatomisch-pathologische Beschreibung eines solchen Syndroms muß folglich völlig revidiert werden. Es handelt sich nicht, das weiß man heute, um eine Blutung im Innenohr. Unserer Meinung nach ist der feststellbare erhöhte Druck nur das Ergebnis einer sekundären Reizung infolge einer qualitativ schlechten Funktionsweise des Mittelohrs und insbesondere des Steigbügel-Muskels.

Weil wir seit mehreren Jahren immer wieder dieselben positiven Resultate erzielen, soll eine geplante Publikation über die Ménière-Krankheit die Pathologie dieser verbreiteten und höchst behindernden Erkrankung klarstellen.

Das internationale Netz

Mehr als fünfundzwanzig Jahre lang ist so ein Netz von Benützern der Methode gewoben und immer wieder erneuert worden. In jüngster Zeit habe ich mein Team durch eine Anzahl Spezialisten ergänzt, die imstande sind, die entwickelten Techniken richtig anzuwenden und unsere Forschungen im Rahmen meines Pariser Laboratoriums mit der notwendigen Sachkenntnis weiter voranzutreiben.

Mir geht es dabei sowohl um die Qualität der Ausbildung als auch um die Funktionssicherheit und die Vervollkommnung der von uns verwendeten Apparaturen. Wer haltbare Ergebnisse erzielen will, muß bestimmten Erfordernissen genügen. Und weil Mitarbeiter gegen solche Prinzipien verstoßen haben, hat das Bild, das man sich von unserer Methode macht, zeitweilig gelitten. Gewiß gibt es noch immer »Verfälscher«, die nicht mehr durch Patente geschützte Apparaturen nachahmen und sie nach einer halbtägigen Ausbildung zur Anwendung freigeben! Offensichtlich sind sie talentierter als wir, denn wir benötigen für die Ausbildung bereits erfahrener Fachleute mehrere Monate und verlangen von den Benützern unserer Methode erst noch eine permanente Weiterbildung.

Um Menschen, die unsere Technik nutzen möchten, vor jeder Täuschung und allfälligen Mißverständnissen zu schützen, stellen wir seit einiger Zeit allen Mitgliedern unseres internationalen Netzes ein »Fähigkeitszeugnis« aus. Es ist ein Beleg dafür, daß sie imstande sind, unsere Methode nach Normen anzuwenden, die ihnen während einer Ausbildungsperiode und in Weiterbildungsseminarien vermittelt worden sind. Sie bleiben mit dem Pariser Zentrum weiterhin durch einen Beistandsvertrag verbunden und können jederzeit Auskünfte anfordern, die ihnen bei der Ausübung ihrer Tätigkeit nützlich sind.

Die Herstellung von Maschinen bereitet zweifellos weniger Mühe als die Ausbildung kompetenter Mitarbeiter. Doch ein Klavier bringt kaum Nutzen, wenn man nicht darauf spielen kann. Wobei freilich zuzugestehen ist, daß ein Elektronisches Ohr nicht denselben ästhetischen Reiz wie ein Klavier ausstrahlt.

Dank solcher Überlegungen und entsprechender Maßnahmen haben wir ein qualitativ hervorragendes, aus lauter professionellen Mitarbeitern bestehendes Netz aufbauen können: Psychologen, Orthophonisten, Pädagogen, Bewegungstherapeuten, Ärzte, Musiklehrer, Gesangslehrer, Linguisten. Jährliche Kongresse und Seminarien geben unseren Mitarbeitern die Möglichkeit, die von ihnen erzielten Ergebnisse untereinander zu vergleichen und neue Arbeitshypothesen vorzutragen. Die Voraussetzungen für weitere Forschungen sind somit gegeben.

»SAINT-YVES«

Doch alle diese konkreten Fakten und Maßnahmen auf der Stufe der Technik, der Methode, der Neurophysiologie, der elektronischen Maschinen standen für mich nicht im Zentrum meiner Tätigkeit während des vergangenen Jahrzehnts. Der Leser dürfte es bereits geahnt haben. Der Weg, den ich mit meiner Gattin zusammen gehen durfte, stößt nichts vom früher Verwirklichten um, verleiht ihm aber eine andere Dimension.

Auch diese zehn Jahre waren eine Abfolge von Schatten und Lichtstrahlen. Eine dunkle Periode im wirklichen Sinne des Wortes war es, als ich praktisch erblindete, weil sich in beiden Augen sehr rasch ein grauer Star entwickelte. Ein Jahr zu leben, ohne lesen zu können, ist für einen Bücherwurm hart. Léna wurde meine offizielle Vorleserin und meine Privatchauffeuse. Man hat mich wahrlich verwöhnt!

Dieser Übergang in die Dunkelheit, diese lange Zeit im Tunnel bedeutete eine Wende in meinem Leben. Ich führte dennoch meine Konsultationen durch, aber ohne die Gesichter der Kinder und der Erwachsenen sehen zu können, die in mein Sprechzimmer kamen. Meine Assistenten lasen mir die Dossiers vor, und aufgrund des während des Gesprächs Gehörten stellte ich im Dunkeln meine Diagnose. Es war eine interessante Erfahrung. Ich lernte noch besser verstehen, was die Welt des Hörens, aber auch was die Welt des Sehens bedeutet. Zwei so verschiedene Welten, die sich aber dennoch in vielerlei Hinsicht gegenseitig ergänzen! Im Blick, in der Mimik, in der Gestik lassen sich tausenderlei Einzelheiten entdecken. Üblicherweise versuche ich meinen Mitarbeitern beizubringen, daß man bei der Konsultation beobachten sollte, wie der Patient bei seinen Äußerungen und Mitteilungen mit seinem Körper umgeht. Für mich gab es nichts mehr zu beobachten; mir blieb nur das Gehör, ein Gehör, das früher nur ein besonderer Aspekt meiner Urteilsbildung gewesen war, indem es das, was das Auge gesehen hatte, auf seine Weise zusammenfügte.

Ich wurde somit ein noch aufmerksamerer Zuhörer, als ich es früher schon gewesen war, und ich kam aufgrund dieser Erfahrung zum Schluß, wenn das Hören vollkommen sein soll, wäre es beinahe notwendig, daß man nichts mehr sehe. Ich vertiefte also unbeirrt, mit immer gleich bleibender Moral, das darf ich sagen, dieses Zuhören, und je tiefer ich in meine Dunkelheit eindrang, um so heller erschien mir das glühende Licht, das ich vor zehn Jahren hatte sehen dürfen.

»So ist doch Finsternis selbst nicht dunkel für dich,
Nacht ist dir hell wie der Tag.«

Als ich in diese Welt eintauchte, spürte ich, wie wirklich das ist, was Psalm 139 anschließend besingt:

»Du hast mich im Leib meiner Mutter gewoben.«

Ein Gewobenwerden, das mit dem Hören des ersten Geräusches in der Gebärmutter, dieses ersten Lebensgeräusches, beginnt, aus dem dieses Licht hervorgeht, das durch die Stimme der Mutter moduliert wird.

Nach einem sehr schmerzhaften maxillofazialen Eingriff, der mich während mehrerer Monate zu absolutem Nichtstun verurteilte, konnte ich endlich im Evreux-Krankenhaus am linken Auge operiert werden, wodurch ich neun Zehntel der Sehkraft zurückerhielt. So gut hatte ich noch nie gesehen. Seit frühester Kindheit litt ich, wie ich bereits erzählt habe, an einer schweren Hypermetropie, einer Weitsichtigkeit. Ein Arzt in Marseille hatte mir prophezeit, ich würde spätestens mit zwölf Jahren erblinden. Eine sarkastische Prognose, die meine Eltern ebenso wie mich selbst schwer getroffen hatte.

Diese Rückkehr in die Welt des Lichts war ein eindrückliches Ereignis. Besonders tief berührt hat mich, daß ich wieder Bücher lesen konnte, diese treuen Wegbegleiter, die meine Laufbahn als Forscher geprägt hatten. Am meisten überraschte mich, daß ich die weiße Farbe wieder zu sehen vermochte, von der ich keinerlei Vorstellung mehr hatte. Vor der vollständigen Finsternis war alles fortwährend grauer, immer matter geworden. Ich empfand deshalb eine tiefe Freude, als ich das Licht, die Farben, die Formen wieder sehen durfte ... und ebenso die schönen Augen Lénas. Ich sah auch, daß diese Monate voller Prüfungen ihre Haare gebleicht und einige Fältchen in ihr immer noch strahlendes Gesicht eingegraben hatten. Etwas von ihrer

Lebensfreude hatte sie freilich verloren. Sie lächelte nicht mehr so häufig wie früher.

Es galt deshalb ein Mittel zu finden, um das funkelnde Gebäude unseres gemeinsamen Lebens, das auf diesem langen Weg durch den Tunnel ein wenig von seiner Strahlkraft verloren hatte, wieder aufzurichten. Als beste Maßnahme nahmen wir unsere Tätigkeit im Pariser Zentrum wieder auf, aber wir planten auch Ruhezeiten in unserem Haus in Bec-Hellouin ein, wo ich mich von meinen Operationen erholt hatte.

Dieses Haus mitten in einem Dorf in der Normandie hat eine besondere Geschichte. Mutter Elisabeth, die Gründerin des Klosters Sainte-Françoise-Romaine in der Nähe der Abtei von Bec, hatte ihm den Namen »Saint-Yves« gegeben. Pater Yves Cossard, Missionar in Japan, war von diesem Kloster unterstützt worden, und deshalb erhielt das Haus zur Erinnerung an ihn diesen Namen. Obwohl er schon als Vierzigjähriger bei einem Badeunfall ums Leben gekommen war, hatte er in Japan tiefe Spuren seiner priesterlichen Tätigkeit hinterlassen. Die Klosterfrauen in Bec blieben ihm in Treue verbunden, und sie begingen den vierzigsten Jahrestag seines Todes mit großer Andacht.

Unser Haus war von Bernard Cossard, dem Bruder von Pater Yves, mustergültig renoviert worden. Es hat eine ganz besondere Ausstrahlung und schenkt uns, Léna und mir, Entspannung, wenn unsere beruflichen Aufgaben bisweilen zu schwer auf uns lasten. Die Gebete von Mönchen und Nonnen, die sich zu Exerzitien in dieses Haus zurückgezogen hatten, hallen in den Räumen nach. Sie sind durchdrungen von der Ruhe in diesem außergewöhnlichen Ort Bec, die bloß vom Klang der Glocken der Abtei regelmäßig durchbrochen wird. Dieses kleine Haus ist für uns zwei immer wieder ein tiefes Erlebnis.

Wir kannten schon seit vielen Jahren die Mönche in der Abtei Bec, insbesondere ihren Abt, Dom Grammont. Seit 1976 suchten wir den Ort immer wieder auf, nachdem eine unserer früheren Mitarbeiterinnen, die wir als unsere Adoptivtochter betrachteten – ihre Mutter hatte sie uns auf dem Sterbebett anvertraut –, als Nonne in das Kloster Sainte-Françoise-Romaine eingetreten war.

So wurde Schwester Emmanuel-Marie ein kraftvolles Band zwischen der Abtei und dem Kloster. Die Vorsehung wollte es, daß uns »Saint-Yves« im richtigen Augenblick zum Kauf angeboten wurde. Hier fanden wir zwischen unseren Reisen ins Ausland und unseren

Aufenthalten in Paris eine Bleibe. Léna hat es verstanden, eine harmonische Atmosphäre mit Blumen und Musik zu schaffen. Ich habe mein Laboratorium und auch meine Bibliothek hier untergebracht. In der Stille dieses Hauses kann ich mich einer meiner Leidenschaften hingeben, dem Schreiben. Mir scheint, die Zeit sei gekommen, die märchenhaften Reichtümer, die mir während meines Lebens zugefallen waren, an meine Nachfolger weiterzugeben. Mit dem Buch über das fötale Leben, *La nuit utérine*, geht es vorwärts, aber gleichzeitig bereite ich weitere Bücher vor, worunter je eines über den Gesang und, wie bereits angedeutet, über die Ménière-Krankheit. Andere Themen aus dem Bereich der Neurologie und der Linguistik werden geprüft. Die Liste der Publikationen über die Phänomenologie des Hörens wird ebenfalls täglich etwas länger.

Bei den Aufenthalten in unserem Haus »Saint-Yves« finden wir einen ganz anderen Zugang zum Leben. Unsere Existenz hat für uns nur einen wirklichen Sinn, wenn sie in eben dieses Leben, das heißt in Gott selbst, einmündet. Eine Welt ohne seine Gegenwart läßt sich kaum vorstellen, und dennoch nimmt man immer wieder mit Erstaunen zur Kenntnis, daß viele Menschen mit einem Leben ohne Glauben auskommen. Wie kann man nur angesichts eines Universums, das sich täglich als tiefer und weiter erweist, angesichts einer Blüte, die sich entfaltet, eines Kindes, das geboren wird, dem Leben gegenüber gleichgültig bleiben, das uns gegeben ist und das alles, was ist, in Gang hält?

Eine wirkliche Anstrengung ist notwendig, um nicht zu glauben oder sich zur Überzeugung zu zwingen, man gehöre nicht zur Schöpfung, verzweifelt nur an sich selbst zu denken und sich mit der eitlen Vorstellung zufriedenzugeben, man sei das, was man ist. Doch man ist erst groß, wenn man nichts ist, vorausgesetzt freilich, daß man ein Nichts ist, das zuhört, ein Nichts, welches das Universum zu entdekken vermag, ein Nichts, das sich von den Gedanken erfüllt weiß, die ihm geschenkt worden sind. Man darf durchaus sagen, jeder Mensch vollbringe positive Taten, solange er ein Nichts ist, das sich selbst aufgibt, während alle Taten, die man sich selbst zuschreibt, sich meistens als irrig erweisen.

Ein weiterer Segen des Himmels ist uns zuteil geworden. Er führt uns nach Mesnil-Saint-Loup, dem Stammkloster der Mönche von Bec. Hier, mitten in der Steppe der Champagne, in einer vom Schweigen beherrschten Wüste, brennt ein Feuer, das Pater Emmanuel, der Gründer des Klosters Sainte-Espérance, vor mehr als hundert Jahren entzündet hat. Wir sind einigen Mönchen von Bec gefolgt, die in ihr Mutterkloster zurückkehrten, und lassen uns von dieser brüderlichen Gemeinschaft aus Ordensleuten leiten, die von einem tiefen Glauben beseelt sind und hingebungsvoll das Lob Gottes singen. Es ist ein Ort, an dem der Geist mit besonderer Intensität weht.

In dieser warmherzigen Umgebung führe ich seit einigen Jahren wieder Kurse durch, wie ich sie zu Beginn meiner Laufbahn als Phoniater angeboten hatte. Die Grundprinzipien der Vorgänge beim Hören und Sprechen werden darin theoretisch und praktisch dargelegt. Zu meinen Zuhörern gehören jetzt oft Mönche, während es früher ausschließlich lyrische Sänger gewesen waren. Die heiligen Gesänge werden an den heiligen Orten wieder stärker gepflegt, der gregorianische Gesang gewinnt seine frühere Bedeutung zurück, die er in der Kirche gar nie hätte verlieren dürfen. Versuche, die alten Choräle in der Muttersprache zu singen, hatten in gewissen Fällen zur Folge, daß die grundlegenden Gesetzmäßigkeiten des religiösen Gesangs, oder ganz einfach des Gesangs, in Vergessenheit gerieten. Im gregorianischen Gesang, wie er sich im Laufe der Jahrhunderte entwickelt hat und wie er von Dom Gajard in der Abtei von Solesmes in seine endgültige Form gebracht worden ist, sind diese Gesetze getreulich beachtet worden. Die großartigen Gesänge sind zeitweilig aus den Kirchen verbannt worden, aber sie scheinen jetzt wieder zum Kirchengesang schlechthin zu werden, und das in allen Ländern, die sie von neuem in die Liturgie aufgenommen haben.

DAS GLÜCK DES ÄLTERWERDENS

Ein solcher Rückblick auf weitere zehn Jahre voller Arbeit und Prüfungen ist in einem gewissen Sinne auch eine Gelegenheit, einen weiteren Lebensabschnitt abzuschließen und eine Bilanz dessen zu ziehen, was man in dieser Zeit verwirklichen konnte. Jahre sind vergangen. Sie haben Spuren auf den Gesichtern der Menschen um uns herum und auch auf unseren eigenen hinterlassen.

Einige Freunde sind von uns gegangen. Georges Massié ist in das Haus seines Vaters zurückgekehrt. Andere führen mehr oder weniger ausgefüllt ein Leben als Rentner, also in einer Welt, in der die Kämpfe, das ständige Sichbemühen aufgehört haben. Die meisten von ihnen sind Kameraden aus der Kindheit oder Arbeitskollegen, sie haben eine Tätigkeit aufgegeben, die ihrem Leben einen Sinn gab. Vor zwanzig Jahren habe ich erklärt, man sollte sich nie zur Ruhe setzen, und diese Meinung wurde eher als merkwürdig empfunden. Doch jetzt stellt sich dieses Problem in vielen Fällen mit aller Schärfe. Die heutige Gesellschaft sieht sich mit zwei Herausforderungen konfrontiert; dieser sogenannte Ruhestand ist nicht nur eine nicht zu vernachlässigende wirtschaftliche Belastung, der Verzicht auf eine aktive Tätigkeit knickt auch dynamische Menschen ausgerechnet in einem Lebensabschnitt, da ihr Sachverstand seinen Höhepunkt erreicht hat.

Es ist Gottes Wille, daß der Mensch arbeitet, besser gesagt, wie im hebräischen Text formuliert ist, daß er seinen Acker »bearbeitet« und, was unterschwellig ebenfalls damit gemeint ist, »sich selbst bearbeitet«. Dieser Meinung kann ich mich rückhaltlos anschließen, denn ich selbst nehme mit Freuden alle Verantwortlichkeiten wahr, die mit meinen verschiedenen Tätigkeiten in Frankreich und im Ausland verbunden sind. Vielleicht fühle ich mich deshalb noch immer jung. Doch im Ernst, ist es nicht das beste Mittel, jung zu bleiben, daß man nie lernt, älter zu werden?

Für einen Menschen, der sich dem Ende seines irdischen Lebens nähert, ist es eine wesentliche Aufgabe, daß er die verschiedenen Pforten zu seinen innerlichen Bollwerken durchschreitet, die sich paradoxerweise um so stärker zum Unendlichen hin öffnen, je tiefer sie im eigenen Innersten begründet sind. Hier kristallisieren sich die Zeit in ihrer Ewigkeit und der Raum in seiner Unendlichkeit aus. Alles ist nur mehr Leben und Licht. Alles Sterben verblaßt, die Schatten lösen sich auf.

In diesem Tempel ohne Grenzen, jenseits aller Horizonte, werden wir unserer Einwurzelung in der Schöpfung immer klarer gewahr. Von jetzt an sind wir dazu berufen, den Ruhm des Schöpfers zu singen, dessen Gegenwart immer faßbarer, immer umhüllender wird. Das Altern wird zu einer freiwilligen Zustimmung, dank der wir in aller Ruhe in die Geheimnisse des unendlichen Universums vorzudringen vermögen. Welche Ängste bei diesen ersten zaghaften Schritten auch auftauchen, weil so viele Hindernisse den Weg zu verbauen scheinen, man darf nie zurückweichen. Gewiß, es fällt einem Menschen, der dieses gleißende innere Licht, und sei es nur einmal und nur einen kurzen Augenblick lang, gesehen hat, leicht, sich von ihm verzehren zu lassen, selbst wenn dieser Augenblick mit tiefer Finsternis verbunden ist.

Wer hat dieses ontologische Feuer nicht in sich leuchten sehen? Wer könnte von sich behaupten, er sei nicht zumindest einmal in seinem Leben von diesem Zustand plötzlicher und höchster Klarheit durchdrungen gewesen?

Mit zunehmendem Alter erhalten die Abenteuer am Rande des menschlichen Lebens eine ganz andere Tönung. Sie sind von den Farben eines zu erfüllenden Auftrags durchdrungen. Jeder von uns begreift jetzt, weshalb sein Leben so verlaufen ist, mehr noch, wir alle erkennen das Ziel. Alles konzentriert sich auf das Wesentliche, auf dieses Wesentliche, das Quelle des Lebens, nie erlahmender Energiefluß ist, in dem sich unser Denken formt, in dem unser Geist Gestalt annimmt, unsere Seele mitzuschwingen beginnt. Mit zunehmendem Alter findet diese Seele zu ihrem ursprünglichen Rhythmus zurück, sie verdrängt die Zwänge, die sie verdunkelten oder zumindest einnebelten, trübten. Die Seele wird dann zum Ausdruck des Lebens schlechthin. Sie wird fortwährender Gesang wie dieses Leben selbst. Sie ist in Harmonie mit ihm. Sie beginnt unaufhörlich zu beten, wozu sie auch geschaffen ist.

Eigentlich wissen wir alle, daß die Seele Gesang ist. Und wir wissen auch alle, daß in dieser Welt alles getan wird, um sie am Singen zu hindern. Psalmodieren ist ihre wirkliche Natur. Dazu ist sie geschaffen. Ihr Leiden rührt nur daher, daß ihr tiefes Trachten nach dem Universellen, nach diesem großen All, dem sie zugehört, unterdrückt wird.

Alt werden bedeutet somit, daß man alles überwindet, was dieses Mitschwingen der Seele verhindert. Es gilt, einen Zustand zu erreichen, in dem alle menschliche Geschäftigkeit aus der Gewißheit ihrer Eitelkeit heraus relativiert wird. Es gilt, eine Stufe zu erreichen, auf der die Nichtigkeit dessen, was früher so unentbehrlich zu sein schien, enthüllt wird. Es gilt, alles abzustreifen, was früher die Gegenwart Gottes verdeckte.

Ich muß durchaus zugeben, wenn ich ehrlich sein will, daß ich außerordentlich verwöhnt wurde, als es für mich darum ging, die Grenzen des Alltags zu überschreiten. Schon mein Abenteuer auf dem Flug nach Madrid hatte mir einen ernst zu nehmenden Vorgeschmack vermittelt.

Mir war es auch vergönnt gewesen, Menschen zu begegnen, die es verstanden hatten, die so intensiv leuchtenden Wohnstätten zu entdecken, in denen Gott allein in seinem Licht gegenwärtig sein kann. Menschen, die man als »verwirklicht« bezeichnen kann und die es fertiggebracht haben, durch ein demütiges und einsames Leben die Größe des Göttlichen zu entdecken. Ich denke dabei insbesondere an den verehrungswürdigen Abt Dom Grammont in Bec-Hellouin. Für die Menschen, die ihn kennen, bleibt er das Vorbild dieser Ausstrahlungskraft, die eine unerschöpfliche Milde und ein unendliches Verständnis verströmt. Erst wenn man ihm begegnet ist, weiß man, was beten heißt. Man muß neben ihm gelebt haben, wenn man verstehen will, was die dauernde Gegenwart des Fleisch gewordenen Wortes bedeutet.

Ich denke auch an Pater Dudeban. Ihm verdanke ich es, daß ich durch einige Begegnungen, die mein Leben geprägt haben, die Schwelle zu überschreiten vermochte, zu der mein Glaube mich geführt hatte, die ich aber aufgrund zahlloser Skrupel nicht aus eigener Kraft überschreiten konnte.

Auch Pater Michel, den Prior des Klosters Mesnil-Saint-Loup, muß ich nennen, wenn ich an die wesentlichen Etappen in meinem Leben zurückdenke. Durch seinen leutseligen und warmherzigen Geist der Brüderlichkeit hat er es verstanden, uns, Léna und mich, in eine Welt einzuführen, in der Gott allein in seiner Fülle herrscht. Bec und Mesnil sind so für uns beide zu Orten geworden, wo wir neue Kraft schöpfen. Hier gestalten wir unsere schon gut strukturierte Lebensweise immer nachhaltiger um und begreifen wir unser alltägliches Suchen aus einem neuen Blickwinkel.

In meinen Tätigkeiten sind die Nachwirkungen dieser eigentlichen Bekehrung zweifellos am deutlichsten spürbar. Mir wurde klar, daß es einfach ist, Menschen mit Kommunikationsschwierigkeiten zu heilen, daß es aber wichtig wäre, sie zu retten. Das ist das Wesentliche. Es gibt kein Wohlbefinden ohne Lebensfreude. Doch dieser ursprüngliche Zustand läßt sich erst erreichen, wenn man das Leben selbst entdeckt hat, ohne den Weg zu kennen, der zu dieser Erkenntnis führt.

Womit soll also diese Geschichte abgeschlossen werden, die der Beginn einer neuen Etappe ist? Ich würde von mir aus sagen, in einem Menschenleben zähle nur etwas, nämlich das Glück, Gott selbst zu finden.

Jedes Suchen, jedes Forschen, so wissenschaftlich es sich auch geben mag, hat nur einen Wert, wenn es in das Göttliche mündet. Und jede Entdeckung erhält nur dadurch einen Wert, daß sie die Beziehungen zwischen dem menschlichen Dasein und der unendlichen Größe des Schöpfers besser verständlich macht. Auf dieser Stufe ist der Mensch nicht mehr in seine Schale eingeschlossen, sondern er wird zu einem Abschluß in einem Ganzen, das ihn in seinem irdischen Lauf umgibt und trägt, damit er in Harmonie mit allen anderen den Ruhm des Absoluten singt.